CONCISE AND COMPREHENSIVE ANALYSIS
ON THE IMPORTANT DATA OF STATE-OWNED,PRIVATE,
AND FOREIGN ENTERPRISES

国有 民营 外资企业
重要数据全景简明比较分析

基于第四次经济普查数据

北京大成企业研究院 编著

中华工商联合出版社

图书在版编目(CIP)数据

国有民营外资企业重要数据全景简明比较分析：基
于第四次经济普查数据 / 北京大成企业研究院编著. --
北京：中华工商联合出版社，2021.3

ISBN 978-7-5158-2995-1

Ⅰ.①国… Ⅱ.①北… Ⅲ.①国有企业-企业发展-
研究-中国 ②民营企业-企业发展-研究-中国 ③外资企
业-企业发展-研究-中国 Ⅳ.①F279.23

中国版本图书馆CIP数据核字(2021)第 072968 号

国有民营外资企业重要数据全景简明比较分析

作　　者：	北京大成企业研究院
出 品 人：	李　梁
责任编辑：	李红霞
装帧设计：	周　琼
责任审读：	郭敬梅
责任印制：	迈致红
出版发行：	中华工商联合出版社有限责任公司
印　　刷：	北京毅峰迅捷印刷有限公司
版　　次：	2021 年 6 月第 1 版
印　　次：	2021 年 6 月第 1 次印刷
开　　本：	710mm×1000mm　1/16
字　　数：	381 千字
印　　张：	29.25
书　　号：	ISBN 978－7－5158－2995－1
定　　价：	89.00 元

服务热线：010－58301130－0（前台）
销售热线：010－58302977（网店部）
　　　　　010－58302166（门店部）
　　　　　010－58302837（馆配部、新媒体部）
　　　　　010－58302813（团购部）
地址邮编：北京市西城区西环广场 A 座
　　　　　19—20 层，100044
http://www.chgslcbs.cn
投稿热线：010－58302907（总编室）
投稿邮箱：1621239583@qq.com

编辑出版说明

　　第四次全国经济普查，是中国历史上规模最大、最细、最系统和最深入的全国性经济普查。经济普查成果丰硕，全面摸清了中国经济状况的真实底数，对国家政策制定、经济问题研究和企业机构决策以及世界对中国的认识均有十分重大的意义。

　　经济普查数据涉及中国经济社会发展的方方面面，我们仅就各经济类型企业的部分重要数据，主要是对国有、民营和外资三大类企业（按注册类型有十类企业）的相关数据进行整理和简要比较分析；另外，还对大中小型企业的相关指标进行了简明比较分析。我们的基础数据均来源于《中国经济普查年鉴（2018）》，各项指标的绝对数和部分效益指标直接取自于年鉴，各类表格中的占比数据和部分效率效益数据是我们根据年鉴绝对数进行的计算数。

　　需要特别说明的是，我们在数据收集与整理时使用了民营企业概念及相关数据（目前国家统计上尚无此专门数据），它是指除了国有控股企业和外资控股企业之外的所有其他企业，包括年鉴中的私营企业、股份制企业中的非国有控股企业、集体企业、股份合作制企业、联营企业和其他企业。表格中的集合联企业，是集体、股份合作和联营三类企业的加总，这三类企业在数量和占比上都很小。

　　我们主要收集、整理与分析的指标有：企业法人单位数据、企业从业人员数据、企业资产数据、企业营收数据、企业利润数据、企业权益资本数据、企业研发数据、企业效率效益数据、大中小型企业相关数据等，这些数据均是基于经济普查年鉴。另外，从分析比较的全面性考虑，我们还整理和分析比较了

2018年的企业投资数据、企业工资数据、企业外贸数据、企业对外投资数据、企业税收数据、上市公司数据等，这些数据是基于2019年中国统计年鉴及相关国家部门的公开数据。

　　通过对国有、民营和外资三大类企业的相关数据进行整理和简要比较分析，可以看到，三大类企业在中国经济发展中发挥着十分重要的作用，三类企业各具特色、各显优势、各有潜力，三类企业相互依存、相互促进、相互补充、共同发展，构成了中国特色社会主义市场经济的主要微观基础。

　　这是基于经济普查年鉴进行的比较全面的三类企业数据的简明比较。由于数据数量庞大、大小分类复杂，我们在一些数据指标选择上不一定周全，在一些数据的计算上可能会产生错漏，在一些数据比较判断上不一定准确，有些指标做了简要分析，有些指标只是列出，供关心者查阅。所有的数据比较，都是为关心和研究中国三类企业发展现状的人们提供参考，敬请读者批评指正。

课题组

目录
CONTENTS

概　述

三类企业大数据　数量质量大比拼

——第四次经济普查企业经济指标比较分析概述

全国第四次经济普查，是历史上规模最大、最细、最系统和最深入的全国性经济普查。经济普查成果丰硕，全面摸清了中国经济状况的真实底数，对国家政策制定、经济问题研究和企业机构决策以及世界对中国的认识均有十分重大的意义。

经济普查数据涉及中国经济社会发展的方方面面，我们仅就各经济类型企业的部分重要数据，主要是对国有、民营和外资三大类企业（按注册类型有十类企业）的相关数据进行整理和简要比较分析；另外，还对大中小型企业的相关指标进行了简明比较分析。我们的基础数据均来源于《中国经济普查年鉴（2018）》，各项指标的绝对数和部分效益指标直接取自于年鉴，各类占比数据和部分效率效益数据是根据年鉴绝对数进行的计算数。

通过对国有、民营和外资三大类企业的相关数据进行整理和简要比较分析，可以看到，三大类企业在中国经济发展中发挥着十分重要的作用，三类企业各具特色、各显优势、各有潜力，三类企业相互依存、相互促进、相互补充、共同发展，构成了中国特色社会主义市场经济的主要微观基础。

从收集整理的所有数据看，进一步说明民营企业在中国经济发展中的"五、六、七、八、九"的主体地位作用更加突出：民营企业以占用不到30%的政府科技资源、不到40%的金融资源，创造了全国50%以上的税收和出口总额、60%以上的投资和GDP、70%以上的科技创新和新产品、80%以上的城镇就业、90%以上的企业市场主体，创造了全国100%以上的城镇新增就业、贸易顺差和税收增量！

民营企业不仅在多数主要经济指标的数量上占明显甚至绝对优势，在不少经济指标的质量上也占有明显优势。如其资产营收率（营收/资产）、资产利润率（利润/资产）、资产利税率（利税/资产）、成本利润率（利润/成本）等指标上，明显优于（有的是成倍地高于）国有控股企业，也高于外资企业。这些质量指标，在许多行业和地区的比较上，表现更为突出。总体看，民营企业作为市场主体，其使用资产的效率与效益，明显高于国有企业，也高于外资企业。

我们主要收集、整理与分析的指标有企业法人单位数据、企业从业人员数据、企业资产数据、企业营收数据、企业利润数据、企业权益资本数据、企业效率效益数据、大中小型企业相差数据等，这些数据均来源于经济普查年鉴。另外，从分析比较的全面性考虑，我们还整理和分析比较了企业投资数据、企业工资数据、企业外贸数据、企业对外投资数据、企业税收数据、上市公司数据等，这些数据是基于2019年中国统计年鉴及相关国家部门的公开数据。

以下是三类企业相关数据指标的简要比较分析。更细一些的数据与比较分析见各相关章节。概论部分的数据表格均取自于后面相关章节的表格。

一、企业法人单位

1. 全国法人单位

法人单位：指有权拥有资产、承担负债，并独立从事社会经济活动（或与其他单位进行交易）的组织。主要包括：企业法人、事业单位法人、机关法人、社会团体法人、民办非企业单位、基金会、居委会、村委会及其他法人。

民营法人单位占90%以上，是中国法人单位数量的绝对主体。

2018年全国按登记注册类型分组的法人（包括所有企业、事业和机关法人）单位数总计2 178.7万个。其中，国有法人单位数113.8万个（不包含有限责任公司和股份有限公司中的国有控股公司，本书同），占全国的比重为5.2%；私营法人单位数1 575万个，占全国的比重为72.3%。全部民营法人单位（除国有控股和外资控股法人单位之外的所有法人单位，本书同）占90%以上（见表1）。

表1　按登记注册类型分组的全国法人单位数及占比

登记注册类型	法人单位数（个）	占比（%）
总　计	21 787 273	100.0
国　有	1 137 884	5.2
集合联	372 336	1.7
有限责任公司	2 339 803	10.7
股份有限公司	197 815	0.9
私　营	15 751 164	72.3
其　他	1 766 220	8.1
港澳台商投资	119 514	0.5
外商投资	102 537	0.5

2018年全国个体经营户总计6 295.9万个。其中，批发和零售业个体户3 184.6万个，占50.6%；住宿和餐饮业个体户759.1万个，占12.1%；居民服务、修理和其他服务业个体户547.6万个，占8.7%（见表2）。

表2　按行业门类分组的个体经营户

分组	个体经营户	
	数量（万个）	比重（%）
合　计	6 295.9	100.0
采矿业	1.8	0.0
制造业	448.0	7.1
电力、热力、燃气及水生产和供应业	8.9	0.1
建筑业	288.5	4.6
批发和零售业	3 184.6	50.6
交通运输、仓储和邮政业	580.4	9.2
住宿和餐饮业	759.1	12.1
信息传输、软件和信息技术服务业	21.1	0.3
金融业	—	—
房地产业	82.9	1.3
租赁和商务服务业	130.8	2.1
科学研究和技术服务业	18.3	0.3
水利、环境和公共设施管理业	3.1	0.0
居民服务、修理和其他服务业	547.6	8.7
教　育	32.4	0.5
卫生和社会工作	57.6	0.9
文化、体育和娱乐业	63.2	1.0
公共管理、社会保障和社会组织	—	—

2. 全国企业法人单位

企业法人单位：是指依据《中华人民共和国公司登记管理条例》《中华人民共和国企业法人登记管理条例》等国家法律，经各级市场监管机关登记注册，领取《企业法人营业执照》的企业。包括：公司制企业法人、非公司制企业法人和不具有法人资格但依法成立的个人独资企业、合伙企业在统计上视同法人。

民营企业法人单位占95%以上，是中国企业法人单位的绝对主体。

按控股情况分企业法人单位：2018年全国按控股情况分组的企业法人单位数总计1 856.9万个，比2013年末增加1 036.2万个，增长126.2%，占全部法人单位的比重从75.6%提高到85.2%。其中，国有控股企业法人单位数24.2万个，占全国比重为1.3%，私人控股企业法人单位数1 737.9万个，占全国比重为93.6%。全部民营法人单位（除国有控股和外资控股法人单位之外的所有法人单位）占95%以上（见表3）。

表3　按控股情况分组的全国企业法人单位数及占比

分组	法人单位数（个）	占比（%）
总　计	18 568 617	100.0
国有控股	241 673	1.3
集体控股	165 243	0.9
私人控股	17 379 291	93.6
港澳台商控股	112 042	0.6
外商控股	80 253	0.4
其　他	590 115	3.2

按登记注册类型分企业法人单位情况：2018年全国按登记注册类型分组的企业法人单位中，国有企业7.19万家，占全国比重为0.4%；有限责任公司23.34万家，占12.6%；股份有限公司19.69万家，占1.1%；私营企业156.14万家，占84.1%；港澳台商投资企业11.95万家，占0.6%；外商投资企业10.25万家，占0.6%。

从市场企业主体看，多种所有制企业共同发展。国有企业发挥中坚作用。

2018年年末，全国共有国有控股企业24.2万个，比2013年年末增加2.4万个，增长10.9%。国有控股企业数量仅占全部企业的1.3%，但从业人员占全部企业的15.7%，仍是国民经济发展的中坚力量。私营企业在数量上是绝对主体。2018年年末全国私营企业1 561.4万个，比2013年年末增加1 001.0万个，增长178.6%，占全部企业法人单位的比重由68.3%提高到84.1%。港澳台商和外资企业发挥重要作用。2018年年末，全国共有港、澳、台商投资企业11.9万个，比2013年年末增加2.3万个，增长23.8%。

表4是按控股情况分的各类企业在全国及各大类行业中的占比情况。

表4　各行业中按控股情况分组的企业法人单位占比

单位：%

行业大类	全国	国有控股	私人控股	港澳台商控股	外商控股
总　　计	100.0	1.30	93.60	0.60	0.43
农、林、牧、渔业	100.0	2.70	90.10	0.20	0.06
采矿业	100.0	3.90	90.00	0.20	0.13
制造业	100.0	0.70	93.80	1.10	1.01
电力、热力、燃气及水生产和供应业	100.0	13.90	69.80	1.00	0.59
建筑业	100.0	1.10	94.60	0.10	0.05
批发和零售业	100.0	0.60	95.50	0.40	0.32
交通运输、仓储和邮政业	100.0	2.90	91.70	0.50	0.27
住宿和餐饮业	100.0	1.50	93.30	0.50	0.37
信息传输、软件和信息技术服务业	100.0	0.70	94.00	0.90	0.46
金融业	100.0	15.20	71.20	1.80	0.88
房地产业	100.0	3.40	87.80	1.00	0.39
租赁和商务服务业	100.0	1.60	92.50	0.60	0.34
科学研究和技术服务业	100.0	1.60	92.80	0.60	0.42
水利、环境和公共设施管理业	100.0	7.40	85.70	0.30	0.13
居民服务、修理和其他服务业	100.0	0.50	95.10	0.20	0.11
教　　育	100.0	0.70	94.80	0.20	0.13
卫生和社会工作	100.0	1.70	92.40	0.20	0.17
文化、体育和娱乐业	100.0	1.50	94.50	0.20	0.12

3. 全国规模以上工业企业法人单位

民营工业企业占80%以上，是中国工业企业数量的绝对主体。

工业企业法人单位：2018年全国共有规上工业企业37.5万家。其中，国有控股工业企业19 250家，占规上工业企业的5.1%；私营企业23.54万家，占62.8%；港澳台商投资企业20 531家，占5.5%；外商投资企业24 093家，占6.4%。全国工业企业亏损52 394家，亏损面为14%（见表5）。

表5　分登记注册类型规模以上工业企业单位数及占比

分组	企业单位数（个）	占比（%）
总　　计	374 964	100.0
一、按登记注册类型分组		
国有企业	1 513	0.4
集合联企业	2 215	0.6
有限责任公司	78 751	21.0
股份有限公司	12 292	3.3
私营企业	235 424	62.8
其他企业	145	0.0
港澳台商投资企业	20 531	5.5
外商投资企业	24 093	6.4
二、总计中亏损的企业	52 394	14.0
总计中国有控股的企业	19 250	5.1

国有控股企业行业分布：在采矿业中1 506家，占国企总数的7.8%；在制造业中11 791家，占61.3%；在电力、热力、燃气及水生产和供应业中5 953家，占30.9%。

私营企业行业分布：在采矿业中6 020家，占私企总数的2.6%；在制造业中227 096家，占96.5%；在电力、热力、燃气及水生产和供应业中2 038家，占1.0%。

4. 建筑业企业法人单位

2018年全国共有总承包和专业承包企业9.65万家，其中61.2%是私营企业，

3.5%是国有企业，2.6%是集体企业，0.3%是港澳台商投资企业，0.2%是外商投资企业，其余为股份制企业和其他企业（见表6）。

表6　按经济类型划分的总承包和专业承包企业个数及占比

指标	合计	国有企业	集体企业	私营企业	港澳台商投资企业	外商投资企业
企业个数（个）	96 544	3 358	2 546	59 053	266	203
占比（%）	100.0	3.5	2.6	61.2	0.3	0.2

5. 第三产业企业法人单位

2018年年末，全国从事第三产业活动的法人单位1 716.1万个，比2013年年末增加905.1万个，增长111.6%，比全部法人单位增速高10.9个百分点。私人控股企业总体占80%以上，是第三产业企业法人单位数量的绝对主体。

文化制造业与服务业企业法人单位：2018年全国规模以上文化制造业企业法人单位中，国有控股企业有465家，占2.3%；私人控股企业有16 014家，占80.4%；港澳台商控股企业1 579家，占7.9%；外商控股企业1 035家，占5.2%。全国限额以上文化批零业法人企业中，国有控股企业有1 221家，占11.6%；私人控股企业有8 317家，占78.9%。全国规模以上文化服务业法人企业中，国有控股企业有5 330家，占17.8%；私人控股企业有20 926家，占69.7%。

批发业与零售业企业法人单位：2018年全国批发业法人企业中，国有企业有8 762家，占0.2%；私营企业有2 967 794家，占83.8%。全国限额以上批发业法人企业中，国有企业有1 495家，占1.3%；私营企业有76 261家，占67.1%。2018年全国零售业法人企业中，国有企业有6 164家，占0.2%；私营企业有2 536 526家，占85.8%。全国限额以上零售业法人企业中，国有企业有839家，占0.9%；私营企业有64 537家，占66%。

房地产企业法人单位：2018年，全国共有房地产开发企业20.6万家。其中国有企业1 386家，占0.7%；私营企业有12.1万家，占58.9%；有限公司7.27万家，占35.3%；股份公司4 288家，占2.1%。全部民营房地产开发公司占90%左右。

服务业企业法人单位：2018年全国服务业中，国有控股企业总计11.14万家。非公有控股企业总计659.56万家（见表7）。

表7　各类型企业在服务业各行业中的分布

行业	全国单位数（个）	占比（%）	国有控股（个）	占比（%）	非公有控股（个）	占比（%）
总　计	9 604 859	100.0	111 443	100.0	6 595 640	100.0
交通运输、仓储和邮政业	576 999	6.0	16 134	14.5	544 224	8.3
信息传输、软件和信息技术服务业	919 646	9.6	6 474	5.8	903 251	13.7
房地产业	539 150	5.6	13 337	12.0	507 493	7.7
租赁和商务服务业	2 550 091	26.6	37 185	33.4	2 205 050	33.4
科学研究和技术服务业	1 274 991	13.3	17 786	16.0	1 117 260	16.9
水利、环境和公共设施管理业	148 697	1.5	8 241	7.4	101 587	1.5
居民服务、修理和其他服务业	497 074	5.2	2 442	2.2	467 364	7.1
教　育	665 250	6.9	1 493	1.3	196 663	3.0
卫生和社会工作	271 972	2.8	1 155	1.0	66 125	1.0
文化、体育和娱乐业	566 307	5.9	7 196	6.5	486 623	7.4
公共管理、社会保障和社会组织	1 594 682	16.6	—	—	—	—

二、企业从业人数

从业人员人数：指报告期最后一日在本单位工作，并取得工资或其他形式劳动报酬的人员数。

全国民营企业从业人员数量占全国法人单位从业人员总量的60%以上，加上非法人单位和个体户从业人员，全国民营经济就业人员占城镇就业总人数的80%以上。

2018年，全国城镇新增就业人数为1 043万人，同期私营企业新增625万人，个体户新增1 100万人。二者共新增1 700多万人，是当年全国城镇新增就业1 043万人的1.63倍。

1. 法人单位从业人员

2018年，全国法人单位从业人员3.624亿人，占当年全国就业人数7.757亿人的47%，占当年城镇就业人数4.342亿人的83.5%。按登记注册类型分组来看，国有单位5 182万人，占14.3%；港澳台商投资企业1 302万人，占3.6%，外资企业的从业人数分别为1 282万人，占3.5%，私营企业从业人数1.73亿人，占47.7%（见表8）。

表8　按登记注册类型分组的法人单位从业人员数、户均及占比

登记注册类型	从业人员数（人）	占比（%）	户均人数（人）	女性人数（人）
总　计	362 390 080	100.0	16.6	133 533 196
内　资	336 545 320	92.9	15.6	121 932 295
国　有	51 816 763	14.3	45.5	23 817 195
集合联	4 882 564	1.3	13.1	1 731 974
有限责任公司	77 985 527	21.5	33.3	23 271 244
股份有限公司	15 032 173	4.1	76.0	4 688 566
私　营	172 759 819	47.7	11.0	61 854 477
其　他	14 068 474	3.9	8.0	6 568 839
港澳台商投资	13 020 530	3.6	108.9	6 110 510
外商投资	12 824 230	3.5	125.1	5 490 391

2.　个体经营户就业

2018年，全国个体经营户数总计6 295.9万个，从业人员数14 931.2万人。其中批发和零售业的个体经营户数和从业人员数在16个行业中占比较高，分别为50.58%和43.15%；采矿业的个体经营户数占比较低，为0.03%；水利、环境和公共设施管理业的从业人员数占比较低，为0.05%（见表9）。

表9　按行业门类分组的从业人员数、占比及户均人数

行业	从业人员数(万人)	人数占比(%)	户均人数(人)
总　计	14 931.2	100.0	2.4
采矿业	8.5	0.06	4.7
制造业	1 637.4	10.97	3.7
电力、热力、燃气及水生产和供应业	14.9	0.10	1.7
建筑业	950.3	6.36	3.3
批发和零售业	6 443.2	43.15	2.0
交通运输、仓储和邮政业	1 173.0	7.86	2.0

续表

行业	从业人员数(万人)	人数占比(%)	户均人数(人)
住宿和餐饮业	2 235.3	14.97	2.9
信息传输、软件和信息技术服务业	44.8	0.30	2.1
房地产业	171.7	1.15	2.1
租赁和商务服务业	299.3	2.00	2.3
科学研究和技术服务业	48.9	0.33	2.7
水利、环境和公共设施管理业	7.7	0.05	2.5
居民服务、修理和其他服务业	1 303.9	8.73	2.4
教　育	138.2	0.93	4.3
卫生和社会工作	132.1	0.88	2.3
文化、体育和娱乐业	180.3	1.21	2.9

3. 企业法人单位从业人员

按控股情况分组来看，从业人员数总计3.0亿人。其中，国有控股企业法人从业人数为3 763万人，占全国企业法人单位从业人数的12.6%；私人控股企业从业人数2.173亿人，占比72.9%。全部民营企业法人单位从业人数占比接近80%（见表10）。

表10　按控股情况分组的从业人员数、占比及户均

分组	从业人员数（人）	占比（%）	户均人数（人）	女性人数（人）	占比（%）
总　计	298 276 245	100.0	16.1	102 355 831	100.0
国有控股	37 634 516	12.6	155.7	10 132 161	9.9
集体控股	6 685 935	2.2	40.5	1 895 887	1.9
私人控股	217 321 740	72.9	12.5	74 985 332	73.3
港澳台商控股	11 855 170	4.0	105.8	5 684 999	5.6
外商控股	10 708 106	3.6	133.4	4 735 250	4.6
其　他	14 070 778	4.7	23.8	4 922 202	4.8

4. 各大类行业中各类型企业从业人员

行业大类、控股情况分组的企业法人单位从业人员数：从全国的总体来看，私人控股企业法人单位从业人员数占比为72.9%，全部民营企业法人单位

从业人数占比接近80%。分行业来看，教育行业和居民服务业中的私人控股企业法人单位从业人员数占比较高，均接近90%，电力、热力、燃气及水生产和供应业中私人控股企业法人单位从业人员数占比较低，为21.0%（见表11、表12、表13）。

表11　按行业、控股情况分组的企业法人单位从业人员数

单位：人

行业大类	全国	国有控股	集体控股	私人控股	港澳台商控股	外商控股	其他
总　　计	298 276 245	37 634 516	6 685 935	217 321 740	11 855 170	10 708 106	14 070 778
农、林、牧、渔业	568 001	126 827	12 841	371 169	1 192	475	55 497
采矿业	5 957 559	3 779 665	146 277	1 835 244	24 671	33 170	138 532
制造业	103 747 559	8 157 074	1 578 214	73 518 391	8 426 715	7 925 928	4 141 237
电力、热力、燃气及水生产和供应业	4 633 931	3 227 840	137 093	971 783	97 950	51 793	147 472
建筑业	58 084 532	7 204 946	2 518 122	45 696 981	108 483	58 657	2 497 343
批发和零售业	38 995 530	2 399 433	586 944	32 282 910	981 021	934 557	1 810 665
交通运输、仓储和邮政业	12 025 264	4 033 993	290 615	6 707 636	185 287	112 597	695 136
住宿和餐饮业	7 033 688	626 767	103 873	5 005 501	425 032	408 176	464 339
信息传输、软件和信息技术服务业	9 935 143	1 522 764	87 069	6 604 111	673 974	444 765	602 460
金融业	569 192	69 794	4 412	399 358	36 563	15 229	43 836
房地产业	12 612 109	1 291 903	387 280	9 360 346	333 222	154 977	1 084 381
租赁和商务服务业	21 263 957	2 526 018	478 981	16 558 647	262 824	298 990	1 138 497
科学研究和技术服务业	9 893 308	1 448 500	133 254	7 455 954	145 293	179 131	531 176
水利、环境和公共设施管理业	2 335 397	594 368	64 405	1 445 000	24 172	8 391	199 061
居民服务、修理和其他服务业	4 114 450	100 322	68 375	3 663 823	70 227	29 676	182 027
教　　育	1 704 030	58 671	25 737	1 520 231	10 218	13 966	75 207
卫生和社会工作	1 596 713	94 452	28 144	1 318 926	13 222	15 450	126 519
文化、体育和娱乐业	3 205 882	371 179	34 299	2 605 729	35 104	22 178	137 393

表12　各行业中各控股类型企业法人单位从业人员数占比

单位：%

行业大类	全国	国有控股	集体控股	私人控股	港澳台商控股	外商控股	其他
总　计	100.0	12.6	2.2	72.9	4.0	3.6	4.7
农、林、牧、渔业	100.0	22.3	2.3	65.3	0.2	0.1	9.8
采矿业	100.0	63.4	2.5	30.8	0.4	0.6	2.3
制造业	100.0	7.9	1.5	70.9	8.1	7.6	4.0
电力、热力、燃气及水生产和供应业	100.0	69.7	3.0	21.0	2.1	1.1	3.2
建筑业	100.0	12.4	4.3	78.7	0.2	0.1	4.3
批发和零售业	100.0	6.2	1.5	82.8	2.5	2.4	4.6
交通运输、仓储和邮政业	100.0	33.5	2.4	55.8	1.5	0.9	5.8
住宿和餐饮业	100.0	8.9	1.5	71.2	6.0	5.8	6.6
信息传输、软件和信息技术服务业	100.0	15.3	0.9	66.5	6.8	4.5	6.1
金融业	100.0	12.3	0.8	70.2	6.4	2.7	7.7
房地产业	100.0	10.2	3.1	74.2	2.6	1.2	8.6
租赁和商务服务业	100.0	11.9	2.3	77.9	1.2	1.4	5.4
科学研究和技术服务业	100.0	14.6	1.3	75.4	1.5	1.8	5.4
水利、环境和公共设施管理业	100.0	25.5	2.8	61.9	1.0	0.4	8.5
居民服务、修理和其他服务业	100.0	2.4	1.7	89.0	1.7	0.7	4.4
教　育	100.0	3.4	1.5	89.2	0.6	0.8	4.4
卫生和社会工作	100.0	5.9	1.8	82.6	0.8	1.0	7.9
文化、体育和娱乐业	100.0	11.6	1.1	81.3	1.1	0.7	4.3

表13　各控股类型企业在各行业从业人员数占比

单位：%

行业大类	全国	国有控股	集体控股	私人控股	港澳台商控股	外商控股	其他
总　计	100.0	100.0	100.0	100.0	100.0	100.0	100.0
农、林、牧、渔业	0.19	0.34	0.19	0.17	0.01	0.00	0.39
采矿业	2.00	10.04	2.19	0.84	0.21	0.31	0.98
制造业	34.78	21.67	23.60	33.83	71.08	74.02	29.43

续表

行业大类	全国	国有控股	集体控股	私人控股	港澳台商控股	外商控股	其他
电力、热力、燃气及水生产和供应业	1.55	8.58	2.05	0.45	0.83	0.48	1.05
建筑业	19.47	19.14	37.66	21.03	0.92	0.55	17.75
批发和零售业	13.07	6.38	8.78	14.85	8.28	8.73	12.87
交通运输、仓储和邮政业	4.03	10.72	4.35	3.09	1.56	1.05	4.94
住宿和餐饮业	2.36	1.67	1.55	2.30	3.59	3.81	3.30
信息传输、软件和信息技术服务业	3.33	4.05	1.30	3.04	5.69	4.15	4.28
金融业	0.19	0.19	0.07	0.18	0.31	0.14	0.31
房地产业	4.23	3.43	5.79	4.31	2.81	1.45	7.71
租赁和商务服务业	7.13	6.71	7.16	7.62	2.22	2.79	8.09
科学研究和技术服务业	3.32	3.85	1.99	3.43	1.23	1.67	3.78
水利、环境和公共设施管理业	0.78	1.58	0.96	0.66	0.20	0.08	1.41
居民服务、修理和其他服务业	1.38	0.27	1.02	1.69	0.59	0.28	1.29
教 育	0.57	0.16	0.38	0.70	0.09	0.13	0.53
卫生和社会工作	0.54	0.25	0.42	0.61	0.11	0.14	0.90
文化、体育和娱乐业	1.07	0.99	0.51	1.20	0.30	0.21	0.98

三、企业资产

企业资产是指企业过去的交易或者事项形成的、由企业拥有或者控制的、预期会给企业带来经济利益的资源。资产一般按流动性（资产的变现或耗用时间长短）分为流动资产和非流动资产。

1. 工业企业资产数据

民营工业企业资产占全国规模以上工业企业资产总额的40%以上，占全国大中小微工业企业资产总额的50%以上，是工业资产的第一大主体。

（1）企业资产。2018年全国各类规上工业企业资产115.33万亿元，国有控股企业资产45.65万亿元，占全国的39.6%；港、澳、台商投资企业资产92 436亿元，占8%；外商投资企业资产12.67万亿元，占11.0%；私营企业资产26.35万亿元，占全国的22.8%。全部民营企业资产占规上工业的40%以上。

（2）户均资产。全国工业企业的户均资产为3.08亿元，其中国有控股企业户均资产为23.71亿元，港、澳、台商投资企业户均资产为4.5亿元，外商投资企业户均资产为5.26亿元，私营企业为1.12亿元。

（3）人均资产。全国工业企业的人均资产为138万元，其中国有控股企业人均资产为299.5万元，港、澳、台商投资企业人均资产为101万元，外商投资企业人均资产为134.5万元，私营企业为79.4万元。

（4）资产负债率。全国工业企业资产负债率为56.7%。其中国有控股企业资产负债率为58.8%，港、澳、台商投资企业资产负债率为55%，外商投资企业资产负债率为53.5%，私营企业为56.5%（以上数据见表14）。

表14　按登记注册类型规模以上工业企业资产情况

分组	资产总计（亿元）	占比（%）	户均资产（万元）	人均资产（万元）	资产负债率（%）
总　计	1 153 251.2	100.0	30 756	138.0	56.7
国有企业	31 416.1	2.7	207 641	211.3	64.7
集合联企业	1 958.1	0.2	8 840	50.4	56.6
有限责任公司	464 913.0	40.3	59 036	204.2	60.3
股份有限公司	172 150.6	14.9	140 051	241.0	49.3
私营企业	263 450.6	22.8	11 190	79.4	56.5
其他企业	197.5	0.0	13 621	74.8	70.0
港澳台商投资企业	92 436.0	8.0	45 023	101.0	55.0
外商投资企业	126 729.4	11.0	52 600	134.5	53.5
总计中亏损的企业	188 722.3	16.4	36 020	168.6	75.8
总计中国有控股的企业	456 504.2	39.6	237 145	299.5	58.8

各类型企业资产在各行业中的分布。

工业三大类行业，采矿业资产中，国有控股企业资产占76.8%，私营与外资占比较小。制造业资产中，国有控股企业资产占26.7%，私营企业资产占28%，外资企业资产占22.8%。电力热力等行业中，国有控股企业资产占84.1%，私营与外资占比较小（见表15）。

三类企业资产在三大行业中的分布，国有控股企业资产的一半多分布在制造业，近三分之一分布在电力热力等行业；私营企业资产和外资企业资产都有90%以上分布在制造业，在其他两个行业较少（见表16）。

表15　三大行业各类型规模以上工业企业资产情况

行业	全国工业	国有控股	私营	外商和港澳台投资
总计（亿元）	1 153 251.2	456 504.2	263 450.6	219 165.4
占比（%）	100.0	39.6	22.8	19.0
采矿业（亿元）	96 680.9	74 217.0	9 423.5	2 899.9
占比（%）	100.0	76.8	9.7	3.0
制造业（亿元）	881 869.5	235 364.5	246 501.1	201 230.7
占比（%）	100.0	26.7	28.0	22.8
电力、热力、燃气及水生产和供应业（亿元）	174 700.9	146 922.7	7 526.0	15 034.8
占比（%）	100.0	84.1	4.3	8.6

表16　各类型企业资产在三大行业中的分布

行业	全国工业	国有控股	私营	外商和港澳台投资
总计（%）	100.0	100.0	100.0	100.0
采矿业（%）	8.4	16.3	3.6	1.3
制造业（%）	76.5	51.6	93.6	91.8
电力、热力、燃气及水生产和供应业（%）	15.1	32.2	2.9	6.9

2. 文化产业企业资产数据

文化产业中民营企业资产占文化制造业的55%左右，占限额以上文化批零业企业资产的50%左右，占文化服务企业资产的40%左右。

文化制造业：2018年，全国规模以上文化制造业企业资产3.41万亿元。国有控股企业资产总计4 719.71亿元，占全部规上文化制造业企业总资产的13.8%；私人控股企业资产1.69万亿元，占49.6%；港澳台商控股企业资产5 108.21亿元，占15%；外商控股企业资产5 106.1亿元，占15%。全部民营企业占55%左右（见表17）。

2018年，全国限额以上文化批零业企业资产1.27万亿元。其中，国有控股企业资产总计4 005.82亿元，占31.4%；私人控股企业资产4 638.32亿元，占

36.4%；外商控股企业资产总计1 266.12亿元，占9.9%。全部民营企业资产占50%左右（见表18）。

表17　按控股情况分规模以上文化制造业企业资产情况

分组	资产总计（万元）	占比（%）	户均资产（万元）	人均资产（万元）
总　计	341 247 984	100.0	17 132	77.3
国有控股	47 197 079	13.8	101 499	194.5
集体控股	5 060 709	1.5	23 759	76.0
私人控股	169 306 378	49.6	10 572	64.3
港澳台商控股	51 082 131	15.0	32 351	62.2
外商控股	51 060 838	15.0	49 334	104.5
其　他	17 540 849	5.1	28 615	108.9

表18　按控股情况分限额以上文化批零业企业资产情况

分组	资产总计（万元）	占比（%）	户均资产（万元）	人均资产（万元）
总　计	127 466 253	100.0	12 107	215.9
国有控股	40 058 175	31.4	32 808	288.7
集体控股	4 457 469	3.5	35 098	369.2
私人控股	46 383 248	36.4	5 577	148.3
港澳台商控股	8 171 842	6.4	46 965	241.4
外商控股	12 661 159	9.9	94 486	365.2
其　他	15 734 361	12.3	28 350	270.4

2018年，全国规模以上文化服务业企业资产总计8万亿元，其中，国有控股企业资产占比最高。国有控股企业资产3.59万亿元，占全部规模以上文化服务业企业总资产的44.9%；私人控股企业资产2.34万亿元，占29.2%；港澳台商控股企业资产1.07万亿元，占13.4%（见表19）。

3. 批发业及零售业法人企业资产

民营企业，占全国批发业法人企业资产的60%以上，占全国限额以上批发业法人企业资产的45%以上，占全国零售业法人企业资产的60%以上，占全国限额以上零售业法人企业资产50%以上。

2018年全国批发业法人企业资产总计42.03万亿元。其中，国有企业资产占2.5%，有限责任公司资产占35.9%，私营企业资产占比达到42.5%，全部民营企业占50%以上（见表20）。

表19　按控股情况分规模以上文化服务业企业资产情况

分组	资产总计（万元）	占比（%）	户均资产（万元）	人均资产（万元）
总　计	800 662 583	100.0	26 677	227.6
国有控股	359 190 852	44.9	67 390	347.3
集体控股	10 282 956	1.3	24 310	165.7
私人控股	234 118 578	29.2	11 188	140.0
港澳台商控股	107 337 617	13.4	179 795	410.9
外商控股	24 773 344	3.1	44 238	202.2
其　他	64 959 236	8.1	29 839	178.0

表20　批发业法人企业资产情况

分组	资产总计（万元）	占比（%）	资产负债率（%）
批发业	420 267.3	100.0	69.7
国有企业	10 480.5	2.5	45.5
集合联企业	1 699.2	0.4	67.3
有限责任公司	150 790.3	35.9	73.7
股份有限公司	30 592.5	7.3	61.0
私营企业	178 548.0	42.5	70.5
其他企业	2 306.0	0.5	20.2
港澳台商投资企业	19 331.3	4.6	70.0
外商投资企业	26 519.6	6.3	65.8

2018年全国限额以上批发业法人企业资产总计24.77万亿元。其中，有限责任公司资产占比达到43.8%，国有企业资产占3.5%，私营企业资产占26.4%，民营企业占40%以上（见表21）。

2018年全国零售业法人企业资产总计11.32万亿元。其中，国有企业资产占

1.1%，有限责任公司资产占比达到28.1%，私营企业资产占50.6%，全部民营企业占60%以上（见表22）。

表21　限额以上批发业法人企业资产情况

分组	资产总计（万元）	占比（%）	资产负债率（%）
批发业	247 653.8	100.0	72.8
国有企业	8 606.6	3.5	39.4
集合联企业	466.5	0.2	78.2
有限责任公司	108 358.2	43.8	76.0
股份有限公司	25 545.9	10.3	61.8
私营企业	65 406.3	26.4	78.6
其他企业	91.6	0.0	40.2
港澳台商投资企业	16 126.8	6.5	70.4
外商投资企业	23 051.8	9.3	67.3

表22　零售业法人企业资产情况

分组	资产总计（万元）	占比（%）	资产负债率（%）
零售业	113 187.9	100.0	62.0
内资企业	103 103.9	91.1	61.4
国有企业	1 300.3	1.1	66.4
集合联企业	778.0	0.7	56.1
有限责任公司	31 842.8	28.1	68.0
股份有限公司	11 314.5	10.0	57.3
私营企业	57 284.7	50.6	58.9
其他企业	583.6	0.5	18.7
港澳台商投资企业	4 634.4	4.1	68.3
外商投资企业	5 449.6	4.8	68.4

2018年全国限额以上零售业法人企业资产总计6.18万亿元。其中，国有企业资产占1.6%，有限责任公司资产占36.2%，私营企业资产占30.7%，全部民营企业占50%以上（见表23）。

表23　限额以上零售业法人企业资产情况

分组	资产总计（亿元）	占比（%）	资产负债率（%）
零售业	61 828.3	100.0	69.6
国有企业	972.5	1.6	65.1
集合联企业	262.9	0.4	59.0
有限责任公司	22 383.5	36.2	71.8
股份有限公司	9 946.5	16.1	60.3
私营企业	18 990.1	30.7	73.5
其他企业	43.6	0.1	33.3
港澳台商投资企业	4 186.3	6.8	67.3
外商投资企业	5 042.9	8.2	67.3

4. 房地产开发企业资产数据

民营企业资产占房地产开发企业资产总额的60%以上。

2018年全国房地产开发企业总资产达100.6万亿元。其中，有限公司资产总计59.22万亿元，占58.9%；股份有限公司总计3.45万亿元，占3.4%；私营企业资产总计28.56万亿元，占28.4%；国有企业资产总计1.04万亿元，占1%。民营企业资产占比超过60%（见表24）。

全国各地区中，房地产私营企业资产占比超过60%有1个省，超过50%有2个省，超过40%的有6个省，超过30%的有12个省。

表24　各地区房地产开发企业资产总额及类型企业占比

		国有企业	有限公司	股份公司	私营企业	港澳台商投资企业	外商投资企业
全国（万亿元）	100.6	1.04	59.22	3.45	28.56	5.75	2.44
占比（%）	100.0	1.0	58.9	3.4	28.4	5.7	2.4

5. 服务业各行业企业资产数据

服务业十个行业，国有控股企业资产总计114.63万亿元，非公有控股企业资产总计85.39万亿元。

2018年服务业各行业国有控股企业资产总计114.63万亿元，户均资产为10.28亿元，资产负债率为51.7%。其中，租赁和商务服务业、交通运输仓储和邮政业、水利环境和公共设施管理业的资产规模较大。租赁和商务服务业国有控股企业资产总计63.8万亿元，户均资产为17.16亿元，资产负债率为49.1%（见表25）。

表25　服务业国有控股企业分行业资产负债情况

行业	资产总计 （亿元）	占比 （%）	户均资产 （万元）	资产负债率 （%）
总　　计	1 146 264.5	100.0	102 856.6	51.7
交通运输、仓储和邮政业	197 753.8	17.3	122 569.6	58.6
信息传输、软件和信息技术服务业	49 689.3	4.3	76 752.1	40.5
房地产业	51 535.0	4.5	38 640.6	56.7
租赁和商务服务业	637 933.3	55.7	171 556.6	49.1
科学研究和技术服务业	68 997.4	6.0	38 793.1	50.6
水利、环境和公共设施管理业	126 501.6	11.0	153 502.8	57.2
居民服务、修理和其他服务业	1 225.0	0.1	5 016.2	55.5
教　　育	598.4	0.1	4 008.0	49.0
卫生和社会工作	591.1	0.1	5 117.8	61.8
文化、体育和娱乐业	11 439.6	1.0	15 897.1	44.7

2018年服务业各行业非公有控股企业资产总计85.39万亿元，户均资产为1 294.6万元，资产负债率为58.9%。其中，租赁和商务服务业、交通运输仓储和邮政业、信息传输软件和信息技术服务业、房地产业的资产规模较大。租赁和商务服务业非国有控股企业资产总计43.5万亿元，户均资产为1 973.3万元，资产负债率为58.1%（见表26）。

四、企业营业收入

营业收入是指企业经营主要业务和其他业务所确认的收入总额。营业收入包括"主营业务收入"和"其他业务收入"。

表26　服务业非公有控股企业分行业数据

行业	资产总计 （亿元）	占比 （%）	资产负债率 （%）	户均资产 （万元）
总　　计	853 892.7	100.0	58.9	1 294.6
交通运输、仓储和邮政业	69 174.4	8.1	61.6	1 271.1
信息传输、软件和信息技术服务业	100 629.0	11.8	50.5	1 114.1
房地产业	93 477.8	10.9	72.1	1 842.0
租赁和商务服务业	435 124.8	51.0	58.1	1 973.3
科学研究和技术服务业	79 285.2	9.3	57.1	709.6
水利、环境和公共设施管理业	36 058.5	4.2	57.6	3 549.5
居民服务、修理和其他服务业	8 611.6	1.0	52.3	184.3
教　育	4 714.1	0.6	58.8	239.7
卫生和社会工作	6 149.5	0.7	60.8	930.0
文化、体育和娱乐业	20 667.7	2.4	59.2	424.7

1. 规模以上工业企业营业收入

民营工业企业营业收入占规模以上工业企业营业收入的50%左右。

2018年，规模以上工业企业营收总额为1 057 327.3亿元。其中，国有控股企业营收总额为290 753.9亿元，占全部规模以上工业企业营收总额的27.5%；港澳台商投资企业营收总额为93 396.4亿元，占8.8%；外商投资企业营收总额为143 562.3亿元，占13.6%；私营企业营收总额为343 843.2亿元，占32.5%。全部民营企业营收总额占50%左右（见表27至表29）。

表27　各类型规模以上工业企业营收及占比和户均、人均营收情况

分组	营业收入 （亿元）	营收占比 （%）	户均营收 （万元）	人均营收 （万元）
总　　计	1 057 327.3	100.0	28 198	126.5
一、按登记注册类型分组				
国有企业	21 025.7	2.0	138 967	141.4
集合联企业	2 547.6	0.2	11 502	65.6
有限责任公司	341 397.7	32.3	43 352	150.0
股份有限公司	111 356.5	10.5	90 593	155.9

续表

分组	营业收入（亿元）	营收占比（%）	户均营收（万元）	人均营收（万元）
私营企业	343 843.2	32.5	14 605	103.6
其他企业	198.0	0.0	13 652	75.0
港澳台商投资企业	93 396.4	8.8	45 490	102.1
外商投资企业	143 562.3	13.6	59 587	152.4
二、总计中亏损的企业	97 402.0	9.2	18 590	87.0
总计中国有控股的企业	290 753.9	27.5	151 041	190.8

表28　三大类行业各类型企业规模以上工业企业营收总额及占比

行业	全部工业	国有控股	私营工业	外商和港澳台商投资工业
总计（亿元）	1 057 327.3	290 753.9	343 843.2	236 958.7
占比（%）	100.0	27.5	32.5	22.4
采矿业（亿元）	46 671.6	30 382.7	9 041.0	1 417.5
占比（%）	100.0	65.1	19.4	3.0
制造业（亿元）	937 798.0	197 395.2	332 472.7	229 342.2
占比（%）	100.0	21.0	35.5	24.5
电力、热力、燃气及水生产和供应业（亿元）	72 857.7	62 976.1	2 329.4	6 198.9
占比（%）	100.0	86.4	3.2	8.5

注：此表未列有限公司、股份公司等企业数据。

表29　三大类行业各类型企业规模以上工业企业户均与人均营收

行业	全部工业	国有控股	私营工业	外商和港澳台商投资工业
全国户均营收（亿元）	28 198	151 041	14 605	53 101
全国人均（万元）	126.5	190.8	103.6	127.6
采矿业户均（亿元）	45 286	201 744	15 018	95 777
人均（万元）	89.9	81.6	115.5	214.1
制造业户均（亿元）	26 585	167 412	14 640	53 068
人均（万元）	125.1	226.6	103.2	125.6
电力、热力、燃气及水生产和供应业户均（亿元）	61 204	105 789	10 093	49 237
人均（万元）	214.4	224.5	130.3	250.6

注：此表未列有限公司、股份公司等企业数据。

2. 规模以上文化制造业企业营业收入

民营企业占规模以上文化制造业企业营收总额的60%左右，占限额以上文化批零业企业营收总额的50%以上，占规模以上文化服务企业营收总额的50%以上。

规模以上文化制造业：企业营收总额396 721 947万元。按控股情况来看，国有控股企业营收总额为40 919 254万元，占比为10.3%；港澳台商控股企业营收总额为62 746 541万元，占比为15.8%；外商控股企业营收总额为56 550 235万元，占比为14.3%；私人控股企业营收总额为217 945 524万元，占比为54.9%。全部民营企业占60%左右（见表30）。

户均营收方面，国有控股企业户均营收541万元，港澳台商控股企业597万元，外商控股企业705万元，私人控股企业329万元。人均营收方面，国有控股企业人均营收总额22.8万元，港澳台商控股企业19.2万元，外商控股企业26.2万元，私人控股企业30.6万元（见表30）。

表30　按控股情况分规模以上文化制造业企业营收情况

分组	营业收入（万元）	营收占比（%）	户均营收（万元）	人均营收（万元）
总　　计	396 721 947	100.0	331	30.0
国有控股	40 919 254	10.3	541	22.8
集体控股	5 107 319	1.3	272	24.3
私人控股	217 945 524	54.9	329	30.6
港澳台商控股	62 746 541	15.8	597	19.2
外商控股	56 550 235	14.3	705	26.2
其　　他	13 453 074	3.4	285	26.7

限额以上文化批零业企业：营收总额205 379 431万元。其中国有控股企业营收总额为40 723 041万元，占比为19.8%；港澳台商控股企业营收总额为9 475 898万元，占比为4.6%；外商控股企业营收总额为35 773 006万元，占比为17.4%；私人控股企业营收总额为86 788 678万元，占比为42.3%。全部民营企业占50%以上（见表31）。

户均营收，国有控股企业户均营收33 352万元，港澳台商控股企业为54 459万元，外商控股企业为266 963万元，私人控股企业为10 435万元。人均营收，国有控股企业人均营收293.5万元，港澳台商控股企业为279.9万元，外商控股企业为1 032万元，私人控股企业为277.4万元。

表31　按控股情况分限额以上文化批零业企业营收情况

分组	营业收入 （万元）	营收占比 （%）	户均营收 （万元）	人均营收 （万元）
总　计	205 379 431	100.0	19 508	347.9
国有控股	40 723 041	19.8	33 352	293.5
集体控股	8 830 949	4.3	69 535	731.5
私人控股	86 788 678	42.3	10 435	277.4
港澳台商控股	9 475 898	4.6	54 459	279.9
外商控股	35 773 006	17.4	266 963	1032
其　他	23 787 859	11.6	42 861	408.7

规模以上文化服务业企业：营收总额为365 888 952万元。其中，国有控股企业营收总额为87 133 430万元，占比为23.8%；港澳台商控股企业营收总额为58 158 080万元，占比为15.9%；外商控股企业营收总额为28 848 910万元，占比为7.9%；私人控股企业营收总额为158 213 336万元，占比为43.2%。全部民营企业占50%以上（见表32）。

户均营收，国有控股企业户均营收为16 348万元，私人控股企业为7 561万元，港澳台商控股企业为97 417万元，外商控股企业为51 516万元。人均营收，国有控股企业人均营业总额为84.2万元，私人控股企业为94.6万元，港澳台商控股企业为222.7万元，外商控股企业为235.5万元。

表32　按控股情况分规模以上文化服务业企业营收情况

分组	营业收入 （万元）	占比 （%）	户均营收 （万元）	人均营收 （万元）
总　计	365 888 952	100.0	12 191	104.0
国有控股	87 133 430	23.8	16 348	84.2
集体控股	3 242 392	0.9	7 665	52.2
私人控股	158 213 336	43.2	7 561	94.6
港澳台商控股	58 158 080	15.9	97 417	222.7
外商控股	28 848 910	7.9	51 516	235.5
其　他	30 292 804	8.3	13 915	83.0

3．全部批发业和限额以上批发业法人企业营业收入

在批发业和限额以上批发业法人企业营业收入中，在零售业及限额以上零售业法人企业营业收入中，民营企业均占60%以上。

批发业法人企业营业收入总额722 441.2亿元。其中，国有企业17 652.9亿元，占比2.4%；港澳台商投资企业26 380.8亿元，占比3.7%；外商投资企业57 810.3亿元，占比8.0%；私营企业315 241.6亿元，占比43.6%，全部民营企业占60%以上。

限额以上批发业法人企业营业收入总额502 839.2亿元。其中，国有企业16 488.3亿元，占比3.3%；港澳台商投资企业23 674.7亿元，占比4.7%；外商投资企业53 976亿元，占比10.7%；私营企业154 735.2亿元，占比30.8%。全部民营企业占60%以上（见表33）。

表33　批发业及限额以上批发业法人企业营收及占比

分组	批发企业营业收入（亿元）	占比（%）	限额以上批发企业营业收入（亿元）	占比（%）
批发业	722 441.2	100.0	502 839.2	100.0
内资企业	638 250.1	88.3	425 188.5	84.6
国有企业	17 652.9	2.4	16 488.3	3.3
集合联企业	1 554.0	0.2	972.4	0.2
有限责任公司	252 683.7	35.0	210 000.1	41.8
股份有限公司	47 659.4	6.6	42 630.0	8.5
私营企业	315 241.6	43.6	154 735.2	30.8
其他企业	3 458.7	0.5	362.5	0.1
港澳台商投资企业	26 380.8	3.7	23 674.7	4.7
外商投资企业	57 810.3	8.0	53 976.0	10.7

零售业法人企业营业收入总额158 700.4亿元。其中，国有企业1 277.1亿元，占比0.8%；港澳台商投资企业7 288.4亿元，占比4.6%；外商投资企业7 896.1亿元，占比5%；私营企业77 118.6亿元，占比48.6%，全部民营企业占60%以上（见表34）。

限额以上零售业法人企业营业收入总额110 555.1亿元。其中，国有企业1 111.3亿元，占比1.0%；港澳台商投资企业6 985.9亿元，占比6.3%；外商投资

企业7 577.8亿元，占比6.9%；私营企业38 865.3亿元，占比35.2%。全部民营企业占60%以上（见表34）。

表34　零售业及限额以上零售业法人企业营收及占比

分组	零售企业营业收入（亿元）	占比（%）	限额以上零售企业营收（亿元）	占比（%）
批发业	158 700.4	100.0	110 555.1	100.0
内资企业	143 515.9	90.4	95 991.5	86.8
国有企业	1 277.1	0.8	1 111.3	1.0
集合联企业	1 071.4	0.7	708.5	0.6
有限责任公司	49 876.4	31.4	42 369.9	38.3
股份有限公司	13 529.7	8.5	12 821.9	11.6
私营企业	77 118.6	48.6	38 865.3	35.2
其他企业	642.8	0.4	114.6	0.1
港澳台商投资企业	7 288.4	4.6	6 985.9	6.3
外商投资企业	7 896.1	5.0	7 577.8	6.9

4. 服务业分行业国有与非国有企业营收情况

服务业分行业的普查数据有两类，一类是国有控股企业，一类是非公有企业。从总体看，服务业国有控股企业营业收入为9.2万亿元，非公有企业为22.8万亿元，后者是前者的二倍多。服务业十大行业中，多数行业的非公有企业的营业收入都成倍高于国有控股企业，说明服务业是以非公有经济为主的（见表35）。

表35　服务业十大行业国有控股与非公有控股企业分行业营业收入情况

行业	营业收入(亿元)		营收占比(%)	
	国有控股	非公有控股	国有控股	非公有控股
总　计	92 168.1	228 342.2	100.0	100.0
交通运输、仓储和邮政业	31 632.2	45 332.0	34.3	19.9
信息传输、软件和信息技术服务业	17 361.0	51 840.9	18.8	22.7
房地产业	2 808.0	14 346.2	3.0	6.3
租赁和商务服务业	18 360.5	62 923.6	19.9	27.6

续表

行业	营业收入(亿元)		营收占比(%)	
	国有控股	非公有控股	国有控股	非公有控股
科学研究和技术服务业	13 572.1	29 460.5	14.7	12.9
水利、环境和公共设施管理业	5 188.5	4 602.4	5.6	2.0
居民服务、修理和其他服务业	261.8	6 349.4	0.3	2.8
教　育	131.7	2 593.5	0.1	1.1
卫生和社会工作	339.2	3 369.5	0.4	1.5
文化、体育和娱乐业	2 513.1	7 524.2	2.7	3.3

五、企业利润

利润总额指企业在一定会计期间的经营成果，是生产经营过程中各种收入扣除各种耗费后的盈余，反映企业在报告期内实现的盈亏总额。

1. 工业企业利润

民营工业企业利润占全部规模以上工业企业利润的50%以上。其中，在制造业利润中的占比超过55%；加上规模以下企业，民营企业利润占全部工业利润的65%左右（见表36）。

表36　按登记注册类型规模以上工业企业利润和亏损情况

分组	利润总额（亿元）	占比（%）	户均利润（万元）	人均利润（万元）	亏损企业亏损额（亿元）
总　　计	71 608.9	100.0	1 910	8.6	7 782.4
一、按登记注册类型分组					
国有企业	496.5	0.7	3 281	3.3	257.9
集合联企业	153.2	0.2	692	3.9	16.3
有限责任公司	22 153.6	30.9	2 813	9.7	3 418.6
股份有限公司	10 088.6	14.1	8 207	14.1	1 117.7
私营企业	21 762.8	30.4	924	6.6	1 413.6
其他企业	10.7	0.0	734	4.0	1.2
港澳台商投资企业	6 308.7	8.8	3 073	6.9	568.9

续表

分组	利润总额（亿元）	占比（%）	户均利润（万元）	人均利润（万元）	亏损企业亏损额（亿元）
外商投资企业	10 634.8	14.9	4 414	11.3	988.3
二、总计中亏损的企业	−7 782.4	−10.9	−1 485	−7.0	7 782.4
总计中国有控股的企业	19 284.7	26.9	10 018	12.7	3 504.1

2018年，规模以上工业企业利润总额71 608.9亿元。其中，国有控股企业利润总额19 284.7亿元，占全部规模以上工业企业利润总额的26.9%；港、澳、台商投资企业利润总额6 308.7亿元，占比为8.8%；外商投资企业利润总额10 634.8亿元，占比为14.9%；私营企业利润总额21 762.8亿元，占比为30.4%。全部民营企业利润占50%以上（见表36、表37）。

从大类工业行业看，国有控股企业在采矿业和电力热力燃气行业利润占比明显较高，私营工业企业利润在制造业中的占比较高，全部民营工业企业利润总额占比超过50%，在制造业中的利润占比近55%（见表37、表38）。

表37　大类行业中各类型工业企业利润及占比

行业	全部工业	国有控股	私营工业	外商和港澳台商投资工业
总计（亿元）	71 608.9	19 284.7	21 762.8	16 943.5
占比（%）	100.0	26.9	30.4	23.7
采矿业（亿元）	5 481.0	3 415.9	842.1	467.5
占比（%）	100.0	62.3	15.4	8.5
制造业（亿元）	61 848.5	12 808.4	20 614.5	15 677.6
占比（%）	100.0	20.7	33.3	25.3
电力、热力、燃气及水生产和供应业（亿元）	4 279.5	3 060.4	306.2	798.5
占比（%）	100.0	71.5	7.2	18.7

表38　规模以上工业企业户均和人均利润

行业	全部工业	国有控股	私营工业	外商和港澳台商投资工业
全部户均利润（万元）	1 910	10 018	924	3 797
人均利润（万元）	8.6	12.7	6.6	9.1

续表

行业	全部工业	国有控股	私营工业	外商和港澳台商投资工业
采矿业户均利润（万元）	5 318	22 682	1 399	31 584
人均利润（万元）	10.6	9.2	10.8	70.6
制造业户均利润（万元）	1 753	10 863	908	3 628
人均利润（万元）	8.2	14.7	6.4	8.6
电力热力燃气及水生产和供应业户均利润（万元）	3 595	5 141	1 327	6 342
人均利润（万元）	12.6	10.9	17.1	32.3

2. 文化产业利润

文化及相关产业指为社会公众提供文化产品和文化相关产品的生产活动的集合。

民营企业利润占文化产业企业利润的50%以上，加上规模以下文化企业，民营企业利润占全部文化产业利润的60%以上。

规模以上文化制造业企业营业利润总额22 222 755万元。按控股情况来看，国有控股企业营业利润总额为1 918 774万元，占比为8.6%；港澳台商控股企业营业利润总额为3 074 554万元，占比为13.8%；外商控股企业营业利润总额为2 678 816万元，占比为12.1%；私人控股企业营业利润总额13 717 765万元，占比为61.7%，其户均与人均利润均高于其他类型企业（见表39）。

表39　按控股情况分规模以上文化制造业企业利润及占比

分组	营业利润（万元）	占比（%）	户均利润（万元）	人均利润（万元）
总　计	22 222 755	100.0	24	2.2
国有控股	1 918 774	8.6	21	0.9
集体控股	180 997	0.8	20	1.8
私人控股	13 717 765	61.7	25	2.3
港澳台商控股	3 074 554	13.8	1	0.0
外商控股	2 678 816	12.1	9	0.3
其　他	651 849	2.9	13	1.3

限额以上文化批零业企业营业利润总额6 088 672万元。按控股情况来看，国有控股企业营业利润总额1 724 211万元，占比为28.3%；港澳台商控股企业营业利润总额为287 050万元，占比为4.7%；外商控股企业营业利润总额1 447 433万元，占比23.8%；私人控股企业营业利润总额2 221 498万元，占比36.5%。全部民营企业占45%左右（见表40）。

表40　按控股情况分限额以上文化批零业企业利润情况

分组	营业利润(万元)	户均利润(万元)	人均利润(万元)
总　计	6 088 672	578	10.3
国有控股	1 724 211	1 412	12.4
集体控股	132 028	1 040	10.9
私人控股	2 221 498	267	7.1
港澳台商控股	287 050	1 650	8.5
外商控股	1 447 433	10 802	41.8
其　他	276 452	498	4.8

规模以上文化服务业企业营业利润总额49 305 794万元。按控股情况来看，国有控股企业营业利润总额为9 570 153万元，占比为19.4%；港澳台商控股企业营业利润总额为20 052 344万元，占比为40.7%；外商控股企业营业利润总额为2 060 960万元，占比为4.2%；私人控股企业营业利润总额为12 736 963万元，占比为25.8%。全部民营企业占35%左右（见表41）。

表41　按控股情况分规模以上文化服务业企业利润情况

分组	营业利润(万元)	占比(%)	户均利润(万元)	人均利润(万元)
总　计	49 305 794	100.0	1 643	14.0
国有控股	9 570 153	19.4	1 796	9.3
集体控股	467 396	0.9	1 105	7.5
私人控股	12 736 963	25.8	609	7.6
港澳台商控股	20 052 344	40.7	33 589	76.8
外商控股	2 060 960	4.2	3 680	16.8
其　他	4 417 979	9.0	2 029	12.1

六、企业权益资本

所有者权益指企业资产扣除负债后由所有者享有的剩余权益。公司的所有者权益又称股东权益，包括实收资本、资本公积、盈余公积、未分配利润等。

实收资本指企业各投资者实际投入的资本（或股本）总额，包括货币、实物、无形资产等各种形式的投入。实收资本按投资主体可分为国家资本、集体资本、法人资本、个人资本、港澳台资本和外商资本。

1. 工业企业所有者权益及实收资本

权益与资本。工业企业所有者权益中，私营企业11万亿多，占23%；工业企业实收资本中，私营企业5.63万亿元，占22.4%；个人资本4.78亿元，占19.1%。

全国规模以上工业企业所有者权益为49.9万亿元。其中，国有控股企业为18.8万亿元，占比为37.7%；港澳台企业为4.2万亿，占比为8.4%；外商投资企业为5.9万亿元，占比为11.8%；私营企业为11.47万元，占比为23%（见表42）。

规模以上工业企业实收资本为25.1万亿元。其中，国家资本7.07万亿元，占28.2%；法人资本9.14万亿元，占36.4%；集体资本4 097亿元，占1.6%；港澳台商资本为1.39万亿元，占比为5.6%；外商资本为2.28万亿元，占比为9.1%；个人资本为4.78万亿元，占比为19.1%（见表42）。

表42　分登记注册类型规模以上工业企业所有者权益及实收资本

单位：亿元

分组	所有者权益合计	实收资本	国家资本	集体资本	法人资本	个人资本	港澳台资本	外商资本
总　计	499 342.9	250 718.2	70 659.4	4 097.3	91 367.1	47 817.9	13 950.9	22 816.8
内资企业	398 736.9	198 439.6	66 591.2	3 717.5	80 468.1	46 092.3	633.2	911.1
国有企业	11 085.0	5 836.6	5 220.7	22.4	581.2	10.5	1.8	0.0
集合联企业	850.7	353.3	7.0	198.8	58.7	88.5	0.2	0.1
有限责任公司	184 772.0	104 935.3	50 580.4	1 856.2	42 696.3	8 815.1	316.1	657.0
股份有限公司	87 282.2	30 942.1	10 307.2	782.0	11 778.2	7 662.9	237.9	170.6
私营企业	114 687.8	56 337.1	458.1	852.4	25 348.7	29 508.8	77.3	83.4

续表

分组	所有者权益合计	实收资本	国家资本	集体资本	法人资本	个人资本	港澳台资本	外商资本
其他企业	59.2	35.3	18.0	5.8	5.0	6.5	0.0	0.0
港澳台商投资企业	41 611.7	20 365.6	1 317.4	148.1	4 168.4	865.8	12 214.5	1 675.4
外商投资企业	58 994.3	31 913.0	2 750.8	231.6	6 730.6	859.7	1 103.2	20 230.3
总计中亏损的企业	45 742.1	51 956.8	15 862.7	1 111.0	19 949.8	7 367.6	2 806.8	4 842.4
总计中国有控股的企业	188 017.6	102 024.0	67 767.0	818.7	28 402.6	2 124.4	605.0	2 325.3

从各类企业实收资本的构成看混合经济。大量的混合所有制企业正在形成。国有、民营、外资等各类型企业，每类企业的实收资本中，都有国家资本、个人资本和外资资本存在其中。每种实收资本，都在各类型企业中有分布。国有控股企业中，国家资本占66.4%，法人资本（其最终权属绝大多数为国家所有）占27.8%，其余的近6%属于非国有资本。私营企业中，个体资本占52.40%，法人资本（其最终权属绝大多数为个人所有）占45%，其余为非个人资本，其中国家资本占0.8%，集体资本占1.5%。特别是有限责任公司和股份有限公司，其实收资本构成更加多元化。有限责任公司中，国家资本占48.2%，法人资本占40.7%，个人资本占8.4%；股份有限公司中，国家资本占33.3%，法人资本占38.1%，个人资本占24.8%；港澳台企业中，国家资本占6.5%；外商投资企业中，国家资本占8.6%（见表43、表44）。

表43　各类型规模以上工业企业所有者权益及实收资本在全国的占比

单位：%

分组	所有者权益合计	实收资本	国家资本	集体资本	法人资本	个人资本	港澳台资本	外商资本
总　计	100.0	100.0	100.0	100.0	100.0	100.0	100.0	100.0
内资企业	79.9	79.1	94.2	90.7	88.1	96.4	4.5	4.0
国有企业	2.2	2.3	7.4	0.5	0.6	0.0	0.0	0.0
集合联企业	0.2	0.1	0.0	4.9	0.1	0.2	0.0	0.0
有限责任公司	37.0	41.9	71.6	45.3	46.7	18.4	2.3	2.9
股份有限公司	17.5	12.3	14.6	19.1	12.9	16.0	1.7	0.7

续表

分组	所有者权益合计	实收资本	国家资本	集体资本	法人资本	个人资本	港澳台资本	外商资本
私营企业	23.0	22.5	0.6	20.8	27.7	61.7	0.6	0.4
其他企业	0.0	0.0	0.0	0.1	0.0	0.0	0.0	0.0
港澳台商投资企业	8.3	8.1	1.9	3.6	4.6	1.8	87.6	7.3
外商投资企业	11.8	12.7	3.9	5.7	7.4	1.8	7.9	88.7
总计中亏损的企业	9.2	20.7	22.4	27.1	21.8	15.4	20.1	21.2
总计中国有控股的企业	37.7	40.7	95.9	20.0	31.1	4.4	4.3	10.2

表44　分登记注册类型规模以上工业企业所有者权益及实收资本占比

单位：%

分组	实收资本	国家资本	集体资本	法人资本	个人资本	港澳台资本	外商资本
总　计	100.0	28.2	1.6	36.4	19.1	5.6	9.1
内资企业	100.0	33.6	1.9	40.6	23.2	0.3	0.5
国有企业	100.0	89.4	0.4	10.0	0.2	0.0	0.0
集合联企业	100.0	2.0	56.3	16.6	25.0	0.0	0.0
有限责任公司	100.0	48.2	1.8	40.7	8.4	0.3	0.6
股份有限公司	100.0	33.3	2.5	38.1	24.8	0.8	0.6
私营企业	100.0	0.8	1.5	45.0	52.4	0.1	0.1
其他企业	100.0	51.0	16.4	14.1	18.5	0.0	0.0
港澳台商投资企业	100.0	6.5	0.7	20.5	4.3	60.0	8.2
外商投资企业	100.0	8.6	0.7	21.1	2.7	3.5	63.4
总计中亏损的企业	100.0	30.5	2.1	38.4	14.2	5.4	9.3
总计中国有控股的企业	100.0	66.4	0.8	27.8	2.1	0.6	2.3

国有控股企业中各类实收资本情况。国有控股企业实收资本中，个人实收资本占2.1%，其中在采矿业中，个人资本占1.5%，在制造业中占3.4%；外商资本占2.3%，其中在制造业中占3.9%（见表45、表46）。

表45　国有控股工业企业在三大类行业所有者权益及实收资本

单位：亿元

行业	所有者权益合计	实收资本	国家资本	集体资本	法人资本	个人资本	港澳台资本	外商资本
总　计	188 017.6	102 024.0	67 767.0	818.7	28 402.6	2 124.4	605.0	2 325.3
采矿业	31 077.8	15 166.7	10 662.7	151.7	4 099.8	224.3	0.1	28.2
制造业	98 278.3	46 758.5	24 541.3	474.2	17 972.2	1 586.5	370.1	1 814.2
电力、热力、燃气及水生产和供应业	58 661.5	40 098.9	32 563.0	192.9	6 330.6	313.6	234.8	482.9

表46　国有控股工业企业在三大类行业企业中各类实收资本占比

单位：%

行业	实收资本	国家资本	集体资本	法人资本	个人资本	港澳台资本	外商资本
总　计	100.0	66.4	0.8	27.8	2.1	0.6	2.3
采矿业	100.0	70.3	1.0	27.0	1.5	0.0	0.2
制造业	100.0	52.5	1.0	38.4	3.4	0.8	3.9
电力、热力、燃气及水生产和供应业	100.0	81.2	0.5	15.8	0.8	0.6	1.2

私营工业企业中各类实收资本情况。私营企业实收资本中，国家实收资本占0.8%，其中在电力等行业中，占4.5%（见表47、表48）。

表47　私营工业企业在三大类行业中所有者权益及实收资本

单位：亿元

行业	所有者权益合计	实收资本	国家资本	集体资本	法人资本	个人资本	港澳台资本	外商资本
总　计	114 687.8	56 337.1	458.1	852.4	25 348.7	29 508.8	77.3	83.4
采矿业	3 590.4	1 548.2	19.0	39.3	625.3	861.3	0.8	0.4
制造业	108 558.6	53 206.0	368.0	770.4	23 685.3	28 218.1	76.1	82.6
电力、热力、燃气及水生产和供应业	2 538.8	1 582.9	71.1	42.7	1 038.2	429.5	0.5	0.4

表48　私营工业企业在三大类行业中各类实收资本占比

单位：%

行业	实收资本	国家资本	集体资本	法人资本	个人资本	港澳台资本	外商资本
总　计	100.0	0.8	1.5	45.0	52.4	0.1	0.1
采矿业	100.0	1.2	2.5	40.4	55.6	0.0	0.0
制造业	100.0	0.7	1.4	44.5	53.0	0.1	0.2
电力、热力、燃气及水生产和供应业	100.0	4.5	2.7	65.6	27.1	0.0	0.0

2. 建筑企业权益资本

2018年，全国建筑企业所有者权益74.76万亿元，其中国有企业占11.6%，私营企业占35.9%，股份制企业占50.3%；全国建筑企业实收资本39.08万亿元，其中国家资本占21.5%，法人资本占33%，个人资本占41.9%（见表49、表50）。

2018年，按登记注册类型分总承包和专业承包建筑业企业中，国有企业的所有者权益和实收资本分别为8 692.7亿元和4 413.1亿元；私营企业的所有者权益和实收资本分别为26 874.4亿元和15 620.1亿元。二者均不包括其在股份制企业中的所有者权益与实收资本（见表49）。

从建筑企业所有者权益占比看，国有企业占11.6%，私营企业占35.9%，股份制企业占50.3%，两类外资企业占比较小。从实收资本占比看，国有企业占11.3%，私营企业占40%，股份制企业占46.8%（见表50）。

从各类企业的各种实收资本占比看，国家资本有39.2%分布在国有企业，60.3%分布在股份制企业；法人资本有8.5%分布在国有企业，37.6%分布在私营企业，52.8%分布在股份制企业，个人资本有65.2%分布在私营企业，34.5%分布在股份制企业（见表50）。

从各类实收资本的占比看，全国建筑企业中，国家资本占21.5%，法人资本占33%，个人资本占41.9%，集体与外资资本占比较小。从国有企业看，国家资本占74.5%，法人资本占24.7%，其余资本占比均较小；从私营企业看，个人资本占68.4%，法人资本占31%，其余资本占比很小；从股份制企业看，国家资本占27.7%，法人资本占37.3%，个人资本占30.9%（见表51）。

表49 建筑业分登记注册类型企业所有者权益及实收资本

单位：万元

项目	总计	国有企业	港澳台企业	外商投资企业	私营企业	股份制企业
所有者权益	747 618 672	86 926 587	4 346 241	3 371 068	268 744 385	376 005 682
实收资本	390 831 729	44 131 495	1 640 568	1 336 281	156 201 372	182 725 761
国家资本	83 910 422	32 872 510	110 642	30 341	262 951	50 592 771
集体资本	11 960 032	280 595	12 181	6 538	543 266	7 297 841
法人资本	128 887 624	10 909 272	524 546	248 223	48 433 431	68 113 920
个人资本	163 910 189	73 503	64 939	57 749	106 914 880	56 521 234
港澳台资本	1 035 734	33	903 689	16 528	33 658	81 725
外商资本	1 133 288	7 009	24 622	976 902	6 052	118 644

表50 建筑业分登记注册类型企业所有者权益及实收资本占比

单位：%

项目	总计	国有企业	港澳台企业	外商投资企业	私营企业	股份制企业
所有者权益	100.0	11.6	0.6	0.5	35.9	50.3
实收资本	100.0	11.3	0.4	0.3	40.0	46.8
国家资本	100.0	39.2	0.1	0.0	0.3	60.3
集体资本	100.0	2.3	0.1	0.1	4.5	61.0
法人资本	100.0	8.5	0.4	0.2	37.6	52.8
个人资本	100.0	0.0	0.0	0.0	65.2	34.5
港澳台资本	100.0	0.0	87.3	1.6	3.2	7.9
外商资本	100.0	0.6	2.2	86.2	0.5	10.5

表51 分登记注册类型企业中各类实收资本占比

单位：%

项目	总计	国有企业	港澳台企业	外商投资企业	私营企业	股份制企业
实收资本	100.0	100.0	100.0	100.0	100.0	100.0
国家资本	21.5	74.5	6.7	2.3	0.2	27.7
集体资本	3.1	0.6	0.7	0.5	0.3	4.0
法人资本	33.0	24.7	32.0	18.6	31.0	37.3
个人资本	41.9	0.2	4.0	4.3	68.4	30.9
港澳台资本	0.3	0.0	55.1	1.2	0.0	0.0
外商资本	0.3	0.0	1.5	73.1	0.0	0.1

七、企业效率效益数据

效率效益是衡量企业质量的最重要最主要指标。通常情况下，单位资产创造的营业收入即资产营收率，单位人数创造的营业收入和利润（或利税）即人均营收与人均利润，是衡量企业劳动生产率的主要指标；单位资产创造的利润（或利税）即资产利润率、单位营收和单位成本创造的利润（或利税）即营收利润率与成本利润率，是衡量企业效益的主要指标。单位人数使用资产即人均资产，是衡量企业资产资源占有和利用实力的重要指标。

大量数据显示，私营企业的资产营收率大幅度高于国有控股企业，资产利润率、成本利润率也明显高于国有控股企业。在不少行业与地区，这种差别更为显著。

1. 工业企业效率效益

资产营收率（营收/资产）：2018年，规模以上工业企业资产营收率为91.7%。其中，国有控股、私营、外商投资和港澳台工业企业的资产营收率分别为63.7%和130.5%、108.1%，私营工业企业资产营收率是国有控股企业的2倍多，长期数据也基本如此（见表54）。

另据统计，2018年的资产营收率，全国非金融类国有及国有控股企业为32.9%；中国企业500强中的国有企业（包括金融企业）为21.2%，中国企业500强中的民营企业（包括金融企业）为58.6%；全国民营500强为86.8%（见表52）。

资产利润率（利润/资产）：2018年，规模以上工业企业资产利润率为6.2%。其中，国有控股、私营、外商投资和港澳台工业企业的资产利润率分别为4.2%、8.3%和7.7%。私营企业资产利润率是国有控股企业的近2倍，长期数据也基本如此（见表55）。

另据统计，2018年资产利润率，全国非金融类国有及国有控股企业为1.9%；中国企业500强中的国有企业（包括金融企业）的净资产利润率为0.9%，民营企业（包括金融企业）净资产利润率为2.7%；中国民营500强的净资产利润率为4.02%。

营收利润率（利润/营收）：2018年，规模以上工业企业营业利润率为6.8%。其中国有控股、私营、外商投资和港澳台工业企业的营收利润率分别为

6.6%、6.3%和7.2%。三类企业相差不太大，长期数据也基本如此（见表56）。

另外，2018年世界500强中的中国国企营收利润率为4.7%，民企为7.1%。

人均资产（资产/人）：2018年，规模以上工业企业人均使用资产为138万元。其中，国有控股、私营、外商投资和港澳台工业企业分别为299.5万元、79.4万元和118.0万元。国有控股企业人均使用资产是私营企业的三倍多。国有控股企业以大中型企业为主，企业的资本有机构成较高，资本比较密集，人均使用资产数量大。私营企业多数是中小微型企业，资本有机构成较低，劳动比较密集，人均使用资产量较小（见表52）。

人均营收（营收/人）：2018年，规模以上工业企业人均营收为126.5万元。其中，国有控股、私营、外商投资和港澳台工业企业分别为190.8万元、103.6万元、127.6万元。国有控股企业人均营收是私营企业的近二倍。人均营收是企业劳动生产率的重要指标，但人均营收往往与人均资产是相对应的；资本密集，人均使用资产量大，人均营收也就大。反之，劳动密集，人均使用资产量小，人均营收也小（见表52）。

三大行业各类型企业效率效益。从行业看，在采矿业与电力热力行业，各类企业的资产营收率均较低，这与行业特点有关，需要投资大，单位的产出/投入一般较低。特别是国有控股企业的资产营收率均很低，百元资产创造的营收只有40多元。国有控股企业在三大行业中的资产利润率均明显低于私营与外资企业，营收利润率与全国平均水平接近（见表53、表54）。三大行业各类型工业企业资产利润率、营收利润率见表55、表56。

表52　2018年各类型企业的效率效益比较

单位：%

	资产营收率	资产利润率	营收利润率	资产税率	营收税率
全国非金融国企	32.9	1.9	5.8	2.6	7.8
全国上市公司	19.4	1.6（净）	8.4（净）	—	—
非金融类上市公司	67.2	3.5（净）	5.2（净）	—	—
非金融类国企	66.9	3.5（净）	5.3（净）	—	—
非金融类民企	65.3	3.3（净）	5.1（净）	—	—
非金融类外资	61.5	6.3（净）	10.3（净）	—	—
中国500强	25.9	1.2（净）	4.5（净）	1.2	4.6

续表

	资产营收率	资产利润率	营收利润率	资产税率	营收税率
国有企业	21.2	0.9（净）	4.4（净）	1.1	5.2
民营企业	58.6	2.7（净）	4.5（净）	1.8	3.1
民企500强	86.8	4.02（净）	4.62（净）	—	—
世界500强国企	—	—	4.7		
世界500强民企	—	—	7.1		

表53　各类型规模以上工业企业经济效率效益主要指标

分组	人均资产（万元）	人均营收（万元）	营收利润率（%）	资产营收率（%）	资产利润率（%）
总　计	138.0	126.5	6.8	91.7	6.2
一、按登记注册类型分组					
国有企业	211.3	141.4	2.4	66.9	1.6
集合联企业	50.4	65.6	6.0	130.1	7.8
有限责任公司	204.2	150.0	6.5	73.4	4.8
股份有限公司	241.0	155.9	9.1	64.7	5.9
私营企业	79.4	103.6	6.3	130.5	8.3
其他企业	74.8	75.0	5.4	100.2	5.4
港澳台商投资企业	101.0	102.1	6.8	101.0	6.8
外商投资企业	134.5	152.4	7.4	113.3	8.4
二、总计中亏损的企业	168.6	87.0	-8.0	51.6	-4.1
总计中国有控股的企业	299.5	190.8	6.6	63.7	4.2

表54　三大行业各类型工业企业资产营收率

单位：%

行业	全国工业企业	国有控股企业	私营企业	外商投资和港澳台
总　计	91.7	63.7	130.5	108.1
采矿业	48.3	40.9	95.9	48.9
制造业	106.3	83.9	134.9	114.0
电力、热力、燃气及水生产和供应业	41.7	42.9	31.0	41.2

表55 三大行业各类型工业企业资产利润率

单位：%

行业	全国工业企业	国有控股企业	私营工业企业	外商和港澳台企业
总　计	6.2	4.2	8.3	7.7
采矿业	5.7	4.6	8.9	16.1
制造业	7.0	5.4	8.4	7.8
电力、热力、燃气及水生产和供应业	2.4	2.1	4.1	5.3

表56 三大行业各类型工业企业营收利润率

单位：%

行业	全国工业企业	国有控股企业	私营企业	外商投资和港澳台企业
总　计	6.8	6.6	6.3	7.2
采矿业	11.7	11.2	9.3	33.0
制造业	6.6	6.5	6.2	6.8
电力、热力、燃气及水生产和供应业	5.9	4.9	13.1	12.9

2. 服务业效率效益

资产营收率：按登记注册类型看，服务业10个行业门类中，有9个行业私营企业的资产营收率高于国有企业。其中，交通运输、仓储和邮政业企业法人单位资产营收率为24.5%，其中私营企业为86.1%；信息传输、软件和信息技术服务业企业法人单位资产营收率为46.1%，其中私营企业为65.0%；房地产业企业法人单位资产营收率为11.7%，其中私营企业为18.5%；租赁和商务服务业企业法人单位资产营收率为7.7%，其中私营企业为19.2%；科学研究和技术服务业企业法人单位资产营收率为29.4%，其中私营企业为46.7%；水利、环境和公共设施管理业企业法人单位资产营收率为6.0%，其中私营企业为19.5%（见表57、表58）。

表57　服务业企业法人单位分登记注册类型资产营收率（1）

单位：%

登记注册类型	交通运输、仓储和邮政业	信息传输、软件和信息技术服务业	房地产业	租赁和商务服务业	科学研究和技术服务业
总　　计	24.5	46.1	11.7	7.7	29.4
内资企业	23.5	47.3	11.8	7.4	29.6
国有企业	7.7	45.1	4.2	3.9	30.4
集合联企业	42.6	30.9	7.9	9.4	31.0
有限责任公司	16.7	44.3	9.0	4.2	21.3
股份有限公司	35.7	31.0	6.0	3.8	21.2
私营企业	86.1	65.0	18.5	19.2	46.7
其他企业	21.4	92.2	10.9	31.8	96.6
港澳台商投资企业	48.2	45.9	13.2	13.4	18.3
外商投资企业	42.5	38.5	7.7	17.8	38.1

表58　服务业企业法人单位分登记注册类型资产营收率（2）

单位：%

登记注册类型	水利、环境和公共设施管理业	居民服务、修理和其他服务业	教育	卫生和社会工作	文化、体育和娱乐业
总　　计	6.0	65.9	52.5	59.2	31.4
内资企业	6.0	66.1	52.7	60.0	31.9
国有企业	4.6	31.2	38.7	78.6	28.2
集合联企业	14.1	40.5	41.2	72.9	30.4
有限责任公司	4.5	46.4	35.6	49.1	23.9
股份有限公司	10.2	40.2	51.3	44.7	16.0
私营企业	19.5	78.1	61.8	60.1	45.7
其他企业	28.4	49.6	53.7	69.3	47.6
港澳台商投资企业	16.5	64.7	43.8	33.1	23.0
外商投资企业	15.7	60.4	47.2	45.2	18.2

八、三类企业其他重要数据

为了全面反映各类企业的各项重要经济指标情况，我们还收集整理了企业的投资、工资、税收、外贸、对外投资及上市公司情况，以简要表述。这些数据来源于2019年统计年鉴和相关部门公开数据。

1. 企业投资

2018年，全国固定资产投资总额为635 636亿元，其中民间投资394 051亿元，占全国的62%。全国投资增加额为29 780亿元，其中民间投资增加额为14 624亿元，占全国增量的49.1%（见表59）。

表59　全国、国有控股、民间固定资产投资及增量年度数据

	投资总额（亿元）	增速（%）	占比（%）	投资增量（亿元）	占比（%）
全国投资	635 636	5.9	100.0	37 502.5	100.0
国有及国有控股	—	1.9	—	—	—
民间投资	394 051	8.7	62.0	34 282.4	91.4

2. 企业工资数据

2018年，全国城镇单位就业人员平均工资82 461元。其中，国有单位89 474元，港澳台商投资单位82 027元，外商投资单位99 367元，私营单位为49 575元。私营单位就业人员工资最低，只为全国非私营单位工资的60%，为国有单位工资的55%（见表60）。

表60　按登记注册类型分城镇企业就业人员平均工资

单位：元

单位类型	平均工资
城镇非私营单位	82 461
国有单位	89 474
城镇集体单位	60 664
有限责任公司	72 114
股份有限公司	93 316
港澳台商投资单位	82 027
外商投资单位	99 367
城镇私营单位	49 575
私营/非私营	60%

3. 企业外贸数据

2018年，全国进出口总额46 230亿美元。其中，国有企业进出口额8 046亿美元，占比17.4%；外资企业进出口额19 681亿美元，占比42.6%；全部民营企业进出口额18 504亿美元，占比40.2%（见表61）。

全国出口总额24 874亿美元。其中，国有企业出口额2 573亿美元，占比10.3%；外资企业出口额10 360亿美元，占41.7%；民营企业出口额11 941亿美元，占比48%。在进出口顺差中，民营企业占150%（见表61）。

表61　2018年各类企业进出口情况

	全国企业	国有企业		外资企业		民营企业	
	金额（亿美元）	金额（亿美元）	比重（%）	金额（亿美元）	比重（%）	金额（亿美元）	比重（%）
进出口总额	46 230	8 046	17.4	19 681	42.6	18 504	40.2
出口总额	24 874	2 573	10.3	10 360	41.7	11 941	48.0
进口总额	21 356	5 474	25.6	9 321	43.6	6 561	30.8
顺　差	3 581	-2 091	-80	1 093	30.5	5 380	150.0

4. 企业对外投资数据

2018年，中国境外投资者中，国有企业1 335家，占4.9%，其余为非国有投资者；投资存量中，国有企业占48%，其余为非国有投资（见表62）。

表62　2018年中国对外非金融类直接投资存量（企业注册类型）

单位：亿美元

	全部企业	国有企业	有限责任公司	股份有限公司	私营企业	股份合作公司	外商投资企业	港澳台投资企业	集体企业	其他
投资者数量	27 091	1 335	6 583	11 787	3 013	429	1 347	999	96	654
占　比	100.0	4.9	24.3	43.5	11.1	1.6	5.0	3.7	0.4	2.4
非金融类直接投资存量	17 643.7	8 469	3 122.9	1 552.6	1 252.7	88.2	547	952.8	52.9	564.5
占　比	100.0	48.0	17.7	8.8	7.1	0.5	3.1	5.4	0.3	3.2

5. 企业税收

2018年，全国企业税收总额为17万亿元。其中，国有控股企业4.31万亿元，占25.4%；涉外企业3.03万亿元，占17.8%；民营企业9.65万亿元，占56.8%。在当年税收增加额14 222亿元中，民营企业14 404亿元，占101%，国有控股企业是负增长，当年税收减少1 309亿元（见表63）。

表63　2018年按登记注册类型分税收收入

类型	收入额（亿元）	占比（%）	增加额（亿元）	占比（%）
全　国	169 957	100.0	14 222	100.0
国有及国有控股	43 163	25.4	−1 309	−9.0
涉外企业	30 328	17.8	1 128	8.0
民营企业	96 466	56.8	14 404	101.0

6. 企业研发

研发企业：2018年，全国规模以上工业企业有R&D活动的企业共10.48万家，其中私营企业占比58.1%；有研发机构的企业共7.26万家，其中私营企业占比56.8%；有新产品销售的企业共9.41万家，其中私营企业占比58.3%。

研发人员：工业企业R&D人员合计426.12万人，其中私营企业占比为33.3%；R&D人员折合全时当量298.12万人年，其中私营企业占比为33.3%。

研发经费：全国工业企业R&D经费内部支出1.30万亿元，其中私营企业占比为29.7%。

新产品开发：2018年，全国规模以上工业企业新产品开发项目55.83万项，其中私营企业占比为45.5%。

九、大中小型企业

1. 全国大中小型企业

企业法人单位占比：2018年年末，全国共有企业法人单位1 823.49万家，其中大型、中型、小型、微型企业法人单位占比分别为0.2%、1.3%、13.2%、85.3%，小微型企业法人单位合计占比高达98.5%（见表64至表66）。

表64　全国大中小型企业总体数据

地区	全部	大型	中型	小型	微型
全国法人单位数（个）	18 234 939	32 255	241 620	2 399 010	15 562 054
占比（%）	100.0	0.2	1.3	13.2	85.3

表65　按行业（大类）、单位规模分组的企业法人单位数

单位：个

行业大类	全部	大型	中型	小型	微型
总　　计	18 234 939	32 255	241 620	2 399 010	15 562 054
农、林、牧、渔业	61 712	73	5 519	22 524	33 596
采矿业	70 122	486	1 794	15 580	52 262
制造业	3 251 331	7 522	40 215	690 520	2 513 074
电力、热力、燃气及水生产和供应业	106 216	347	1 557	18 848	85 464
建筑业	1 218 275	2 745	32 340	183 135	1 000 055
批发和零售业	6 317 963	5 326	73 151	525 668	5 713 818
交通运输、仓储和邮政业	566 550	823	3 757	71 285	490 685
住宿和餐饮业	429 220	925	6 316	99 521	322 458
信息传输、软件和信息技术服务业	912 014	1 587	7 684	107 899	794 844
金融业	134 844	5 171	1 407	6 182	122 084
房地产业	658 595	1 555	48 114	64 026	544 900
租赁和商务服务业	2 265 344	514	4 369	217 840	2 042 621
科学研究和技术服务业	1 143 343	2 388	7 840	191 015	942 100
水利、环境和公共设施管理业	111 968	1 074	2 263	29 658	78 973
居民服务、修理和其他服务业	474 291	992	2 303	80 291	390 705
卫生和社会工作	16 731	300	1 231	4 822	10 378
文化、体育和娱乐业	496 420	427	1 760	70 196	424 037

表66　各行业（按大类）中按单位规模分组的企业法人单位数占比

单位：%

行业大类	全部	大型	中型	小型	微型
总　　计	100.0	0.2	1.3	13.2	85.3
农、林、牧、渔业	100.0	0.1	8.9	36.5	54.4

续表

行业大类	全部	大型	中型	小型	微型
采矿业	100.0	0.7	2.6	22.2	74.5
制造业	100.0	0.2	1.2	21.2	77.3
电力、热力、燃气及水生产和供应业	100.0	0.3	1.5	17.7	80.5
建筑业	100.0	0.2	2.7	15.0	82.1
批发和零售业	100.0	0.1	1.2	8.3	90.4
交通运输、仓储和邮政业	100.0	0.1	0.7	12.6	86.6
住宿和餐饮业	100.0	0.2	1.5	23.2	75.1
信息传输、软件和信息技术服务业	100.0	0.2	0.8	11.8	87.2
金融业	100.0	3.8	1.0	4.6	90.5
房地产业	100.0	0.2	7.3	9.7	82.7
租赁和商务服务业	100.0	0.0	0.2	9.6	90.2
科学研究和技术服务业	100.0	0.2	0.7	16.7	82.4
水利、环境和公共设施管理业	100.0	1.0	2.0	26.5	70.5
居民服务、修理和其他服务业	100.0	0.2	0.5	16.9	82.4
卫生和社会工作	100.0	1.8	7.4	28.8	62.0
文化、体育和娱乐业	100.0	0.1	0.4	14.1	85.4

注：占比数据为北京大成企业研究院计算。

2. 各行业大中小型企业从业人员

全国各行业企业法人单位从业人员总共2.946亿人，其中大型企业占20.6%，中型企业占23%，小型企业占33.7%，微型企业占22.6%（见表67、表68）。

表67　按行业门类、单位规模分组的企业法人单位从业人员数

单位：人

行业大类	全部	大型	中型	小型	微型
总　计	294 689 977	60 814 250	67 788 879	99 408 217	66 678 631
农、林、牧、渔业	568 001	74 082	211 627	194 933	87 359
采矿业	5 957 559	3 291 098	1 160 961	1 101 687	403 813
制造业	103 747 559	22 196 584	21 239 852	43 969 377	16 341 746

续表

行业大类	全部	大型	中型	小型	微型
电力、热力、燃气及水生产和供应业	4 633 931	1 892 812	865 396	1 332 209	543 514
建筑业	58 084 532	14 871 403	23 929 484	12 608 961	6 674 684
批发和零售业	38 995 530	4 975 446	6 168 957	8 842 060	19 009 067
交通运输、仓储和邮政业	12 006 400	3 016 788	2 312 462	4 074 734	2 602 416
住宿和餐饮业	7 033 688	1 238 705	1 359 371	3 037 500	1 398 112
信息传输、软件和信息技术服务业	9 935 143	2 516 696	2 344 439	2 705 813	2 368 195
金融业	569 192	8 963	16 603	104 353	439 273
房地产业	11 764 744	1 716 181	3 027 699	2 206 170	4 814 694
租赁和商务服务业	21 263 957	872 390	2 667 456	10 746 857	69 772 54
科学研究和技术服务业	9 893 308	1 853 442	1 257 065	4 356 619	2 426 182
水利、环境和公共设施管理业	2 335 397	957 797	374 705	774 591	228 304
居民服务、修理和其他服务业	4 114 450	876 704	373 916	1 682 063	1 181 767
卫生和社会工作	580 704	167 586	198 472	189 088	25 558
文化、体育和娱乐业	3 205 882	287 573	280 414	1 481 202	1 156 693

表68　各行业（按大类）中按单位规模分组的企业法人单位从业人员数占比

单位：%

行业大类	全部	大型	中型	小型	微型
总　计	100.0	20.6	23.0	33.7	22.6
农、林、牧、渔业	100.0	13.0	37.3	34.3	15.4
采矿业	100.0	55.2	19.5	18.5	6.8
制造业	100.0	21.4	20.5	42.4	15.8
电力、热力、燃气及水生产和供应业	100.0	40.8	18.7	28.7	11.7
建筑业	100.0	25.6	41.2	21.7	11.5
批发和零售业	100.0	12.8	15.8	22.7	48.7
交通运输、仓储和邮政业	100.0	25.1	19.3	33.9	21.7
住宿和餐饮业	100.0	17.6	19.3	43.2	19.9
信息传输、软件和信息技术服务业	100.0	25.3	23.6	27.2	23.8
金融业	100.0	1.6	2.9	18.3	77.2

行业大类	全部	大型	中型	小型	微型
房地产业	100.0	14.6	25.7	18.8	40.9
租赁和商务服务业	100.0	4.1	12.5	50.5	32.8
科学研究和技术服务业	100.0	18.7	12.7	44.0	24.5
水利、环境和公共设施管理业	100.0	41.0	16.0	33.2	9.8
居民服务、修理和其他服务业	100.0	21.3	9.1	40.9	28.7
卫生和社会工作	100.0	28.9	34.2	32.6	4.4
文化、体育和娱乐业	100.0	9.0	8.7	46.2	36.1

3. 大中小型工业企业

企业数量：2018年年末，全国共有工业企业345.06万家。其中，大型、中型、小微型工业企业占比分别为0.2%、1.3%、98.5%。

从业人员：全部工业企业从业人员达1.15亿人，户均从业人员33人。其中，大型、中型、小微型工业企业从业人员占比分别为24.3%、20.3%、55.4%，户均从业人员分别为3 274人、535人、19人。

资产总额：全部工业企业资产总计139.29万亿元，户均资产4 037万元，人均资产121万元。其中大型、中型、小微型工业企业资产占比分别为40.5%、19.3%、40.2%，户均资产分别为66.06亿元、6.16亿元、1 646万元，人均资产分别为202万元、115万元、88万元。

营业收入：全部工业企业营业收入达118.53万亿元，户均营收3 435万元，人均营收103万元。其中大型、中型、小微型工业企业营业收入占比分别为39.4%、20.3%、40.3%，户均营收分别为54.71亿元、5.49亿元、1 406万元，人均营收分别为167万元、103万元、75万元。

资产营收率：全部工业企业资产营收率为85.1%。其中大型、中型、小微型工业企业资产营收率分别为82.8%、89.1%、85.4%（以上数据见表69至表71）。

表69 大中小型工业企业各项数据

指标	全部工业企业	大型工业企业	中型工业企业	小微型工业企业
企业单位数(个)	3 450 649	8 540	43 763	3 398 346
资产总计(亿元)	1 392 923	564 151	269 427	559 344
营业收入(亿元)	1 185 270	467 254	240 188	477 828
从业人员(万人)	11 521.5	2 796.1	2 339.5	6 385.9

表70　大中小型工业企业占比

单位：%

指标	全部工业企业	大型工业企业	中型工业企业	小微型工业企业
企业单位数	100.0	0.2	1.3	98.5
资产总计	100.0	40.5	19.3	40.2
营业收入	100.0	39.4	20.3	40.3
从业人员	100.0	24.3	20.3	55.4

表71　大中小型工业企业各项指标

指标	全部工业企业	大型工业企业	中型工业企业	小微型工业企业
资产负债率(%)	56.2	56.4	57.2	55.6
资产营收率(%)	85.1	82.8	89.1	85.4
户均资产(万元)	4 037	660 599	61 565	1 646
户均营收(万元)	3 435	547 136	54 884	1 406
户均人数(人)	33	3 274	535	19
人均资产（万元）	121	202	115	88
人均营收（万元）	103	167	103	75

4. 规模以上工业企业大中小企业

企业数量。2018年年末，全国规模以上工业企业37.49万家。其中，大型、中型、小型企业占比分别为2.3%、11.4%、86.4%。

从业人员。全部工业企业从业人员达8 356.4万人。其中，大型、中型、小型企业从业人员占比分别为33.5%、28.0%、38.5%。

资产总额。全部工业企业资产总计1 153 251.2亿元。其中，大型、中型、小型企业资产占比分别为48.5%、22.6%、28.9%。

营业收入。全部工业企业营业收入达1 057 327.3亿元。其中，大型、中型、小型企业营业收入占比分别为44%、22.5%、33.6%。

资产营收率。全部工业企业资产营收率为91.7%。其中，大型、中型、小型企业资产营收率分别为83.1%、91.1%、106.6%。

资产利润率。全部工业企业资产利润率为6.2%。其中，大型、中型、小型企业资产营收率分别为6%、6.5%、6.4%。

营收利润率。全部工业企业营收利润率为6.8%。其中，大型、中型、小型企业资产营收率分别为7.2%、7.1%、6.0%。

资本利润率。全部工业企业资本利润率为28.6%。其中，大型、中型、小型企业资产营收率分别为18.9%、33%、29.5%（以上数据见表72至表75）。

各类资本构成。从不同类型资本在大中小型企业中的分布看，64.8%的国家资本分布在大型企业，61.3%的个人资本分布在小型企业，外资资本在三类企业中的分布相差不大。从不同类型企业的资本构成看，大型企业中国家资本占比最大，中型企业法人资本占比最大，小型企业法人资本与个人资本占比较高（见表76、表77）。

表72　按单位规模分组的规模以上工业企业主要经济指标

分组	企业单位数(个)	资产总计(亿元)	负债合计(亿元)	营业收入(亿元)	利润总额(亿元)	亏损企业亏损额(亿元)	平均用工人数(万人)
总　计	374 964	1 153 251.2	653 871.3	1 057 327.3	71 608.9	7 782.4	8 356.4
大型企业	8 448	559 620.7	315 179.8	464 959.7	33 541.3	2 531.8	2 800.6
中型企业	42 625	260 730.5	148 796.0	237 449.4	16 829.3	2 343.0	2 337.6
小型企业	323 891	332 899.9	189 895.5	354 918.2	21 238.2	2 907.6	3 218.2

表73　按单位规模分组的规模以上工业企业主要经济指标占比情况

单位：%

分组	企业单位数	资产总计	负债合计	营业收入	利润总额	亏损企业亏损额	平均用工人数
总　计	100.0	100.0	100.0	100.0	100.0	100.0	100.0
大型企业	2.3	48.5	48.2	44.0	46.8	32.5	33.5
中型企业	11.4	22.6	22.8	22.5	23.5	30.1	28.0
小型企业	86.4	28.9	29.0	33.6	29.7	37.4	38.5

表74　按单位规模分组的规模以上工业企业主要效率效益指标

单位：%

分组	资产负债率	资产营收率	资产利润率	营收利润率	资本利润率
总　计	56.7	91.7	6.2	6.8	28.6
大型企业	56.3	83.1	6.0	7.2	18.9
中型企业	57.1	91.1	6.5	7.1	33.0
小型企业	57.0	106.6	6.4	6.0	29.5

表75　分登记注册类型规模以上工业企业主要经济指标

单位：亿元

分组	所有者权益	实收资本	国家资本	集体资本	法人资本	个人资本	港澳台资本	外商资本
总　计	499 342.9	250 718.2	70 659.4	4 097.3	91 367.1	47 817.9	13 950.9	22 816.8
大型企业	244 442.3	101 792.2	45 818.0	1 098.9	33 051.1	7 550.5	5 379.7	8 894.1
中型企业	111 925.4	56 979.3	12 507.2	1 216.5	21 766.6	10 934.9	4 139.8	6 402.4
小型企业	142 975.2	91 946.7	12 334.3	1 781.8	36 549.4	29 332.5	4 431.4	7 520.4

表76　分登记注册类型规模以上工业企业主要经济指标（各类型资本占比）

单位：%

分组	所有者权益	实收资本	国家资本	集体资本	法人资本	个人资本	港澳台资本	外商资本
总　计	100.0	100.0	100.0	100.0	100.0	100.0	100.0	100.0
大型企业	49.0	40.6	64.8	26.8	36.2	15.8	38.6	39.0
中型企业	22.4	22.7	17.7	29.7	23.8	22.9	29.7	28.1
小型企业	28.6	36.7	17.5	43.5	40.0	61.3	31.8	33.0

表77　分登记注册类型规模以上工业企业主要经济指标（各类型资本占比）

单位：%

分组	实收资本	国家资本	集体资本	法人资本	个人资本	港澳台资本	外商资本
总　计	100.0	28.2	1.6	36.4	19.1	5.6	9.1
大型企业	100.0	45.0	1.1	32.5	7.4	5.3	8.7
中型企业	100.0	22.0	2.1	38.2	19.2	7.3	11.2
小型企业	100.0	13.4	1.9	39.8	31.9	4.8	8.2

5. 建筑企业大中小企业

企业数量。2018年，全国建筑业企业9.65万个。其中，大型、中型、小微型企业占比分别为2.7%、28.3%、69.0%。

企业营收。2018年，全国建筑业企业营业收入21.20万亿元。其中，大型、中型、小微型企业占比分别为53.0%、37.1%、9.9%。

企业利润。2018年，全国建筑业企业利润总额7 974.82亿元。其中，大型、中型、小微型企业占比分别为46.4%、42.2%、11.4%。

营收利润率。2018年，全国建筑业企业营收利润率为3.8%。其中，大型、中型、小微型企业分别为3.3%、4.3%、4.3%（以上数据见表78）。

表78　大中小型建筑总承包和专业承包企业主要经济指标及占比

指标	数量	占比（%）
建筑业企业个数（个）	96 544	100.0
其中：大型企业（个）	2 638	2.7
中型企业（个）	27 322	28.3
小微型企业（个）	66 584	69.0
营业收入（亿元）	211 991.7	100.0
其中：大型企业（亿元）	112 309.4	53.0
中型企业（亿元）	78 637.95	37.1
小微型企业（亿元）	21 044.33	9.9
利润总额（亿元）	7 974.823	100.0
其中：大型企业（亿元）	3 697.366	46.4
中型企业（亿元）	3 367.557	42.2
小微型企业（亿元）	909.9	11.4
营收利润率（%）	3.8	—
其中：大型企业（%）	3.3	—
中型企业（%）	4.3	—
小微型企业（%）	4.3	—

| 第一章 |

国有、民营、外资企业法人单位数据及简明比较

十八大以来，我国企业数量保持逐年稳定增长，市场活力不断激发。第四次经济普查数据显示，2018年全国企业法人单位共计1 857万个，较2013年增长了126.2%；全国第二产业和第三产业法人单位共计2 178.7万个，较2013年增长100.7%，年均增长14.9%；2018年全国工业企业345.1万个，较2013年增长7.4%。作为我国市场经济的绝对主体，私营企业发挥了盘活经济的重要作用。2018年全国共有私营企业1 561.4万个，较2013年增长178.6%，占全部企业法人单位的比重由68.3%提高到84.1%。

本章第一部分主要描述全国法人单位（包括所有企事业机关法人）数量及占比情况；第二部分描述按照控股情况、登记注册类型、运营状态、营业收入、行业大类分组的企业法人单位数量及占比情况；第三部分主要描述全国规模以上工业企业的法人单位数情况；第四部分是全国建筑业的法人单位数情况；第五部分是全国第三产业的法人单位情况。

一、全国各类法人单位

法人单位。2018年全国按登记注册类型分组的法人（包括所有企业、事业和机关法人）单位数总计2 178.7万个。其中，国有法人（不包含有限责任公司和股份有限公司中的国有控股公司，本书同）单位数113.8万个，占5.2%；私营法人单位数1 575.1万个，占72.3%（见表1-1）。

个体经营户。2018年全国按行业门类分组的个体经营户总计6 295.9万个，较2013年增长92%。前三大行业分别为：批发和零售业个体户3 184.6万个，占

50.6%；住宿和餐饮业个体户759.1万个，占12.1%；居民服务、修理和其他服务业个体户547.6万个，占8.7%（见表1-2）。

表1-1　全国按登记注册类型分组的法人单位数及占比

登记注册类型	法人单位数（个）	占比（%）
总　计	21 787 273	100.0
国　有	1 137 884	5.2
集合联	372 336	1.7
有限责任公司	2 339 803	10.7
股份有限公司	197 815	0.9
私　营	15 751 164	72.3
其　他	1 766 220	8.1
港澳台商投资	119 514	0.5
外商投资	102 537	0.5

注：1. 此表中的法人单位数源自《2018中国经济普查年鉴》综合卷的表1-06；占比数据为北京大成企业研究院计算。

　　2. 集合联企业包括集体企业、股份合作企业、联营企业，本书同。

表1-2　全国按行业门类分组的个体经营户数及占比

行　业	个体经营户数（万个）	占比（%）
总　计	6 295.9	100.0
采矿业	1.8	0.03
制造业	448.0	7.12
电力、热力、燃气及水生产和供应业	8.9	0.14
建筑业	288.5	4.58
批发和零售业	3 184.6	50.58
交通运输、仓储和邮政业	580.4	9.22
住宿和餐饮业	759.1	12.06
信息传输、软件和信息技术服务业	21.1	0.34
房地产业	82.9	1.32
租赁和商务服务业	130.8	2.08
科学研究和技术服务业	18.3	0.29

行　业	个体经营户数（万个）	占比（%）
水利、环境和公共设施管理业	3.1	0.05
居民服务、修理和其他服务业	547.6	8.70
教　育	32.4	0.51
卫生和社会工作	57.6	0.92
文化、体育和娱乐业	63.2	1.00

注：1. 本表合计数含从事农、林、牧、渔专业及辅助性活动的个体经营户数据。

　　2. 此表个体经营户数源自《2018中国经济普查年鉴》综合卷表1-19-1；占比数据为北京大成企业研究院计算。

二、全国企业法人单位

2018年全国共有私营企业1 561.4万个，较2013年增长178.6%，占全部企业法人单位的比重由68.3%提高到84.1%；国有控股企业24.2万个，较2013年增长10.9%，私营企业是我国市场经济的主体。

1. 按控股情况分企业法人单位情况

2018年全国按控股情况分组的企业法人单位数总计1 856.9万个。其中，国有控股的企业法人单位数24.2万个，占全国的比重为1.3%；私人控股的企业法人单位数1 737.9万个，占全国比重为93.6%（见表1-3）。

表1-3　按控股情况分组的企业法人单位数及占比

分组	法人单位数（个）	占比（%）
总　计	18 568 617	100.0
按企业控股情况分组		
国有控股	241 673	1.3
集体控股	165 243	0.9
私人控股	17 379 291	93.6
港澳台商控股	112 042	0.6
外商控股	80 253	0.4
其　他	590 115	3.2

注：企业法人单位数源自《2018中国经济普查年鉴》综合卷的表2-02-1；占比数据为北京大成企业研究院计算。

国有控股企业在各地区的分布。全国国有控股企业最多分布在广东省、北京市、浙江省、山东省。其中，广东省有1.9万家国有控股企业，占7.9%；北京市有1.47万家国有控股企业，占6.1%；浙江省有1.25万家国有控股企业，占5.2%；山东省有1.25万家国有控股企业，占5.2%（见表1-4、表1-6）。各地区按控股情况分组法人单位数占比情况见表1-5。

私人控股企业在各地区的分布。全国私人控股企业最多分布在广东省、江苏省、山东省。其中，广东省有262.24万家私人控股企业，占15.1%；江苏省有177.31万家私人控股企业，占10.2%；山东省有149万家私人控股企业，占8.6%（见表1-4、表1-6）。

企业法人单位在各行业的分布。在全国1 856.9万个企业法人单位中，批发和零售业有631.8万家企业，占34%；制造业有325.13万家企业，占17.5%；租赁和商务服务业有226.53万家企业，占12.2%（见表1-7、表1-9）。各行业中按控股情况分组的企业法人单位占比情况见表1-8。

国有控股企业在各行业的分布。租赁和商务服务业占15.4%，批发和零售业占14.9%，房地产业占10.4%（见表1-7、表1-9）。

私人控股企业在各行业的分布。批发和零售业占34.7%，制造业占17.6%，租赁和商务服务业占12.1%（见表1-7、表1-9）。

表1-4　按地区、控股情况分组的企业法人单位数

单位：个

地　区	所有企业	国有控股	集体控股	私人控股	港澳台商控股	外商控股	其他
全　国	18 568 617	241 673	165 243	17 379 291	112 042	80 253	590 115
北　京	947 835	14 721	16 703	875 801	5 220	7 005	28 385
天　津	273 214	6 734	2 545	237 724	2 202	2 943	21 066
河　北	1 008 314	8 832	6 487	974 048	546	765	17 636
山　西	366 030	9 710	5 706	347 118	211	245	3 040
内蒙古	232 068	4 751	1 510	211 794	221	151	13 641
辽　宁	516 434	8 626	8 480	474 292	1 448	2 867	20 721
吉　林	136 618	3 745	1 532	121 263	193	335	9 550
黑龙江	194 607	5 655	2 833	177 182	223	264	8 450
上　海	409 598	10 239	6 348	355 293	11 016	16 043	10 659

续表

地 区	所有企业	国有控股	集体控股	私人控股	港澳台商控股	外商控股	其他
江 苏	1 859 211	14 468	10 614	1 773 139	10 261	12 579	38 150
浙 江	1 383 840	12 488	11 986	1 332 943	5 662	8 181	12 580
安 徽	699 699	7 541	5 330	632 161	970	663	53 034
福 建	605 529	8 110	4 867	574 354	6 601	2 857	8 740
江 西	354 445	7 139	3 234	331 283	913	411	11 465
山 东	1 547 260	12 462	9 536	1 489 968	2 543	5 242	27 509
河 南	1 036 999	9 727	7 762	971 860	791	425	46 434
湖 北	688 373	9 089	7 142	636 098	1 087	882	34 075
湖 南	462 081	7 457	4 291	434 903	706	395	14 329
广 东	2 834 228	19 048	17 679	2 622 423	56 541	14 128	104 409
广 西	384 717	6 951	4 451	361 835	944	706	9 830
海 南	85 886	1 909	914	68 655	412	151	13 845
重 庆	454 215	4 827	2 414	437 930	731	603	7 710
四 川	570 296	11 107	6 797	533 933	1 110	989	16 360
贵 州	280 475	7 031	3 160	263 244	246	142	6 652
云 南	362 186	6 790	4 399	340 110	436	406	10 045
西 藏	28 141	1 228	609	23 787	29	16	2 472
陕 西	422 744	8 074	4 075	390 390	459	572	19 174
甘 肃	145 851	3 923	1 840	129 710	79	63	10 236
青 海	51 811	1 493	533	47 903	55	44	1 783
宁 夏	50 340	1 155	312	47 475	38	50	1 310
新 疆	175 572	6 643	1 154	160 672	148	130	6 825

注：此表源自《2018中国经济普查年鉴》综合卷的表2-10-1。

表1-5 各地区按控股情况分组法人单位数占比

单位：%

地 区	合计	国有控股	集体控股	私人控股	港澳台商控股	外商控股	其他
全 国	100.0	1.3	0.9	93.6	0.6	0.4	3.2
北 京	100.0	1.6	1.8	92.4	0.6	0.7	3.0
天 津	100.0	2.5	0.9	87.0	0.8	1.1	7.7

续表

地 区	合计	国有控股	集体控股	私人控股	港澳台商控股	外商控股	其他
河 北	100.0	0.9	0.6	96.6	0.1	0.1	1.7
山 西	100.0	2.7	1.6	94.8	0.1	0.1	0.8
内蒙古	100.0	2.0	0.7	91.3	0.1	0.1	5.9
辽 宁	100.0	1.7	1.6	91.8	0.3	0.6	4.0
吉 林	100.0	2.7	1.1	88.8	0.1	0.2	7.0
黑龙江	100.0	2.9	1.5	91.0	0.1	0.1	4.3
上 海	100.0	2.5	1.5	86.7	2.7	3.9	2.6
江 苏	100.0	0.8	0.6	95.4	0.6	0.7	2.1
浙 江	100.0	0.9	0.9	96.3	0.4	0.6	0.9
安 徽	100.0	1.1	0.8	90.3	0.1	0.1	7.6
福 建	100.0	1.3	0.8	94.9	1.1	0.5	1.4
江 西	100.0	2.0	0.9	93.5	0.3	0.1	3.2
山 东	100.0	0.8	0.6	96.3	0.2	0.3	1.8
河 南	100.0	0.9	0.7	93.7	0.1	0.0	4.5
湖 北	100.0	1.3	1.0	92.4	0.2	0.1	5.0
湖 南	100.0	1.6	0.9	94.1	0.2	0.1	3.1
广 东	100.0	0.7	0.6	92.5	2.0	0.5	3.7
广 西	100.0	1.8	1.2	94.1	0.2	0.2	2.6
海 南	100.0	2.2	1.1	79.9	0.5	0.2	16.1
重 庆	100.0	1.1	0.5	96.4	0.2	0.1	1.7
四 川	100.0	1.9	1.2	93.6	0.2	0.2	2.9
贵 州	100.0	2.5	1.1	93.9	0.1	0.1	2.4
云 南	100.0	1.9	1.2	93.9	0.1	0.1	2.8
西 藏	100.0	4.4	2.2	84.5	0.1	0.1	8.8
陕 西	100.0	1.9	1.0	92.3	0.1	0.1	4.5
甘 肃	100.0	2.7	1.3	88.9	0.1	0.0	7.0
青 海	100.0	2.9	1.0	92.5	0.1	0.1	3.4
宁 夏	100.0	2.3	0.6	94.3	0.1	0.1	2.6
新 疆	100.0	3.8	0.7	91.5	0.1	0.1	3.9

注：占比数据为北京大成企业研究院根据《2018中国经济普查年鉴》综合卷的表2-10-1数据计算得出。

表1-6　各地区按控股情况分组法人单位数占比

单位：%

地　区	合计	国有控股	集体控股	私人控股	港澳台商控股	外商控股	其他
全　国	100.0	100.0	100.0	100.0	100.0	100.0	100.0
北　京	5.1	6.1	10.1	5.0	4.7	8.7	4.8
天　津	1.5	2.8	1.5	1.4	2.0	3.7	3.6
河　北	5.4	3.7	3.9	5.6	0.5	1.0	3.0
山　西	2.0	4.0	3.5	2.0	0.2	0.3	0.5
内蒙古	1.2	2.0	0.9	1.2	0.2	0.2	2.3
辽　宁	2.8	3.6	5.1	2.7	1.3	3.6	3.5
吉　林	0.7	1.5	0.9	0.7	0.2	0.4	1.6
黑龙江	1.0	2.3	1.7	1.0	0.2	0.3	1.4
上　海	2.2	4.2	3.8	2.0	9.8	20.0	1.8
江　苏	10.0	6.0	6.4	10.2	9.2	15.7	6.5
浙　江	7.5	5.2	7.3	7.7	5.1	10.2	2.1
安　徽	3.8	3.1	3.2	3.6	0.9	0.8	9.0
福　建	3.3	3.4	2.9	3.3	5.9	3.6	1.5
江　西	1.9	3.0	2.0	1.9	0.8	0.5	1.9
山　东	8.3	5.2	5.8	8.6	2.3	6.5	4.7
河　南	5.6	4.0	4.7	5.6	0.7	0.5	7.9
湖　北	3.7	3.8	4.3	3.7	1.0	1.1	5.8
湖　南	2.5	3.1	2.6	2.5	0.6	0.5	2.4
广　东	15.3	7.9	10.7	15.1	50.5	17.6	17.7
广　西	2.1	2.9	2.7	2.1	0.8	0.9	1.7
海　南	0.5	0.8	0.6	0.4	0.4	0.2	2.3
重　庆	2.4	2.0	1.5	2.5	0.7	0.8	1.3
四　川	3.1	4.6	4.1	3.1	1.0	1.2	2.8
贵　州	1.5	2.9	1.9	1.5	0.2	0.2	1.1
云　南	2.0	2.8	2.7	2.0	0.4	0.5	1.7
西　藏	0.2	0.5	0.4	0.1	0.0	0.0	0.4
陕　西	2.3	3.3	2.5	2.2	0.4	0.7	3.2
甘　肃	0.8	1.6	1.1	0.7	0.1	0.1	1.7

续表

地 区	合计	国有控股	集体控股	私人控股	港澳台商控股	外商控股	其他
青 海	0.3	0.6	0.3	0.3	0.0	0.1	0.3
宁 夏	0.3	0.5	0.2	0.3	0.0	0.1	0.2
新 疆	0.9	2.7	0.7	0.9	0.1	0.2	1.2

注：占比为北京大成企业研究院根据《2018中国经济普查年鉴》综合卷表2-10-1数据计算得出。

表1-7 按行业（大类）、控股情况分组的企业法人单位数

单位：个

行业大类	全国	国有控股	集体控股	私人控股	港澳台商控股	外商控股	其他
总　　计	18 568 617	241 673	165 243	17 379 291	112 042	80 253	590 115
农、林、牧、渔业	61 712	1 640	1 808	55 592	113	35	2 524
采矿业	70 122	2 712	1 788	63 132	149	89	2 252
制造业	3 251 331	22 032	30 550	3 050 794	37 054	32 960	77 941
电力、热力、燃气及水生产和供应业	106 216	14 777	9 473	74 108	1 084	630	6 144
建筑业	1 218 275	13 425	9 186	1 152 588	1 692	583	40 801
批发和零售业	6 317 963	36 123	40 566	6 033 204	24 775	20 474	162 821
交通运输、仓储和邮政业	566 885	16 463	5 983	519 810	2 796	1 507	20 326
住宿和餐饮业	429 220	6 619	4 258	400 445	2 137	1 607	14 154
信息传输、软件和信息技术服务业	912 014	6 492	2 079	857 140	8 268	4 220	33 815
金融业	135 998	20 623	1 878	96 806	2 479	1 200	13 012
房地产业	739 593	25 207	15 861	649 654	7 226	2 866	38 779
租赁和商务服务业	2 265 344	37 212	22 527	2 096 340	14 399	7 669	87 197
科学研究和技术服务业	1 143 343	17 808	8 011	1 061 252	6 957	4 782	44 533
水利、环境和公共设施管理业	111 968	8 255	2 079	95 909	390	150	5 185
居民服务、修理和其他服务业	474 291	2 444	4 364	451 052	830	516	15 085
教　育	199 569	1 492	1 338	189 288	346	258	6 847
卫生和社会工作	68 353	1 148	1 038	63 142	157	113	2 755
文化、体育和娱乐业	496 420	7 201	2 456	469 035	1 190	594	15 944

注：此表源自《2018中国经济普查年鉴》综合卷的表2-12-1。

表1-8　各行业中按控股情况分组的企业法人单位占比

单位：%

行业大类	合计	国有控股	集体控股	私人控股	港澳台商控股	外商控股	其他
总　计	100.0	1.30	0.90	93.60	0.60	0.43	3.20
农、林、牧、渔业	100.0	2.70	2.90	90.10	0.20	0.06	4.10
采矿业	100.0	3.90	2.50	90.00	0.20	0.13	3.20
制造业	100.0	0.70	0.90	93.80	1.10	1.01	2.40
电力、热力、燃气及水生产和供应业	100.0	13.90	8.90	69.80	1.00	0.59	5.80
建筑业	100.0	1.10	0.80	94.60	0.10	0.05	3.30
批发和零售业	100.0	0.60	0.60	95.50	0.40	0.32	2.60
交通运输、仓储和邮政业	100.0	2.90	1.10	91.70	0.50	0.27	3.60
住宿和餐饮业	100.0	1.50	1.00	93.30	0.50	0.37	3.30
信息传输、软件和信息技术服务业	100.0	0.70	0.20	94.00	0.90	0.46	3.70
金融业	100.0	15.20	1.40	71.20	1.80	0.88	9.60
房地产业	100.0	3.40	2.10	87.80	1.00	0.39	5.20
租赁和商务服务业	100.0	1.60	1.00	92.50	0.60	0.34	3.80
科学研究和技术服务业	100.0	1.60	0.70	92.80	0.60	0.42	3.90
水利、环境和公共设施管理业	100.0	7.40	1.90	85.70	0.30	0.13	4.60
居民服务、修理和其他服务业	100.0	0.50	0.90	95.10	0.20	0.11	3.20
教育	100.0	0.70	0.70	94.80	0.20	0.13	3.40
卫生和社会工作	100.0	1.70	1.50	92.40	0.20	0.17	4.00
文化、体育和娱乐业	100.0	1.50	0.50	94.50	0.20	0.12	3.20

注：占比数据为北京大成企业研究院根据《2018中国经济普查年鉴》综合卷的表2-12-1数据计算得出。

表1-9　按控股情况分组的企业法人单位在各行业的占比

单位：%

行业大类	全部企业	国有控股	集体控股	私人控股	港澳台商控股	外商控股	其他
总　计	100.0	100.0	100.0	100.0	100.0	100.0	100.0
农、林、牧、渔业	0.3	0.7	1.1	0.3	0.1	0.0	0.4
采矿业	0.4	1.1	1.1	0.4	0.1	0.1	0.4

续表

行业大类	全部企业	国有控股	集体控股	私人控股	港澳台商控股	外商控股	其他
制造业	17.5	9.1	18.5	17.6	33.1	41.1	13.2
电力、热力、燃气及水生产和供应业	0.6	6.1	5.7	0.4	1.0	0.8	1.0
建筑业	6.6	5.6	5.6	6.6	1.5	0.7	6.9
批发和零售业	34.0	14.9	24.5	34.7	22.1	25.5	27.6
交通运输、仓储和邮政业	3.1	6.8	3.6	3.0	2.5	1.9	3.4
住宿和餐饮业	2.3	2.7	2.6	2.3	1.9	2.0	2.4
信息传输、软件和信息技术服务业	4.9	2.7	1.3	4.9	7.4	5.3	5.7
金融业	0.7	8.5	1.1	0.6	2.2	1.5	2.2
房地产业	4.0	10.4	9.6	3.7	6.4	3.6	6.6
租赁和商务服务业	12.2	15.4	13.6	12.1	12.9	9.6	14.8
科学研究和技术服务业	6.2	7.4	4.8	6.1	6.2	6.0	7.5
水利、环境和公共设施管理业	0.6	3.4	1.3	0.6	0.3	0.2	0.9
居民服务、修理和其他服务业	2.6	1.0	2.6	2.6	0.7	0.6	2.6
教育	1.1	0.6	0.8	1.1	0.3	0.3	1.2
卫生和社会工作	0.4	0.5	0.6	0.4	0.1	0.1	0.5
文化、体育和娱乐业	2.7	3.0	1.5	2.7	1.1	0.7	2.7

注：占比数据为北京大成企业研究院根据《2018中国经济普查年鉴》综合卷的表2-12-1数据计算得出。

2. 按登记注册类型分企业法人单位情况

2018年全国按登记注册类型分组的1 856.9万个企业法人单位中，私营企业1 561.4万家，占84.1%；国有企业7.18万家，占0.4%；有限责任公司23.34万家，占12.6%；股份有限公司19.69万家，占1.1%；港澳台商投资企业11.95万家，占0.6%；外商投资企业10.25万家，占0.6%（见表1-10、表1-12）。

各地区的各经济类型企业数量占比：国有企业占比较多的地区是西藏（1.3%）、黑龙江（1.3%）、江西（1.0%）；私营企业占比较多的地区是重庆市（92.5%）、浙江（91.9%）、江苏（91.3%）（见表1-12）。

表1-10 按地区、登记注册类型分组的企业法人单位数

单位：个

地　区	法人单位数	国有企业	集合联企业	有限责任公司	股份有限公司	私营企业	其他企业	港澳台商投资企业	外商投资企业
总　计	18 568 617	71 790	129 990	2 333 603	196 934	15 613 625	682	119 486	102 507
北　京	947 835	3 809	15 571	76 052	4 473	833 199	6	5 510	9 215
天　津	273 214	1 601	2 177	41 771	3 172	218 028	24	2 614	3 827
河　北	1 008 314	2 794	5 308	85 868	7 393	904 979	3	676	1 293
山　西	366 030	3 250	3 926	37 962	3 486	316 768	7	219	412
内蒙古	232 068	1 085	783	65 520	4 238	160 032	3	141	266
辽　宁	516 434	3 279	7 676	71 119	7 599	421 190	16	1 557	3 998
吉　林	136 618	1 199	1 036	34 219	3 585	95 943	8	163	465
黑龙江	194 607	2 511	2 186	34 454	4 379	150 430	21	234	392
上　海	409 598	1 252	3 825	57 799	3 026	315 071	10	11 367	17 248
江　苏	1 859 211	3 987	8 397	107 276	14 733	1 696 985	88	11 436	16 309
浙　江	1 383 840	1 982	11 111	70 529	10 302	1 272 102	2	7 060	10 752
安　徽	699 699	2 400	3 386	236 865	7 531	447 857	50	678	932
福　建	605 529	2 289	4 224	47 975	5 055	535 258	9	7 181	3 538
江　西	354 445	3 529	2 703	49 487	7 246	289 893	17	939	631
山　东	1 547 260	4 055	6 913	120 247	14 328	1 391 453	45	2 892	7 327
河　南	1 036 999	3 731	6 239	178 914	13 763	832 776	79	634	863
湖　北	688 373	3 576	5 167	126 126	10 612	540 498	13	1 097	1 284
湖　南	462 081	2 346	3 009	51 864	9 070	394 383	37	719	653
广　东	2 834 228	6 737	15 773	347 463	19 039	2 367 854	132	59 826	17 404
广　西	384 717	2 887	3 544	52 785	6 314	317 190	7	1 005	985
海　南	85 886	694	507	45 049	1 802	37 261	3	367	203
重　庆	454 215	1 036	1 921	25 699	3 575	420 342	18	742	882
四　川	570 296	2 168	3 748	97 799	6 988	457 145	7	1 020	1 421
贵　州	280 475	1 669	2 142	36 427	3 423	236 366	4	217	227
云　南	362 186	1 888	3 316	48 953	5 799	301 198	14	427	591
西　藏	28 141	376	297	12 489	689	14 196	26	22	46
陕　西	422 744	2 489	2 842	89 561	7 116	319 401	16	450	869
甘　肃	145 851	989	1 181	38 633	4 017	100 846	1	65	119
青　海	51 811	425	324	7 573	845	42 525	7	45	67
宁　夏	50 340	204	170	4 734	704	44 418	4	39	67
新　疆	175 572	1 553	588	32 391	2 632	138 038	5	144	221

注：此表源自《2018中国经济普查年鉴》综合卷的表2-06-2。

表1-11　各地区登记注册类型分组的企业法人单位数占全国比重

单位：%

地 区	国有企业	集合联营企业	有限责任公司	股份有限公司	私营企业	其他企业	港澳台商投资企业	外商投资企业
总 计	100.0	100.0	100.0	100.0	100.0	100.0	100.0	100.0
北 京	5.3	12.0	3.3	2.3	5.3	0.9	4.6	9.0
天 津	2.2	1.7	1.8	1.6	1.4	3.5	2.2	3.7
河 北	3.9	4.1	3.7	3.8	5.8	0.4	0.6	1.3
山 西	4.5	3.0	1.6	1.8	2.0	1.0	0.2	0.4
内蒙古	1.5	0.6	2.8	2.2	1.0	0.4	0.1	0.3
辽 宁	4.6	5.9	3.0	3.9	2.7	2.3	1.3	3.9
吉 林	1.7	0.8	1.5	1.8	0.6	1.2	0.1	0.5
黑龙江	3.5	1.7	1.5	2.2	1.0	3.1	0.2	0.4
上 海	1.7	2.9	2.5	1.5	2.0	1.5	9.5	16.8
江 苏	5.6	6.5	4.6	7.5	10.9	12.9	9.6	15.9
浙 江	2.8	8.5	3.0	5.2	8.1	0.3	5.9	10.5
安 徽	3.3	2.6	10.2	3.8	2.9	7.3	0.6	0.9
福 建	3.2	3.2	2.1	2.6	3.4	1.3	6.0	3.5
江 西	4.9	2.1	2.1	3.7	1.9	2.5	0.8	0.6
山 东	5.6	5.3	5.2	7.3	8.9	6.6	2.4	7.1
河 南	5.2	4.8	7.7	7.0	5.3	11.6	0.5	0.8
湖 北	5.0	4.0	5.4	5.4	3.5	1.9	0.9	1.3
湖 南	3.3	2.3	2.2	4.6	2.5	5.4	0.6	0.6
广 东	9.4	12.1	14.9	9.7	15.2	19.4	50.1	17
广 西	4.0	2.7	2.3	3.2	2.0	1.0	0.8	1.0
海 南	1.0	0.4	1.9	0.9	0.2	0.4	0.3	0.2
重 庆	1.4	1.5	1.1	1.8	2.7	2.6	0.6	0.9
四 川	3.0	2.9	4.2	3.5	2.9	1.0	0.9	1.4
贵 州	2.3	1.6	1.6	1.7	1.5	0.6	0.2	0.2
云 南	2.6	2.6	2.1	2.9	1.9	2.1	0.4	0.6
西 藏	0.5	0.2	0.5	0.3	0.1	3.8	0	0
陕 西	3.5	2.2	3.8	3.6	2.0	2.3	0.4	0.8
甘 肃	1.4	0.9	1.7	2.0	0.6	0.1	0.1	0.1
青 海	0.6	0.2	0.3	0.4	0.3	1.0	0	0.1
宁 夏	0.3	0.1	0.2	0.4	0.3	0.6	0	0.1
新 疆	2.2	0.5	1.4	1.3	0.9	0.7	0.1	0.2

注：占比数据为北京大成企业研究院根据《2018中国经济普查年鉴》综合卷表2-06-2数据计算。

表1-12　登记注册类型分组的企业法人单位数占各地区比重

单位：%

地区	合计	国有企业	集合联企业	有限责任公司	股份有限公司	私营企业	港澳台商投资企业	外商投资企业
总计	100.0	0.4	0.7	12.6	1.1	84.1	0.6	0.6
北京	100.0	0.4	1.6	8.0	0.5	87.9	0.6	1.0
天津	100.0	0.6	0.8	15.3	1.2	79.8	1.0	1.4
河北	100.0	0.3	0.5	8.5	0.7	89.8	0.1	0.1
山西	100.0	0.9	1.1	10.4	1.0	86.5	0.1	0.1
内蒙古	100.0	0.5	0.3	28.2	1.8	69.0	0.1	0.1
辽宁	100.0	0.6	1.5	13.8	1.5	81.6	0.3	0.8
吉林	100.0	0.9	0.8	25.0	2.6	70.2	0.1	0.3
黑龙江	100.0	1.3	1.1	17.7	2.3	77.3	0.1	0.2
上海	100.0	0.3	0.9	14.1	0.7	76.9	2.8	4.2
江苏	100.0	0.2	0.5	5.8	0.8	91.3	0.6	0.9
浙江	100.0	0.1	0.8	5.1	0.7	91.9	0.5	0.8
安徽	100.0	0.3	0.5	33.9	1.1	64.0	0.1	0.1
福建	100.0	0.4	0.7	7.9	0.8	88.4	1.2	0.6
江西	100.0	1.0	0.8	14.0	2.0	81.8	0.3	0.2
山东	100.0	0.3	0.4	7.8	0.9	89.9	0.2	0.5
河南	100.0	0.4	0.6	17.3	1.3	80.3	0.1	0.1
湖北	100.0	0.5	0.8	18.3	1.5	78.5	0.2	0.2
湖南	100.0	0.5	0.7	11.2	2.0	85.3	0.2	0.1
广东	100.0	0.2	0.6	12.3	0.7	83.5	2.1	0.6
广西	100.0	0.8	0.9	13.7	1.6	82.4	0.3	0.3
海南	100.0	0.8	0.6	52.5	2.1	43.4	0.4	0.2
重庆	100.0	0.2	0.4	5.7	0.8	92.5	0.2	0.2
四川	100.0	0.4	0.7	17.1	1.2	80.2	0.2	0.2
贵州	100.0	0.6	0.8	13.0	1.2	84.3	0.1	0.1
云南	100.0	0.5	0.9	13.5	1.6	83.2	0.1	0.1
西藏	100.0	1.3	1.1	44.4	2.4	50.4	0.1	0.2
陕西	100.0	0.6	0.7	21.2	1.7	75.6	0.1	0.2
甘肃	100.0	0.7	0.8	26.5	2.8	69.1	0.0	0.1
青海	100.0	0.8	0.6	14.6	1.6	82.1	0.1	0.1
宁夏	100.0	0.4	0.3	9.4	1.4	88.2	0.1	0.1
新疆	100.0	0.9	0.3	18.4	1.5	78.6	0.1	0.1

注：1. "其他企业"比重小于0，未计算在内。
　　2. 占比数据为北京大成企业研究院根据《2018中国经济普查年鉴》综合卷表2-06-2数据计算。

全国1 856.9万个企业法人单位中，批发和零售业企业有631.8万家，制造业企业325.13万家，租赁和商业服务业企业有226.53万家。以上是企业法人单位数较多的前三大行业（见表1–13）。

批发和零售业中各经济类型企业占比：私营企业550.43万家，占87.1%，占全部私营企业的35.3%；国有企业有1.49万家，占0.2%，占全部国有企业的20.8%（见表1–13、表1–14、表1–15）。

制造业各经济类型企业占比：私营企业279.71万家，占行业的86%，占全部私营企业的17.9%；国有企业5 863家，占行业的0.2%，占全部国营企业的8.2%（见表1–13、表1–14、表1–15）。

租赁和商业服务业中各经济类型企业占比：私营企业185.58万家，占行业的81.9%，占全国私营企业的11.9%；国有企业7 542家，占行业的0.3%，占全部国营企业的10.5%（见表1–13、表1–14、表1–15）。

3. 按运营状态分组的企业法人单位情况

2018年全国所有行业大类企业法人单位中，正常运营的企业有1 507.68万家，占81.2%；停业（歇业）的企业有175.96万家，占9.5%；筹建中的企业有105.84万家，占5.7%（见表1–15、表1–16）。按运营状态分组的企业法人单位占比情况见表1–17。

4. 按营业收入分企业法人单位情况

2018年全国法人单位中，超过半数（60.7%）的企业营业收入在100万元及以下，1.7%的企业营业收入在1亿元以上（见表1–18）。

按照收入组距排列，营业收入在100万～200万元的有187.61万个，占10.1%；营业收入在200万～500万元的有243.18万个，占13.1%；营业收入在500万～1 000万元的有122.95万个，占6.6%；营业收入在1 000万～2 000万元的有73.55万个，占4.0%；营业收入在2 000万～5 000万元的有48.54万个，占2.6%；营业收入在5 000万～1亿元的有22.32万个，占1.2%；营业收入在1亿元以上的有32.35万个，占1.7%（见表1–18、表1–19）。

表1-13 按行业（大类）、登记注册类型分组的企业法人单位数

单位：个

行业大类	法人单位数	国有企业	集合联企业	有限责任公司	股份有限公司	私营企业	其他企业	港澳台商企业	外商投资企业
总 计	18 568 617	71 790	129 990	2 333 603	196 934	15 613 625	682	119 486	102 507
农、林、牧、渔业	61 712	1 085	1 408	8 411	1 135	49 482	3	120	68
采矿业	70 122	409	1 419	12 078	1 514	54 388	1	163	150
制造业	3 251 331	5 863	28 348	300 394	35 157	2 797 092	104	41 862	42 511
电力、热力、燃气及水生产和供应业	106 216	4 561	6 979	28 834	2 710	60 810	9	1 276	1 037
建筑业	1 218 275	3 067	5 452	178 387	12 431	1 016 559	12	1 547	820
批发和零售业	6 317 963	14 909	35 939	665 825	48 212	5 504 319	92	24 872	23 795
交通运输、仓储和邮政业	566 885	6 118	4 578	82 822	6 673	461 580	13	3 088	2 013
住宿和餐饮业	429 220	3 472	3 672	53 901	4 366	359 547	43	2 259	1 960
信息传输、软件和信息技术服务业	912 014	1 035	960	131 260	9 788	755 325	13	8 427	5 206
金融业	135 998	3 406	1 126	28 700	13 905	77 078	118	3 447	3 218
房地产业	739 593	6 335	10 570	165 052	10 532	535 885	18	7 621	3 580
租赁和商务服务业	2 265 344	7 542	14 530	342 540	20 876	1 855 770	102	14 735	9 249
科学研究和技术服务业	1 143 343	6 817	5 785	165 622	11 267	940 030	53	7 206	6 563
水利、环境和公共设施管理业	111 968	1 716	1 124	24 747	1 851	81 879	4	408	239
居民服务、修理和其他服务业	474 291	1 192	4 037	54 498	3 995	409 142	8	749	670
教 育	199 569	801	1 146	24 944	2 322	169 612	38	335	371
卫生和社会工作	68 353	705	1 032	9 414	931	55 895	36	162	178
文化、体育和娱乐业	496 420	2 757	1 885	56 174	4 269	429 232	15	1 209	879

注：此表源自《2018中国经济普查年鉴》综合卷的表2-08-1。

表1-14　各行业中按登记注册类型分组的企业法人单位数占比

单位：%

行业大类	合计	国有企业	集合联企业	有限责任公司	股份有限公司	私营企业	其他企业	港澳台商投资企业	外商投资企业
总　计	100.0	0.4	0.7	12.6	1.1	84.1	0.0	0.6	0.6
农、林、牧、渔业	100.0	1.8	2.3	13.6	1.8	80.2	0.0	0.2	0.1
采矿业	100.0	0.6	2.0	17.2	2.2	77.6	0.0	0.2	0.2
制造业	100.0	0.2	0.9	9.2	1.1	86	0.0	1.3	1.3
电力、热力、燃气及水生产和供应业	100.0	4.3	6.6	27.1	2.6	57.3	0.0	1.2	1.0
建筑业	100.0	0.3	0.4	14.6	1.0	83.4	0.0	0.1	0.1
批发和零售业	100.0	0.2	0.6	10.5	0.8	87.1	0.0	0.4	0.4
交通运输、仓储和邮政业	100.0	1.1	0.8	14.6	1.2	81.4	0.0	0.5	0.4
住宿和餐饮业	100.0	0.8	0.9	12.6	1.0	83.8	0.0	0.5	0.5
信息传输、软件和信息技术服务业	100.0	0.1	0.1	14.4	1.1	82.8	0.0	0.9	0.6
金融业	100.0	2.5	0.8	21.1	13.9	56.7	0.1	2.5	2.4
房地产业	100.0	0.9	1.4	22.3	1.4	72.5	0.0	1.0	0.5
租赁和商务服务业	100.0	0.3	0.6	15.1	0.9	81.9	0.0	0.7	0.4
科学研究和技术服务业	100.0	0.6	0.5	14.5	1.0	82.2	0.0	0.6	0.6
水利、环境和公共设施管理业	100.0	1.5	1.0	22.1	1.7	73.1	0.0	0.4	0.2
居民服务、修理和其他服务业	100.0	0.3	0.9	11.5	0.8	86.3	0.0	0.2	0.1
教　育	100.0	0.4	0.6	12.5	1.2	85	0.0	0.2	0.2
卫生和社会工作	100.0	1.0	1.5	13.8	1.4	81.8	0.1	0.2	0.3
文化、体育和娱乐业	100.0	0.6	0.4	11.3	0.9	86.5	0.0	0.2	0.2

注：占比数据为北京大成企业研究院根据《2018中国经济普查年鉴》综合卷的表2-08-1数据计算得出。

表1-15 按登记注册类型分组的企业法人单位数中各行业的占比

单位：%

行业大类	所有企业	国有企业	集合联企业	有限责任公司	股份有限公司	私营企业	其他企业	港澳台商投资企业	外商投资企业
总　计	100.0	100.0	100.0	100.0	100.0	100.0	100.0	100.0	100.0
农、林、牧、渔业	0.3	1.5	1.1	0.4	0.6	0.3	0.4	0.1	0.1
采矿业	0.4	0.6	1.1	0.5	0.8	0.3	0.1	0.1	0.1
制造业	17.5	8.2	21.8	12.9	17.9	17.9	15.2	35.0	41.5
电力、热力、燃气及水生产和供应业	0.6	6.4	5.4	1.2	1.4	0.4	1.3	1.1	1.0
建筑业	6.6	4.3	4.2	7.6	6.3	6.5	1.8	1.3	0.8
批发和零售业	34.0	20.8	27.6	28.5	24.5	35.3	13.5	20.8	23.2
交通运输、仓储和邮政业	3.1	8.5	3.5	3.5	3.4	3.0	1.9	2.6	2.0
住宿和餐饮业	2.3	4.8	2.8	2.3	2.2	2.3	6.3	1.9	1.9
信息传输、软件和信息技术服务业	4.9	1.4	0.7	5.6	5.0	4.8	1.9	7.1	5.1
金融业	0.7	4.7	0.9	1.2	9.6	0.5	17.3	2.9	3.1
房地产业	4.0	8.8	8.1	7.1	5.3	3.4	2.6	6.4	3.5
租赁和商务服务业	12.2	10.5	11.2	14.7	10.6	11.9	15.0	12.3	9.0
科学研究和技术服务业	6.2	9.5	4.5	7.1	5.7	6.0	7.8	6.0	6.4
水利、环境和公共设施管理业	0.6	2.4	0.9	1.1	0.9	0.5	0.6	0.3	0.2
居民服务、修理和其他服务业	2.6	1.7	3.1	2.3	2.0	2.6	1.2	0.6	0.7
教　育	1.1	1.1	0.9	1.1	1.2	1.1	5.6	0.1	0.4
卫生和社会工作	0.4	1.0	0.8	0.4	0.5	0.4	5.3	0.1	0.2
文化、体育和娱乐业	2.7	3.8	1.5	2.4	2.2	2.7	2.2	1.0	0.9

注：占比数据为北京大成企业研究院根据《2018中国经济普查年鉴》综合卷的表2-08-1数据计算得出。

表1-16　按行业（大类）、运营状态分组的企业法人单位数

单位：个

行业大类	正常运营	停业（歇业）	筹建	当年关闭	当年破产	当年注销	当年吊销	其他
总　计	15 076 828	1 759 596	1 058 441	206 841	13 460	263 155	24 904	165 392
农、林、牧、渔业	47 133	7 492	4 276	1 110	98	855	80	668
采矿业	42 491	18 643	3 683	3 094	258	1 017	219	717
制造业	2 721 938	286 292	130 998	53 334	4 445	31 466	3 842	19 016
电力、热力、燃气及水生产和供应业	89 395	6 858	7 029	1 028	72	1 108	59	667
建筑业	1 006 315	98 380	78 362	9 318	562	13 614	1 185	10 539
批发和零售业	5 088 800	653 387	332 734	71 784	4 147	98 273	10 299	58 539
交通运输、仓储和邮政业	473 503	48 472	26 337	5 623	377	6 924	650	4 999
住宿和餐饮业	346 484	39 844	25 571	6 820	331	6 716	467	2 987
信息传输、软件和信息技术服务业	722 485	84 345	70 868	6 640	323	16 385	1 225	9 743
金融业	117 174	9 719	5 741	527	26	963	89	1 759
房地产业	601 516	69 216	43 035	6 249	553	9 262	788	8 974
租赁和商务服务业	1 798 685	228 055	153 628	18 585	1 033	37 978	3 003	24 377
科学研究和技术服务业	914 743	98 834	89 173	8 010	488	19 064	1 534	11 497
水利、环境和公共设施管理业	88 428	10 967	8 922	1 072	73	1 407	103	996
居民服务、修理和其他服务业	396 726	36 864	24 100	4 908	264	7 204	621	3 604
教　育	164 948	13 955	15 023	1 495	72	2 321	143	1 612
卫生和社会工作	54 937	4 151	7 392	525	29	770	37	512
文化、体育和娱乐业	401 127	44 122	31 569	6 719	309	7 828	560	4 186

注：此表源自《2018中国经济普查年鉴》综合卷的表2-16-1。

表1-17　各行业中按运营状态分组的企业法人单位数占比

单位：%

行业大类	合计	正常运营	停业(歇业)	筹建	当年关闭	当年破产	当年注销	当年吊销	其他
总　　计	100.0	81.2	9.5	5.7	1.1	0.1	1.4	0.1	0.9
农、林、牧、渔业	100.0	76.4	12.1	6.9	1.8	0.2	1.4	0.1	1.1
采矿业	100.0	60.6	26.6	5.3	4.4	0.4	1.5	0.3	1.0
制造业	100.0	83.7	8.8	4.0	1.6	0.1	1.0	0.1	0.6
电力、热力、燃气及水生产和供应业	100.0	84.2	6.5	6.6	1.0	0.1	1.0	0.1	0.6
建筑业	100.0	82.6	8.1	6.4	0.8	0.0	1.1	0.1	0.9
批发和零售业	100.0	80.5	10.3	5.3	1.1	0.1	1.6	0.2	0.9
交通运输、仓储和邮政业	100.0	83.5	8.6	4.6	1.0	0.1	1.2	0.1	0.9
住宿和餐饮业	100.0	80.7	9.3	6.0	1.6	0.1	1.6	0.1	0.7
信息传输、软件和信息技术服务业	100.0	79.2	9.2	7.8	0.7	0.0	1.8	0.1	1.1
金融业	100.0	86.2	7.1	4.2	0.4	0.0	0.7	0.1	1.3
房地产业	100.0	81.3	9.4	5.8	0.8	0.1	1.3	0.1	1.2
租赁和商务服务业	100.0	79.4	10.1	6.8	0.8	0.1	1.7	0.1	1.1
科学研究和技术服务业	100.0	80.0	8.6	7.8	0.7	0.1	1.7	0.1	1.0
水利、环境和公共设施管理业	100.0	79.0	9.8	8.0	1.0	0.1	1.3	0.1	0.9
居民服务、修理和其他服务业	100.0	83.6	7.8	5.1	1.0	0.1	1.5	0.1	0.8
教　　育	100.0	82.7	7.0	7.5	0.7	0.0	1.2	0.1	0.8
卫生和社会工作	100.0	80.4	6.1	10.8	0.8	0.0	1.1	0.1	0.7
文化、体育和娱乐业	100.0	80.8	8.9	6.4	1.4	0.1	1.6	0.1	0.8

注：占比数据为北京大成企业研究院根据《2018中国经济普查年鉴》综合卷表2-16-1数据计算得出。

表1-18　按营业收入组距分组的企业法人单位数

单位：个

地区	法人单位数	100万元及以下	100万~200万元	200万~500万元	500万~1 000万元	1 000万~2 000万元	2 000万~5 000万元	5 000万~1亿元	1亿元以上
全国	18 568 617	11 263 589	1 876 121	2 431 816	1 229 541	735 527	485 353	223 208	323 462
全国	100.0	60.7	10.1	13.1	6.6	4.0	2.6	1.2	1.7

注：此表源自《2018中国经济普查年鉴》综合卷表2-24-1。占比数据为北京大成企业研究院计算。

表1-19　按行业（大类）、营业收入组距分组的企业法人单位数

单位：个

行业大类	法人单位数	100万元及以下	100万~200万元	200万~500万元	500万~1 000万元	1 000万~2 000万元	2 000万~5 000万元	5 000万~1亿元	1亿元以上
总　计	18 568 617	11 263 589	1 876 121	2 431 816	1 229 541	735 527	485 353	223 208	323 462
农、林、牧、渔业	61 712	41 455	7 009	7 700	3 186	1 151	667	341	203
采矿业	70 122	33 774	4 538	7 385	6 364	6 522	3 967	2 327	5 245
制造业	3 251 331	1 330 339	358 960	518 229	386 442	279 850	171 898	80 858	124 755
电力、热力、燃气及水生产和供应业	106 216	53 712	9 790	11 808	9 013	7 180	5 728	3 435	5 550
建筑业	1 218 275	700 964	131 027	164 883	82 048	48 523	38 402	21 268	31 160
批发和零售业	6 317 963	3 848 932	657 441	888 424	381 431	246 636	146 579	64 635	83 885
交通运输、仓储和邮政业	566 885	287 721	62 767	89 972	61 193	26 926	21 858	7 980	8 468
住宿和餐饮业	429 220	270 696	67 748	49 828	19 615	10 607	7 269	2 254	1 203
信息传输、软件和信息技术服务业	912 014	674 586	74 211	85 167	39 958	14 760	11 630	4 892	6 810
金融业	135 998	84 314	6 313	8 728	5 636	5 029	6 516	4 636	14 826
房地产业	739 593	468 653	63 325	82 449	44 446	22 755	22 054	12 202	23 709
租赁和商务服务业	2 265 344	1 668 453	199 854	234 310	93 604	27 938	22 369	9 242	9 574
科学研究和技术服务业	1 143 343	798 791	108 464	130 589	59 320	21 444	15 056	5 170	4 509
水利、环境和公共设施管理业	111 968	67 642	11 708	15 929	8 629	3 094	2 560	1 071	1 335
居民服务、修理和其他服务业	474 291	354 933	46 849	56 432	8 456	4 101	2 429	725	366
教　育	199 569	156 394	16 844	17 448	6 135	1 455	880	239	174
卫生和社会工作	68 353	43 847	5 655	7 743	4 975	2 617	2 166	792	558
文化、体育和娱乐业	496 420	378 383	43 618	54 792	9 090	4 939	3 325	1 141	1 132

注：此表源自《2018中国经济普查年鉴》综合卷表2-26。

　　2018年全国各行业企业法人单位中，超半数（50.9%）的企业总资产在50万元以下，2.5%的企业总资产在1亿元以上。截至2018年，我国资产1亿元以上企业数量最多的行业分别是制造业、房地产、批发和零售业（见表1-20）。

　　其中，制造业有11.35万个1亿元以上资产企业，在该行业中占3.5%；房地产业有9.72万个1亿元以上资产企业，在该行业中占13.1%；批发和零售业有5.15万个1亿元以上资产企业，在该行业中占0.8%（见表1-20、表1-21）。

表1-20　按行业大类、资产总计组距分组的企业法人单位数

单位：个

行业大类	法人单位数	50万元及以下	50万~100万元	100万~500万元	500万~1 000万元	1 000万~5 000万元	5 000万~1亿元	1亿元以上
总　计	18 568 617	9 450 721	2 132 454	3 904 978	1 141 502	1 212 987	270 871	455 104
农、林、牧、渔业	61 712	32 100	8 178	13 875	3 377	3 008	565	609
采矿业	70 122	21 586	4 156	14 031	7 430	12 843	3 525	6 551
制造业	3 251 331	1 023 005	368 153	912 959	325 182	416 807	91 707	113 518
电力、热力、燃气及水生产和供应业	106 216	27 942	9 906	25 909	9 048	13 285	4 689	15 437
建筑业	1 218 275	594 830	140 179	249 927	78 550	95 847	26 115	32 827
批发和零售业	6 317 963	3 405 390	797 892	1 371 303	358 186	286 840	46 866	51 486
交通运输、仓储和邮政业	566 885	235 665	66 505	145 665	52 123	45 727	8 413	12 787
住宿和餐饮业	429 220	245 832	51 315	83 099	20 553	20 289	3 732	4 400
信息传输、软件和信息技术服务业	912 014	583 040	94 846	143 894	36 807	35 702	6 955	10 770
金融业	135 998	44 051	4 013	15 692	10 210	22 163	8 084	31 785
房地产业	739 593	338 728	62 062	106 778	39 409	66 730	28 715	97 171
租赁和商务服务业	2 265 344	1 387 467	238 057	377 977	91 869	93 916	23 482	52 576
科学研究和技术服务业	1 143 343	654 337	126 872	221 439	61 363	57 364	9 850	12 118
水利、环境和公共设施管理业	111 968	49 768	12 004	23 816	7 698	9 588	2 576	6 518
居民服务、修理和其他服务业	474 291	315 594	58 455	75 992	13 334	8 698	1 182	1 036
教　育	199 569	138 217	20 849	28 801	5 928	4 499	634	641
卫生和社会工作	68 353	35 218	6 766	13 433	4 598	6 093	1 097	1 148
文化、体育和娱乐业	496 420	317 951	62 246	80 388	15 837	13 588	2 684	3 726

　　注：此表源自《2018中国经济普查年鉴》综合卷表2-30-1。

表1-21　各行业大类中按资产总计组距分组的企业法人单位数占比

单位：%

行业大类	合计	50万元及以下	50万~100万元	100万~500万元	500万~1 000万元	1 000万~5 000万元	5 000万~1亿元	1亿元以上
总　计	100.0	50.9	11.5	21.0	6.1	6.5	1.5	2.5
农、林、牧、渔业	100.0	52.0	13.3	22.5	5.5	4.9	0.9	1.0
采矿业	100.0	30.8	5.9	20.0	10.6	18.3	5.0	9.3
制造业	100.0	31.5	11.3	28.1	10.0	12.8	2.8	3.5
电力、热力、燃气及水生产和供应业	100.0	26.3	9.3	24.4	8.5	12.5	4.4	14.5
建筑业	100.0	48.8	11.5	20.5	6.4	7.9	2.1	2.7
批发和零售业	100.0	53.9	12.6	21.7	5.7	4.5	0.7	0.8
交通运输、仓储和邮政业	100.0	41.6	11.7	25.7	9.2	8.1	1.5	2.3
住宿和餐饮业	100.0	57.3	12.0	19.4	4.8	4.7	0.9	1.0
信息传输、软件和信息技术服务业	100.0	63.9	10.4	15.8	4.0	3.9	0.8	1.2
金融业	100.0	32.4	3.0	11.5	7.5	16.3	5.9	23.4
房地产业	100.0	45.8	8.4	14.4	5.3	9.0	3.9	13.1
租赁和商务服务业	100.0	61.2	10.5	16.7	4.1	4.1	1.0	2.3
科学研究和技术服务业	100.0	57.2	11.1	19.4	5.4	5.0	0.9	1.1
水利、环境和公共设施管理业	100.0	44.4	10.7	21.3	6.9	8.6	2.3	5.8
居民服务、修理和其他服务业	100.0	66.5	12.3	16.0	2.8	1.8	0.2	0.2
教　育	100.0	69.3	10.4	14.4	3.0	2.3	0.3	0.3
卫生和社会工作	100.0	51.5	9.9	19.7	6.7	8.9	1.6	1.7
文化、体育和娱乐业	100.0	64.0	12.5	16.2	3.2	2.7	0.5	0.8

注：占比数据为北京大成企业研究院根据《2018中国经济普查年鉴》综合卷表2-30-1数据计算得出。

5. 按行业分组的国有控股企业法人单位情况

国有控股企业在各行业的分布：全国24.17万家国有控股企业中，国有控股企业法人单位最多的行业分别是租赁和商务服务业（3.7万家）、房地产业（2.5万家）、制造业（2.2万家）（见表1-22、表1-23）。

制造业国有控股企业在各地区的分布：广东1 799家，占制造业国有控股企业的8.2%；江苏1 393家，占6.3%；山东1 270家，占5.8%（见表1-22、表1-23）。

租赁业国有控股企业在各地区的分布：浙江3 144家，占租赁业国有控股企业的8.4%；广东3 231家，占8.7%；江苏2 592家，占7%（见表1-22、表1-23）。

房地产业国有控股企业在各地区的分布：北京2 009家，占房地产业国有控股企业的8%；广东2 441家，占8.7%；上海1 961家，占7.8%（见表1-22、表1-23）。

三、规模以上工业企业法人单位数及比较

1. 各行业、各类型工业企业法人单位数情况

2018年全国规模以上工业企业单位有37.5万家。其中，私营企业23.54万家，占62.8%；国有控股工业企业1.93万家，占5.1%（见表1-24）。其中，制造业企业35.28万家，占94.1%；电力、热力、燃气及水生产和供应业企业1.19万家，占3.2%；采矿业企业1.03万家，占2.7%（见表1-25、表1-26、表1-27）。

制造业：私营企业22.71万家，占64.4%；国有控股企业1.18万家，占3.3%。

采矿业：私营企业6 020家，占58.4%；国有控股企业1 506家，占14.6%（见表1-25、表1-26、表1-27）。

电力、热力、燃气及水生产和供应业：国有控股企业5 953家，占50%；私营企业2 308家，占19.4%（见表1-25、表1-26、表1-27）。

表1-22 按行业、地区分组的国有控股企业法人单位数

单位：个

地区	法人单位数	农、林、牧、渔业	采矿业	制造业	电力、热力、燃气及水生产和供应业	建筑业	批发和零售业	交通运输、仓储和邮政业	住宿和餐饮业	信息传输、软件和信息技术服务业	金融业	房地产业	租赁和商务服务业	科学研究和技术服务业	水利、环境和公共设施管理业	居民服务、修理和其他服务业	教育	卫生和社会工作	文化、体育和娱乐业
总计	241 673	1 640	2 712	22 032	14 777	13 425	36 123	16 463	6 619	6 492	20 623	25 207	37 212	17 808	8 255	2 444	1 492	1 148	7 201
北京	14 721	10	12	865	157	540	2 331	402	729	827	1 355	2 009	2 150	1 636	219	207	75	40	1 157
天津	6 734	2	10	714	189	372	1 008	453	113	164	924	1 018	834	575	132	79	21	12	114
河北	8 832	37	100	932	714	653	1 261	594	266	183	678	581	1 412	642	400	91	44	28	216
山西	9 710	40	643	945	752	531	1 754	623	216	190	558	905	1 114	582	344	67	71	88	287
内蒙古	4 751	84	152	366	656	225	500	404	119	122	409	236	753	345	181	39	41	21	98
辽宁	8 626	37	47	1 083	467	649	1 227	684	225	218	699	737	1 086	755	254	132	54	58	214
吉林	3 745	53	49	304	327	222	457	462	115	88	342	278	438	288	124	46	16	17	119
黑龙江	5 655	228	59	518	511	330	932	704	198	167	426	371	527	328	129	42	42	55	88
上海	10 239	9	1	846	98	358	1 792	575	328	279	984	1 961	1 586	653	272	135	42	39	281
江苏	14 468	58	33	1 393	542	740	2 281	939	426	395	1 257	1 552	2 592	995	534	153	104	38	436
浙江	12 488	40	26	666	694	515	1 480	885	287	282	891	1 328	3 144	948	691	131	93	27	360
安徽	7 541	67	73	763	476	395	959	671	133	155	789	722	1 211	580	197	68	51	24	207
福建	8 110	33	70	549	496	388	1 427	683	194	136	567	1 038	1 403	462	340	68	37	32	187

续表

地区	法人单位数	农、林、牧、渔业	采矿业	制造业	电力、热力、燃气及水生产和供应业	建筑业	批发和零售业	交通运输、仓储和邮政业	住宿和餐饮业	信息传输、软件和信息技术服务业	金融业	房地产业	租赁和商务服务业	科学研究和技术服务业	水利、环境和公共设施管理业	居民服务、修理和其他服务业	教育	卫生和社会工作	文化、体育和娱乐业
江西	7 139	104	82	738	407	424	1 204	615	213	159	446	609	951	599	227	68	39	32	222
山东	12 462	32	153	1 270	670	901	1 616	802	359	284	1 277	1 308	1 688	1 054	420	123	108	54	343
河南	9 727	52	154	870	525	545	2 145	871	279	250	879	708	1 057	635	304	99	52	51	251
湖北	9 089	82	35	954	600	580	1 384	614	216	281	697	904	1 078	826	321	85	62	74	296
湖南	7 457	55	65	712	635	538	832	415	165	236	693	641	1 126	568	341	52	41	40	302
广东	19 048	46	57	1 799	854	877	3 612	1 275	414	504	1 695	2 441	3 231	1 162	358	178	100	38	407
广西	6 951	57	72	765	541	220	1 134	516	169	115	500	784	1 181	418	209	69	23	20	158
海南	1 909	20	8	120	99	103	221	114	75	45	159	355	254	118	59	20	11	61	67
重庆	4 827	21	35	486	332	288	634	328	109	177	574	483	530	329	273	39	37	35	117
四川	11 107	114	123	968	978	717	1 238	727	254	322	969	911	2 015	777	480	82	65	63	304
贵州	7 031	36	100	559	495	436	879	409	169	157	419	756	1 413	430	396	98	54	35	190
云南	6 790	41	125	548	567	370	769	333	213	154	587	569	1 360	480	277	80	100	54	163
西藏	1 228	4	19	69	122	110	202	107	53	85	91	51	188	57	20	14	9	3	24
陕西	8 074	49	157	929	501	588	1 202	443	216	158	571	893	875	665	333	78	33	63	320
甘肃	3 923	21	50	381	407	233	447	256	125	113	417	369	490	302	126	32	15	22	117
青海	1 493	13	24	115	196	80	166	113	43	54	142	109	200	134	51	7	12	3	31
宁夏	1 155	6	8	94	167	92	126	71	22	34	145	81	148	76	37	3	3	2	40
新疆	6 643	189	170	711	602	405	903	375	176	158	483	499	1 177	389	206	59	37	19	85

注：此表源自《2018中国经济普查年鉴》综合卷表2-32-1。

表1-23 按行业、地区分组的国有控股企业法人单位数占比

单位：%

地区	法人单位数	农、林、牧、渔业	采矿业	制造业	电力、热力、燃气及水生产和供应业	建筑业	批发和零售业	交通运输、仓储和邮政业	住宿和餐饮业	信息传输、软件和信息技术服务业	金融业	房地产业	租赁和商务服务业	科学研究和技术服务业	水利、环境和公共设施管理业	居民服务、修理和其他服务业	教育	卫生和社会工作	文化、体育和娱乐业
总计	100.0	100.0	100.0	100.0	100.0	100.0	100.0	100.0	100.0	100.0	100.0	100.0	100.0	100.0	100.0	100.0	100.0	100.0	100.0
北京	6.1	0.6	0.4	3.9	1.1	4.0	6.5	2.4	11.0	12.7	6.6	8.0	5.8	9.2	2.7	8.5	5.0	3.5	16.1
天津	2.8	0.1	0.4	3.2	1.3	2.8	2.8	2.8	1.7	2.5	4.5	4.0	2.2	3.2	1.6	3.2	1.4	1.0	1.6
河北	3.7	2.3	3.7	4.2	4.8	4.9	3.5	3.6	4.0	2.8	3.3	2.3	3.8	3.6	4.8	3.7	2.9	2.4	3.0
山西	4.0	2.4	23.7	4.3	5.1	4.0	4.9	3.8	3.3	2.9	2.7	3.6	3.0	3.3	4.2	2.7	4.8	7.7	4.0
内蒙古	2.0	5.1	5.6	1.7	4.4	1.7	1.4	2.5	1.8	1.9	2.0	0.9	2.0	1.9	2.2	1.6	2.7	1.8	1.4
辽宁	3.6	2.3	1.7	4.9	3.2	4.8	3.4	4.2	3.4	3.4	3.4	2.9	2.9	4.2	3.1	5.4	3.6	5.1	3.0
吉林	1.5	3.2	1.8	1.4	2.2	1.7	1.3	2.8	1.7	1.4	1.7	1.1	1.2	1.6	1.5	1.9	1.1	1.5	1.7
黑龙江	2.3	13.9	2.2	2.4	3.5	2.5	2.6	4.3	3.0	2.6	2.1	1.5	1.4	1.8	1.6	1.7	2.8	4.8	1.2
上海	4.2	0.5	0.0	3.8	0.7	2.7	5.0	3.5	5.0	4.3	4.8	7.8	4.3	3.7	3.3	5.5	2.8	3.4	3.9
江苏	6.0	3.5	1.2	6.3	3.7	5.5	6.3	5.7	6.4	6.1	6.1	6.2	7.0	5.6	6.5	6.3.	7.0	3.3	6.1
浙江	5.2	2.4	1.0	3.0	4.7	3.8	4.1	5.4	4.3	4.3	4.3	5.3	8.4	5.3	8.4	5.4	6.2	2.4	5.0
安徽	3.1	4.1	2.7	3.5	3.2	2.9	2.7	4.1	2.0	2.4	3.8	2.9	3.3	3.3	2.4	2.8	3.4	2.1	2.9
福建	3.4	2.0	2.6	2.5	3.4	2.9	4.0	4.1	2.9	2.1	2.7	4.1	3.8	2.6	4.1	2.8	2.5	2.8	2.6
江西	3.0	6.3	3.0	3.3	2.8	3.2	3.3	3.7	3.2	2.4	2.2	2.4	2.6	3.4	2.7	2.8	2.6	2.8	3.1

续表

地区	法人单位数	农、林、牧、渔业	采矿业	制造业	电力、热力、燃气及水生产和供应业	建筑业	批发和零售业	交通运输、仓储和邮政业	住宿和餐饮业	信息传输、软件和信息技术服务业	金融业	房地产业	租赁和商务服务业	科学研究和技术服务业	水利、环境和公共设施管理业	居民服务、修理和其他服务业	教育	卫生和社会工作	文化、体育和娱乐业
山东	5.2	2.0	5.6	5.8	4.5	6.7	4.5	4.9	5.4	4.4	6.2	5.2	4.5	5.9	5.1	5.0	7.2	4.7	4.8
河南	4.0	3.2	5.7	3.9	3.6	4.1	5.9	5.3	4.2	3.9	4.3	2.8	2.8	3.6	3.7	4.1	3.5	4.4	3.5
湖北	3.8	5.0	1.3	4.3	4.1	4.3	3.8	3.7	3.3	4.3	3.4	3.6	2.9	4.6	3.9	3.5	4.2	6.4	4.1
湖南	3.1	3.4	2.4	3.2	4.3	4.0	2.3	2.5	2.5	3.6	3.4	2.5	3.0	3.2	4.1	2.1	2.7	3.5	4.2
广东	7.9	2.8	2.1	8.2	5.8	6.5	10.0	7.7	6.3	7.8	8.2	9.7	8.7	6.5	4.3	7.3	6.7	3.3	5.7
广西	2.9	3.5	2.7	3.5	3.7	1.6	3.1	3.1	2.6	1.8	2.4	3.1	3.2	2.3	2.5	2.8	1.5	1.7	2.2
海南	0.8	1.2	0.3	0.5	0.7	0.8	0.6	0.7	1.1	0.7	0.8	1.4	0.7	0.7	0.7	0.8	0.7	5.3	0.9
重庆	2.0	1.3	1.3	2.2	2.2	2.1	1.8	2.0	1.6	2.7	2.8	1.9	1.4	1.8	3.3	1.6	2.5	3.0	1.6
四川	4.6	7.0	4.5	4.4	6.6	5.3	3.4	4.4	3.8	5.0	4.7	3.6	5.4	4.4	5.8	3.4	4.4	5.5	4.2
贵州	2.9	2.2	3.7	2.5	3.3	3.2	2.4	2.5	2.6	2.4	2.0	3.0	3.8	2.4	4.8	4.0	3.6	3.0	2.6
云南	2.8	2.5	4.6	2.5	3.8	2.8	2.1	2.0	3.2	2.4	2.8	2.3	3.7	2.7	3.4	3.3	6.7	4.7	2.3
西藏	0.5	0.2	0.7	0.3	0.8	0.8	0.6	0.6	0.8	1.3	0.4	0.2	0.5	0.3	0.2	0.6	0.6	0.3	0.3
陕西	3.3	3.0	5.8	4.2	3.4	4.4	3.3	2.7	3.3	2.4	2.8	3.5	2.4	3.7	4.0	3.2	2.2	5.5	4.4
甘肃	1.6	1.3	1.8	1.7	2.8	1.7	1.2	1.6	1.9	1.7	2.0	1.5	1.3	1.7	1.5	1.3	1.0	1.9	1.6
青海	0.6	0.8	0.9	0.5	1.3	0.6	0.5	0.7	0.6	0.8	0.7	0.4	0.5	0.8	0.6	0.3	0.8	0.3	0.4
宁夏	0.5	0.4	0.3	0.4	1.1	0.7	0.3	0.4	0.3	0.5	0.7	0.3	0.4	0.4	0.4	0.1	0.2	0.2	0.6
新疆	2.7	11.5	6.3	3.2	4.1	3.0	2.5	2.3	2.7	2.4	2.3	2.0	3.2	2.2	2.5	2.4	2.5	1.7	1.2

注：占比数据为北京大成企业研究院根据《2018中国经济普查年鉴》综合卷表2-32-1数据计算得出。

表1-24　分登记注册类型规模以上工业企业单位数及占比

分　　组	企业单位数（个）	占比（%）
总　　计	374 964	100.0
一、按登记注册类型分组		
国有企业	1 513	0.4
集合联企业	2 215	0.6
有限责任公司	78 751	21.0
股份有限公司	12 292	3.3
私营企业	235 424	62.8
其他企业	145	0.0
港澳台商投资企业	20 531	5.5
外商投资企业	24 093	6.4
二、总计中亏损的企业	52 394	14.0
总计中国有控股的企业	19 250	5.1

注：此表企业单位数源自《2018中国经济普查年鉴》第二产业卷表1-A-5；占比数据为北京大成企业研究院计算。

表1-25　按行业分规模以上各类型工业企业单位数

单位：个

行业	全国企业	国有控股企业	私营企业	外商投资和港澳台商投资企业
总　　计	374 964	19 250	235 424	44 624
采矿业	10 306	1 506	6 020	148
煤炭开采和洗选业	4 279	871	2 243	30
石油和天然气开采业	113	71	13	9
黑色金属矿采选业	1 273	113	839	15
有色金属矿采选业	1 287	248	600	38
非金属矿采选业	3 141	169	2 226	50
开采专业及辅助性活动	201	34	90	6
其他采矿业	12	—	9	—
制造业	352 754	11 791	227 096	43 217
农副食品加工业	23 338	650	15 588	1 411
食品制造业	8 609	322	5 172	1 060
酒、饮料和精制茶制造业	6 377	274	3 897	633

续表

行　业	全国企业	国有控股企业	私营企业	外商投资和港澳台商投资企业
烟草制品业	107	90	6	—
纺织业	18 677	160	14 072	1 925
纺织服装、服饰业	14 071	190	9 174	2 528
皮革、毛皮、羽毛及其制品和制鞋业	8 179	27	5 635	1 346
木材加工和木、竹、藤、棕、草制品业	9 066	71	7 376	295
家具制造业	6 371	18	4 711	688
造纸和纸制品业	6 694	93	4 519	807
印刷和记录媒介复制业	5 723	278	3 718	555
文教、工美、体育和娱乐用品制造业	9 204	71	5 958	1 722
石油、煤炭及其他燃料加工业	1 978	232	1 090	141
化学原料和化学制品制造业	22 433	1 157	13 192	2 868
医药制造业	7 423	436	3 663	719
化学纤维制造业	1 826	50	1 336	197
橡胶和塑料制品业	18 989	235	12 441	2 903
非金属矿物制品业	34 807	1 641	23 718	1 599
黑色金属冶炼和压延加工业	5 140	283	3 501	366
有色金属冶炼和压延加工业	7 019	520	4 474	506
金属制品业	23 685	509	16 479	2 554
通用设备制造业	24 442	732	15 923	3 298
专用设备制造业	18 475	685	11 574	2 424
汽车制造业	15 263	759	8 492	3 027
铁路、船舶、航空航天和其他运输设备制造业	4 781	569	2 749	548
电气机械和器材制造业	24 458	589	15 287	3 341
计算机、通信和其他电子设备制造业	17 406	689	8 701	4 506
仪器仪表制造业	4 430	227	2 384	762
其他制造业	1 689	54	1 025	326
废弃资源综合利用业	1 706	74	—	96
金属制品、机械和设备修理业	388	106	158	64
电力、热力、燃气及水生产和供应业	11 904	5 953	2 308	1 259
电力、热力生产和供应业	7 950	4 197	1 588	634
燃气生产和供应业	1 912	538	457	423
水的生产和供应业	2 042	1 218	263	202

注：此表企业单位数源自《2018中国经济普查年鉴》第二产业卷表1-A-6、1-A-7、表1-A-8、表1-A-9。

表1-26　规模以上各类型工业企业单位数中各行业占比（纵向）

单位：%

行业	全部企业	国有控股企业	私营企业	外商投资和港澳台商投资企业
总　　计	100.0	100.0	100.0	100.0
采矿业	2.7	7.8	2.6	0.3
煤炭开采和洗选业	1.1	4.5	1.0	0.1
石油和天然气开采业	0.0	0.4	0.01	0.02
黑色金属矿采选业	0.3	0.6	0.4	0.03
有色金属矿采选业	0.3	1.3	0.3	0.1
非金属矿采选业	0.8	0.9	0.9	0.1
开采专业及辅助性活动	0.1	0.2	0.04	0.01
其他采矿业	—	—	0.004	—
制造业	94.1	61.3	96.5	96.8
农副食品加工业	6.2	3.4	6.6	3.2
食品制造业	2.3	1.7	2.2	2.4
酒、饮料和精制茶制造业	1.7	1.4	1.7	1.4
烟草制品业	0.0	0.5	0.0	—
纺织业	5.0	0.8	6.0	4.3
纺织服装、服饰业	3.8	1.0	3.9	5.7
皮革、毛皮、羽毛及其制品和制鞋业	2.2	0.1	2.4	3.0
木材加工和木、竹、藤、棕、草制品业	2.4	0.4	3.1	0.7
家具制造业	1.7	0.1	2.0	1.5
造纸和纸制品业	1.8	0.5	1.9	1.8
印刷和记录媒介复制业	1.5	1.4	1.6	1.2
文教、工美、体育和娱乐用品制造业	2.5	0.4	2.5	3.9
石油、煤炭及其他燃料加工业	0.5	1.2	0.5	0.3
化学原料和化学制品制造业	6.0	6.0	5.6	6.4
医药制造业	2.0	2.3	1.6	1.6
化学纤维制造业	0.5	0.3	0.6	0.4
橡胶和塑料制品业	5.1	1.2	5.3	6.5

续表

行 业	全部企业	国有控股企业	私营企业	外商投资和港澳台商投资企业
非金属矿物制品业	9.3	8.5	10.1	3.6
黑色金属冶炼和压延加工业	1.4	1.5	1.5	0.8
有色金属冶炼和压延加工业	1.9	2.7	1.9	1.1
金属制品业	6.3	2.6	7.0	5.7
通用设备制造业	6.5	3.8	6.8	7.4
专用设备制造业	4.9	3.6	4.9	5.4
汽车制造业	4.1	3.9	3.6	6.8
铁路、船舶、航空航天和其他运输设备制造业	1.3	3.0	1.2	1.2
电气机械和器材制造业	6.5	3.1	6.5	7.5
计算机、通信和其他电子设备制造业	4.6	3.6	3.7	10.1
仪器仪表制造业	1.2	1.2	1.0	1.7
其他制造业	0.5	0.3	0.4	0.7
废弃资源综合利用业	0.5	0.4	—	0.2
金属制品、机械和设备修理业	0.1	0.6	0.1	0.1
电力、热力、燃气及水生产和供应业	3.2	30.9	1.0	2.8
电力、热力生产和供应业	2.1	21.8	0.7	1.4
燃气生产和供应业	0.5	2.8	0.2	0.9
水的生产和供应业	0.5	6.3	0.1	0.5

注：占比为北京大成企业研究院根据《2018中国经济普查年鉴》第二产业卷表1-A-6、1-A-7、表1-A-8、表1-A-9数据计算得出。

表1-27　各行业中规模以上各类型工业企业单位数占比（横向）

单位：%

行 业	合计	国有控股企业	私营企业	外商投资和港澳台商投资企业
总 计	100.0	5.1	62.8	11.9
采矿业	100.0	14.6	58.4	1.4
煤炭开采和洗选业	100.0	20.4	52.4	0.7
石油和天然气开采业	100.0	62.8	11.5	8.0
黑色金属矿采选业	100.0	8.9	65.9	1.2

续表

行　业	合计	国有控股企业	私营企业	外商投资和港澳台商投资企业
有色金属矿采选业	100.0	19.3	46.6	3.0
非金属矿采选业	100.0	5.4	70.9	1.6
开采专业及辅助性活动	100.0	16.9	44.8	3.0
其他采矿业	100.0	—	75.0	—
制造业	100.0	3.3	64.4	12.3
农副食品加工业	100.0	2.8	66.8	6.0
食品制造业	100.0	3.7	60.1	12.3
酒、饮料和精制茶制造业	100.0	4.3	61.1	9.9
烟草制品业	100.0	84.1	5.6	—
纺织业	100.0	0.9	75.3	10.3
纺织服装、服饰业	100.0	1.4	65.2	18.0
皮革、毛皮、羽毛及其制品和制鞋业	100.0	0.3	68.9	16.5
木材加工和木、竹、藤、棕、草制品业	100.0	0.8	81.4	3.3
家具制造业	100.0	0.3	73.9	10.8
造纸和纸制品业	100.0	1.4	67.5	12.1
印刷和记录媒介复制业	100.0	4.9	65.0	9.7
文教、工美、体育和娱乐用品制造业	100.0	0.8	64.7	18.7
石油、煤炭及其他燃料加工业	100.0	11.7	55.1	7.1
化学原料和化学制品制造业	100.0	5.2	58.8	12.8
医药制造业	100.0	5.9	49.3	9.7
化学纤维制造业	100.0	2.7	73.2	10.8
橡胶和塑料制品业	100.0	1.2	65.5	15.3
非金属矿物制品业	100.0	4.7	68.1	4.6
黑色金属冶炼和压延加工业	100.0	5.5	68.1	7.1
有色金属冶炼和压延加工业	100.0	7.4	63.7	7.2
金属制品业	100.0	2.1	69.6	10.8
通用设备制造业	100.0	3.0	65.1	13.5
专用设备制造业	100.0	3.7	62.6	13.1
汽车制造业	100.0	5.0	55.6	19.8
铁路、船舶、航空航天和其他运输设备制造业	100.0	11.9	57.5	11.5

行业	合计	国有控股企业	私营企业	外商投资和港澳台商投资企业
电气机械和器材制造业	100.0	2.4	62.5	13.7
计算机、通信和其他电子设备制造业	100.0	4.0	50.0	25.9
仪器仪表制造业	100.0	5.1	53.8	17.2
其他制造业	100.0	3.2	60.7	19.3
废弃资源综合利用业	100.0	4.3	—	5.6
金属制品、机械和设备修理业	100.0	27.3	40.7	16.5
电力、热力、燃气及水生产和供应业	100.0	50.0	19.4	10.6
电力、热力生产和供应业	100.0	52.8	20.0	8.0
燃气生产和供应业	100.0	28.1	23.9	22.1
水的生产和供应业	100.0	59.6	12.9	9.9

注：占比数据为北京大成企业研究院根据《2018中国经济普查年鉴》第二产业卷表1–A–6、表1–A–7、表1–A–8、表1–A–9数据计算得出。

2. 各地区工业企业法人单位数情况

全国各地区共有规模以上工业企业法人单位37.5万家。其中，广东省有规上工业企业法人单位50 570家，数量最多，占全国的13.5%；江苏省有规上工业企业法人单位46 290家，占全国的12.3%；浙江省有规上工业企业法人单位41 541家，占全国的11.1%（见表1–28）。

表1–28　按地区分组的规模以上工业企业法人单位数及占比

地　区	法人单位数（个）	占比（％）
全　国	374 964	100.0
北　京	3 108	0.8
天　津	4 367	1.2
河　北	13 697	3.7
山　西	4 212	1.1
内　蒙古	2 696	0.7
辽　宁	6 887	1.8
吉　林	4 104	1.1

地 区	法人单位数（个）	占比（%）
黑龙江	3 251	0.9
上 海	8 261	2.2
江 苏	46 290	12.3
浙 江	41 541	11.1
安 徽	18 775	5.0
福 建	17 347	4.6
江 西	12 011	3.2
山 东	36 304	9.7
河 南	21 013	5.6
湖 北	15 222	4.1
湖 南	15 679	4.2
广 东	50 570	13.5
广 西	5 975	1.6
海 南	349	0.1
重 庆	6 437	1.7
四 川	13 915	3.7
贵 州	5 311	1.4
云 南	4 408	1.2
西 藏	123	0.0
陕 西	6 663	1.8
甘 肃	1 778	0.5
青 海	562	0.1
宁 夏	1 151	0.3
新 疆	2 957	0.8

注：此表法人单位数源自《2018中国经济普查年鉴》第二产业卷表1-B-1，占比数据为北京大成企业研究院计算得出。

四、建筑业企业个数及占比

2018年全国建筑业共有总承包和专业承包企业9.65万家，其中私营企业占61.2%，国有企业占3.5%（见表1-29）。

表1-29　按经济类型划分的总承包和专业承包企业个数及占比

指标	合计	国有企业	集体企业	私营企业	港澳台商投资企业	外商投资企业
企业个数（个）	96 544	3 358	2 546	59 053	266	203
占比（%）	100.0	3.5	2.6	61.2	0.3	0.2

注：此表中的企业个数源自《2018中国经济普查年鉴》第二产业卷（下）表2-B-1.1、表2-B-2.44，占比数据为北京大成企业研究院计算。

五、第三产业法人单位数情况

1. 文化制造业企业法人单位数情况

2018年全国规模以上文化制造业企业法人单位中，私人控股企业有16 014家，占80.4%；国有控股企业有465家，占2.3%（见表1-30）。

2018年全国规模以下文化制造业企业法人单位中，私人控股企业有187 544家，占93.8%；国有控股企业有958家，占0.5%（见表1-30）。

表1-30　规模以上和规模以下各类型文化制造业企业法人单位数及占比

分　组	规上法人单位数（个）	占比（%）	规下法人单位数（个）	占比（%）
总　计	19 919	100.0	199 970	100.0
按注册类型分组				
国有企业	68	0.3	693	0.3
私营企业	12 851	64.5	175 300	87.7
港澳台商投资企业	1 723	8.7	1 935	1.0
外商投资企业	1 227	6.2	1 142	0.6
按控股情况分组				
国有控股	465	2.3	958	0.5
集体控股	213	1.1	2 892	1.4
私人控股	16 014	80.4	187 544	93.8
港澳台商控股	1 579	7.9	1 740	0.9
外商控股	1 035	5.2	862	0.4
其　他	613	3.1	5 974	3.0

注：此表中的企业法人单位数源自《2018中国经济普查年鉴》第三产业卷表3-B-02、表3-B-04，占比数据为北京大成企业研究院根据企业法人单位数计算得出。

2. 文化批零业法人单位数情况

2018年全国限额以上文化批零业法人企业中，国有控股企业有1 221家，占11.6%；私人控股企业有8 317家，占78.9%（见表1-31）。

2018年全国限额以下文化批零业法人企业中，私人控股企业有286 069家，占95.7%；国有控股企业有1 389家，占0.5%（见表1-31）。

表1-31　限额以上和限额以下文化批零业企业法人单位数及占比

分　　组	限额以上法人单位数（个）	占比（%）	限额以下法人单位数（个）	占比（%）
总　计	10 528	100.0	298 911	100.0
按注册类型分组				
国有企业	212	2.0	683	0.2
私营企业	6 820	64.8	261 954	87.6
港澳台商投资企业	174	1.7	1 173	0.4
外商投资企业	152	1.4	881	0.3
按控股情况分组				
国有控股	1 221	11.6	1 389	0.5
集体控股	127	1.2	1 410	0.5
私人控股	8 317	78.9	286 069	95.7
港澳台商控股	174	1.7	1 187	0.4
外商控股	134	1.3	733	0.2
其　他	555	5.3	8 123	2.7

注：此表中的企业法人单位数源自《2018中国经济普查年鉴》第三产业卷表3-C-02、表3-C-04，占比数据为北京大成企业研究院根据企业法人单位数计算得出。

3. 文化服务业企业单位数情况

2018年全国规模以上文化服务业法人企业中，私人控股企业有2.09万家，占69.7%；国有控股企业有5 330家，占17.8%（见表1-32）。

2018年全国规模以下文化服务业法人企业中，私人控股企业有130.18万家，占93.7%；国有控股企业有1.1万家，占0.8%（见表1-32）。

表1-32　规模以上和规模以下文化服务业企业法人单位数及占比

分　组	规上法人单位数 （个）	占比 （%）	规下法人单位数 （个）	占比 （%）
总　计	30 013	100.0	1 388 741	100.0
按注册类型分组				
国有企业	1 162	3.9	5 383	0.4
私营企业	15 438	51.4	1 182 228	85.1
港、澳、台商投资企业	619	2.1	4 448	0.3
外商投资企业	652	2.2	2 365	0.2
按控股情况分组				
国有控股	5 330	17.8	11 028	0.8
集体控股	423	1.4	5 307	0.4
私人控股	20 926	69.7	1 301 849	93.7
港澳台商控股	597	2.0	4 529	0.3
外商控股	560	1.9	1 802	0.1
其　他	2 177	7.3	64 226	4.6

注：此表中的企业法人单位数源自《2018中国经济普查年鉴》第三产业卷表3-D-02、表3-D-04，占比为北京大成企业研究院根据企业法人单位数计算得出。

4. 批发及零售业企业法人单位数情况

2018年全国批发业法人企业中，私营企业296.78万家，占83.8%；国有企业（不包含有限责任公司和股份有限公司中的国有控股企业，本章同）8 762家，占0.2%（见表1-33）。

2018年全国限额以上批发业法人企业中，私营企业76 261家，占67.1%；国有企业1 495家，占1.3%（见表1-33）。

表1-33　批发业法人企业单位数及占比

分　组	批发业法人单位数 （个）	占比 （%）	限额以上批发业 法人单位数（个）	占比 （%）
批发业	3 541 930	100.0	113 696	100.0
国有企业	8 762	0.2	1 495	1.3
集合联企业	15 978	0.5	464	0.4

续表

分　组	批发业法人单位数 （个）	占比 （%）	限额以上批发业 法人单位数（个）	占比 （%）
有限责任公司	350 351	9.9	27 384	24.1
股份有限公司	24 540	0.7	2 136	1.9
私营企业	2 967 794	83.8	76 261	67.1
其他企业	135 897	3.8	521	0.5
港澳台商投资企业	18 613	0.5	2 416	2.1
外商投资企业	19 995	0.6	3 019	2.7

注：此表中的企业法人单位数源自《2018中国经济普查年鉴》第三产业卷表1-A-1、表1-A-4，占比数据为北京大成企业研究院根据企业法人单位数计算得出。

2018年全国零售业法人企业中，私营企业有2 536 526家，占85.8%；国有企业有6 164家，占0.2%（见表1-34）。

2018年全国限额以上零售业法人企业中，私营企业有64 537家，占66%，有限责任公司26 321家，占26.9%，国有企业有839家，占0.9%（见表1-34）。

表1-34　零售业法人企业单位数及占比

分　组	零售业法人单位数 （个）	占比 （%）	限额以上零售业 法人单位数 （个）	占比 （%）
零售业	2 957 143	100.0	97 819	100.0
国有企业	6 164	0.2	839	0.9
集合联企业	19 967	0.7	1 338	1.4
有限责任公司	315 474	10.7	26 321	26.9
股份有限公司	23 672	0.8	2 118	2.2
私营企业	2 536 526	85.8	64 537	66
其他企业	45 281	1.5	410	0.4
港澳台商投资企业	6 259	0.2	1 328	1.4
外商投资企业	3 800	0.1	928	0.9

注：此表中的法人单位数源自《2018中国经济普查年鉴》第三产业卷表1-A-5、表1-A-6，占比数据为北京大成企业研究院根据法人单位数计算得出。

5. 行政事业及非企业法人单位数情况

在2018年全国服务业行政事业及非企业法人单位中，共有663 249个基层群众自治组织，占41.6%；共有471 658个国家机构单位，占29.6%；共有405 390个群众团体、社会团体和其他成员组织，占25.4%（见表1-35）。

表1-35 服务业行政事业及非企业法人单位分行业单位数及占比

行 业	单位数（个）	占比（%）
公共管理、社会保障和社会组织	1 594 682	100.0
中国共产党机关	37 781	2.4
国家机构	471 658	29.6
人民政协、民主党派	6 499	0.4
社会保障	10 105	0.6
群众团体、社会团体和其他成员组织	405 390	25.4
基层群众自治组织	663 249	41.6

注：此表中的法人单位数源自《2018中国经济普查年鉴》第三产业卷表5-1，占比数据为北京大成企业研究院根据法人单位数计算得出。

6. 房地产开发企业单位数情况

2018年，全国共有房地产开发企业20.6万个。其中，私营企业有12.1万个，占58.9%；有限公司7.27万个，占35.3%，国有企业1 386个，占0.7%（见表1-36）。

全国各地区中，房地产开发企业数量较多的是广东、河南、山东。其中，广东房地产开发企业共23 053个，占11.2%；河南房地产开发企业共15 771个，占7.7%；山东房地产开发企业共15 311个，占7.4%（见表1-36、表1-38）。

全国各地区中，国有房地产企业数量较多的是广东、山东、陕西。其中，广东国有房地产开发企业共187个，占全部房地产国企的13.5%；山东国有房地产开发企业共107个，占7.7%；江苏国有房地产开发企业共86个，占6.2%（见表1-36、表1-38）。

全国各地区中，私营房地产企业数量较多的是广东、河北、江苏。其中，广东私营房地产开发企业共13 533个，占全部房地产私企的11.2%；河北私营房地产开发企业共11 261个，占9.3%；江苏私营房地产开发企业共9 446个，占7.8%（见表1-36、表1-38）。表1-37为各地区按登记注册类型分房地产企业占比情况。

表1-36　各地区按登记注册类型分房地产开发企业个数

单位：个

地 区	总 计	国有控股企业	集合联营企业	有限公司	股份公司	私营企业	港澳台企业	外商企业
全 国	205 585	1 386	704	72 660	4 288	121 037	3 774	1 732
北 京	4 002	42	29	1 891	39	1 792	101	108
天 津	1 924	55	12	970	43	741	58	45
河 北	15 022	20	6	3 530	128	11 261	41	36
山 西	5 149	57	8	1 064	60	3 943	8	9
内蒙古	3 784	6	1	1 527	92	2 154	2	2
辽 宁	6 495	34	7	1 946	142	4 001	249	115
吉 林	2 528	4	0	1 173	115	1 214	15	7
黑龙江	2 911	35	4	1 177	124	1 542	18	11
上 海	3 631	32	19	1 736	42	1 359	311	132
江 苏	13 610	86	61	3 017	256	9 446	526	218
浙 江	10 707	45	31	3 505	132	6 589	261	144
安 徽	7 294	46	6	4 213	129	2 846	41	13
福 建	5 727	71	23	2 061	97	3 038	313	124
江 西	5 135	57	3	1 883	164	2 931	73	24
山 东	15 311	107	93	5 253	418	9 162	186	91
河 南	15 771	54	13	7 068	406	8 132	63	35
湖 北	8 991	66	20	3 148	257	5 367	95	38
湖 南	8 194	53	9	2 520	267	5 236	77	31
广 东	23 053	187	253	7 562	347	13 533	878	293
广 西	7 379	69	27	1 953	155	5 026	75	74
海 南	3 321	34	11	2 163	93	926	73	21
重 庆	3 223	15	3	1 044	70	1 956	100	35
四 川	8 274	37	19	3 440	192	4 428	93	64
贵 州	4 764	37	5	1 796	91	2 791	29	15
云 南	5 428	42	10	1 802	150	3 377	33	14
西 藏	137	1	0	73	2	60	1	—
陕 西	6 428	58	17	2 539	136	3 621	36	21
甘 肃	2 480	23	12	1 074	78	1 278	9	6
青 海	686	1	0	182	21	478	3	1
宁 夏	677	1	1	172	1	497	2	3
新 疆	3 549	11	1	1 178	41	2 312	4	2

注：1. 此表出自《2018中国经济普查年鉴》第三产业卷表3-1，其中，"其他企业"数据量太小，未
　　　包括在表格内。

　　2. 集合联营企业是指集体、股份合作、国有联营、集体联营、国有与集体联营、其他联营企业的整体数据。

　　3. 有限公司是指国有独资和其他有限责任企业的整体数据。

　　4. 私营企业是指私营独资、私营合伙、私营有限、私营股份企业的整体数据。

表1-37 各地区按登记注册类型分房地产开发企业个数（横向占比）

单位：%

地区	总计	国营控股企业	集合联营企业	有限公司	股份有限公司	私营企业	港澳台商投资企业	外商投资企业
全 国	100.0	0.7	0.3	35.3	2.1	58.9	1.8	0.8
北 京	100.0	1.0	0.7	47.3	1.0	44.8	2.5	2.7
天 津	100.0	2.9	0.6	50.4	2.2	38.5	3.0	2.3
河 北	100.0	0.1	0.0	23.5	0.9	75.0	0.3	0.2
山 西	100.0	1.1	0.2	20.7	1.2	76.6	0.2	0.2
内蒙古	100.0	0.2	0.0	40.4	2.4	56.9	0.1	0.1
辽 宁	100.0	0.5	0.1	30.0	2.2	61.6	3.8	1.8
吉 林	100.0	0.2	0.0	46.4	4.5	48.0	0.6	0.3
黑龙江	100.0	1.2	0.1	40.4	4.3	53.0	0.6	0.4
上 海	100.0	0.9	0.5	47.8	1.2	37.4	8.6	3.6
江 苏	100.0	0.6	0.4	22.2	1.9	69.4	3.9	1.6
浙 江	100.0	0.4	0.3	32.7	1.2	61.5	2.4	1.3
安 徽	100.0	0.6	0.1	57.8	1.8	39.0	0.6	0.2
福 建	100.0	1.2	0.4	36.0	1.7	53.0	5.5	2.2
江 西	100.0	1.1	0.1	36.7	3.2	57.1	1.4	0.5
山 东	100.0	0.7	0.6	34.4	2.7	59.8	1.2	0.6
河 南	100.0	0.3	0.1	44.8	2.6	51.6	0.4	0.2
湖 北	100.0	0.7	0.2	35.0	2.9	59.7	1.1	0.4
湖 南	100.0	0.6	0.1	30.8	3.3	63.9	0.9	0.4
广 东	100.0	0.8	1.1	32.8	1.5	58.7	3.8	1.3
广 西	100.0	0.9	0.4	26.5	2.1	68.1	1.0	1.0
海 南	100.0	1.0	0.3	65.1	2.8	27.9	2.2	0.6
重 庆	100.0	0.5	0.1	32.4	2.2	60.7	3.1	1.1
四 川	100.0	0.4	0.2	41.6	2.3	53.5	1.1	0.8
贵 州	100.0	0.8	0.1	37.7	1.9	58.6	0.6	0.3
云 南	100.0	0.8	0.4	33.2	2.8	62.2	0.6	0.3
西 藏	100.0	0.7	0.0	53.3	1.5	43.8	0.7	0.0
陕 西	100.0	0.9	0.3	39.5	2.1	56.3	0.6	0.3
甘 肃	100.0	0.9	0.5	43.3	3.1	51.5	0.4	0.2
青 海	100.0	0.1	0.0	26.5	3.1	69.7	0.4	0.1
宁 夏	100.0	0.1	0.1	25.4	0.1	73.4	0.3	0.4
新 疆	100.0	0.3	0.0	33.2	1.2	65.1	0.1	0.1

注：1. 占比数据为北京大成企业研究院根据《2018中国经济普查年鉴》第三产业卷表3-1计算。"其他企业"占比太小，未体现。

2. 横向占比数据指各地区按登记注册类型分房地产企业的占比。

表1-38　各地区按登记注册类型分房地产开发企业个数（纵向占比）

单位：%

地　区	总　计	国营控股企业	集合联营企业	有限公司	股份有限公司	私营企业	港澳台商投资企业	外商投资企业
全　国	100.0	100.0	100.0	100.0	100.0	100.0	100.0	100.0
北　京	1.9	3.0	4.1	2.6	0.9	1.5	2.7	6.2
天　津	0.9	4.0	1.7	1.3	1.0	0.6	1.5	2.6
河　北	7.3	1.4	0.9	4.9	3.0	9.3	1.1	2.1
山　西	2.5	4.1	1.1	1.5	1.4	3.3	0.2	0.5
内蒙古	1.8	0.4	0.1	2.1	2.1	1.8	0.1	0.1
辽　宁	3.2	2.5	1.0	2.7	3.3	3.3	6.6	6.6
吉　林	1.2	0.3	0.0	1.6	2.7	1.0	0.4	0.4
黑龙江	1.4	2.5	0.6	1.6	2.9	1.3	0.5	0.6
上　海	1.8	2.3	2.7	2.4	1.0	1.1	8.2	7.6
江　苏	6.6	6.2	8.7	4.2	6.0	7.8	13.9	12.6
浙　江	5.2	3.2	4.4	4.8	3.1	5.4	6.9	8.3
安　徽	3.5	3.3	0.9	5.8	3.0	2.4	1.1	0.8
福　建	2.8	5.1	3.3	2.8	2.3	2.5	8.3	7.2
江　西	2.5	4.1	0.4	2.6	3.8	2.4	1.9	1.4
山　东	7.4	7.7	13.2	7.2	9.7	7.6	4.9	5.3
河　南	7.7	3.9	1.8	9.7	9.5	6.7	1.7	2.0
湖　北	4.4	4.8	2.8	4.3	6.0	4.4	2.5	2.2
湖　南	4.0	3.8	1.3	3.5	6.2	4.3	2.0	1.8
广　东	11.2	13.5	35.9	10.4	8.1	11.2	23.3	16.9
广　西	3.6	5.0	3.8	2.7	3.6	4.2	2.0	4.3
海　南	1.6	2.5	1.6	3.0	2.2	0.8	1.9	1.2
重　庆	1.6	1.1	0.4	1.4	1.6	1.6	2.6	2.0
四　川	4.0	2.7	2.7	4.7	4.5	3.7	2.5	3.7
贵　州	2.3	2.7	0.7	2.5	2.1	2.3	0.8	0.9
云　南	2.6	3.0	1.4	2.5	3.5	2.8	0.9	0.8
西　藏	0.1	0.1	0.0	0.1	0.0	0.0	0.0	0.0
陕　西	3.1	4.2	2.4	3.5	3.2	3.0	1.0	1.2
甘　肃	1.2	1.7	1.7	1.5	1.8	1.1	0.2	0.3
青　海	0.3	0.1	0.0	0.3	0.5	0.4	0.1	0.1
宁　夏	0.3	0.1	0.1	0.2	0.0	0.4	0.1	0.2
新　疆	1.7	0.8	0.1	1.6	1.0	1.9	0.1	0.1

注：1. 占比为北京大成企业研究院根据《2018中国经济普查年鉴》第三产业卷表3-1计算；"其他企业"占比太小，未体现。

　　2. 纵向占比指按登记注册类型分房地产企业在各地区的分布。

7. 服务业企业法人单位数情况

服务业企业法人单位在各行业的分布。2018年全国服务业共有960.49万个法人单位。其中，租赁和商务服务业法人单位255万个，占26.6%；公共管理、社会保障和社会组织有159.47万个，占16.6%；科学研究技术服务业法人单位127.5万个，占13.3%（见表1–39）。

国有控股服务业企业在各行业中的分布。全国国有控股服务业企业总计11.14万个，数量占比较高的前三个行业是租赁和商务服务业、交通运输、仓储和邮政业、科学研究和技术服务业。其中，租赁和商务服务业国有控股企业3.72万个，占全部国有控股服务业企业的33.4%；交通运输、仓储和邮政业国有控股企业1.61万个，占14.5%；科学研究和技术服务业国有控股企业1.78万个，占16%（见表1–40）。

非公有控股服务业企业在各行业的分布。全国非公有控股服务业企业总计659.56万个，占比较高的前三个行业是租赁和商务服务业、科学研究和技术服务业、信息传输、软件和信息技术服务业。其中，租赁和商务服务业企业220.51万个，占全部非公有控股服务业企业的33.4%；科学研究和技术服务业企业117.73万个，占16.9%；信息传输、软件和信息技术服务业企业90.33万家，占13.7%（见表1–40）。

表1–39　服务业法人单位及占比

行　　业	单位数（个）	占比（%）
总　　计	9 604 859	100.0
交通运输、仓储和邮政业	576 999	6.0
信息传输、软件和信息技术服务业	919 646	9.6
房地产业	539 150	5.6
租赁和商务服务业	2 550 091	26.6
科学研究和技术服务业	1 274 991	13.3
水利、环境和公共设施管理业	148 697	1.5
居民服务、修理和其他服务业	497 074	5.2
教　　育	665 250	6.9
卫生和社会工作	271 972	2.8
文化、体育和娱乐业	566 307	5.9
公共管理、社会保障和社会组织	1 594 682	16.6

注：服务业法人单位数出自《2018中国经济普查年鉴》第三产业卷表4–1，占比数据为北京大成企业研究院根据法人单位数计算。

表1-40　国有控股企业和非公有控股企业在服务业各行业中的分布

行　业	国有控股企业单位数（个）	占比（%）	非公有控股企业单位数（个）	占比（%）
总　计	111 443	100.0	6 595 640	100.0
交通运输、仓储和邮政业	16 134	14.5	544 224	8.3
信息传输、软件和信息技术服务业	6 474	5.8	903 251	13.7
房地产业	13 337	12.0	507 493	7.7
租赁和商务服务业	37 185	33.4	2 205 050	33.4
科学研究和技术服务业	17 786	16.0	1 117 260	16.9
水利、环境和公共设施管理业	8 241	7.4	101 587	1.5
居民服务、修理和其他服务业	2 442	2.2	467 364	7.1
教　育	1 493	1.3	196 663	3.0
卫生和社会工作	1 155	1.0	66 125	1.0
文化、体育和娱乐业	7 196	6.5	486 623	7.4

注：国有控股企业绝对数出自《2018中国经济普查年鉴》第三产业卷表4-33-1、表4-34-1，占比数据为北京大成企业研究院根据企业单位数计算。

2018年全国交通运输、仓储和邮政业共有56.98万个企业法人单位。其中，道路运输业企业法人单位36.09万个，占该行业的63.3%；多式联运和运输代理业9.61万个，占16.9%；装卸搬运和仓储业7.06万个，占12.4%（见表1-41）。

表1-41　交通运输、仓储和邮政业企业法人单位数及占比

行　业	单位数（个）	占比（%）
总　计	569 804	100.0
铁路运输业	337	0.1
道路运输业	360 896	63.3
水上运输业	13 313	2.3
水上旅客运输	1 307	0.2
水上货物运输	7 894	1.4
水上运输辅助活动	4 112	0.7
航空运输业	2 601	0.5
管道运输业	252	0

行　业	单位数（个）	占比（%）
多式联运和运输代理业	96 119	16.9
装卸搬运和仓储业	70 561	12.4
邮政业	25 725	4.5

注：企业法人单位数出自《2018中国经济普查年鉴》第三产业卷表4-2，占比数据为北京大成企业研究院根据企业法人单位数计算。

2018年全国交通运输、仓储和邮政业企业法人单位中，共有6 423个国有企业，占行业全部企业的1.1%；共有46.15万个私营企业，占81%；共有8.28万个有限责任公司，占14.5%（见表1-42）。

表1-42　交通运输、仓储和邮政业企业分登记注册类型法人单位数及占比

登记注册类型	单位数（个）	占比（%）
总　计	569 804	100.0
国有企业	6 423	1.1
集合联企业	4 618	0.8
有限责任公司	82 790	14.5
股份有限公司	6 670	1.2
私营企业	461 507	81.0
其他企业	2 699	0.5
港澳台商投资企业	3 086	0.5
外商投资企业	2 011	0.4

注：企业法人单位数出自《2018中国经济普查年鉴》第三产业卷表4-4，占比数据为北京大成企业研究院根据企业法人单位数计算。

2018年全国信息传输、软件和信息技术服务业企业法人单位共91.31万个。其中，国有企业1 250个，占行业全部企业的0.1%；私营企业75.53万个，占82.7%；有限责任公司13.12万个，占14.4%（见表1-43）。

表1-43　信息传输、软件和信息技术服务业分登记注册类型企业法人单位数及占比

登记注册类型	单位数（个）	单位数占比（%）
总　计	913 076	100.0
国有企业	1 250	0.1
集合联企业	990	0.1

续表

登记注册类型	单位数（个）	单位数占比（%）
有限责任公司	131 232	14.4
股份有限公司	9 780	1.1
私营企业	755 264	82.7
其他企业	931	0.1
港澳台商投资企业	8 426	0.9
外商投资企业	5 203	0.6

注：企业法人单位数出自《2018中国经济普查年鉴》第三产业卷表4–7，占比数据为北京大成企业研究院根据企业法人单位数计算。

2018年全国金融业企业法人单位共13.73万个，其中近半数的金融企业从事资本市场服务。资本市场服务企业共6.69万个，占全部金融业企业的48.7%；货币金融服务企业3.86万个，占全部金融业企业的28.1%；保险业企业1.79万个，占13.1%（见表1–44）。

表1–44　金融业企业法人单位主要指标

行　业	单位数（个）	占比（%）
总　计	137 296	100.0
货币金融服务	38 556	28.1
其中：系统内	12 502	9.1
资本市场服务	66 928	48.7
其中：系统内	25 350	18.5
保险业	17 941	13.1
其中：系统内	15 518	11.3
其他金融业	13 871	10.1
其中：系统内	317	0.2

注：企业法人单位数出自《2018中国经济普查年鉴》第三产业卷表4–8，占比数据为北京大成企业研究院根据企业法人单位数计算。

2018年全国房地产企业法人单位共53.62万个。其中77.3%为私营企业，17.2%为有限责任公司，1%为国有企业（见表1–45）。

表1-45 房地产业企业法人单位分登记注册类型主要指标

登记注册类型	单位数（个）	占比（%）
总　计	536 216	100.0
国有企业	5 113	1.0
集合联企业	10 987	2.0
有限责任公司	92 366	17.2
股份有限公司	6 242	1.2
私营企业	414 754	77.3
其他企业	1 059	0.2
港澳台商投资企业	3 847	0.7
外商投资企业	1 848	0.3

注：企业法人单位数出自《2018中国经济普查年鉴》第三产业卷表4-11，占比数据为北京大成企业研究院根据企业法人单位数计算。

2018年全国租赁和商务服务业企业法人单位共250.55万个；其中，74.8%为私营企业，13.7%为有限责任公司，0.4%为国有企业（见表1-46）。

表1-46 租赁和商务服务业企业法人单位按登记注册类型单位数及占比

登记注册类型	单位数（个）	占比（%）
总　计	2 505 492	100.0
国有企业	9 533	0.4
集合联企业	172 769	6.9
有限责任公司	343 174	13.7
股份有限公司	20 967	0.8
私营企业	1 873 723	74.8
其他企业	61 342	2.4
港澳台商投资企业	14 737	0.6
外商投资企业	9 247	0.4

注：企业法人单位数出自《2018中国经济普查年鉴》第三产业卷表4-14，占比数据为北京大成企业研究院根据法人单位数计算得出。

2018年全国科学研究和技术服务业企业法人单位共119.5万个。其中78.7%为私营企业，13.9%为有限责任公司，0.7%为国有企业（见表1-47）。

表1-47 科学研究和技术服务业企业法人单位分登记注册类型单位数及占比

登记注册类型	企业法人单位数（个）	占比（%）
总　计	1 194 964	100.0
国有企业	8 616	0.7
集合联企业	6 160	0.5
有限责任公司	165 678	13.9
股份有限公司	11 272	0.9
私营企业	940 777	78.7
其他企业	48 696	4.1
港澳台商投资企业	7 203	0.6
外商投资企业	6 562	0.5

注：企业法人单位数出自《2018中国经济普查年鉴》第三产业卷表4-17，占比数据为北京大成企业研究院根据企业法人单位数计算得出。

2018年全国水利、环境和公共设施管理业企业法人单位共11.59万个。其中，70.6%为私营企业，21.3%为有限责任公司，2.3%为国有企业（见表1-48）。

表1-48 水利、环境和公共设施管理业企业法人单位分登记注册类型主要指标单位数及占比

登记注册类型	企业法人单位数（个）	占比（%）
总　计	115 923	100.0
国有企业	2 653	2.3
集合联企业	1 352	1.2
有限责任公司	24 745	21.3
股份有限公司	1 850	1.6
私营企业	81 881	70.6
其他企业	2 795	2.4
港澳台商投资企业	408	0.4
外商投资企业	239	0.2

注：企业法人单位数出自《2018中国经济普查年鉴》第三产业卷表4-20，占比数据为北京大成企业研究院根据企业法人单位数计算得出。

2018年全国居民服务、修理和其他服务业企业法人单位共47.92万个。其中85.6%为私营企业，11.4%为有限责任公司，0.3%为国有企业（见表1-49）。

表1-49　居民服务、修理和其他服务业企业法人单位分登记注册类型单位数及占比

登记注册类型	企业法人单位数（个）	占比（%）
总　计	479 203	100.0
国有企业	1 449	0.3
集合联企业	4 331	0.9
有限责任公司	54 564	11.4
股份有限公司	4 002	0.8
私营企业	410 103	85.6
其他企业	3 335	0.7
港澳台商投资企业	749	0.2
外商投资企业	670	0.1

注：企业法人单位数出自《2018中国经济普查年鉴》第三产业卷表4-23，占比数据为北京大成企业研究院根据企业法人单位数计算得出。

2018年教育企业法人单位共28.91万个。其中，99.7%为国有企业，15.6%为港澳台商投资企业，9.2%为股份有限公司（见表1-50）。

表1-50　教育企业法人单位分登记注册类型单位数及占比

登记注册类型	单位数（个）	占比（%）
总　计	289 050	100.0
国有企业	4 265	99.7
集合联企业	3 370	1.5
有限责任公司	26 572	1.2
股份有限公司	2 557	9.2
私营企业	206 596	0.9
其他企业	44 963	71.5
港澳台商投资企业	346	15.6

注：企业法人单位数出自《2018中国经济普查年鉴》第三产业卷表4-26，占比数据为北京大成企业研究院根据企业法人单位数计算得出。

2018年卫生和社会工作企业法人单位共10.25万个。其中61.9%为私营企业，19.1%为其他企业，9.6%为有限责任公司，3.3%为国有企业（见表1-51）。

表1-51　卫生和社会工作企业法人单位分登记注册类型单位数及占比

登记注册类型	单位数（个）	占比（%）
总　　计	102 547	100.0
国有企业	3 340	3.3
集合联企业	4 993	4.9
有限责任公司	9 821	9.6
股份有限公司	1 016	1.0
私营企业	63 438	61.9
其他企业	19 599	19.1
港澳台商投资企业	162	0.2
外商投资企业	178	0.2

注：企业法人单位数出自《2018中国经济普查年鉴》第三产业卷表4-29，占比数据为北京大成企业研究院根据企业法人单位数计算得出。

2018年文化、体育和娱乐业企业法人单位共50.68万个。其中，99.6%为国有企业，11.1%为股份有限公司，0.8%为私营企业（见表1-52）。

表1-52　文化、体育和娱乐业企业法人单位分登记注册类型单位数及占比

登记注册类型	单位数（个）	占比（%）
总　　计	506 782	100.0
国有企业	3 915	99.6
集合联企业	2 170	0.8
有限责任公司	56 309	0.4
股份有限公司	4 292	11.1
私营企业	430 692	0.8
其他企业	7 316	85.0
港澳台商投资企业	1 209	1.4
外商投资企业	879	0.2

注：企业法人单位数出自《2018中国经济普查年鉴》第三产业卷表4-32，占比数据为北京大成企业研究院根据企业法人单位数计算得出。

第二章

国有、民营、外资企业就业数据及简明比较

第四次全国经济普查结果显示，2018年年末，全国从事第二产业和第三产业活动的法人单位共有从业人员数38 323.6万人，与2013年第三次全国经济普查相比增长7.6%；个体经营户6 295.9万个，与2013年相比增长92.0%。

本章节分四个部分介绍了四经普中全国及第二、三产业就业数据，第一部分介绍按登记注册类型分组和行业门类分组介绍全国总体就业数据；第二部分介绍按控股、地区及行业分组介绍全国企业法人单位就业数据；第三部分介绍第二产业的工业和建筑业企业就业数据；第四部分介绍第三产业就业数据，共分四个小节，分别聚焦文化制造业、文化批零业和文化服务业、批发和零售业、房地产开发经营业和按控股情况、国民经济行业细分的服务业企业的具体就业数据。

请注意：第二章中未进行文字描述的表格（8张表）分别是表2–7、表2–12、表2–16、表2–23、表2–24、表2–35、表2–66、表2–67。

一、各类型总体就业数据

1. 按登记注册类型分组的法人单位就业数据

按登记注册类型分，全国法人单位从业人员数为36 239万人，女性从业人员数为13 353.3万人。其中，国有、私营、外商投资法人单位的从业人数分别为5 181.7万人、17 276.0万人、1 282.4万人，其中女性从业人员数分别为2 381.7万、6 185.4万人、549.0万人。从户均从业人数来看，国有、私营、外商投资

法人单位的户均从业人数分别为45.5人、11.0人、125.1人（见表2-1）。

表2-1　按登记注册类型分组的从业人员数、户均及占比

登记注册类型	从业人员数（人）	占比（%）	户均人数（人）	女性人数（人）	占比（%）	户均女性人数（人）
总　计	362 390 080	100.0	16.6	133 533 196	36.8	6.1
内　资	336 545 320	92.9	15.6	121 932 295	36.2	5.7
国　有	51 816 763	14.3	45.5	23 817 195	46.0	20.9
集合联	4 882 564	1.3	13.1	1 731 974	35.5	4.7
有限责任公司	77 985 527	21.5	33.3	23 271 244	29.8	9.9
股份有限公司	15 032 173	4.1	76.0	4 688 566	31.2	23.7
私　营	172 759 819	47.7	11.0	61 854 477	35.8	3.9
其　他	14 068 474	3.9	8.0	6 568 839	46.7	3.7
港澳台商投资	13 020 530	3.6	108.9	6 110 510	46.9	51.1
外商投资	12 824 230	3.5	125.1	5 490 391	42.8	53.5

注：1. 表格中的绝对数来源于《中国经济普查年鉴2018》。本章下同。

　　2. 数据源自《综合卷》表1-06。

　　3. 户均和占比数据为北京大成企业研究院计算而得。本章下同。

2. 按行业门类分组的个体经营户就业数据

个体经营户数总计6 295.9万个，从业人员数14 931.2万人。其中批发和零售业的个体经营户数和从业人员数在16个行业中占比较高，分别为50.58%和43.15%。户均从业人员数方面，采矿业的户均从业人员数最多，为4.7人；电力、热力、燃气及水生产和供应业的户均从业人员数最少，为1.7人（见表2-2）。

表2-2　按行业门类分组的个体经营户数和从业人员数、占比及户均

行　业	个体经营户数(万个)	各类个体经营户数占比（%）	从业人员数(万人)	各类从业人员数占比（%）	户均人员数(人)
总　计	6 295.9	100.0	14 931.2	100.0	2.4
采矿业	1.8	0.03	8.5	0.06	4.7

续表

行 业	个体经营户数(万个)	各类个体经营户数占比(%)	从业人员数(万人)	各类从业人员数占比(%)	户均人员数(人)
制造业	448.0	7.12	1 637.4	10.97	3.7
电力、热力、燃气及水生产和供应业	8.9	0.14	14.9	0.10	1.7
建筑业	288.5	4.58	950.3	6.36	3.3
批发和零售业	3 184.6	50.58	6 443.2	43.15	2.0
交通运输、仓储和邮政业	580.4	9.22	1 173.0	7.86	2.0
住宿和餐饮业	759.1	12.06	2 235.3	14.97	2.9
信息传输、软件和信息技术服务业	21.1	0.34	44.8	0.30	2.1
房地产业	82.9	1.32	171.7	1.15	2.1
租赁和商务服务业	130.8	2.08	299.3	2.0	2.3
科学研究和技术服务业	18.3	0.29	48.9	0.33	2.7
水利、环境和公共设施管理业	3.1	0.05	7.7	0.05	2.5
居民服务、修理和其他服务业	547.6	8.70	1 303.9	8.73	2.4
教 育	32.4	0.51	138.2	0.93	4.3
卫生和社会工作	57.6	0.92	132.1	0.88	2.3
文化、体育和娱乐业	63.2	1.0	180.3	1.21	2.9

注：1. 本表合计数含从事农、林、牧、渔专业及辅助性活动的个体经营户数据。

2. 数据源自《综合卷》表1–19。

二、按控股、地区及行业分组的企业法人单位就业数据

（一）按控股情况分组的企业法人单位总体从业人员情况

全国企业法人单位从业人员数总29 827.6万人，按控股情况分组，其中私人控股企业从业人数占比最高为72.9%，集体控股企业从业人数占比最低为2.2%；国有控股企业的户均从业人数最多为155.7人，私人控股企业的户均从业人数最少为12.5人。女性从业人员数方面，私人控股企业占比最高为73.3%，集体控股企业占比最低为1.9%（见表2–3）。

表2-3　按控股情况分组的企业法人单位从业人员数、占比及户均

分组	从业人员数 （人）	占比 （%）	户均人数 （人）	女性人数 （人）	占比 （%）	户均女性人数 （人）
总　计	298 276 245	100.0	16.1	102 355 831	100.0	5.5
按企业控股情况分组						
国有控股	37 634 516	12.6	155.7	10 132 161	9.9	41.9
集体控股	6 685 935	2.2	40.5	1 895 887	1.9	11.5
私人控股	217 321 740	72.9	12.5	74 985 332	73.3	4.3
港澳台商控股	11 855 170	4.0	105.8	5 684 999	5.6	50.7
外商控股	10 708 106	3.6	133.4	4 735 250	4.6	59.0
其　他	14 070 778	4.7	23.8	4 922 202	4.8	8.3

注：数据源自《综合卷》表2-02。

（二）按地区分组的企业法人单位从业人员数

1．按登记注册类型分。在全国的各类型企业中广东的整体从业人数占比最高为12.8%，西藏占比最低为0.1%。私营企业的全国从业人员数为1.7亿人，江苏的私营企业从业人员数在全国私营企业中占比最高为13.7%，西藏在全国同类型企业中占比最低为0.1%（见表2-4、表2-5）。

表2-4　按地区、登记注册类型分组的企业法人单位从业人员数

单位：人

地　区	从业人员数	国有企业	集合联营企业	有限责任公司	股份有限公司	私营企业	其他企业	港澳台商投资企业	外商投资企业
全　国	298 276 245	5 805 018	3 122 257	77 887 063	15 010 647	170 576 847	34 787	13 018 364	12 821 262
北　京	10 941 182	275 572	165 593	3 183 346	586 542	5 269 942	183	709 753	750 251
天　津	4 082 528	113 615	37 335	1 154 957	189 502	1 972 705	397	250 284	363 733
河　北	10 536 969	262 494	97 128	2 431 337	447 461	6 929 125	—	158 806	210 618
山　西	5 274 041	183 704	95 738	2 112 061	214 049	2 497 769	—	94 034	76 686
内蒙古	2 775 974	95 444	10 488	1 277 585	199 576	1 117 858	156	38 561	36 306
辽　宁	6 292 671	136 477	161 175	1 966 954	410 605	3 015 631	1 813	169 138	430 878
吉　林	2 557 569	98 352	19 512	1 108 081	250 653	962 556	230	34 662	83 523
黑龙江	2 679 403	255 303	43 153	1 108 274	232 183	933 004	183	39 344	67 959
上　海	10 084 108	95 893	69 564	2 175 263	446 359	4 560 764	874	1 011 950	1 723 441

续表

地区	从业人员数	国有企业	集合联企业	有限责任公司	股份有限公司	私营企业	其他企业	港澳台商投资企业	外商投资企业
江　苏	34 578 766	247 864	172 247	5 428 773	1 382 265	23 291 232	2 493	1 517 898	2 535 994
浙　江	25 898 115	151 770	223 452	4 790 256	1 333 832	17 665 650	27	914 793	818 335
安　徽	10 811 028	156 249	81 921	4 367 059	601 443	5 315 429	1 869	123 323	163 735
福　建	14 961 312	136 111	112 145	3 318 777	427 535	9 343 746	—	1 029 466	593 532
江　西	7 564 854	184 876	124 108	2 169 567	349 792	4 328 700	729	278 945	128 137
山　东	21 662 670	433 615	239 800	5 376 017	1 262 001	13 180 654	1 786	375 574	793 223
河　南	18 040 107	402 021	175 908	5 760 062	996 314	10 167 765	12 104	374 022	151 911
湖　北	11 949 162	282 522	95 178	3 720 685	734 761	6 573 127	993	254 180	287 716
湖　南	9 752 100	282 743	140 842	2 317 905	517 333	6 135 823	1 888	225 204	130 362
广　东	38 262 410	409 636	404 291	7 829 395	1 729 002	20 496 511	5978	4 719 898	2 667 699
广　西	5 116 187	157 722	110 281	1 602 634	235 349	2 762 707	36	133 151	114 307
海　南	1 039 917	37 183	13 310	585 120	95 544	254 428	191	26 158	27 983
重　庆	8 165 484	74 126	55 288	1 914 047	279 186	5 496 212	724	145 728	200 173
四　川	13 064 399	344 303	173 238	4 272 500	648 351	7 192 895	231	195 354	237 527
贵　州	3 890 787	141 049	39 641	1 338 710	196 095	2 117 761	576	25 393	31 562
云　南	4 880 197	141 033	68 367	1 416 158	262 437	2 895 932	471	48 808	46 991
西　藏	445 575	17 008	4 727	196 547	25 616	196 898	156	2 059	2 564
陕　西	6 440 234	290 767	107 066	2 546 150	379 575	2 935 290	618	81 523	99 245
甘　肃	2 287 904	195 677	53 642	921 235	228 720	863 580	—	7 133	17 917
青　海	713 342	28 721	9 779	233 810	79 569	354 845	22	4 759	1 837
宁　夏	898 450	25 767	3 810	251 176	50 902	540 708	59	15 683	10 345
新　疆	2 628 800	147 401	13 530	1 012 622	218 095	1 207 600	—	12 780	16 772

注：数据源自《综合卷》表2-07。

表2-5　各地区、登记注册类型企业从业人员数占全国同类型的占比

单位：%

地区	所有企业	国有企业	集合联企业	有限责任公司	股份有限公司	私营企业	其他企业	港澳台商投资企业	外商投资企业
全　国	100.0	100.0	100.0	100.0	100.0	100.0	100.0	100.0	100.0
北　京	3.7	4.7	5.3	4.1	3.9	3.1	0.5	5.5	5.9
天　津	1.4	2.0	1.2	1.5	1.3	1.2	1.1	1.9	2.8

续表

地 区	所有企业	国有企业	集合联企业	有限责任公司	股份有限公司	私营企业	其他企业	港澳台商投资企业	外商投资企业
河 北	3.5	4.5	3.1	3.1	3.0	4.1	—	1.2	1.6
山 西	1.8	3.2	3.1	2.7	1.4	1.5	—	0.7	0.6
内蒙古	0.9	1.6	0.3	1.6	1.3	0.7	0.4	0.3	0.3
辽 宁	2.1	2.4	5.2	2.5	2.7	1.8	5.2	1.3	3.4
吉 林	0.9	1.7	0.6	1.4	1.7	0.6	0.7	0.3	0.7
黑龙江	0.9	4.4	1.4	1.4	1.5	0.5	0.5	0.3	0.5
上 海	3.4	1.7	2.2	2.8	3.0	2.7	2.5	7.8	13.4
江 苏	11.6	4.3	5.5	7.0	9.2	13.7	7.2	11.7	19.8
浙 江	8.7	2.6	7.2	6.2	8.9	10.4	0.1	7.0	6.4
安 徽	3.6	2.7	2.6	5.6	4.0	3.1	5.4	0.9	1.3
福 建	5.0	2.3	3.6	4.3	2.8	5.5	—	7.9	4.6
江 西	2.5	3.2	4.0	2.8	2.3	2.5	2.1	2.1	1.0
山 东	7.3	7.5	7.7	6.9	8.4	7.7	5.1	2.9	6.2
河 南	6.0	6.9	5.6	7.4	6.6	6.0	34.8	2.9	1.2
湖 北	4.0	4.9	3.0	4.8	4.9	3.9	2.9	2.0	2.2
湖 南	3.3	4.9	4.5	3.0	3.4	3.6	5.4	1.7	1.0
广 东	12.8	7.1	12.9	10.1	11.5	12.0	17.2	36.3	20.8
广 西	1.7	2.7	3.5	2.1	1.6	1.6	0.1	1.0	0.9
海 南	0.3	0.6	0.4	0.8	0.6	0.1	0.5	0.2	0.2
重 庆	2.7	1.3	1.8	2.5	1.9	3.2	2.1	1.1	1.6
四 川	4.4	5.9	5.5	5.5	4.3	4.2	0.7	1.5	1.9
贵 州	1.3	2.4	1.3	1.7	1.3	1.2	1.7	0.2	0.2
云 南	1.6	2.4	2.2	1.8	1.7	1.7	1.4	0.4	0.4
西 藏	0.1	0.3	0.2	0.3	0.2	0.1	0.4	0.0	0.0
陕 西	2.2	5.0	3.4	3.3	2.5	1.7	1.8	0.6	0.8
甘 肃	0.8	3.4	1.7	1.2	1.5	0.5	—	0.1	0.1
青 海	0.2	0.5	0.3	0.3	0.5	0.2	0.1	0.0	0.0
宁 夏	0.3	0.4	0.1	0.3	0.3	0.3	0.2	0.0	0.1
新 疆	0.9	2.5	0.4	1.3	1.5	0.7	—	0.1	0.1

注：数据源自《综合卷》表2-07。

　　在全国各地区的各登记注册类型企业中户均从业人员数来看，在全国各类型企业中外资企业的户均从业人数最多，为125.1人；私营企业的户均从业人数最少，为10.9人。分地区来看，福建的私营企业的户均从业人数最多为17.5人（见表2-6）。

表2-6　各类型企业在各地区的户均从业人员数

单位：人

地　区	所有企业	国有企业	集合联营企业	有限责任公司	股份有限公司	私营企业	其他企业	港澳台商投资企业	外商投资企业
全　国	16.1	80.9	24.0	33.4	76.2	10.9	51.0	109.0	125.1
北　京	11.5	72.3	10.6	41.9	131.1	6.3	30.5	128.8	81.4
天　津	14.9	71.0	17.1	27.6	59.7	9.0	16.5	95.7	95.0
河　北	10.5	93.9	18.3	28.3	60.5	7.7	0.0	234.9	162.9
山　西	14.4	56.5	24.4	55.6	61.4	7.9	0.0	429.4	186.1
内蒙古	12.0	88.0	13.4	19.5	47.1	7.0	52.0	273.5	136.5
辽　宁	12.2	41.6	21.0	27.7	54.0	7.2	113.3	108.6	107.8
吉　林	18.7	82.0	18.8	32.4	69.9	10.0	28.8	212.7	179.6
黑龙江	13.8	101.7	19.7	32.2	53.0	6.2	8.7	168.1	173.4
上　海	24.6	76.6	18.2	37.6	147.5	14.5	87.4	89.0	99.9
江　苏	18.6	62.2	20.5	50.6	93.8	13.7	28.3	132.7	155.5
浙　江	18.7	76.6	20.1	67.9	129.5	13.9	13.5	129.6	76.1
安　徽	15.5	65.1	24.2	18.4	79.9	11.9	37.4	181.9	175.7
福　建	24.7	59.5	26.5	69.2	84.6	17.5	0.0	143.4	167.8
江　西	21.3	52.4	45.9	43.8	48.3	14.9	42.9	297.1	203.1
山　东	14.0	106.9	34.7	44.7	88.1	9.5	39.6	129.9	108.3
河　南	17.4	107.8	28.2	32.2	72.4	12.2	153.2	589.9	176.0
湖　北	17.4	79.0	18.4	29.5	69.2	12.2	76.4	231.7	224.1
湖　南	21.1	120.5	46.8	44.7	57.0	15.6	51.0	313.2	199.6
广　东	13.5	60.8	25.6	22.5	90.8	8.7	45.3	78.9	153.3
广　西	13.3	54.6	31.1	30.4	37.3	8.7	5.1	132.5	116.0
海　南	12.1	53.6	26.3	13.0	53.0	6.8	63.7	71.3	137.8
重　庆	18.0	71.6	28.8	74.5	78.1	13.1	40.2	196.4	227.0

续表

地区	所有企业	国有企业	集合联企业	有限责任公司	股份有限公司	私营企业	其他企业	港澳台商投资企业	外商投资企业
四 川	22.9	158.8	46.2	43.7	92.8	15.7	33.0	191.5	167.2
贵 州	13.9	84.5	18.5	36.8	57.3	9.0	144.0	117.0	139.0
云 南	13.5	74.7	20.6	28.9	45.3	9.6	33.6	114.3	79.5
西 藏	15.8	45.2	15.9	15.7	37.2	13.9	6.0	93.6	55.7
陕 西	15.2	116.8	37.7	28.4	53.3	9.2	38.6	181.2	114.2
甘 肃	15.7	197.9	45.4	23.8	56.9	8.6	0.0	109.7	150.6
青 海	13.8	67.6	30.2	30.9	94.2	8.3	3.1	105.8	27.4
宁 夏	17.8	126.3	22.4	53.1	72.3	12.2	14.8	402.1	154.4
新 疆	15.0	94.9	23.0	31.3	82.9	8.7	0.0	88.8	75.9

注：数据源自《综合卷》表2-07。

2. 按控股情况分。私人控股企业的从业人员数在各类企业中占比最高，为72.9%。分地区来看，浙江的私人控股企业的从业人员数占比最高，为86.0%，黑龙江的私人控股企业的从业人员数占比最低，为49.5%。山西的国有控股企业的从业人员数占比最高，为34.3%，浙江的国有控股企业的从业人员数占比最低，为4.5%（见表2-8）。

从各类控股企业在全国各地区的分布来看，江苏的私人控股企业法人单位从业人员数占全国的比重最高，为12.5%，广东的国有控股企业法人单位从业人员数占全国的比重最高，为7.4%（见表2-9）。

在全国各类企业法人单位中，户均从业人员数居前三的是：国有控股、外商控股和港澳台商控股企业分别是155.7人、133.4人和105.8人，私人控股企业法人单位户均从业人员数为12.5人（见表2-10）。

表2-7　按地区、控股情况分组的企业法人单位从业人员数

单位：人

地 区	所有企业	国有控股	集体控股	私人控股	港澳台商控股	外商控股	其他
全 国	298 276 245	37 634 516	6 685 935	217 321 740	11 855 170	10 708 106	14 070 778
北 京	10 941 182	2 199 836	325 836	6 891 189	590 918	658 860	274 543
天 津	4 082 528	722 571	73 980	2 436 871	238 478	315 418	295 210

续表

地　区	所有企业	国有控股	集体控股	私人控股	港澳台商控股	外商控股	其他
河　北	10 536 969	1 397 291	213 683	8 250 955	104 424	154 956	415 660
山　西	5 274 041	1 810 958	183 386	2 995 687	91 751	51 305	140 954
内蒙古	2 775 974	678 968	56 809	1 788 056	36 556	23 675	191 910
辽　宁	6 292 671	1 380 549	264 129	3 852 538	152 126	340 032	303 297
吉　林	2 557 569	712 482	63 316	1 461 049	25 375	58 982	236 365
黑龙江	2 679 403	990 714	78 348	1 327 352	28 334	34 874	219 781
上　海	10 084 108	1 516 397	192 046	5 445 243	909 638	1 547 191	473 593
江　苏	34 578 766	2 074 189	640 031	27 151 323	1 392 956	2 203 636	1 116 631
浙　江	25 898 115	1 155 445	509 693	22 278 862	694 096	609 036	650 983
安　徽	10 811 028	1 462 238	204 874	8 144 098	137 206	133 709	728 903
福　建	14 961 312	1 155 428	178 690	1 1823 145	980 708	504 013	319 328
江　西	7 564 854	995 030	170 329	5 756 673	220 453	108 425	313 944
山　东	21 662 670	2 432 366	748 714	16 392 120	290 669	595 882	1 202 919
河　南	18 040 107	1 866 081	385 733	14 365 629	356 660	108 961	957 043
湖　北	11 949 162	1 636 478	260 345	8 864 874	247 570	179 423	760 472
湖　南	9 752 100	1 116 816	303 740	7 574 918	211 593	103 933	441 100
广　东	38 262 410	2 800 325	608 227	25 442 084	4 544 977	2 361 499	2 505 298
广　西	5 116 187	1 038 327	154 116	3 497 324	116 705	77 213	232 502
海　南	1 039 917	187 009	29 193	583 936	22 291	16 615	200 873
重　庆	8 165 484	1 033 247	101 600	6 487 261	131 431	133 491	278 454
四　川	13 064 399	1 984 839	312 631	9 783 140	192 992	208 310	582 487
贵　州	3 890 787	871 311	85 681	2 655 630	22 849	31 121	224 195
云　南	4 880 197	780 855	146 478	3 650 526	36 632	32 399	233 307
西　藏	445 575	68 216	10 496	317 755	4 481	2 788	41 839
陕　西	6 440 234	1 596 340	187 444	4 198 225	48 591	79 691	329 943
甘　肃	2 287 904	751 476	104 800	1 261 212	4 419	11 324	15 4673
青　海	713 342	203 898	17 990	451 145	4 763	1 947	33 599
宁　夏	898 450	192 220	17 245	641 218	3 679	8 057	36 031
新　疆	2 628 800	822 616	56 352	1 551 702	11 849	11 340	174 941

注：表2-7至表2-10数据源自《综合卷》表2-11。

表2-8　各地区按控股情况分组的企业法人单位从业人员数在当地的占比

单位：%

地　区	所有企业	国有控股	集体控股	私人控股	港澳台商控股	外商控股	其他
全　国	100.0	12.6	2.2	72.9	4.0	3.6	4.7
北　京	100.0	20.1	3.0	63.0	5.4	6.0	2.5
天　津	100.0	17.7	1.8	59.7	5.8	7.7	7.2
河　北	100.0	13.3	2.0	78.3	1.0	1.5	3.9
山　西	100.0	34.3	3.5	56.8	1.7	1.0	2.7
内蒙古	100.0	24.5	2.0	64.4	1.3	0.9	6.9
辽　宁	100.0	21.9	4.2	61.2	2.4	5.4	4.8
吉　林	100.0	27.9	2.5	57.1	1.0	2.3	9.2
黑龙江	100.0	37.0	2.9	49.5	1.1	1.3	8.2
上　海	100.0	15.0	1.9	54.0	9.0	15.3	4.7
江　苏	100.0	6.0	1.9	78.5	4.0	6.4	3.2
浙　江	100.0	4.5	2.0	86.0	2.7	2.4	2.5
安　徽	100.0	13.5	1.9	75.3	1.3	1.2	6.7
福　建	100.0	7.7	1.2	79.0	6.6	3.4	2.1
江　西	100.0	13.2	2.3	76.1	2.9	1.4	4.2
山　东	100.0	11.2	3.5	75.7	1.3	2.8	5.6
河　南	100.0	10.3	2.1	79.6	2.0	0.6	5.3
湖　北	100.0	13.7	2.2	74.2	2.1	1.5	6.4
湖　南	100.0	11.5	3.1	77.7	2.2	1.1	4.5
广　东	100.0	7.3	1.6	66.5	11.9	6.2	6.5
广　西	100.0	20.3	3.0	68.4	2.3	1.5	4.5
海　南	100.0	18.0	2.8	56.2	2.1	1.6	19.3
重　庆	100.0	12.7	1.2	79.4	1.6	1.6	3.4
四　川	100.0	15.2	2.4	74.9	1.5	1.6	4.5
贵　州	100.0	22.4	2.2	68.3	0.6	0.8	5.8
云　南	100.0	16.0	3.0	74.8	0.8	0.7	4.8
西　藏	100.0	15.3	2.4	71.3	1.0	0.6	9.4
陕　西	100.0	24.8	2.9	65.2	0.8	1.2	5.1
甘　肃	100.0	32.8	4.6	55.1	0.2	0.5	6.8
青　海	100.0	28.6	2.5	63.2	0.7	0.3	4.7
宁　夏	100.0	21.4	1.9	71.4	0.4	0.9	4.0
新　疆	100.0	31.3	2.1	59.0	0.5	0.4	6.7

注：数据源自《综合卷》表2-11。

表2-9 各地区按控股情况分组的企业法人单位从业人员数在全国的占比

单位：%

地区	地区占比	国有控股	集体控股	私人控股	港澳台商控股	外商控股	其他
全　国	100.0	100.0	100.0	100.0	100.0	100.0	100.0
北　京	3.7	5.8	4.9	3.2	5.0	6.2	2.0
天　津	1.4	1.9	1.1	1.1	2.0	2.9	2.1
河　北	3.5	3.7	3.2	3.8	0.9	1.4	3.0
山　西	1.8	4.8	2.7	1.4	0.8	0.5	1.0
内蒙古	0.9	1.8	0.8	0.8	0.3	0.2	1.4
辽　宁	2.1	3.7	4.0	1.8	1.3	3.2	2.2
吉　林	0.9	1.9	0.9	0.7	0.2	0.6	1.7
黑龙江	0.9	2.6	1.2	0.6	0.2	0.3	1.6
上　海	3.4	4.0	2.9	2.5	7.7	14.4	3.4
江　苏	11.6	5.5	9.6	12.5	11.7	20.6	7.9
浙　江	8.7	3.1	7.6	10.3	5.9	5.7	4.6
安　徽	3.6	3.9	3.1	3.7	1.2	1.2	5.2
福　建	5.0	3.1	2.7	5.4	8.3	4.7	2.3
江　西	2.5	2.6	2.5	2.6	1.9	1.0	2.2
山　东	7.3	6.5	11.2	7.5	2.5	5.6	8.5
河　南	6.0	5.0	5.8	6.6	3.0	1.0	6.8
湖　北	4.0	4.3	3.9	4.1	2.1	1.7	5.4
湖　南	3.3	3.0	4.5	3.5	1.8	1.0	3.1
广　东	12.8	7.4	9.1	11.7	38.3	22.1	17.8
广　西	1.7	2.8	2.3	1.6	1.0	0.7	1.7
海　南	0.3	0.5	0.4	0.3	0.2	0.2	1.4
重　庆	2.7	2.7	1.5	3.0	1.1	1.2	2.0
四　川	4.4	5.3	4.7	4.5	1.6	1.9	4.1
贵　州	1.3	2.3	1.3	1.2	0.2	0.3	1.6
云　南	1.6	2.1	2.2	1.7	0.3	0.3	1.7
西　藏	0.1	0.2	0.2	0.1	0.0	0.0	0.3
陕　西	2.2	4.2	2.8	1.9	0.4	0.7	2.3
甘　肃	0.8	2.0	1.6	0.6	0.0	0.1	1.1
青　海	0.2	0.5	0.3	0.2	0.0	0.0	0.2
宁　夏	0.3	0.5	0.3	0.3	0.0	0.1	0.3
新　疆	0.9	2.2	0.8	0.7	0.1	0.1	1.2

注：数据源自《综合卷》表2-11。

表2-10   按地区、控股情况分组的法人单位户均从业人员数

单位：人

地　区	所有企业	国有控股	集体控股	私人控股	港澳台商控股	外商控股	其他
全　国	16.1	155.7	40.5	12.5	105.8	133.4	23.8
北　京	11.5	149.4	19.5	7.9	113.2	94.1	9.7
天　津	14.9	107.3	29.1	10.3	108.3	107.2	14.0
河　北	10.5	158.2	32.9	8.5	191.3	202.6	23.6
山　西	14.4	186.5	32.1	8.6	434.8	209.4	46.4
内蒙古	12.0	142.9	37.6	8.4	165.4	156.8	14.1
辽　宁	12.2	160.0	31.1	8.1	105.1	118.6	14.6
吉　林	18.7	190.2	41.3	12.0	131.5	176.1	24.8
黑龙江	13.8	175.2	27.7	7.5	127.1	132.1	26.0
上　海	24.6	148.1	30.3	15.3	82.6	96.4	44.4
江　苏	18.6	143.4	60.3	15.3	135.8	175.2	29.3
浙　江	18.7	92.5	42.5	16.7	122.6	74.4	51.7
安　徽	15.5	193.9	38.4	12.9	141.4	201.7	13.7
福　建	24.7	142.5	36.7	20.6	148.6	176.4	36.5
江　西	21.3	139.4	52.7	17.4	241.5	263.8	27.4
山　东	14.0	195.2	78.5	11.0	114.3	113.7	43.7
河　南	17.4	191.8	49.7	14.8	450.9	256.4	20.6
湖　北	17.4	180.1	36.5	13.9	227.8	203.4	22.3
湖　南	21.1	149.8	70.8	17.4	299.7	263.1	30.8
广　东	13.5	147.0	34.4	9.7	80.4	167.2	24.0
广　西	13.3	149.4	34.6	9.7	123.6	109.4	23.7
海　南	12.1	98.0	31.9	8.5	54.1	110.0	14.5
重　庆	18.0	214.1	42.1	14.8	179.8	221.4	36.1
四　川	22.9	178.7	46.0	18.3	173.9	210.6	35.6
贵　州	13.9	123.9	27.1	10.1	92.9	219.2	33.7
云　南	13.5	115.0	33.3	10.7	84.0	79.8	23.2
西　藏	15.8	55.6	17.2	13.4	154.5	174.3	16.9
陕　西	15.2	197.7	46.0	10.8	105.9	139.3	17.2
甘　肃	15.7	191.6	57.0	9.7	55.9	179.7	15.1
青　海	13.8	136.6	33.8	9.4	86.6	44.3	18.8
宁　夏	17.8	166.4	55.3	13.5	96.8	161.1	27.5
新　疆	15.0	123.8	48.8	9.7	80.1	87.2	25.6

注：数据源自《综合卷》表2-11。

3．按营业收入组距分。全国按营业收入组距分组的企业法人单位中，营业收入1亿元以上的从业人员数1.3亿人，占比最高为43.6%；营业收入100万～200万元以上的从业人员数1 354.9万人，占比最低为4.5%（见表2-11）。

表2-11　全国按营业收入组距分组的企业法人单位从业人员数

营业收入	全国从业人员数（个）	从业人数占比（%）
全国	298 276 245	100.0
100万元及以下	33 231 616	11.1
100万-200万元	13 549 300	4.5
200万-500万元	26 289 482	8.8
500万-1 000万元	22 399 383	7.5
1 000万-2 000万元	22 235 026	7.5
2 000万-5 000万元	27 752 811	9.3
5 000万-1亿元	22 632 578	7.6
1亿元以上	130 186 049	43.6

注：数据源自《综合卷》表2-25。

（三）按行业分组的企业法人单位从业人员数

1．按登记注册类型分

从登记注册类型分组的企业法人单位从业人员数总体来看，私营企业从业人数占比最高为57.2%。其中，分行业的私营企业占比情况，居民服务、修理和其他服务业中占比较高，为77.6%；电力、热力、燃气及水生产和供应业中的占比较低，为14.5%（见表2-13）。表2-12为各类型企业在各行业的从业人员数。

从各行业在同类型注册企业从业人员数的占比来看，制造业中的从业人员数占比最高，为34.78%。国有企业中的电力、热力、燃气及水生产和供应业的从业人员数占比较高，为19.15%；私营企业中建筑业的从业人员数占比较高，为18.92%；港澳台商企业和外资企业中的制造业的从业人员数占比均较高，分别为70.92%和74.01%（见表2-14）。

从各登记注册类型的总体户均从业人员数来看，排名前三的是外资企业、港澳台商企业和国有企业，户均从业人数分别为125.1人、109.0人和80.9人。私营企业垫底，户均从业人数为10.9人（见表2-15）。

表2-12　各类型企业在各行业的从业人员数

单位：人

行业大类	所有企业	国有企业	集合联企业	有限责任公司	股份有限公司	私营企业	其他企业	港澳合商投资企业	外商投资企业
总　计	298 276 245	5 805 018	3 122 257	77 887 063	15 010 647	170 576 847	34 787	13 018 364	12 821 262
农、林、牧、渔业	568 001	79 300	7 049	86 041	69 899	323 496	—	1 129	1 087
采矿业	5 957 559	167 239	63 173	3 419 361	918 457	1 316 536	183	26 987	45 623
制造业	103 747 559	360 768	620 914	20 052 095	6 175 750	57 805 790	10 479	9 232 371	9 489 392
电力、热力、燃气及水生产和供应业	4 633 931	1 111 938	65 584	2 290 684	227 639	671 356	910	148 022	117 798
建筑业	58 084 532	960 782	1 242 378	20 590 116	2 783 777	32 265 470	3 932	162 020	76 057
批发和零售业	38 995 530	472 509	327 453	7 125 786	1 344 617	27 632 526	2 320	1 034 493	1 055 826
交通运输、仓储和邮政业	12 025 264	990 643	124 736	4 321 492	724 214	5 366 397	733	300 676	196 373
住宿和餐饮业	7 033 688	207 266	59 633	1 660 371	154 684	4 058 562	2 277	431 386	459 509
信息传输、软件和信息技术服务业	9 935 143	80 829	7 193	2 623 495	1 044 325	4 966 031	69	693 506	519 695
金融业	569 192	4 763	1 586	169 433	32 949	295 775	—	45 658	19 028
房地产业	12 612 109	144 929	162 928	4 550 163	385 384	6 861 003	356	345 456	161 890
租赁和商务服务业	21 263 957	663 669	255 809	5 238 005	433 606	14 047 863	5 790	273 661	345 554
科学研究和技术服务业	9 893 308	301 062	63 062	2 676 037	342 784	6 140 726	1 715	155 345	212 577
水利、环境和公共设施管理业	2 335 397	73 861	23 220	1 019 940	102 618	1 075 159	84	29 971	10 544
居民服务、修理和其他服务业	4 114 450	24 813	45 740	693 851	50 066	3 191 793	150	72 158	35 879
教育	1 704 030	26 769	16 598	299 121	84 269	1 246 371	3 602	10 994	16 306
卫生和社会工作	1 596 713	55 312	22 438	386 554	55 929	1 042 210	1 578	14 378	18 314
文化、体育和娱乐业	3 205 882	78 566	12 763	684 518	79 680	2 269 783	609	40 153	39 810

注：数据源自《综合卷》表2-09。

表2-13　各类型企业在同行业中从业人员数占比

单位：%

行业大类	所有企业	国有企业	集合联企业	有限责任公司	股份有限公司	私营企业	其他企业	港澳台商投资企业	外商投资企业
总　计	100.0	1.9	1.0	26.1	5.0	57.2	0.0	4.4	4.3
农、林、牧、渔业	100.0	14.0	1.2	15.1	12.3	57.0	—	0.2	0.2
采矿业	100.0	2.8	1.1	57.4	15.4	22.1	0.0	0.5	0.8
制造业	100.0	0.3	0.6	19.3	6.0	55.7	0.0	8.9	9.1
电力、热力、燃气及水生产和供应业	100.0	24.0	1.4	49.4	4.9	14.5	0.0	3.2	2.5
建筑业	100.0	1.7	2.1	35.4	4.8	55.5	0.0	0.3	0.1
批发和零售业	100.0	1.2	0.8	18.3	3.4	70.9	0.0	2.7	2.7
交通运输、仓储和邮政业	100.0	8.2	1.0	35.9	6.0	44.6	0.0	2.5	1.6
住宿和餐饮业	100.0	2.9	0.8	23.6	2.2	57.7	0.0	6.1	6.5
信息传输、软件和信息技术服务业	100.0	0.8	0.1	26.4	10.5	50.0	0.0	7.0	5.2
金融业	100.0	0.8	0.3	29.8	5.8	52.0	—	8.0	3.3
房地产业	100.0	1.1	1.3	36.1	3.1	54.4	0.0	2.7	1.3
租赁和商务服务业	100.0	3.1	1.2	24.6	2.0	66.1	0.0	1.3	1.6
科学研究和技术服务业	100.0	3.0	0.6	27.0	3.5	62.1	0.0	1.6	2.1
水利、环境和公共设施管理业	100.0	3.2	1.0	43.7	4.4	46.0	0.0	1.3	0.5
居民服务、修理和其他服务业	100.0	0.6	1.1	16.9	1.2	77.6	0.0	1.8	0.9
教　育	100.0	1.6	1.0	17.6	4.9	73.1	0.2	0.6	1.0
卫生和社会工作	100.0	3.5	1.4	24.2	3.5	65.3	0.1	0.9	1.1
文化、体育和娱乐业	100.0	2.5	0.4	21.4	2.5	70.8	0.0	1.3	1.2

注：占比为北京大成企业研究院根据统计局发布数据计算得出。本节下同。

表2-14 各行业在同类型企业中的从业人员数占比

单位：%

行业大类	所有企业	国有企业	集合联企业	有限责任公司	股份有限公司	私营企业	其他企业	港澳台商投资企业	外商投资企业
总　　计	100.0	100.0	100.0	100.0	100.0	100.0	100.0	100.0	100.0
农、林、牧、渔业	0.19	1.37	0.23	0.11	0.47	0.19	0.00	0.01	0.01
采矿业	2.00	2.88	2.02	4.39	6.12	0.77	0.53	0.21	0.36
制造业	34.78	6.21	19.89	25.75	41.14	33.89	30.12	70.92	74.01
电力、热力、燃气及水生产和供应业	1.55	19.15	2.10	2.94	1.52	0.39	2.62	1.14	0.92
建筑业	19.47	16.55	39.79	26.44	18.55	18.92	11.30	1.24	0.59
批发和零售业	13.07	8.14	10.49	9.15	8.96	16.20	6.67	7.95	8.23
交通运输、仓储和邮政业	4.03	17.07	4.00	5.55	4.82	3.15	2.11	2.31	1.53
住宿和餐饮业	2.36	3.57	1.91	2.13	1.03	2.38	6.55	3.31	3.58
信息传输、软件和信息技术服务业	3.33	1.39	0.23	3.37	6.96	2.91	0.20	5.33	4.05
金融业	0.19	0.08	0.05	0.22	0.22	0.17	0.00	0.35	0.15
房地产业	4.23	2.50	5.22	5.84	2.57	4.02	1.02	2.65	1.26
租赁和商务服务业	7.13	11.43	8.19	6.73	2.89	8.24	16.64	2.10	2.70
科学研究和技术服务业	3.32	5.19	2.02	3.44	2.28	3.60	4.93	1.19	1.66
水利、环境和公共设施管理业	0.78	1.27	0.74	1.31	0.68	0.63	0.24	0.23	0.08
居民服务、修理和其他服务业	1.38	0.43	1.46	0.89	0.33	1.87	0.43	0.55	0.28
教　　育	0.57	0.46	0.53	0.38	0.56	0.73	10.35	0.08	0.13
卫生和社会工作	0.54	0.95	0.72	0.50	0.37	0.61	4.54	0.11	0.14
文化、体育和娱乐业	1.07	1.35	0.41	0.88	0.53	1.33	1.75	0.31	0.31

表2-15 按行业、登记注册类型分组的户均从业人员数

单位：人

行业大类	所有企业	国有企业	集合联企业	有限责任公司	股份有限公司	私营企业	其他企业	港澳台商投资企业	外商投资企业
总　　计	16.1	80.9	24.0	33.4	76.2	10.9	51.0	109.0	125.1
农、林、牧、渔业	9.2	73.1	5.0	10.2	61.6	6.5	—	9.4	16.0

行业大类	所有企业	国有企业	集合联企业	有限责任公司	股份有限公司	私营企业	其他企业	港澳台商投资企业	外商投资企业
采矿业	85.0	408.9	44.5	283.1	606.6	24.2	183.0	165.6	304.2
制造业	31.9	61.5	21.9	66.8	175.7	20.7	100.8	220.5	223.2
电力、热力、燃气及水生产和供应业	43.6	243.8	9.4	79.4	84.0	11.0	101.1	116.0	113.6
建筑业	47.7	313.3	227.9	115.4	223.9	31.7	327.7	104.7	92.8
批发和零售业	6.2	31.7	9.1	10.7	27.9	5.0	25.2	41.6	44.4
交通运输、仓储和邮政业	21.2	161.9	27.2	52.2	108.5	11.6	56.4	97.4	97.6
住宿和餐饮业	16.4	59.7	16.2	30.8	35.4	11.3	53.0	191.0	234.4
信息传输、软件和信息技术服务业	10.9	78.1	7.5	20.0	106.7	6.6	5.3	82.3	99.8
金融业	4.2	1.4	1.4	5.9	1.7	3.8	—	13.2	5.9
房地产业	17.1	22.9	15.4	27.6	36.6	12.8	19.8	45.3	45.2
租赁和商务服务业	9.4	88.0	17.6	15.3	20.8	7.6	56.8	18.6	37.4
科学研究和技术服务业	8.7	44.2	10.9	16.2	30.4	6.5	32.4	21.6	32.4
水利、环境和公共设施管理业	20.9	43.0	20.7	41.2	55.4	13.1	21.0	73.5	44.1
居民服务、修理和其他服务业	8.7	20.8	11.3	12.7	12.5	7.8	18.8	96.3	53.6
教　育	8.5	33.4	14.5	12.0	36.3	7.3	94.8	32.8	44.0
卫生和社会工作	23.4	78.5	21.7	41.1	60.1	18.6	43.8	88.8	102.9
文化、体育和娱乐业	6.5	28.5	6.8	12.2	18.7	5.3	40.6	33.2	45.3

2. 按控股情况分

从行业、控股情况分组的企业法人单位从业人员数在各行业中的占比来看，私人控股企业法人单位从业人员数占比最高为72.9%。分行业来看，教育行业中私人控股企业法人单位从业人员数占比最高为89.2%，电力、热力、燃气及水生产和供应业中私人控股企业法人单位从业人员数占比最低为21.0%（见表2-17）。

从全国各行业企业法人单位从业人员数总体情况来看，制造业企业法人单位从业人员数占比最高为34.78%。分控股情况来看，国有控股企业中制造业企业法人单位从业人员数占比最高为21.67%，教育业企业法人单位从业人员数占比最低为0.16%；私人控股企业中制造业企业法人单位从业人员数占比最高为33.83%，农林牧渔业企业法人单位从业人员数占比最低为0.17%（见表2-18）。表2-19为各行业中按控股情况分组的企业法人单位户均人员数。

从各行业中按控股情况分组的企业法人单位户均人数总体情况来看，排名前三的分别是国有控股企业、外商控股企业和港澳台商控股企业，户均从业人数分别为155.7人、133.4人和105.8人（见表2-19）。

表2-16　按行业、控股情况分组的企业法人单位从业人员数

单位：人

行业大类	全国	国有控股	集体控股	私人控股	港澳台商控股	外商控股	其他
总　计	298 276 245	37 634 516	6 685 935	217 321 740	11 855 170	10 708 106	14 070 778
农、林、牧、渔业	568 001	126 827	12 841	371 169	1 192	475	55 497
采矿业	5 957 559	3 779 665	146 277	1 835 244	24 671	33 170	138 532
制造业	103 747 559	8 157 074	1 578 214	73 518 391	8 426 715	7 925 928	4 141 237
电力、热力、燃气及水生产和供应业	4 633 931	3 227 840	137 093	971 783	97 950	51 793	147 472
建筑业	58 084 532	7 204 946	2 518 122	45 696 981	108 483	58 657	2 497 343
批发和零售业	38 995 530	2 399 433	586 944	32 282 910	981 021	934 557	1 810 665
交通运输、仓储和邮政业	12 025 264	4 033 993	290 615	6 707 636	185 287	112 597	695 136
住宿和餐饮业	7 033 688	626 767	103 873	5 005 501	425 032	408 176	464 339
信息传输、软件和信息技术服务业	9 935 143	1 522 764	87 069	6 604 111	673 974	444 765	602 460
金融业	569 192	69 794	4 412	399 358	36 563	15 229	43 836
房地产业	12 612 109	1 291 903	387 280	9 360 346	333 222	154 977	1 084 381
租赁和商务服务业	21 263 957	2 526 018	478 981	16 558 647	262 824	298 990	1 138 497
科学研究和技术服务业	9 893 308	1 448 500	133 254	7 455 954	145 293	179 131	531 176
水利、环境和公共设施管理业	2 335 397	594 368	64 405	1 445 000	24 172	8 391	199 061

续表

行业大类	全国	国有控股	集体控股	私人控股	港澳台商控股	外商控股	其他
居民服务、修理和其他服务业	4 114 450	100 322	68 375	3 663 823	70 227	29 676	182 027
教　育	1 704 030	58 671	25 737	1 520 231	10 218	13 966	75 207
卫生和社会工作	1 596 713	94 452	28 144	1 318 926	13 222	15 450	126 519
文化、体育和娱乐业	3 205 882	371 179	34 299	2 605 729	35 104	22 178	137 393

注：表2-16、表2-17、表2-18、表2-19数据源自《综合卷》表2-13。

表2-17　按控股情况分组的企业法人单位从业人员数在各行业中的占比

单位：%

行业大类	全国	国有控股	集体控股	私人控股	港澳台商控股	外商控股	其他
总　计	100.0	12.6	2.2	72.9	4.0	3.6	4.7
农、林、牧、渔业	100.0	22.3	2.3	65.3	0.2	0.1	9.8
采矿业	100.0	63.4	2.5	30.8	0.4	0.6	2.3
制造业	100.0	7.9	1.5	70.9	8.1	7.6	4.0
电力、热力、燃气及水生产和供应业	100.0	69.7	3.0	21.0	2.1	1.1	3.2
建筑业	100.0	12.4	4.3	78.7	0.2	0.1	4.3
批发和零售业	100.0	6.2	1.5	82.8	2.5	2.4	4.6
交通运输、仓储和邮政业	100.0	33.5	2.4	55.8	1.5	0.9	5.8
住宿和餐饮业	100.0	8.9	1.5	71.2	6.0	5.8	6.6
信息传输、软件和信息技术服务业	100.0	15.3	0.9	66.5	6.8	4.5	6.1
金融业	100.0	12.3	0.8	70.2	6.4	2.7	7.7
房地产业	100.0	10.2	3.1	74.2	2.6	1.2	8.6
租赁和商务服务业	100.0	11.9	2.3	77.9	1.2	1.4	5.4
科学研究和技术服务业	100.0	14.6	1.3	75.4	1.5	1.8	5.4
水利、环境和公共设施管理业	100.0	25.5	2.8	61.9	1.0	0.4	8.5
居民服务、修理和其他服务业	100.0	2.4	1.7	89.0	1.7	0.7	4.4
教　育	100.0	3.4	1.5	89.2	0.6	0.8	4.4

续表

行业大类	全国	国有控股	集体控股	私人控股	港澳台商控股	外商控股	其他
卫生和社会工作	100.0	5.9	1.8	82.6	0.8	1.0	7.9
文化、体育和娱乐业	100.0	11.6	1.1	81.3	1.1	0.7	4.3

注：占比、户均数据为北京大成企业研究院根据统计局发布数据计算得出。本节下同。

表2-18　在各种控股情况企业中各行业企业法人单位从业人员数占比

单位：%

行业大类	全国	国有控股	集体控股	私人控股	港澳台商控股	外商控股	其他
总　计	100.0	100.0	100.0	100.0	100.0	100.0	100.0
农、林、牧、渔业	0.19	0.34	0.19	0.17	0.01	0.00	0.39
采矿业	2.00	10.04	2.19	0.84	0.21	0.31	0.98
制造业	34.78	21.67	23.60	33.83	71.08	74.02	29.43
电力、热力、燃气及水生产和供应业	1.55	8.58	2.05	0.45	0.83	0.48	1.05
建筑业	19.47	19.14	37.66	21.03	0.92	0.55	17.75
批发和零售业	13.07	6.38	8.78	14.85	8.28	8.73	12.87
交通运输、仓储和邮政业	4.03	10.72	4.35	3.09	1.56	1.05	4.94
住宿和餐饮业	2.36	1.67	1.55	2.30	3.59	3.81	3.30
信息传输、软件和信息技术服务业	3.33	4.05	1.30	3.04	5.69	4.15	4.28
金融业	0.19	0.19	0.07	0.18	0.31	0.14	0.31
房地产业	4.23	3.43	5.79	4.31	2.81	1.45	7.71
租赁和商务服务业	7.13	6.71	7.16	7.62	2.22	2.79	8.09
科学研究和技术服务业	3.32	3.85	1.99	3.43	1.23	1.67	3.78
水利、环境和公共设施管理业	0.78	1.58	0.96	0.66	0.20	0.08	1.41
居民服务、修理和其他服务业	1.38	0.27	1.02	1.69	0.59	0.28	1.29
教　育	0.57	0.16	0.38	0.70	0.09	0.13	0.53
卫生和社会工作	0.54	0.25	0.42	0.61	0.11	0.14	0.90
文化、体育和娱乐业	1.07	0.99	0.51	1.20	0.30	0.21	0.98

表2-19　各行业中按控股情况分组的企业法人单位户均人员数

单位：人

行业大类	全国	国有控股	集体控股	私人控股	港澳台商控股	外商控股	其他
总　　计	16.1	155.7	40.5	12.5	105.8	133.4	23.8
农、林、牧、渔业	9.2	77.3	7.1	6.7	10.5	13.6	22.0
采矿业	85.0	1393.7	81.8	29.1	165.6	372.7	61.5
制造业	31.9	370.2	51.7	24.1	227.4	240.5	53.1
电力、热力、燃气及水生产和供应业	43.6	218.4	14.5	13.1	90.4	82.2	24.0
建筑业	47.7	536.1	274.1	39.6	64.1	100.6	61.2
批发和零售业	6.2	66.4	14.5	5.4	39.6	45.6	11.1
交通运输、仓储和邮政业	21.2	245.0	48.6	12.9	66.3	74.7	34.2
住宿和餐饮业	16.4	94.7	24.4	12.5	198.9	254.0	32.8
信息传输、软件和信息技术服务业	10.9	234.6	41.9	7.7	81.5	105.4	17.8
金融业	4.2	3.4	2.3	4.1	14.7	12.7	3.4
房地产业	17.1	51.3	24.4	14.4	46.1	54.1	28.0
租赁和商务服务业	9.4	67.9	21.3	7.9	18.3	39.0	13.1
科学研究和技术服务业	8.7	81.3	16.6	7.0	20.9	37.5	11.9
水利、环境和公共设施管理业	20.9	72.0	31.0	15.1	62.0	55.9	38.4
居民服务、修理和其他服务业	8.7	41.0	15.7	8.1	84.6	57.5	12.1
教　　育	8.5	39.3	19.2	8.0	29.5	54.1	11.0
卫生和社会工作	23.4	82.3	27.1	20.9	84.2	136.7	45.9
文化、体育和娱乐业	6.5	51.5	14.0	5.6	29.5	37.3	8.6

3.　按营业收入组距分

营业收入在100万元及以下的企业法人单位中，批发和零售业的从业人员数最多，为848.8万人；营业收入在500万~1 000万元的企业法人单位中，制造业的从业人员数最多，为766万人；营业收入在1亿元以上的企业法人单位中，制造业的从业人员数最多，为5 182.9万人（见表2-20）。

表2-20 按行业、营业收入组距分组的企业法人单位从业人员数

单位：人

行业大类	从业人员数	100万元及以下	100万~200万元	200万~500万元	500万~1000万元	1000万~2000万元	2000万~5000万元	5000万~1亿元	1亿元以上
总 计	298 276 245	33 231 616	13 549 300	26 289 482	22 399 383	22 235 026	27 752 811	22 632 578	130 186 049
农、林、牧、渔业	568 001	132 958	55 185	94 752	79 938	42 274	39 894	31 262	91 738
采矿业	5 957 559	197 527	52 489	110 402	143 982	254 465	308 591	279 698	4 610 405
制造业	103 747 559	4 751 376	2 893 982	6 277 986	7 659 799	9 601 408	11 510 455	9 223 602	51 828 951
电力、热力、燃气及水生产和供应业	4 633 931	233 538	82 700	153 161	187 936	259 324	319 323	303 568	3 094 381
建筑业	58 084 532	2 429 213	1 141 527	2 217 076	2 008 950	2 247 438	3 854 924	4 612 061	39 573 343
批发和零售业	38 995 530	8 487 715	3 149 287	6 094 331	3 776 876	3 503 862	2 890 271	1 997 851	9 095 337
交通运输、仓储和邮政业	12 025 264	948 276	503 952	1 085 197	1 270 994	915 199	1 304 133	945 068	5 052 445
住宿和餐饮业	7 033 688	1 098 999	709 543	987 156	721 918	717 176	946 374	560 148	1 292 374
信息传输、软件和信息技术服务业	9 935 143	1 884 364	556 292	963 685	742 212	531 695	766 103	553 478	3 937 314
金融业	569 192	136 028	30 354	52 610	40 108	30 635	37 504	30 572	211 381
房地产业	12 612 109	2 546 341	804 219	1 593 080	1 291 109	1 054 997	1 465 197	1 013 901	2 843 265
租赁和商务服务业	21 263 957	4 685 575	1 556 872	2 799 179	2 077 930	1 341 415	2 090 293	1 615 856	5 096 837
科学研究和技术服务业	9 893 308	2 210 485	822 202	1 512 653	1 192 249	748 337	961 809	621 500	1 824 073
水利、环境和公共设施管理业	2 335 397	289 560	129 887	272 022	271 543	225 991	360 246	253 148	533 000
居民服务、修理和其他服务业	4 114 450	1 245 954	440 539	877 546	306 598	295 627	343 645	254 282	350 259
教 育	1 704 030	615 806	190 548	306 083	189 706	93 772	91 792	54 238	162 085
卫生和社会工作	1 596 713	205 278	82 206	179 268	216 343	189 472	257 287	165 818	301 041
文化、体育和娱乐业	3 205 882	1 132 623	347 516	713 295	221 192	181 939	204 970	116 527	287 820

注：数据源自《综合卷》表2-27。

4. 按资产总计组距分

资产总计在50万元及以下的企业法人单位中，批发和零售业的从业人员数最多，为772.8万人；资产总计在500万~1 000万元的企业法人单位中，制造业的从业人员数最多，为738.3万人；资产总计在1亿元以上的企业法人单位中，制造业的从业人员数最多，为4 809.2万人（见表2-21）。

全国企业法人单位中，资产在1亿元以上的占比最高，为41.0%。分行业来看，制造业中资产在1亿元以上的占比最高，为46.4%；批发和零售业中资产在100万~500万元的占比最高，为23.4%；信息传输、软件和信息技术服务业中资产在1亿元以上的占比最高，为40.5%；教育业中资产在50万元及以下的占比最高，为29.5%（见表2-22）。

表2-21　按行业、资产总计组距分组的企业法人单位从业人员数

单位：人

行业大类	从业人员数	50万元及以下	50万~100万元	100万~500万元	500万~1 000万元	10 00万~5 000万元	5 000万~1亿元	1亿元以上
总　　计	298 276 245	26 894 806	13 402 530	40 607 457	21 313 857	49 129 303	24 626 881	122 301 411
农、林、牧、渔业	568 001	86 758	52 508	128 987	46 673	69 187	35 863	148 025
采矿业	5 957 559	74 614	28 357	158 690	135 407	473 641	275 153	4 811 697
制造业	103 747 559	3 473 082	2 690 972	11 479 439	7 383 477	20 557 298	10 071 504	48 091 787
电力、热力、燃气及水生产和供应业	4 633 931	89 121	50 842	217 502	129 132	346 926	203 300	3 597 108
建筑业	58 084 532	2 190 639	1 107 257	3 302 120	2 237 762	7 940 814	6 484 177	34 821 763
批发和零售业	38 995 530	7 727 967	3 605 699	9 128 420	3 807 974	5 442 561	1 940 428	7 342 481
交通运输、仓储和邮政业	12 025 264	767 738	483 546	1 722 417	1 018 641	1 939 372	800 359	5 293 191
住宿和餐饮业	7 033 688	1 110 636	497 043	1 338 527	641 139	1 275 325	476 716	1 694 302
信息传输、软件和信息技术服务业	9 935 143	1 528 417	592 585	1 367 829	596 479	1 228 117	601 509	4 020 207
金融业	569 192	53 962	14 569	44 089	261 48	91 888	42 593	295 943
房地产业	12 612 109	1 396 581	693 542	1 966 953	1 066 951	2 150 418	898 033	4 439 631

续表

行业大类	从业人员数	50万元及以下	50万~100万元	100万~500万元	500万~1 000万元	10 00万~5 000万元	5 000万~1亿元	1亿元以上
租赁和商务服务业	21 263 957	3 880 051	1 615 766	4 756 245	2 078 621	3 667 149	1 450 915	3 815 210
科学研究和技术服务业	9 893 308	1 642 456	757 389	2 082 856	992 595	1 820 621	617 587	1 979 804
水利、环境和公共设施管理业	2 335 397	173 780	104 157	345 926	201 862	551 396	231 137	727 139
居民服务、修理和其他服务业	4 114 450	1 162 042	479 832	1 111 289	373 150	564 871	154 547	268 719
教 育	1 704 030	503 096	180 535	412 095	150 979	209 817	61 267	186 241
卫生和社会工作	1 596 713	128 482	63 206	278 292	186 145	456 029	151 894	332 665
文化、体育和娱乐业	3 205 882	905 384	384 725	765 781	240 722	343 873	129 899	435 498

注：表2-21、表2-22数据源自《综合卷》表2-31。

表2-22　按资产总计组距分组的企业法人单位从业人员数在各行业的占比

单位：%

行业大类	全体	50万元及以下	50万~100万元	100万~500万元	500万~1 000万元	1 000万~5 000万元	5 000万~1亿元	1亿元以上
总　计	100.0	9.0	4.5	13.6	7.1	16.5	8.3	41.0
农、林、牧、渔业	100.0	15.3	9.2	22.7	8.2	12.2	6.3	26.1
采矿业	100.0	1.3	0.5	2.7	2.3	8.0	4.6	80.8
制造业	100.0	3.3	2.6	11.1	7.1	19.8	9.7	46.4
电力、热力、燃气及水生产和供应业	100.0	1.9	1.1	4.7	2.8	7.5	4.4	77.6
建筑业	100.0	3.8	1.9	5.7	3.9	13.7	11.2	60.0
批发和零售业	100.0	19.8	9.2	23.4	9.8	14.0	5.0	18.8
交通运输、仓储和邮政业	100.0	6.4	4.0	14.3	8.5	16.1	6.7	44.0
住宿和餐饮业	100.0	15.8	7.1	19.0	9.1	18.1	6.8	24.1
信息传输、软件和信息技术服务业	100.0	15.4	6.0	13.8	6.0	12.4	6.1	40.5

续表

行业大类	全体	50万元及以下	50万~100万元	100万~500万元	500万~1 000万元	1 000万~5 000万元	5 000万~1亿元	1亿元以上
金融业	100.0	9.5	2.6	7.7	4.6	16.1	7.5	52.0
房地产业	100.0	11.1	5.5	15.6	8.5	17.1	7.1	35.2
租赁和商务服务业	100.0	18.2	7.6	22.4	9.8	17.2	6.8	17.9
科学研究和技术服务业	100.0	16.6	7.7	21.1	10.0	18.4	6.2	20.0
水利、环境和公共设施管理业	100.0	7.4	4.5	14.8	8.6	23.6	9.9	31.1
居民服务、修理和其他服务业	100.0	28.2	11.7	27.0	9.1	13.7	3.8	6.5
教　育	100.0	29.5	10.6	24.2	8.9	12.3	3.6	10.9
卫生和社会工作	100.0	8.0	4.0	17.4	11.7	28.6	9.5	20.8
文化、体育和娱乐业	100.0	28.2	12.0	23.9	7.5	10.7	4.1	13.6

5. 按运营状态分

表2-23　各行业中按运营状态分组的企业法人单位从业人员数

单位：人

行业大类	从业人员数	正常运营	停业(歇业)	筹建	当年关闭	当年破产	当年注销	当年吊销	其他
总　　计	298 276 245	291 784 848	3 135 441	1 637 326	606 023	84 117	444 147	50 279	534 064
农、林、牧、渔业	568 001	539 036	12 970	8 455	2 426	390	1 547	248	2 929
采矿业	5 957 559	5 758 816	111 660	39 580	24 238	1 996	3 158	481	17 630
制造业	103 747 559	101 706 042	1 054 783	443 716	249 794	55 560	107 310	12 438	117 916
电力、热力、燃气及水生产和供应业	4 633 931	4 548 967	22 929	45 446	4 288	450	8 681	255	2 915
建筑业	58 084 532	57 611 381	226 196	109 636	40 878	4 763	36 984	3 326	51 368
批发和零售业	38 995 530	37 500 602	766 479	319 199	136 228	11 113	128 897	15 762	117 250
交通运输、仓储和邮政业	12 025 264	11 839 337	87 839	43 944	17 183	1 105	13 969	2 587	19 300
住宿和餐饮业	7 033 688	6 863 564	77 896	45 073	20 916	1 066	12 907	1 129	11 137

续表

行业大类	从业人员数	正常运营	停业(歇业)	筹建	当年关闭	当年破产	当年注销	当年吊销	其他
信息传输、软件和信息技术服务业	9 935 143	9 728 990	87 321	72 361	11 598	478	15 808	1 390	17 197
金融业	569 192	551 760	8 539	5 178	807	50	870	137	1 851
房地产业	12 612 109	12 302 780	148 480	61 748	15 718	2 361	14 619	2 040	64 363
租赁和商务服务业	21 263 957	20 653 628	267 512	190 644	35 210	2 125	51 868	5 163	57 807
科学研究和技术服务业	9 893 308	9 611 663	113 040	108 700	16 272	821	19 240	1 704	21 868
水利、环境和公共设施管理业	2 335 397	2 277 030	18 905	29 079	2 515	531	3 748	227	3 362
居民服务、修理和其他服务业	4 114 450	3 996 833	52 690	29 399	10 417	398	12 328	2 029	10 356
教　育	1 704 030	1 656 037	16 203	20 018	2 779	190	3 029	246	5 528
卫生和社会工作	1 596 713	1 562 761	7 107	22 034	1 298	191	1 277	265	1 780
文化、体育和娱乐业	3 205 882	3 075 621	54 892	43 116	13 458	529	7 907	852	9 507

注：表2-23、表2-24数据源自《综合卷》表2-17。本节下同。

表2-24　各行业中按运营状态分组企业法人单位从业人员数占比

单位：%

行业大类	全部企业	正常运营	停业(歇业)	筹建	当年关闭	当年破产	当年注销	当年吊销	其他
总　计	100.0	97.8	1.1	0.5	0.2	0.0	0.1	0.0	0.2
农、林、牧、渔业	100.0	94.9	2.3	1.5	0.4	0.1	0.3	0.0	0.5
采矿业	100.0	96.7	1.9	0.7	0.4	0.0	0.1	0.0	0.3
制造业	100.0	98.0	1.0	0.4	0.2	0.1	0.1	0.0	0.1
电力、热力、燃气及水生产和供应业	100.0	98.2	0.5	1.0	0.1	0.0	0.2	0.0	0.1
建筑业	100.0	99.2	0.4	0.2	0.1	0.0	0.1	0.0	0.1
批发和零售业	100.0	96.2	2.0	0.8	0.3	0.0	0.3	0.0	0.3
交通运输、仓储和邮政业	100.0	98.5	0.7	0.4	0.1	0.0	0.1	0.0	0.2

行业大类	全部企业	正常运营	停业（歇业）	筹建	当年关闭	当年破产	当年注销	当年吊销	其他
住宿和餐饮业	100.0	97.6	1.1	0.6	0.3	0.0	0.2	0.0	0.2
信息传输、软件和信息技术服务业	100.0	97.9	0.9	0.7	0.1	0.0	0.2	0.0	0.2
金融业	100.0	96.9	1.5	0.9	0.1	0.0	0.2	0.0	0.3
房地产业	100.0	97.5	1.2	0.5	0.1	0.0	0.1	0.0	0.5
租赁和商务服务业	100.0	97.1	1.3	0.9	0.2	0.0	0.2	0.0	0.3
科学研究和技术服务业	100.0	97.2	1.1	1.1	0.2	0.0	0.2	0.0	0.2
水利、环境和公共设施管理业	100.0	97.5	0.8	1.2	0.1	0.0	0.2	0.0	0.1
居民服务、修理和其他服务业	100.0	97.1	1.3	0.7	0.2	0.0	0.3	0.0	0.3
教育	100.0	97.2	1.0	1.2	0.2	0.0	0.2	0.0	0.2
卫生和社会工作	100.0	97.9	0.4	1.4	0.1	0.0	0.1	0.0	0.1
文化、体育和娱乐业	100.0	95.9	1.7	1.3	0.4	0.0	0.2	0.0	0.3

6. 按行业地区分组的国有控股企业法人单位从业人员数

全国国有控股企业法人单位从业人员数为3 763.5万人，其中，广东280.0万人，占比最高，为7.4%；西藏6.8万人，占比最低，为0.2%（见表2-25、表2-26）。

按行业分组的国有控股企业在各地区的分布。全国信息传输、软件和信息技术服务业企业中，北京地区从业人员数占比最高，为8.8%，西藏地区从业人员数占比最低，为0.3%。金融业企业中，北京地区的从业人员数占比最高，为15.8%；西藏地区的从业人员数占比最低，为0.2%。科学研究和技术服务业企业中，北京地区从业人员数占比最高，为15.9%，西藏地区的从业人员数占比最低，为0.1%（见表2-26）。

表2-25 按行业、地区分组的国有控股企业法人单位从业人员数

单位：人

地区	从业人员数	农、林、牧、渔业	采矿业	制造业	电力、热力、燃气及水生产和供应业	建筑业	批发和零售业	交通运输、仓储和邮政业	住宿和餐饮业	信息传输、软件和信息技术服务业	金融业	房地产业	租赁和商务服务业	科学研究和技术服务业	水利、环境和公共设施管理业	居民服务、修理和其他服务业	教育	卫生和社会工作	文化、体育和娱乐业
总计	37 634 516	126 827	3 779 665	8 157 074	3 227 840	7 204 946	2 399 433	4 033 993	626 767	1 522 764	69 794	1 291 903	2 526 018	1 448 500	594 368	100 322	58 671	94 452	371 179
北京	2 199 836	28	33 813	252 533	83 427	297 687	186 516	341 003	78 677	133 944	11 012	163 532	266 876	230 697	34 712	11 354	4 137	4 044	65 844
天津	722 571	16	59 800	171 674	37 104	119 860	41 951	82 460	9 503	13 877	2 868	36 577	69 921	56 582	7 772	5 472	387	1 450	5 297
河北	1 397 291	305	189 079	374 907	166 452	172 424	71 614	121 370	18 777	54 181	515	19 273	75 366	93 147	17 712	1 719	1 668	6 857	11 925
山西	1 810 958	1 025	787 915	290 144	110 413	205 931	105 781	105 634	14 789	26 382	2 395	29 471	69 850	28 413	10 301	4 112	2 445	5 200	10 757
内蒙古	678 968	12 433	135 945	146 526	141 492	36 727	35 948	64 168	8 180	28 002	452	10 561	23 061	19 955	10 671	858	793	607	2 589
辽宁	1 380 549	2 950	206 523	434 517	140 091	165 775	70 382	144 928	16 230	31 132	700	27 198	67 044	36 492	19 393	2 863	1 044	6 053	7 234
吉林	712 482	3 339	88 329	259 775	90 340	42 352	70 776	56 065	8 851	29 058	574	7 855	23 583	18 146	6 114	1 351	92	1 552	4 330
黑龙江	990 714	37 192	245 755	163 943	113 735	96 598	55 696	87 200	9 083	66 041	1 735	30 951	42 135	17 031	8 223	584	922	8 484	5 406
上海	1 516 397	131	164	307 821	34 226	160 660	132 149	269 957	51 164	57 365	9 011	105 534	191 731	104 536	51 661	8 581	1 593	2 114	27 999
江苏	2 074 189	3 162	62 484	466 283	108 723	519 577	114 586	262 560	45 490	125 417	1 967	69 640	148 915	60 947	37 911	6 039	4 541	5 940	30 007
浙江	1 155 445	135	2713	195 045	87 744	119 292	92 365	174 474	35 198	61 205	1 677	57 034	199 597	60 714	40 047	6 060	6 289	1 157	14 699
安徽	1 462 238	1 871	192 699	350 968	83 757	446 415	64 354	110 334	18 283	47 050	2 444	38 400	47 858	33 540	9 534	3 748	1 558	1 754	7 671
福建	1 155 428	178	18 958	161 090	109 551	330 662	75 806	142 824	22 691	53 329	1 833	60 542	122 520	25 940	21 002	2 171	741	536	5 054
江西	995 030	2 734	31 907	230 977	86 667	354 655	62 126	76 924	11 743	36 194	769	19 912	33 759	25 359	10 216	1 309	743	2 839	6 197
山东	2 432 366	1 888	391 382	621 456	226 061	359 047	158 196	238 512	39 856	77 913	2 240	51 418	119 674	59 017	53 279	3 689	4 814	7 242	16 682

续表

地区	从业人员数	农、林、牧、渔业	采矿业	制造业	电力、热力、燃气及水生产和供应业	建筑业	批发和零售业	交通运输、仓储和邮政业	住宿和餐饮业	信息传输、软件和信息技术服务业	金融业	房地产业	租赁和商务服务业	科学研究和技术服务业	水利、环境和公共设施管理业	居民服务、修理和其他服务业	教育	卫生和社会工作	文化、体育和娱乐业
河南	1 866 081	1 014	417 925	415 224	202 775	309 126	102 813	144 365	20 092	59 028	1 143	23 700	77 661	44 821	24 520	1 635	3 194	4 491	12 554
湖北	1 636 478	2 535	31 515	474 278	139 523	386 267	143 894	169 038	13 769	55 139	10 833	43 030	53 163	69 520	19 183	2 420	3 015	3 504	15 852
湖南	1 116 816	1 132	33 420	264 453	134 918	287 192	72 641	104 308	16 042	48 728	1 000	24 354	48 774	42 736	13 793	1 206	1 067	3 272	17 780
广东	2 800 325	955	8 773	547 800	218 110	472 742	226 062	451 860	47 012	141 808	3 420	176 083	321 962	116 882	25 224	9 763	4 057	6 158	21 654
广西	1 038 327	2 240	17 910	212 129	96 556	436 645	50 333	69 651	12 048	31 029	1 039	23 373	45 235	19 957	9 175	2 121	237	579	8 070
海南	187 009	21 392	1 240	9 183	18 430	37 232	11 987	25 746	10 423	8 066	209	13 589	6 295	5 875	11 001	330	271	2 334	3 406
重庆	1 033 247	351	32 508	214 633	58 248	279 235	86 926	149 943	9 528	25 750	1 805	35 858	70 845	30 441	23 898	1 027	1 646	1 754	8 851
四川	1 984 839	2 169	120 118	412 434	211 243	491 979	86 085	196 519	23 826	122 001	1 911	65 757	127 322	69 451	32 574	6 081	2 297	4 259	8 813
贵州	871 311	733	73 315	154 880	83 483	241 903	57 787	65 810	10 292	29 864	2 014	24 486	62 834	22 939	23 299	4 089	2 588	2 338	8 657
云南	780 855	2 627	45 766	198 236	92 712	129 580	54 602	76 048	18 451	29 103	903	25 469	45 258	25 111	18 176	2 404	5 861	1 657	8 891
西藏	68 216	49	1 871	4 618	8 771	12 866	5 712	12 959	2 940	4 933	122	2 747	4 517	1 656	3 367	630	84	97	277
陕西	1 596 340	2 137	267 897	367 994	115 209	325 832	70 584	142 182	23 820	57 574	1 058	57 928	44 705	64 307	27 153	2 205	1 452	6 049	18 254
甘肃	751 476	310	72 982	187 705	88 775	178 161	23 819	48 033	12 192	27 181	823	17 804	35 185	36 253	6 140	4 670	215	1 424	9 804
青海	203 898	1 805	29 058	59 441	23 627	34 391	10 978	12 168	2 518	10 376	452	5 125	3 378	5 227	3 210	325	112	—	1 707
宁夏	192 220	36	55 666	34 149	32 063	18 984	8 564	12 668	1 536	7 099	1 955	3 268	9 277	2 994	1 441	4	67	63	2 386
新疆	822 616	19 955	122 235	172 258	83 614	135 149	48 400	74 282	13 763	23 995	915	21 434	67 717	19 814	13 666	1 502	741	644	2 532

注：数据源自《综合卷》表2-33。

表2-26　各地区分行业国有控股企业法人单位从业人员数全国的占比

单位：%

地区	从业人员数	农、林、牧、渔业	采矿业	制造业	电力、热力、燃气及水生产和供应业	建筑业	批发和零售业	交通运输、仓储和邮政业	住宿和餐饮业	信息传输、软件和信息技术服务业	金融业	房地产业	租赁和商务服务业	科学研究和技术服务业	水利、环境和公共设施管理业	居民服务、修理和其他服务业	教育	卫生和社会工作	文化、体育和娱乐业
总计	100.0	100.0	100.0	100.0	100.0	100.0	100.0	100.0	100.0	100.0	100.0	100.0	100.0	100.0	100.0	100.0	100.0	100.0	100.0
北京	5.8	0.0	0.9	3.1	2.6	4.1	7.8	8.5	12.6	8.8	15.8	12.7	10.6	15.9	5.8	11.3	7.1	4.3	17.7
天津	1.9	0.0	1.6	2.1	1.1	1.7	1.7	2.0	1.5	0.9	4.1	2.8	2.8	3.9	1.3	5.5	0.7	1.5	1.4
河北	3.7	0.2	5.0	4.6	5.2	2.4	3.0	3.0	3.0	3.6	0.7	1.5	3.0	6.4	3.0	1.7	2.8	7.3	3.2
山西	4.8	0.8	20.8	3.6	3.4	2.9	4.4	2.6	2.4	1.7	3.4	2.3	2.8	2.0	1.7	4.1	4.2	5.5	2.9
内蒙古	1.8	9.8	3.6	1.8	4.4	0.5	1.5	1.6	1.3	1.8	0.6	0.8	0.9	1.4	1.8	0.9	1.4	0.6	0.7
辽宁	3.7	2.3	5.5	5.3	4.3	2.3	2.9	3.6	2.6	2.0	1.0	2.1	2.7	2.5	3.3	2.9	1.8	6.4	1.9
吉林	1.9	2.6	2.3	3.2	2.8	0.6	2.9	1.4	1.4	1.9	0.8	0.6	0.9	1.3	1.0	1.3	0.2	1.6	1.2
黑龙江	2.6	29.3	6.5	2.0	3.5	1.3	2.3	2.2	1.4	4.3	2.5	2.4	1.7	1.2	1.4	0.6	1.6	9.0	1.5
上海	4.0	0.1	0.0	3.8	1.1	2.2	5.5	6.7	8.2	3.8	12.9	8.2	7.6	7.2	8.7	8.6	2.7	2.2	7.5
江苏	5.5	2.5	1.7	5.7	3.4	7.2	4.8	6.5	7.3	8.2	2.8	5.4	5.9	4.2	6.4	6.0	7.7	6.3	8.1
浙江	3.1	0.1	0.1	2.4	2.7	1.7	3.8	4.3	5.6	4.0	2.4	4.4	7.9	4.2	6.7	6.0	10.7	1.2	4.0
安徽	3.9	1.5	5.1	4.3	2.6	6.2	2.7	2.7	2.9	3.1	3.5	3.0	1.9	2.3	1.6	3.7	2.7	1.9	2.1
福建	3.1	0.1	0.5	2.0	3.4	4.6	3.2	3.5	3.6	3.5	2.6	4.7	4.9	1.8	3.5	2.2	1.3	0.6	1.4
江西	2.6	2.2	0.8	2.8	2.7	4.9	2.6	1.9	1.9	2.4	1.1	1.5	1.3	1.8	1.7	1.3	1.3	3.0	1.7
山东	6.5	1.5	10.4	7.6	7.0	5.0	6.6	5.9	6.4	5.1	3.2	4.0	4.7	4.1	9.0	3.7	8.2	7.7	4.5

续表

地区	从业人员数	农、林、牧、渔业	采矿业	制造业	电力、热力、燃气及水生产和供应业	建筑业	批发和零售业	交通运输、仓储和邮政业	住宿和餐饮业	信息传输、软件和信息技术服务业	金融业	房地产业	租赁和商务服务业	科学研究和技术服务业	水利、环境和公共设施管理业	居民服务、修理和其他服务业	教育	卫生和社会工作	文化、体育和娱乐业
河南	5.0	0.8	11.1	5.1	6.3	4.3	4.3	3.6	3.2	3.9	1.6	1.8	3.1	3.1	4.1	1.6	5.4	4.8	3.4
湖北	4.3	2.0	0.8	5.8	4.3	5.4	6.0	4.2	2.2	3.6	15.5	3.3	2.1	4.8	3.2	2.4	5.1	3.7	4.3
湖南	3.0	0.9	0.9	3.2	4.2	4.0	3.0	2.6	2.6	3.2	1.4	1.9	1.9	3.0	2.3	1.2	1.8	3.5	4.8
广东	7.4	0.8	0.2	6.7	6.8	6.6	9.4	11.2	7.5	9.3	4.9	13.6	12.7	8.1	4.2	9.7	6.9	6.5	5.8
广西	2.8	1.8	0.5	2.6	3.0	6.1	2.1	1.7	1.9	2.0	1.5	1.8	1.8	1.4	1.5	2.1	0.4	0.6	2.2
海南	0.5	16.9	0.0	0.1	0.6	0.5	0.5	0.6	1.7	0.5	0.3	1.1	0.2	0.4	1.9	0.3	0.5	2.5	0.9
重庆	2.7	0.3	0.9	2.6	1.8	3.9	3.6	3.7	1.5	1.7	2.6	2.8	2.8	2.1	4.0	1.0	2.8	1.9	2.4
四川	5.3	1.7	3.2	5.1	6.5	6.8	3.6	4.9	3.8	8.0	2.7	5.1	5.0	4.8	5.5	6.1	3.9	4.5	2.4
贵州	2.3	0.6	1.9	1.9	2.6	3.4	2.4	1.6	1.6	2.0	2.9	1.9	2.5	1.6	3.9	4.1	4.4	2.5	2.3
云南	2.1	2.1	1.2	2.4	2.9	1.8	2.3	1.9	2.9	1.9	1.3	2.0	1.8	1.7	3.1	2.4	10.0	1.8	2.4
西藏	0.2	0.0	0.0	0.1	0.3	0.2	0.2	0.3	0.5	0.3	0.2	0.2	0.2	0.1	0.6	0.6	0.1	0.1	0.1
陕西	4.2	1.7	7.1	4.5	3.6	4.5	2.9	3.5	3.8	3.8	1.5	4.5	1.8	4.4	4.6	2.2	2.5	6.4	4.9
甘肃	2.0	0.2	1.9	2.3	2.8	2.5	1.0	1.2	1.9	1.8	0.6	1.4	1.4	2.5	1.0	4.7	0.4	1.5	2.6
青海	0.5	1.4	0.8	0.7	0.7	0.5	0.5	0.3	0.4	0.7	0.2	0.4	0.1	0.4	0.5	0.3	0.2	0.0	0.5
宁夏	0.5	0.0	1.5	0.4	1.0	0.3	0.4	0.3	0.2	0.5	2.8	0.3	0.4	0.1	0.2	0.0	0.1	0.1	0.6
新疆	2.2	15.7	3.2	2.1	2.6	1.9	2.0	1.8	2.2	1.6	1.3	1.7	2.7	1.4	2.3	1.5	1.3	0.7	0.7

注：数据源自《综合卷》表2-33。

表2-27　各行业国有控股企业法人单位从业人员数在各地区的占比

单位：%

地区	从业人员数	农、林、牧、渔业	采矿业	制造业	电力、热力、燃气及水生产和供应业	建筑业	批发和零售业	交通运输、仓储和邮政业	住宿和餐饮业	信息传输、软件和信息技术服务业	金融业	房地产业	租赁和商务服务业	科学研究和技术服务业	水利、环境和公共设施管理业	居民服务、修理和其他服务业	教育	卫生和社会工作	文化、体育和娱乐业
总计	100.0	0.34	10.04	21.67	8.58	19.14	6.38	10.72	1.67	4.05	0.19	3.43	6.71	3.85	1.58	0.27	0.16	0.25	0.99
北京	100.0	0.00	1.54	11.48	3.79	13.53	8.48	15.50	3.58	6.09	0.50	7.43	12.13	10.49	1.58	0.52	0.19	0.18	2.99
天津	100.0	0.00	8.28	23.76	5.13	16.59	5.81	11.41	1.32	1.92	0.40	5.06	9.68	7.83	1.08	0.76	0.05	0.20	0.73
河北	100.0	0.02	13.53	26.83	11.91	12.34	5.13	8.69	1.34	3.88	0.04	1.38	5.39	6.67	1.27	0.12	0.12	0.49	0.85
山西	100.0	0.06	43.51	16.02	6.10	11.37	5.84	5.83	0.82	1.46	0.13	1.63	3.86	1.57	0.57	0.23	0.14	0.29	0.59
内蒙古	100.0	1.83	20.02	21.58	20.84	5.41	5.29	9.45	1.20	4.12	0.07	1.56	3.40	2.94	1.57	0.13	0.12	0.09	0.38
辽宁	100.0	0.21	14.96	31.47	10.15	12.01	5.10	10.50	1.18	2.26	0.05	1.97	4.86	2.64	1.40	0.21	0.08	0.44	0.52
吉林	100.0	0.47	12.40	36.46	12.68	5.94	9.93	7.87	1.24	4.08	0.08	1.10	3.31	2.55	0.86	0.19	0.01	0.22	0.61
黑龙江	100.0	3.75	24.81	16.55	11.48	9.75	5.62	8.80	0.92	6.67	0.18	3.12	4.25	1.72	0.83	0.06	0.09	0.86	0.55
上海	100.0	0.01	0.01	20.30	2.26	10.59	8.71	17.80	3.37	3.78	0.59	6.96	12.64	6.89	3.41	0.57	0.11	0.14	1.85
江苏	100.0	0.15	3.01	22.48	5.24	25.05	5.52	12.66	2.19	6.05	0.09	3.36	7.18	2.94	1.83	0.29	0.22	0.29	1.45
浙江	100.0	0.01	0.23	16.88	7.59	10.32	7.99	15.10	3.05	5.30	0.15	4.94	17.27	5.25	3.47	0.52	0.54	0.10	1.27
安徽	100.0	0.13	13.18	24.00	5.73	30.53	4.40	7.55	1.25	3.22	0.17	2.63	3.27	2.29	0.65	0.26	0.11	0.12	0.52
福建	100.0	0.02	1.64	13.94	9.48	28.62	6.56	12.36	1.96	4.62	0.16	5.24	10.60	2.25	1.82	0.19	0.06	0.05	0.44
江西	100.0	0.27	3.21	23.21	8.71	35.64	6.24	7.73	1.18	3.64	0.08	2.00	3.39	2.55	1.03	0.13	0.07	0.29	0.62

续表

地区	从业人员数	农、林、牧、渔业	采矿业	制造业	电力、热力、燃气及水生产和供应业	建筑业	批发和零售业	交通运输、仓储和邮政业	住宿和餐饮业	信息传输、软件和信息技术服务业	金融业	房地产业	租赁和商务服务业	科学研究和技术服务业	水利、环境和公共设施管理业	居民服务、修理和其他服务业	教育	卫生和社会工作	文化、体育和娱乐业
山东	100.0	0.08	16.09	25.55	9.29	14.76	6.50	9.81	1.64	3.20	0.09	2.11	4.92	2.43	2.19	0.15	0.20	0.30	0.69
河南	100.0	0.05	22.40	22.25	10.87	16.57	5.51	7.74	1.08	3.16	0.06	1.27	4.16	2.40	1.31	0.09	0.17	0.24	0.67
湖北	100.0	0.15	1.93	28.98	8.53	23.60	8.79	10.33	0.84	3.37	0.66	2.63	3.25	4.25	1.17	0.15	0.18	0.21	0.97
湖南	100.0	0.10	2.99	23.68	12.08	25.72	6.50	9.34	1.44	4.36	0.09	2.18	4.37	3.83	1.24	0.11	0.10	0.29	1.59
广东	100.0	0.03	0.31	19.56	7.79	16.88	8.07	16.14	1.68	5.06	0.12	6.29	11.50	4.17	0.90	0.35	0.14	0.22	0.77
广西	100.0	0.22	1.72	20.43	9.30	42.05	4.85	6.71	1.16	2.99	0.10	2.25	4.36	1.92	0.88	0.20	0.02	0.06	0.78
海南	100.0	11.44	0.66	4.91	9.86	19.91	6.41	13.77	5.57	4.31	0.11	7.27	3.37	3.14	5.88	0.18	0.14	1.25	1.82
重庆	100.0	0.03	3.15	20.77	5.64	27.02	8.41	14.51	0.92	2.49	0.17	3.47	6.86	2.95	2.31	0.10	0.16	0.17	0.86
四川	100.0	0.11	6.05	20.78	10.64	24.79	4.34	9.90	1.20	6.15	0.10	3.31	6.41	3.50	1.64	0.31	0.12	0.21	0.44
贵州	100.0	0.08	8.41	17.78	9.58	27.76	6.63	7.55	1.18	3.43	0.23	2.81	7.21	2.63	2.67	0.47	0.30	0.27	0.99
云南	100.0	0.34	5.86	25.39	11.87	16.59	6.99	9.74	2.36	3.73	0.12	3.26	5.80	3.22	2.33	0.31	0.75	0.21	1.14
西藏	100.0	0.07	2.74	6.77	12.86	18.86	8.37	19.00	4.31	7.23	0.18	4.03	6.62	2.43	4.94	0.92	0.12	0.14	0.41
陕西	100.0	0.13	16.78	23.05	7.22	20.41	4.42	8.91	1.49	3.61	0.07	3.63	2.80	4.03	1.70	0.14	0.09	0.38	1.14
甘肃	100.0	0.04	9.71	24.98	11.81	23.71	3.17	6.39	1.62	3.62	0.11	2.37	4.68	4.82	0.82	0.62	0.03	0.19	1.30
青海	100.0	0.89	14.25	29.15	11.59	16.87	5.38	5.97	1.23	5.09	0.22	2.51	1.66	2.56	1.57	0.16	0.05	0.00	0.84
宁夏	100.0	0.02	28.96	17.77	16.68	9.88	4.46	6.59	0.80	3.69	1.02	1.70	4.83	1.56	0.75	0.00	0.03	0.03	1.24
新疆	100.0	2.43	14.86	20.94	10.16	16.43	5.88	9.03	1.67	2.92	0.11	2.61	8.23	2.41	1.66	0.18	0.09	0.08	0.31

注：数据源自《综合卷》表2-33。

分地区来看，北京地区的交通运输、仓储和邮政业的从业人员数占比最高，为15.50%，农林牧渔业的从业人员数占比最低，为零。黑龙江地区的采矿业的从业人员数占比最高，为24.81%，居民服务、修理和其他服务业的从业人员数占比最低，为0.06%。江苏地区的建筑业的从业人员数占比最高，为25.05%，金融业的从业人员数占比最低，为0.09%（见表2-27）。

7. 按行业、地区分组的小微企业法人单位从业人员数

全国小微企业法人单位从业人员数为1.7亿人。其中，广东地区2 130.7万人，占比最高，为12.8%；西藏地区31.3万人，占比最低，为0.2%（见表2-28、表2-29）。小微型企业法人单位从业人员绝大多数是民营企业从业人员。

按行业分组的小微企业在各地区的分布。建筑业小微企业中山东地区从业人员数占全国的比重最高，为8.2%，黑龙江地区从业人员数占比最低，为0.7%；信息传输、软件和信息技术服务业小微企业中，北京地区从业人员数占比最高，为9.5%，内蒙古地区的从业人员数占比最低，为0.6%；科学研究和技术服务业小微企业中，江苏地区的从业人员数占比最高，为11.4%，吉林地区的从业人员数占比最低，为0.8%；文化、体育和娱乐业小微企业中，北京地区的从业人员数占比最高，为8.0%，青海、宁夏地区的从业人员数占比最低，为0.3%（见表2-29）。

各地区按行业分组的小微企业占比。上海地区的制造业的从业人员数占比最高，为28.08%，采矿业的从业人员数占比最低，为零；福建地区的制造业的从业人员数占比最高，为35.74%，卫生和社会工作行业的从业人员数占比最低，为0.08%；河南地区的制造业的从业人员数占比最高，为34.17%，金融业的从业人员数占比最低，为0.09%（见表2-30）。

表2-28　按行业、地区分组的小微企业法人单位从业人员数

单位：人

地区	从业人员数	农、林、牧、渔业	采矿业	制造业	电力、热力、燃气及水生产和供应业	建筑业	批发和零售业	交通运输、仓储和邮政业	住宿和餐饮业	信息传输、软件和信息技术服务业	金融业	房地产业	租赁和商务服务业	科学研究和技术服务业	水利、环境和公共设施管理业	居民服务、修理和其他服务业	卫生和社会工作	文化、体育和娱乐业
总计	166 086 848	282 292	1 505 500	60 311 123	1 875 723	19 283 645	27 851 127	6 677 150	4 435 612	5 074 008	543 626	7 020 864	17 724 111	6 782 801	1 002 895	2 863 830	214 646	2 637 895
北京	5 144 018	474	1 097	443 523	23 060	381 366	883 250	156 245	244 439	483 393	55 296	261 127	1 074 892	700 227	49 304	170 769	4 517	211 039
天津	2 244 191	190	1 682	617 575	19 340	409 928	265 224	118 042	50 665	73 110	16 760	115 913	358 613	119 574	10 768	40 485	595	25 727
河北	6 760 902	11 083	56 809	2 560 482	88 910	825 718	1 252 192	289 893	139 294	150 086	11 956	336 109	563 954	245 547	42 744	97 707	4 967	83 451
山西	2 528 566	4 175	147 600	524 439	71 825	303 015	495 661	165 743	94 586	63 522	9 140	155 551	265 310	100 573	24 949	47 623	4 865	49 989
内蒙古	1 511 759	6 598	64 889	290 851	66 866	174 916	262 373	100 985	55 570	32 344	4 504	106 901	213 504	63 136	16 396	29 752	2 230	19 944
辽宁	3 528 392	4 705	42 885	1 215 994	57 682	457 383	558 205	172 895	75 808	111 633	8 669	171 901	411 999	128 112	17 535	51 795	1 584	39 607
吉林	1 302 596	3 249	18 116	437 355	41 804	153 456	183 683	74 218	35 786	36 722	4 440	84 068	123 454	53 396	7 884	23 894	3 889	17 182
黑龙江	1 301 033	4 752	34 923	347 438	62 839	142 933	248 129	80 927	31 418	36 973	4 053	78 542	121 435	58 329	7 174	19 959	2 915	18 294
上海	4 446 897	464	164	1 248 855	8 611	301 799	637 626	251 602	217 590	258 708	53 089	210 088	831 223	229 500	22 847	103 724	2 355	68 652
江苏	18 803 732	12 627	5 588	8 960 009	100 947	1 927 380	2 836 899	618 525	267 666	413 589	27 103	522 849	1 834 798	774 199	78 671	216 807	7 504	198 571
浙江	13 495 456	2 943	15 340	7 429 239	89 108	1 234 861	1 736 138	377 210	241 354	285 146	26 134	320 349	1 035 906	333 984	59 834	154 139	14 613	139 158
安徽	6 576 131	16 211	35 322	2 389 396	61 027	992 408	1 023 745	319 803	168 950	147 305	13 629	246 537	680 521	226 127	43 227	108 661	4 224	99 038
福建	7 819 238	7 896	43 852	2 794 503	77 832	1 268 229	1 447 068	285 103	153 168	265 843	14 436	203 407	712 098	220 113	40 943	138 881	6 032	139 834
江西	4 448 460	12 810	66 123	1 776 548	57 258	549 101	673 983	288 564	98 353	96 858	6 457	151 917	401 856	112 830	23 932	59 788	5 196	66 886
山东	13 149 370	19 733	55 092	5 407 175	135 289	1 580 238	2 440 817	583 731	252 730	277 637	20 797	491 601	999 854	483 566	76 696	168 005	15 456	140 953

续表

地区	从业人员数	农、林、牧、渔业	采矿业	制造业	电力、热力、燃气及水生产和供应业	建筑业	批发和零售业	交通运输、仓储和邮政业	住宿和餐饮业	信息传输、软件和信息技术服务业	金融业	房地产业	租赁和商务服务业	科学研究和技术服务业	水利、环境和公共设施管理业	居民服务、修理和其他服务业	卫生和社会工作	文化、体育和娱乐业
河南	11 104 112	36 067	131 331	3 794 287	102 985	1 376 910	2 240 694	409 802	250 416	333 957	9 759	505 354	947 739	455 042	89 691	193 777	17 263	209 038
湖北	6 954 721	21 559	66 723	2 188 300	76 975	836 403	1 356 328	278 514	193 622	224 792	21 114	307 395	755 140	306 305	54 285	127 685	12 693	126 888
湖南	5 871 159	35 849	112 434	1 933 598	103 043	739 965	958 192	205 780	166 131	172 491	6 661	280 142	586 160	234 397	47 218	113 356	17 623	158 119
广东	21 307 120	11 967	37 134	9 398 038	134 152	1 314 708	3 618 854	692 775	515 034	821 820	141 478	825 515	2 198 328	917 576	74 506	341 208	6 524	257 503
广西	2 805 424	10 245	43 981	805 750	51 683	259 474	503 930	144 256	95 047	68 737	7 564	185 610	393 543	107 367	17 874	58 790	4 344	47 229
海南	563 134	1 858	3 660	66 568	14 041	57 515	90 185	26 237	37 256	23 006	2 513	91 627	82 574	29 516	5 788	15 408	976	14 406
重庆	4 582 515	10 037	36 989	1 188 076	46 137	603 547	919 849	204 120	196 367	144 563	12 466	235 443	554 895	143 520	35 306	125 511	14 736	110 953
四川	7 025 707	10 791	109 347	1 779 456	117 468	1 361 322	962 806	269 673	238 654	246 544	22 675	338 943	957 763	262 283	42 521	132 959	29 922	142 580
贵州	2 319 585	3 760	92 906	580 594	35 310	243 582	396 825	86 355	129 357	47 102	6 173	144 323	309 518	68 761	24 392	87 786	10 358	52 483
云南	3 026 982	8 667	95 161	548 783	50 796	543 971	613 599	122 326	138 688	70 034	8 138	168 666	380 582	104 817	22 386	85 137	5 681	59 550
西藏	313 420	620	5 485	27 605	5 306	127 274	36 007	10 363	15 348	8 294	821	6 622	45 999	10 341	1 880	5 759	429	5 267
陕西	3 641 575	10 363	101 419	750 813	58 768	688 850	627 168	141 739	166 541	107 631	13 819	211 345	414 306	155 145	36 215	74 408	7 004	76 041
甘肃	1 200 989	3 687	21 595	228 752	37 000	196 378	219 505	74 154	83 259	20 327	3 459	90 198	113 482	42 393	8 758	27 381	2 328	28 333
青海	427 846	646	8 500	74 365	11 534	62 087	67 073	19 652	26 326	8 194	1 577	31 856	71 398	21 307	4 915	10 100	365	7 951
宁夏	490 583	1 900	6 763	128 472	17 117	53 485	81 024	32 303	20 735	9 566	3 575	33 533	61 115	17 301	4 102	10 361	1 582	7 649
新疆	1 391 235	6 366	42 590	374 284	51 010	115 443	214 095	75 615	35 454	34 081	5 371	107 432	222 152	57 517	10 154	22 215	1 876	15 580

注：表2-28至表2-30数据源自《综合卷》表2-35。

表2-29　各地区的小微企业法人单位从业人员数在各行业中的占比

单位：%

地区	从业人员数	农、林、牧、渔业	采矿业	制造业	电力、热力、燃气及水生产和供应业	建筑业	批发和零售业	交通运输、仓储和邮政业	住宿和餐饮业	信息传输、软件和信息技术服务业	金融业	房地产业	租赁和商务服务业	科学研究和技术服务业	水利、环境和公共设施管理业	居民服务、修理和其他服务业	卫生和社会工作	文化、体育和娱乐业
总计	100.0	100.0	100.0	100.0	100.0	100.0	100.0	100.0	100.0	100.0	100.0	100.0	100.0	100.0	100.0	100.0	100.0	100.0
北京	3.1	0.2	0.1	0.7	1.2	2.0	3.2	2.3	5.5	9.5	10.2	3.7	6.1	10.3	4.9	6.0	2.1	8.0
天津	1.4	0.1	0.1	1.0	1.0	2.1	1.0	1.8	1.1	1.4	3.1	1.7	2.0	1.8	1.1	1.4	0.3	1.0
河北	4.1	3.9	3.8	4.2	4.7	4.3	4.5	4.3	3.1	3.0	2.2	4.8	3.2	3.6	4.3	3.4	2.3	3.2
山西	1.5	1.5	9.8	0.9	3.8	1.6	1.8	2.5	2.1	1.3	1.7	2.2	1.5	1.5	2.5	1.7	2.3	1.9
内蒙古	0.9	2.3	4.3	0.5	3.6	0.9	0.9	1.5	1.3	0.6	0.8	1.5	1.2	0.9	1.6	1.0	1.0	0.8
辽宁	2.1	1.7	2.8	2.0	3.1	2.4	2.0	2.6	1.7	2.2	1.6	2.4	2.3	1.9	1.7	1.8	0.7	1.5
吉林	0.8	1.2	1.2	0.7	2.2	0.8	0.7	1.1	0.8	0.7	0.8	1.2	0.7	0.8	0.8	0.8	1.8	0.7
黑龙江	0.8	1.7	2.3	0.6	3.4	0.7	0.9	1.2	0.7	0.7	0.7	1.1	0.7	0.9	0.7	0.7	1.4	0.7
上海	2.7	0.2	0.0	2.1	0.5	1.6	2.3	3.8	4.9	5.1	9.8	3.0	4.7	3.4	2.3	3.6	1.1	2.6
江苏	11.3	4.5	0.4	14.9	5.4	10.0	10.2	9.3	6.0	8.2	5.0	7.4	10.4	11.4	7.8	7.6	3.5	7.5
浙江	8.1	1.0	1.0	12.3	4.8	6.4	6.2	5.6	5.4	5.6	4.8	4.6	5.8	4.9	6.0	5.4	6.8	5.3
安徽	4.0	5.7	2.3	4.0	3.3	5.1	3.7	4.8	3.8	2.9	2.5	3.5	3.8	3.3	4.3	3.8	2.0	3.8
福建	4.7	2.8	2.9	4.6	4.1	6.6	5.2	4.3	3.5	5.2	2.7	2.9	4.0	3.2	4.1	4.8	2.8	5.3
江西	2.7	4.5	4.4	2.9	3.1	2.8	2.4	4.3	2.2	1.9	1.2	2.2	2.3	1.7	2.4	2.1	2.4	2.5
山东	7.9	7.0	3.7	9.0	7.2	8.2	8.8	8.7	5.7	5.5	3.8	7.0	5.6	7.1	7.6	5.9	7.2	5.3

续表

地区	从业人员数	农、林、牧、渔业	采矿业	制造业	电力、热力、燃气及水生产和供应业	建筑业	批发和零售业	交通运输、仓储和邮政业	住宿和餐饮业	信息传输、软件和信息技术服务业	金融业	房地产业	租赁和商务服务业	科学研究和技术服务业	水利、环境和公共设施管理业	居民服务、修理和其他服务业	卫生和社会工作	文化、体育和娱乐业
河南	6.7	12.8	8.7	6.3	5.5	7.1	8.0	6.1	5.6	6.6	1.8	7.2	5.3	6.7	8.9	6.8	8.0	7.9
湖北	4.2	7.6	4.4	3.6	4.1	4.3	4.9	4.2	4.4	4.4	3.9	4.4	4.3	4.5	5.4	4.5	5.9	4.8
湖南	3.5	12.7	7.5	3.2	5.5	3.8	3.4	3.1	3.7	3.4	1.2	4.0	3.3	3.5	4.7	4.0	8.2	6.0
广东	12.8	4.2	2.5	15.6	7.2	6.8	13.0	10.4	11.6	16.2	26.0	11.8	12.4	13.5	7.4	11.9	3.0	9.8
广西	1.7	3.6	2.9	1.3	2.8	1.3	1.8	2.2	2.1	1.4	1.4	2.6	2.2	1.6	1.8	2.1	2.0	1.8
海南	0.3	0.7	0.2	0.1	0.7	0.3	0.3	0.4	0.8	0.5	0.5	1.3	0.5	0.4	0.6	0.5	0.5	0.5
重庆	2.8	3.6	2.5	2.0	2.5	3.1	3.3	3.1	4.4	2.8	2.3	3.4	3.1	2.1	3.5	4.4	6.9	4.2
四川	4.2	3.8	7.3	3.0	6.3	7.1	3.5	4.0	5.4	4.9	4.2	4.8	5.4	3.9	4.2	4.6	13.9	5.4
贵州	1.4	1.3	6.2	1.0	1.9	1.3	1.4	1.3	2.9	0.9	1.1	2.1	1.7	1.0	2.4	3.1	4.8	2.0
云南	1.8	3.1	6.3	0.9	2.7	2.8	2.2	1.8	3.1	1.4	1.5	2.4	2.1	1.5	2.2	3.0	2.6	2.3
西藏	0.2	0.2	0.4	0.0	0.3	0.7	0.1	0.2	0.3	0.2	0.2	0.1	0.3	0.2	0.2	0.2	0.2	0.2
陕西	2.2	3.7	6.7	1.2	3.1	3.6	2.3	2.1	3.8	2.1	2.5	3.0	2.3	2.3	3.6	2.6	3.3	2.9
甘肃	0.7	1.3	1.4	0.4	2.0	1.0	0.8	1.1	1.9	0.4	0.6	1.3	0.6	0.6	0.9	1.0	1.1	1.1
青海	0.3	0.2	0.6	0.1	0.6	0.3	0.2	0.3	0.6	0.2	0.3	0.5	0.4	0.3	0.5	0.4	0.2	0.3
宁夏	0.3	0.7	0.4	0.2	0.9	0.3	0.3	0.5	0.5	0.2	0.7	0.5	0.3	0.3	0.4	0.4	0.7	0.3
新疆	0.8	2.3	2.8	0.6	2.7	0.6	0.8	1.1	0.8	0.7	1.0	1.5	1.3	0.8	1.0	0.8	0.9	0.6

注：数据源自《综合卷》表2-35。

表2-30　按行业分小微企业法人单位从业人员数在各地区的占比

单位：%

地区	从业人员数	农、林、牧、渔业	采矿业	制造业	电力、热力、燃气及水生产和供应业	建筑业	批发和零售业	交通运输、仓储和邮政业	住宿和餐饮业	信息传输、软件和信息技术服务业	金融业	房地产业	租赁和商务服务业	科学研究和技术服务业	水利、环境和公共设施管理业	居民服务、修理和其他服务业	卫生和社会工作	文化、体育和娱乐业
总计	100.0	0.17	0.91	36.31	1.13	11.61	16.77	4.02	2.67	3.06	0.33	4.23	10.67	4.08	0.60	1.72	0.13	1.59
北京	100.0	0.01	0.02	8.62	0.45	7.41	17.17	3.04	4.75	9.40	1.07	5.08	20.90	13.61	0.96	3.32	0.09	4.10
天津	100.0	0.01	0.07	27.52	0.86	18.27	11.82	5.26	2.26	3.26	0.75	5.17	15.98	5.33	0.48	1.80	0.03	1.15
河北	100.0	0.16	0.84	37.87	1.32	12.21	18.52	4.29	2.06	2.22	0.18	4.97	8.34	3.63	0.63	1.45	0.07	1.23
山西	100.0	0.17	5.84	20.74	2.84	11.98	19.60	6.55	3.74	2.51	0.36	6.15	10.49	3.98	0.99	1.88	0.19	1.98
内蒙古	100.0	0.44	4.29	19.24	4.42	11.57	17.36	6.68	3.68	2.14	0.30	7.07	14.12	4.18	1.08	1.97	0.15	1.32
辽宁	100.0	0.13	1.22	34.46	1.63	12.96	15.82	4.90	2.15	3.16	0.25	4.87	11.68	3.63	0.50	1.47	0.04	1.12
吉林	100.0	0.25	1.39	33.58	3.21	11.78	14.10	5.70	2.75	2.82	0.34	6.45	9.48	4.10	0.61	1.83	0.30	1.32
黑龙江	100.0	0.37	2.68	26.70	4.83	10.99	19.07	6.22	2.41	2.84	0.31	6.04	9.33	4.48	0.55	1.53	0.22	1.41
上海	100.0	0.01	0.00	28.08	0.19	6.79	14.34	5.66	4.89	5.82	1.19	4.72	18.69	5.16	0.51	2.33	0.05	1.54
江苏	100.0	0.07	0.03	47.65	0.54	10.25	15.09	3.29	1.42	2.20	0.14	2.78	9.76	4.12	0.42	1.15	0.04	1.06
浙江	100.0	0.02	0.11	55.05	0.66	9.15	12.86	2.80	1.79	2.11	0.19	2.37	7.68	2.47	0.44	1.14	0.11	1.03
安徽	100.0	0.25	0.54	36.33	0.93	15.09	15.57	4.86	2.57	2.24	0.21	3.75	10.35	3.44	0.66	1.65	0.06	1.51
福建	100.0	0.10	0.56	35.74	1.00	16.22	18.51	3.65	1.96	3.40	0.18	2.60	9.11	2.82	0.52	1.78	0.08	1.79
江西	100.0	0.29	1.49	39.94	1.29	12.34	15.15	6.49	2.21	2.18	0.15	3.42	9.03	2.54	0.54	1.34	0.12	1.50
山东	100.0	0.15	0.42	41.12	1.03	12.02	18.56	4.44	1.92	2.11	0.16	3.74	7.60	3.68	0.58	1.28	0.12	1.07

续表

地区	从业人员数	农、林、牧、渔业	采矿业	制造业	电力、热力、燃气及水生产和供应业	建筑业	批发和零售业	交通运输、仓储和邮政业	住宿和餐饮业	信息传输、软件和信息技术服务业	金融业	房地产业	租赁和商务服务业	科学研究和技术服务业	水利、环境和公共设施管理业	居民服务、修理和其他服务业	卫生和社会工作	文化、体育和娱乐业
河南	100.0	0.32	1.18	34.17	0.93	12.40	20.18	3.69	2.26	3.01	0.09	4.55	8.54	4.10	0.81	1.75	0.16	1.88
湖北	100.0	0.31	0.96	31.46	1.11	12.03	19.50	4.00	2.78	3.23	0.30	4.42	10.86	4.40	0.78	1.84	0.18	1.82
湖南	100.0	0.61	1.92	32.93	1.76	12.60	16.32	3.50	2.83	2.94	0.11	4.77	9.98	3.99	0.80	1.93	0.30	2.69
广东	100.0	0.06	0.17	44.11	0.63	6.17	16.98	3.25	2.42	3.86	0.66	3.87	10.32	4.31	0.35	1.60	0.03	1.21
广西	100.0	0.37	1.57	28.72	1.84	9.25	17.96	5.14	3.39	2.45	0.27	6.62	14.03	3.83	0.64	2.10	0.15	1.68
海南	100.0	0.33	0.65	11.82	2.49	10.21	16.01	4.66	6.62	4.09	0.45	16.27	14.66	5.24	1.03	2.74	0.17	2.56
重庆	100.0	0.22	0.81	25.93	1.01	13.17	20.07	4.45	4.29	3.15	0.27	5.14	12.11	3.13	0.77	2.74	0.32	2.42
四川	100.0	0.15	1.56	25.33	1.67	19.38	13.70	3.84	3.40	3.51	0.32	4.82	13.63	3.73	0.61	1.89	0.43	2.03
贵州	100.0	0.16	4.01	25.03	1.52	10.50	17.11	3.72	5.58	2.03	0.27	6.22	13.34	2.96	1.05	3.78	0.45	2.26
云南	100.0	0.29	3.14	18.13	1.68	17.97	20.27	4.04	4.58	2.31	0.27	5.57	12.57	3.46	0.74	2.81	0.19	1.97
西藏	100.0	0.20	1.75	8.81	1.69	40.61	11.49	3.31	4.90	2.65	0.26	2.11	14.68	3.30	0.60	1.84	0.14	1.68
陕西	100.0	0.28	2.79	20.62	1.61	18.92	17.22	3.89	4.57	2.96	0.38	5.80	11.38	4.26	0.99	2.04	0.19	2.09
甘肃	100.0	0.31	1.80	19.05	3.08	16.35	18.28	6.17	6.93	1.69	0.29	7.51	9.45	3.53	0.73	2.28	0.19	2.36
青海	100.0	0.15	1.99	17.38	2.70	14.51	15.68	4.59	6.15	1.92	0.37	7.45	16.69	4.98	1.15	2.36	0.09	1.86
宁夏	100.0	0.39	1.38	26.19	3.49	10.90	16.52	6.58	4.23	1.95	0.73	6.84	12.46	3.53	0.84	2.11	0.32	1.56
新疆	100.0	0.46	3.06	26.90	3.67	8.30	15.39	5.44	2.55	2.45	0.39	7.72	15.97	4.13	0.73	1.60	0.13	1.12

注：数据源自《综合卷》表2-35。

三、第二产业就业数据

（一）规模以上工业企业主要经济指标

1. 分登记注册类型规模以上工业企业主要经济指标

根据第四次全国经济普查结果，2018年年末，全国工业企业法人单位共有从业人员11 521.5万人，比2013年年末下降17.9%。规模以上工业企业从业人员8 356.4万人。其中，国有企业从业人员148.7万人，占比1.8%；私营企业从业人员3 318.6万人，占比39.7%；外商投资企业942.1万人，占比11.3%（见表2-31）。

表2-31　分登记注册类型规模以上工业企业用工人数、占比及户均

分　　组	平均用工人数（万人）	用工人数占比（%）	户均用工人数（人）
总　计	8 356.4	100.0	223
一、按登记注册类型分组			
内资企业	6 499.5	77.8	197
国有企业	148.7	1.8	983
集合联企业	38.9	0.5	175
有限责任公司	2 276.4	27.2	289
股份有限公司	714.4	8.5	581
私营企业	3 318.6	39.7	141
其他企业	2.6	0.0	182
港澳台商投资企业	914.8	10.9	446
外商投资企业	942.1	11.3	391
二、总计中亏损的企业	1 119.1	13.4	214
总计中国有控股的企业	1 524.1	18.2	792
总计中大型的企业	2 800.6	33.5	3315
中型企业	2 337.6	28.0	548
小型企业	3 218.2	38.5	99

注：数据源自《第二产业卷（上）》表1-A-5。

2. 规模以上工业企业主要经济指标

在规模以上工业企业从业人员数中，采矿业占6.2%，制造业占89.7%，电力、热力、燃气及水生产和供应业占4.1%。中类行业中，计算机、通信和其他电子设备制造业、汽车制造业、非金属矿物制品业从业人员数位居前三位，分别占10.7%、5.7%和5.6%（见表2-32）。

表2-32　规模以上工业企业用工人数、占比及户均

行　业	平均用工人数（万人）	用工人数占（%）	户均人数（人）
总　计	8 356.4	100.0	223
采矿业	519.3	6.2	504
煤炭开采和洗选业	326.6	3.9	763
石油和天然气开采业	64.3	0.8	5 689
黑色金属矿采选业	32.1	0.4	252
有色金属矿采选业	32.5	0.4	252
非金属矿采选业	32.8	0.4	104
开采专业及辅助性活动	30.9	0.4	1 537
其他采矿业	0.1	0.0	117
制造业	7 497.3	89.7	213
农副食品加工业	384.4	4.6	165
食品制造业	183.2	2.2	213
酒、饮料和精制茶制造业	132.7	1.6	208
烟草制品业	16.8	0.2	1 572
纺织业	326.5	3.9	175
纺织服装、服饰业	341.6	4.1	243
皮革、毛皮、羽毛及其制品和制鞋业	226.9	2.7	277
木材加工和木、竹、藤、棕、草制品业	101.2	1.2	112
家具制造业	114.7	1.4	180
造纸和纸制品业	109.3	1.3	163
印刷和记录媒介复制业	87.0	1.0	152
文教、工美、体育和娱乐用品制造业	247.3	3.0	269

行　业	平均用工人数（万人）	用工人数占（%）	户均人数（人）
石油、煤炭及其他燃料加工业	81.3	1.0	411
化学原料和化学制品制造业	373.9	4.5	167
医药制造业	208.2	2.5	280
化学纤维制造业	44.0	0.5	241
橡胶和塑料制品业	296.7	3.6	156
非金属矿物制品业	470.0	5.6	135
黑色金属冶炼和压延加工业	231.3	2.8	450
有色金属冶炼和压延加工业	182.2	2.2	260
金属制品业	361.3	4.3	153
通用设备制造业	408.7	4.9	167
专用设备制造业	315.0	3.8	170
汽车制造业	475.7	5.7	312
铁路、船舶、航空航天和其他运输设备制造业	158.8	1.9	332
电气机械和器材制造业	565.9	6.8	231
计算机、通信和其他电子设备制造业	898.1	10.7	516
仪器仪表制造业	87.6	1.0	198
其他制造业	35.3	0.4	209
废弃资源综合利用业	17.1	0.2	100
金属制品、机械和设备修理业	15.0	0.2	387
电力、热力、燃气及水生产和供应业	339.9	4.1	286
电力、热力生产和供应业	261.3	3.1	329
燃气生产和供应业	32.5	0.4	170
水的生产和供应业	46.2	0.6	226

注：数据源自《第二产业卷（上）》表1–A–6。

3. 国有控股工业企业主要经济指标

在国有控股工业企业从业人员数中，采矿业占24.4%，制造业占57.2%，电力、热力、燃气及水生产和供应业占18.4%。中类行业中，煤炭开采和洗选业、电力、热力生产和供应业、汽车制造业从业人员数位居前三位，分别占16.3%、14.9%和7.4%（见表2-33）。

表2-33　国有控股工业企业用工人数、占比及户均

行　业	平均用工人数（万人）	各行业占比（%）	户均人数（人）
总　　计	1 524.1	100.0	792
采矿业	372.4	24.4	2 473
煤炭开采和洗选业	248.1	16.3	2 848
石油和天然气开采业	63.1	4.1	8 893
黑色金属矿采选业	13.1	0.9	1 157
有色金属矿采选业	15.2	1.0	613
非金属矿采选业	5.5	0.4	325
开采专业及辅助性活动	27.4	1.8	8 071
制造业	871.3	57.2	739
农副食品加工业	14.1	0.9	216
食品制造业	13.1	0.9	407
酒、饮料和精制茶制造业	25.2	1.7	918
烟草制品业	16.4	1.1	1 819
纺织业	10.8	0.7	673
纺织服装、服饰业	8.0	0.5	422
皮革、毛皮、羽毛及其制品和制鞋业	3.1	0.2	1 130
木材加工和木、竹、藤、棕、草制品业	2.3	0.1	320
家具制造业	0.7	0.0	389
造纸和纸制品业	4.9	0.3	529
印刷和记录媒介复制业	7.8	0.5	279
文教、工美、体育和娱乐用品制造业	1.7	0.1	245
石油、煤炭及其他燃料加工业	39.3	2.6	1 695
化学原料和化学制品制造业	72.3	4.7	625

续表

行　业	平均用工人数（万人）	各行业占比（%）	户均人数（人）
医药制造业	25.7	1.7	590
化学纤维制造业	7.1	0.5	1 422
橡胶和塑料制品业	12.1	0.8	515
非金属矿物制品业	42.7	2.8	260
黑色金属冶炼和压延加工业	82.3	5.4	2 907
有色金属冶炼和压延加工业	53.4	3.5	1 028
金属制品业	23.2	1.5	456
通用设备制造业	42.9	2.8	586
专用设备制造业	39.6	2.6	578
汽车制造业	112.9	7.4	1 488
铁路、船舶、航空航天和其他运输设备制造业	73.0	4.8	1 283
电气机械和器材制造业	36.5	2.4	620
计算机、通信和其他电子设备制造业	76.3	5.0	1 107
仪器仪表制造业	8.6	0.6	377
其他制造业	6.1	0.4	1 126
废弃资源综合利用业	1.2	0.1	162
金属制品、机械和设备修理业	8.1	0.5	766
电力、热力、燃气及水生产和供应业	280.5	18.4	471
电力、热力生产和供应业	227.6	14.9	542
燃气生产和供应业	15.6	1.0	290
水的生产和供应业	37.3	2.4	306

注：数据源自《第二产业卷（上）》表1-A-7。

4. 私营工业企业主要经济指标

在私营工业企业从业人员数中，采矿业占2.4%，制造业占97.1%，电力、热力、燃气及水生产和供应业占0.5%。中类行业中，非金属矿物制品业、农副食品加工业、电气机械和器材制造业从业人员数位居前三位，分别占8.0%、7.1%和7.1%（见表2-34）。

表2-34　私营工业企业用工人数、占比及户均

行　业	平均用工人数（万人）	各行业占比（%）	户均人数（人）
总　计	3 318.6	100.0	141
采矿业	78.3	2.4	130
煤炭开采和洗选业	38.7	1.2	172
石油和天然气开采业	0.1	0.0	100
黑色金属矿采选业	11.2	0.3	133
有色金属矿采选业	8.4	0.3	140
非金属矿采选业	18.4	0.6	83
开采专业及辅助性活动	1.5	0.0	164
其他采矿业	0.1	0.0	78
制造业	3 222.4	97.1	142
农副食品加工业	237.0	7.1	152
食品制造业	78.0	2.4	151
酒、饮料和精制茶制造业	46.4	1.4	119
烟草制品业	0.1	0.0	200
纺织业	194.4	5.9	138
纺织服装、服饰业	176.3	5.3	192
皮革、毛皮、羽毛及其制品和制鞋业	110.1	3.3	195
木材加工和木、竹、藤、棕、草制品业	75.5	2.3	102
家具制造业	69.1	2.1	147
造纸和纸制品业	56.3	1.7	125
印刷和记录媒介复制业	42.4	1.3	114
文教、工美、体育和娱乐用品制造业	140.0	4.2	235
石油、煤炭及其他燃料加工业	19.7	0.6	181
化学原料和化学制品制造业	153.5	4.6	116
医药制造业	61.5	1.9	168
化学纤维制造业	19.2	0.6	144
橡胶和塑料制品业	145.0	4.4	117
非金属矿物制品业	264.3	8.0	111

行　业	平均用工人数（万人）	各行业占比（%）	户均人数（人）
黑色金属冶炼和压延加工业	90.6	2.7	259
有色金属冶炼和压延加工业	61.3	1.8	137
金属制品业	193.3	5.8	117
通用设备制造业	185.8	5.6	117
专用设备制造业	138.9	4.2	120
汽车制造业	136.9	4.1	161
铁路、船舶、航空航天和其他运输设备制造业	46.8	1.4	170
电气机械和器材制造业	235.3	7.1	154
计算机、通信和其他电子设备制造业	184.5	5.6	212
仪器仪表制造业	33.2	1.0	139
其他制造业	14.3	0.4	140
金属制品、机械和设备修理业	3.0	0.1	191
电力、热力、燃气及水生产和供应业	17.9	0.5	77
电力、热力生产和供应业	12.1	0.4	76
燃气生产和供应业	3.5	0.1	77
水的生产和供应业	2.3	0.1	87

注：数据源自《第二产业卷（上）》表1-A-8。

（二）按地区分工业企业平均用工人数及占比

根据第四次全国经济普查结果，在31个地区中，除西藏外其余地区工业从业人数均比2013年年末下降。其中，前五位用工大省广东、江苏、浙江、山东、河南从业人数合计比2013年年末下降13.8%，年均下降2.9%。

在全国规模以上工业企业中，广东从业人员数占比最高，为16.2%，西藏从业人员数占比最低，为零。在全国规模以上国有控股工业企业中，山东从业人员数占比最高，为8.0%，西藏从业人员数占比最低，为0.1%。在全国规模以上私营工业企业中，广东从业人员数占比最高，为12.8%，海南从业人员数占比最低，为零。在规模以上外商投资工业企业中，江苏从业人员数占比最高，为23.3%，西藏、青海从业人员数占比最低，为零（见表2-36）。

全国规模以上工业企业中，私营工业从业人员数占比最高，为39.7%。分地区来看，北京国有控股工业企业从业人员数占比最高，为42.2%，上海外商投资工业企业从业人员数占比最高，为40.0%；广东私营工业企业从业人员数占比最高，为31.5%，四川私营工业企业从业人员数占比最高，为40.5%（见表2-37）。

表2-35 按地区分组的规模以上工业企业平均用工人数

单位：万人

地 区	平均用工人数	国有控股	有限公司	股份公司	私营工业	港澳台商	外商投资
全 国	8 356.4	1 524.1	2 276.4	714.4	3 318.6	914.8	942.1
北 京	92.7	39.1	33.5	14.2	13.1	6.8	22.1
天 津	98.9	27.4	27.7	11.4	21.1	7.3	28.8
河 北	288.4	70.5	82.3	23.3	143.1	13.5	18.5
山 西	201.6	120.4	113.9	23.4	41.7	8.1	5.6
内 蒙 古	84.5	41.9	49.5	11.6	14.4	2.1	2.1
辽 宁	196.5	81.8	83.0	24.8	42.3	9.2	30.9
吉 林	97.4	42.4	48.7	14.2	21.8	2.4	7.9
黑 龙 江	88.1	53.5	49.8	7.5	12.1	1.9	5.8
上 海	199.6	37.7	31.3	9.0	49.2	29.3	79.8
江 苏	952.2	66.2	131.6	54.8	414.7	127.4	219.1
浙 江	669.5	29.7	109.5	60.7	366.6	64.2	64.1
安 徽	291.0	65.0	112.6	35.7	112.6	9.1	14.6
福 建	445.3	23.5	71.4	18.0	206.8	94.3	51.9
江 西	236.3	33.2	77.9	15.7	107.8	20.2	11.8
山 东	667.0	121.4	211.5	70.6	276.0	24.8	66.1
河 南	641.8	98.4	195.3	57.8	323.2	31.9	14.2
湖 北	315.6	67.3	92.5	36.5	135.3	14.8	23.7
湖 南	312.3	44.6	59.7	20.4	188.8	20.2	9.7
广 东	1 353.6	75.9	242.5	81.2	426.3	380.4	213.1
广 西	128.2	31.4	43.2	8.5	55.1	10.3	8.9

续表

地　区	平均用工人数	国有控股	有限公司	股份公司	私营工业	港澳台商	外商投资
海　南	10.4	2.4	5.5	1.7	1.4	0.9	0.9
重　庆	162.5	33.6	40.3	10.4	82.8	11.5	15.9
四　川	304.7	71.6	117.8	26.0	123.5	14.1	14.8
贵　州	89.0	34.2	36.4	8.2	35.7	1.4	2.0
云　南	88.9	33.6	37.6	10.8	30.9	2.3	1.8
西　藏	2.1	1.1	1.1	0.5	0.2	0.0	0.2
陕　西	174.6	85.8	95.8	23.0	35.5	4.2	5.5
甘　肃	50.9	34.6	25.0	11.5	6.3	0.3	0.8
青　海	16.9	10.4	7.0	5.5	3.0	0.4	0.1
宁　夏	28.3	10.6	10.8	2.9	11.6	1.2	0.8
新　疆	68.0	35.2	32.1	14.6	15.9	0.7	0.8

注：数据源自《第二产业卷（上）》表1-B-1。

表2-36　按地区分组的规模以上工业企业平均用工人数在各注册类型中的占比

单位：%

地　区	规模以上工业总计	国有控股	有限公司	股份公司	私营工业	港澳台商	外商投资
全　国	100.0	100.0	100.0	100.0	100.0	100.0	100.0
北　京	1.1	2.6	1.5	2.0	0.4	0.7	2.3
天　津	1.2	1.8	1.2	1.6	0.6	0.8	3.1
河　北	3.5	4.6	3.6	3.3	4.3	1.5	2.0
山　西	2.4	7.9	5.0	3.3	1.3	0.9	0.6
内蒙古	1.0	2.8	2.2	1.6	0.4	0.2	0.2
辽　宁	2.4	5.4	3.6	3.5	1.3	1.0	3.3
吉　林	1.2	2.8	2.1	2.0	0.7	0.2	0.8
黑龙江	1.1	3.5	2.2	1.1	0.4	0.2	0.6
上　海	2.4	2.5	1.4	1.3	1.5	3.2	8.5
江　苏	11.4	4.3	5.8	7.7	12.5	13.9	23.3
浙　江	8.0	1.9	4.8	8.5	11.0	7.0	6.8
安　徽	3.5	4.3	4.9	5.0	3.4	1.0	1.5
福　建	5.3	1.5	3.1	2.5	6.2	10.3	5.5

续表

地　区	规模以上工业总计	国有控股	有限公司	股份公司	私营工业	港澳台商	外商投资
江　西	2.8	2.2	3.4	2.2	3.2	2.2	1.3
山　东	8.0	8.0	9.3	9.9	8.3	2.7	7.0
河　南	7.7	6.5	8.6	8.1	9.7	3.5	1.5
湖　北	3.8	4.4	4.1	5.1	4.1	1.6	2.5
湖　南	3.7	2.9	2.6	2.9	5.7	2.2	1.0
广　东	16.2	5.0	10.7	11.4	12.8	41.6	22.6
广　西	1.5	2.1	1.9	1.2	1.7	1.1	0.9
海　南	0.1	0.2	0.2	0.2	0.0	0.1	0.1
重　庆	1.9	2.2	1.8	1.5	2.5	1.3	1.7
四　川	3.6	4.7	5.2	3.6	3.7	1.5	1.6
贵　州	1.1	2.2	1.6	1.2	1.1	0.2	0.2
云　南	1.1	2.2	1.6	1.5	0.9	0.3	0.2
西　藏	0.0	0.1	0.0	0.1	0.0	0.0	0.0
陕　西	2.1	5.6	4.2	3.2	1.1	0.5	0.6
甘　肃	0.6	2.3	1.1	1.6	0.2	0.0	0.1
青　海	0.2	0.7	0.3	0.8	0.1	0.0	0.1
宁　夏	0.3	0.7	0.5	0.4	0.3	0.1	0.1
新　疆	0.8	2.3	1.4	2.0	0.5	0.1	0.1

注：数据源自《第二产业卷（上）》表1–B–1。

表2-37　规模以上工业企业平均用工人数在各地区的占比

单位：%

地　区	规模以上工业总计	国有控股	有限公司	股份公司	私营工业	港澳台商	外商投资
全　国	100.0	18.2	27.2	8.5	39.7	10.9	11.3
北　京	100.0	42.2	36.1	15.3	14.1	7.3	23.8
天　津	100.0	27.7	28.0	11.5	21.3	7.4	29.2
河　北	100.0	24.4	28.5	8.1	49.6	4.7	6.4
山　西	100.0	59.7	56.5	11.6	20.7	4.0	2.8
内蒙古	100.0	49.6	58.5	13.7	17.0	2.5	2.5
辽　宁	100.0	41.6	42.2	12.6	21.6	4.7	15.7

续表

地 区	规模以上工业总计	国有控股	有限公司	股份公司	私营工业	港澳台商	外商投资
吉　林	100.0	43.5	49.9	14.6	22.4	2.5	8.1
黑龙江	100.0	60.7	56.5	8.5	13.8	2.2	6.6
上　海	100.0	18.9	15.7	4.5	24.6	14.7	40.0
江　苏	100.0	7.0	13.8	5.8	43.5	13.4	23.0
浙　江	100.0	4.4	16.4	9.1	54.8	9.6	9.6
安　徽	100.0	22.3	38.7	12.3	38.7	3.1	5.0
福　建	100.0	5.3	16.0	4.0	46.4	21.2	11.7
江　西	100.0	14.1	33.0	6.6	45.6	8.5	5.0
山　东	100.0	18.2	31.7	10.6	41.4	3.7	9.9
河　南	100.0	15.3	30.4	9.0	50.4	5.0	2.2
湖　北	100.0	21.3	29.3	11.6	42.9	4.7	7.5
湖　南	100.0	14.3	19.1	6.5	60.4	6.5	3.1
广　东	100.0	5.6	17.9	6.0	31.5	28.1	15.7
广　西	100.0	24.5	33.6	6.6	42.9	8.1	6.9
海　南	100.0	23.4	52.3	16.4	13.2	8.4	8.4
重　庆	100.0	20.7	24.8	6.4	51.0	7.1	9.8
四　川	100.0	23.5	38.7	8.5	40.5	4.6	4.8
贵　州	100.0	38.4	40.9	9.3	40.1	1.6	2.3
云　南	100.0	37.9	42.3	12.1	34.7	2.6	2.0
西　藏	100.0	50.2	50.7	25.6	11.4	0.9	8.1
陕　西	100.0	49.1	54.9	13.2	20.3	2.4	3.2
甘　肃	100.0	68.1	49.2	22.6	12.3	0.6	1.5
青　海	100.0	61.3	41.1	32.7	18.0	2.2	0.6
宁　夏	100.0	37.4	38.0	10.3	41.1	4.2	2.9
新　疆	100.0	51.8	47.2	21.4	23.5	1.0	1.2

注：数据源自《第二产业卷（上）》表1–B–1。

（三）按经济类型划分的建筑业总承包和专业承包企业主要经济指标建筑业

2018年年末，全国建筑业总承包和专业承包企业期末从业人数为5 305.23

万人。国有企业期末从业人数为438.51万人，占比8.3%；外商投资企业期末从业人数为7.58万人，占比0.1%（见表2-38）。

表2-38　按经济类型划分的建筑业总承包和专业承包企业主要经济指标

指　标	合计	内资企业	内资企业		港澳台商投资企业	外商投资企业
			国有	集体		
期末人数（万人）	5 305.23	5 280.04	438.51	123.23	17.62	7.58
期末人数占比（%）	100.0	99.5	8.3	2.3	0.3	0.1

注：数据源自《第二产业卷（下）》表2-B-1.1。

四、第三产业就业数据

（一）文化制造业、文化批零业和文化服务业就业数据

1. 规模以上文化制造业企业从业人员数

规模以上文化制造业企业从业人员数总计441.2万人。按注册类型分，内资企业从业人员数304.0万人，占比为68.9%。其中，私营企业195.2万人、占比44.2%；港澳台商投资企业84.4万人，占比19.1%；外商投资企业52.8万人，占比12%（见表2-39）。

按控股情况分规模以上文化制造业企业从业人员数。国有控股企业24.3万人，占比5.5%；私人控股企业263.2万人，占比59.7%；港澳台商控股企业82.1万人，占比18.6%；外商控股企业48.9万人，占比11.1%（见表2-39）。

2. 规模以下文化制造业企业从业人员数

规模以下文化制造业企业从业人员数总计220.8万人。按注册类型分，内资企业从业人员数211.9万人，占比为96%。其中，私营企业186.2万人，占比84.3%；港澳台商投资企业5.9万人，占比2.7%；外商投资企业2.9万人，占比1.3%（见表2-40）。

按控股情况分规模以下文化制造业企业从业人员数。国有控股企业2.3万

人，占比1.0%，私人控股企业201.2万人，占比91.1%，港澳台商控股企业5.4万人，占比2.4%，外商控股企业2.3万人，占比1.0%（见表2-40）。

表2-39　按注册类型和控股情况分规模以上文化制造业企业从业人数、占比及户均

分　　组	从业人员期末人数(人)	从业人数占比（%）	女性从业人数占比（%）	户均人数(人)
总　计	4 412 102	100.0	100.0	222
按注册类型分组				
内资企业	3 040 325	68.9	67.5	179
国有企业	12 735	0.3	0.2	187
私营企业	1 952 131	44.2	45	152
港澳台商投资企业	843 580	19.1	20.4	490
外商投资企业	528 197	12	12	430
按控股情况分组				
国有控股	242 697	5.5	4.1	522
集体控股	66 630	1.5	1.5	313
私人控股	2 631 881	59.7	59.8	164
港澳台商控股	821 080	18.6	19.9	520
外商控股	488 733	11.1	11.2	472
其　他	161 081	3.7	3.4	263

注：数据源自《综合卷》表3-B-02。

表2-40　按注册类型和控股情况分规模以下文化制造业企业从业人数、占比及户均

分　　组	从业人员期末人数(人)	从业人员占比	女性从业人员占比	户均人数(人)
总　计	2 207 756	100.0	100.0	11
按注册类型分组				
内资企业	2 119 339	96	95.4	11
国有企业	14 952	0.7	0.6	22
私营企业	1 861 974	84.3	83.9	11
港澳台商投资企业	59 494	2.7	3	31
外商投资企业	28 923	1.3	1.6	25

分　　组	从业人员 期末人数(人)	从业人员占比	女性从业 人员占比	户均人数(人)
按控股情况分组				
国有控股	22 766	1.0	0.9	24
集体控股	32 362	1.5	1.5	11
私人控股	2 011 895	91.1	90.5	11
港澳台商控股	53 940	2.4	2.7	31
外商控股	23 181	1.0	1.3	27
其　　他	63 612	2.9	3.1	11

注：数据源自《综合卷》表3-B-04。

3. 限额以上文化批零业企业从业人员数

限额以上文化批零业企业从业人员数总计59.0万人，女性34.7万人。户均人数56人，户均女性33人（见表2-41）。

按注册类型分限额以上文化批零业企业中，内资企业从业人员数51.7万人，女性29.6万人。其中，私营企业22.5万人，女性13.3万人。港澳台商投资企业3.4万人，女性2.7万人；外商投资企业3.9万人，女性2.5万人（见表2-41）。

按控股情况分限额以上文化批零业企业从业人员数。国有控股企业13.9万人，女性6.9万人；私人控股企业31.3万人，女性18.4万人；港澳台商控股企业3.4万人，女性2.7万人；外商控股企业3.5万人，女性2.2万人（见表2-41）。

表2-41　按注册类型和控股情况分限额以上文化批零业企业从业人数及户均

单位：人

分　　组	从业人员期末 人数	女性	户均人数	户均女性
总　　计	590 402	346 994	56	33
按注册类型分组				
内资企业	517 079	295 817	51	29
国有企业	13 493	6 850	64	32
私营企业	225 350	132 550	33	19
港澳台商投资企业	33 860	26 662	195	153
外商投资企业	39 463	24 515	260	161

分 组	从业人员期末人数	女性	户均人数	户均女性
按控股情况分组				
国有控股	138 748	69 477	114	57
集体控股	12 073	7 221	95	57
私人控股	312 868	183 727	38	22
港澳台商控股	33 851	26 631	195	153
外商控股	34 665	21 804	259	163
其 他	58 197	38 134	105	69

注：数据源自《综合卷》表3-C-02。

4. 限额以下文化批零业企业从业人员数

限额以下文化批零业企业从业人员数总计121.1万人，女性55.9万人。户均人数4人，户均女性2人（见表2-42）。

按注册类型分限额以下文化批零业企业从业人员数，内资企业从业人员数119.7万人（从业者中占比98.9%），女性55.2万人（女性从业者中占比98.7%），其中私营企业102.4万人（从业者中占比84.6%），女性46.9万人（女性从业者中占比83.9%）；港澳台商投资企业7 025人，女性3 691人；外商投资企业6 453人，女性3 309人（见表2-42）。

按控股情况分限额以下文化批零业企业从业人员数，国有控股企业15 589人（从业者中占比1.3%），女性7 746人（女性从业者中占比1.4%）；私人控股企业113.6万人（从业者中占比93.8%），女性52.3万人（女性从业者中占比93.5%）；港澳台商控股企业6 961人，女性3 648人；外商控股企业5 520人，女性2 905人（见表2-42）。

表2-42 按注册类型和控股情况分限额以下文化批零业企业从业人数及户均

分 组	从业人员期末人数(人)	女性（人）	从业人员占比（%）	女性从业人员占比（%）	户均人数（人）	户均女性(人)
总 计	1 210 830	559 119	100.0	100.0	4	2

分　组	从业人员期末人数(人)	女性(人)	从业人员占比(%)	女性从业人员占比(%)	户均人数(人)	户均女性(人)
按注册类型分组						
内资企业	1 197 352	552 119	98.9	98.7	4	2
国有企业	5 652	2 727	0.5	0.5	8	4
私营企业	1 024 107	469 278	84.6	83.9	4	2
港澳台商投资企业	7 025	3 691	0.6	0.7	6	3
外商投资企业	6 453	3 309	0.5	0.6	7	4
按控股情况分组						
国有控股	15 589	7 746	1.3	1.4	11	6
集体控股	9 306	4 531	0.8	0.8	7	3
私人控股	1 136 014	522 615	93.8	93.5	4	2
港澳台商控股	6 961	3 648	0.6	0.7	6	3
外商控股	5 520	2 905	0.5	0.5	8	4
其　他	37 440	17 674	3.1	3.2	5	2

注：数据源自《综合卷》表3-C-04。

5. 规模以上文化服务业企业从业人员数

规模以上文化服务业企业从业人员数总计351.7万人，女性148.8万人。户均人数117人，户均女性50人（见表2-43）。

按注册类型分规模以上文化服务业企业从业人员数。内资企业从业人员数310.7万人（从业者中占比88.4%），女性130.4万人（女性从业者中占比87.6%），其中私营企业108.1万人（从业者中占比30.7%），女性47.4万人（女性从业者中占比31.9%）。港澳台商投资企业25.5万人，女性11.2万人；外商投资企业15.5万人，女性7.2万人（见表2-43）。

按控股情况分规模以上文化服务业企业从业人员数。国有控股企业103.4万人（从业者中占比29.4%），女性41.5万人（女性从业者中占比27.9%）；私人控股企业167.2万人（从业者中占比47.5%），女性71.7万人（女性从业者中占比48.2%）；港澳台商控股企业26.1万人，女性11.3万人；外商控股企业12.3万人，女性5.8万人（见表2-43）。

表2-43　按注册类型和控股情况分规模以上文化服务业企业从业人员数、占比及户均

分　组	从业人员期末人数(人)	女性（人）	从业人员占比（%）	女性从业人员占比（%）	户均人数(人)	户均女性(人)
总　计	3 517 194	1 488 361	100.0	100.0	117	50
按注册类型分组						
内资企业	3 107 444	1 304 216	88.4	87.6	108	45
国有企业	217 389	92 710	6.2	6.2	187	80
私营企业	1 081 309	474 181	30.7	31.9	70	31
港澳台商投资企业	254 801	112 259	7.2	7.5	412	181
外商投资企业	154 949	71 886	4.4	4.8	238	110
按控股情况分组						
国有控股	1 034 380	414 726	29.4	27.9	194	78
集体控股	62 061	26 594	1.8	1.8	147	63
私人控股	1 672 182	717 340	47.5	48.2	80	34
港澳台商控股	26 1198	112 832	7.4	7.6	438	189
外商控股	122 508	58 274	3.5	3.9	219	104
其　他	364 865	158 595	10.4	10.7	168	73

注：数据源自《综合卷》表3-D-02。

6. 规模以下文化服务业企业从业人员数

规模以下文化服务业企业从业人员数总计718.2万人，女性299.7万人。户均人数5人，户均女性2人（见表2-44）。

按注册类型分规模以下文化服务业企业从业人员数。内资企业从业人员数712.4万人（从业者中占比99.2%），女性297.2万人（女性从业者中占比99.1%），其中私营企业577.0万人（从业者中占比80.3%），女性239.7万人（女性从业者中占比80.0%）。港澳台商投资企业3.4万人，女性1.5万人；外商投资企业2.4万人，女性1.1万人（见表2-44）。

按控股情况分规模以下文化服务业企业从业人员数。国有控股企业20.7万人（从业者中占比2.9%），女性9.0万人（女性从业者中占比3.0%）；私人控股企业646.8万人（从业者中占比90.1%），女性267.5万人（女性从业者中占比

89.3%）。港澳台商控股企业3.4万人，女性1.5万人；外商控股企业1.8万人，女性8 496人（见表2-44）。

表2-44　按注册类型和控股情况分规模以下文化服务业企业

从业人员数、占比及户均

分　组	从业人员期末人数(人)	女性(人)	从业人员占比(%)	女性从业人员占比(%)	户均人数(人)	户均女性(人)
总　计	7 181 693	2 997 325	100.0	100.0	5	2
按注册类型分组						
内资企业	7 123 726	2 971 828	99.2	99.1	5	2
国有企业	92 253	40 019	1.3	1.3	17	7
私营企业	5 769 817	2 396 641	80.3	80.0	5	2
港澳台商投资企业	34 292	14 797	0.5	0.5	8	3
外商投资企业	23 675	10 700	0.3	0.4	10	5
按控股情况分组						
国有控股	207 273	89 990	2.9	3.0	19	8
集体控股	41 234	17 855	0.6	0.6	8	3
私人控股	6 467 866	2 675 389	90.1	89.3	5	2
港澳台商控股	34 039	14 726	0.5	0.5	8	3
外商控股	18 263	8 496	0.3	0.3	10	5
其　他	413 018	190 869	5.8	6.4	6	3

注：数据源自《综合卷》表3-D-04。

（二）批发和零售业就业数据

2018年年末，全国共有批发和零售业企业从业人员4 008.2万人，比2013年年末增长20.9%。

1. 批发业法人企业从业人员数

批发业法人企业从业人员数总计2 198.1万人，户均人数6人。批发业中，内资企业从业人员数2 086.1万人，占比94.9%，户均6人，其中私营企业1 538.7万人，占比70.0%，户均人数5人。港澳台商投资企业52.7万人，占比2.4%，户均人数28人；外商投资企业59.3万人，占比2.7%，户均人数30人（见表2-45）。

表2-45 批发业法人企业从业人数及户均

分 组	从业人员期末人数(人)	从业人数占比（%）	户均从业人员(人)
批发业	21 981 212	100.0	6
内资企业	20 861 407	94.9	6
国有企业	363 887	1.7	42
集合联企业	145 536	0.7	9
有限责任公司	3 486 662	15.9	10
股份有限公司	636 694	2.9	26
私营企业	15 387 024	70	5
其他企业	841 604	3.8	6
港澳台商投资企业	526 844	2.4	28
外商投资企业	592 961	2.7	30

注：1. 表2-45至表2-48中的集合联企业是指集体企业、股份合作企业和联营企业的总称。

　　2. 数据源自《第三产业卷》表1-A-1。

限额以上批发业法人企业从业人员数总计526.9万人，户均人数46人。内资企业从业人员数440.9万人，占比83.7%，户均41人，其中私营企业207.8万人，占比39.4%，户均人数27人。港澳台商投资企业41.1万人，占比7.8%，户均人数170人；外商投资企业44.8万人，占比8.5%，户均人数148人（见表2-46）。

表2-46 限额以上批发业法人企业从业人数及户均

分 组	从业人员期末人(人)	从业人数占比（%）	户均从业人（人）
批发业	5 268 895	100.0	46
内资企业	4 409 376	83.7	41
国有企业	279 628	5.3	187
集合联企业	20 706	0.4	45
有限责任公司	1 581 365	30	58
股份有限公司	428 157	8.1	200
私营企业	2 077 631	39.4	27
其他企业	21 889	0.4	42
港澳台商投资企业	411 319	7.8	170
外商投资企业	448 200	8.5	148

注：数据源自《第三产业卷》表1-A-2。

2. 零售业法人企业从业人员数

零售业法人企业从业人员数总计1 810.0万人，户均人数6人。内资企业从业人员数1 712.9万人，占比94.6%，户均6人，其中私营企业1 224.6万人，占比67.7%，户均人数5人。港澳台商投资企业50.8万人，占比2.8%，户均人数81人；外商投资企业46.3万人，占比2.6%，户均人数122人（见表2-47）。

表2-47　零售业法人企业从业人数及户均

分　　组	从业人员期末人数(人)	从业人数占比（%）	户均从业人员数(人)
零售业	18 099 753	100.0	6
内资企业	17 129 239	94.6	6
国有企业	109 552	0.6	18
集合联企业	182 436	1.0	9
有限责任公司	3 639 124	20.1	12
股份有限公司	707 923	3.9	30
私营企业	12 245 519	67.7	5
其他企业	244 685	1.4	5
港澳台商投资企业	507 649	2.8	81
外商投资企业	462 865	2.6	122

注：数据源自第三产业卷表1-A-5。

限额以上零售业法人企业从业人员数总计657.6万人，户均人数67人。内资企业从业人员数567.8万人，占比86.3%，户均59人，其中私营企业273.5万人，占比41.6%，户均人数42人。港澳台商投资企业46.8万人，占比7.1%，户均人数353人；外商投资企业43.0万人，占比6.5%，户均人数464人（见表2-48）。

表2-48 限额以上零售业法人企业从业人数及户均

分 组	从业人员期末人数(人)	从业人数占比(%)	户均从业人员数(人)
零售业	6 576 341	100.0	67
内资企业	5 677 521	86.3	59
国有企业	63 163	1.0	75
集合联企业	53 790	0.8	40
有限责任公司	2 237 001	34.0	85
股份有限公司	573 968	8.7	271
私营企业	2 734 993	41.6	42
其他企业	14 606	0.2	36
港澳台商投资企业	468 325	7.1	353
外商投资企业	430 495	6.5	464

注：数据源自《第三产业卷》表1-A-6。

（三）房地产开发经营业就业数据

各地区按登记注册类型分房地产开发企业年末从业人数。全国房地产开发企业法人单位从业人员数为371.5万人。其中，广东地区34.3万人，占比最高，为9.24%；西藏地区2 355人，占比最低，为0.06%（见表2-49、表2-50）。

按注册类型分：私营企业年末从业人数中，江苏地区占比最高，为8.51%，西藏地区占比最低，为0.05%；外商投资企业的年末从业人数在广东地区占比最高，为18.52%，西藏地区占比最低，为0.05%（见表2-50）。

分地区来看，天津地区内资企业年末从业人数占比为91.2%，其中私营企业占比30.7%，港澳台商投资企业占比5.3%，外商投资企业占比3.4%；浙江地区内资企业年末从业人数占比为94.7%，其中私营企业占比55.2%，港澳台商投资企业占比3.7%，外商投资企业占比1.6%；海南地区内资企业年末从业人数占比为91.9%，其中私营企业占比20.3%，港澳台商投资企业占比4.4%，外商投资企业占比3.7%（见表2-51）。

表2-49　各地区按登记注册类型分房地产开发企业年末从业人员数

单位：人

地区	总　计	内资企业	内资企业						港澳台商投资企业	外商投资企业
			国有企业	集合联营企业	有限公司	股份有限公司	私营企业	其他内资企业		
全　国	3 714 856	3 544 151	40 080	9 874	1 660 457	111 267	1 722 350	123	115 722	54 983
北　京	78 662	69 849	1 382	329	50 603	2 260	15 275	—	5 125	3 688
天　津	41 249	37 639	1 699	101	21 904	1 279	12 656	—	2 200	1 410
河　北	177 612	173 776	493	42	55 475	6 244	111 522	—	1 040	2 796
山　西	64 645	64 180	1 658	457	19 953	799	41 313	—	198	267
内蒙古	44 629	44 517	61	7	22 571	1 188	20 690	—	36	76
辽　宁	72 897	64 667	328	67	26 737	2 075	35 455	5	5 580	2 650
吉　林	43 998	43 056	159	0	25 414	2 211	15 272	—	669	273
黑龙江	37 068	36 118	676	246	19 801	1 719	13 676	—	759	191
上　海	75 332	57 126	896	262	30 907	1 726	23 335	—	13 496	4 710
江　苏	244 177	222 855	1 741	617	68 205	5 751	146 541	—	14 237	7 085
浙　江	148 646	140 749	1 690	239	53 884	2 875	82 061	—	5 458	2 439
安　徽	157 431	155 209	800	57	93 830	3 576	56 946	—	1 751	471
福　建	124 962	114 741	2 720	383	58 320	2 084	51 234	—	7 557	2 664
江　西	114 278	112 068	2 015	7	50 094	5 337	54 615	—	1 795	415
山　东	278 554	270 612	3 385	1 934	124 359	9 960	130 942	32	5 813	2 129
河　南	322 774	319 915	1 929	189	185 389	12 498	119 910	—	1 971	888
湖　北	193 428	188 700	2 348	353	83 077	7 504	95 418	—	2 960	1 768
湖　南	185 358	180 907	1 562	135	71 766	6 546	100 864	34	2 860	1 591
广　东	343 117	311 436	2 389	3 188	150 472	8 912	146 475	—	21 497	10 184
广　西	114 292	109 496	1 531	192	44 521	2 161	61 091	—	2 934	1 862
海　南	58 897	54 107	718	121	39 158	2 168	11 942	—	2 602	2 188
重　庆	117 534	111 015	518	44	43 336	3 928	63 189	—	5 090	1 429
四　川	205 923	199 604	1 063	313	100 946	5 830	91 400	52	4 120	2 199
贵　州	114 423	113 079	536	23	56 273	2 731	53 516	—	1 131	213
云　南	114 183	110 507	1 604	93	50 694	3 992	54 124	—	3 070	606
西　藏	2 355	2 349	55	0	1 370	10	914	—	6	—

续表

地区	总　计	内资企业	内资企业						港澳台商投资企业	外商投资企业
			国有企业	集合联企业	有限公司	股份有限公司	私营企业	其他内资企业		
陕　西	115 425	113 665	5 218	294	59 318	3 056	45 779	—	1 181	579
甘　肃	48 295	47 927	725	171	23 090	1 500	22 441	—	277	91
青　海	12 754	12 698	3	0	4 954	830	6 911	—	30	26
宁　夏	15 680	15 440	3	6	4 861	25	10 545	—	159	81
新　疆	46 278	46 144	175	4	19 175	492	26 298	—	120	14

注：数据源自《第三产业卷》表3-2。

表2-50　各地区房地产开发企业年末从业人数在各登记注册类型企业中的占比

单位：%

地　区	总　计	内资占比	内资企业					港澳台资占比	外资占比
			国企占比	集合联占比	有限占比	股份有限占比	私企占比		
全　国	100.0	100.0	100.0	100.0	100.0	100.0	100.0	100.0	100.0
北　京	2.12	1.97	3.45	3.33	3.05	2.03	0.89	4.43	6.71
天　津	1.11	1.06	4.24	1.02	1.32	1.15	0.73	1.90	2.56
河　北	4.78	4.90	1.23	0.43	3.34	5.61	6.47	0.90	5.09
山　西	1.74	1.81	4.14	4.63	1.20	0.72	2.40	0.17	0.49
内蒙古	1.20	1.26	0.15	0.07	1.36	1.07	1.20	0.03	0.14
辽　宁	1.96	1.82	0.82	0.68	1.61	1.86	2.06	4.82	4.82
吉　林	1.18	1.21	0.40	0.00	1.53	1.99	0.89	0.58	0.50
黑龙江	1.00	1.02	1.69	2.49	1.19	1.54	0.79	0.66	0.35
上　海	2.03	1.61	2.24	2.65	1.86	1.55	1.35	11.66	8.57
江　苏	6.57	6.29	4.34	6.25	4.11	5.17	8.51	12.30	12.89
浙　江	4.00	3.97	4.22	2.42	3.25	2.58	4.76	4.72	4.44
安　徽	4.24	4.38	2.00	0.58	5.65	3.21	3.31	1.51	0.86
福　建	3.36	3.24	6.79	3.88	3.51	1.87	2.97	6.53	4.85
江　西	3.08	3.16	5.03	0.07	3.02	4.80	3.17	1.55	0.75
山　东	7.50	7.64	8.45	19.59	7.49	8.95	7.60	5.02	3.87
河　南	8.69	9.03	4.81	1.91	11.16	11.23	6.96	1.70	1.62

续表

地 区	总 计	内资占比	内资企业					港澳台资占比	外资占比
			国企占比	集合联占比	有限占比	股份有限占比	私企占比		
湖 北	5.21	5.32	5.86	3.58	5.00	6.74	5.54	2.56	3.22
湖 南	4.99	5.10	3.90	1.37	4.32	5.88	5.86	2.47	2.89
广 东	9.24	8.79	5.96	32.29	9.06	8.01	8.50	18.58	18.52
广 西	3.08	3.09	3.82	1.94	2.68	1.94	3.55	2.54	3.39
海 南	1.59	1.53	1.79	1.23	2.36	1.95	0.69	2.25	3.98
重 庆	3.16	3.13	1.29	0.45	2.61	3.53	3.67	4.40	2.60
四 川	5.54	5.63	2.65	3.17	6.08	5.24	5.31	3.56	4.00
贵 州	3.08	3.19	1.34	0.23	3.39	2.45	3.11	0.98	0.39
云 南	3.07	3.12	4.00	0.94	3.05	3.59	3.14	2.65	1.10
西 藏	0.06	0.07	0.14	0.00	0.08	0.01	0.05	0.01	0.00
陕 西	3.11	3.21	13.02	2.98	3.57	2.75	2.66	1.02	1.05
甘 肃	1.30	1.35	1.81	1.73	1.39	1.35	1.30	0.24	0.17
青 海	0.34	0.36	0.01	0.00	0.30	0.75	0.40	0.03	0.05
宁 夏	0.42	0.44	0.01	0.06	0.29	0.02	0.61	0.14	0.15
新 疆	1.25	1.30	0.44	0.04	1.15	0.44	1.53	0.10	0.03

表2-51 按登记注册类型分房地产开发企业年末从业人数在各地区的占比

单位：%

地 区	总 计	内资占比	内资企业					港澳台资占比	外资占比
			国企占比	集合联占比	有限占比	股份有限占比	私企占比		
全 国	100.0	95.4	1.1	0.3	44.7	3.0	46.4	3.1	1.5
北 京	100.0	88.8	1.8	0.4	64.3	2.9	19.4	6.5	4.7
天 津	100.0	91.2	4.1	0.2	53.1	3.1	30.7	5.3	3.4
河 北	100.0	97.8	0.3	0	31.2	3.5	62.8	0.6	1.6
山 西	100.0	99.3	2.6	0.7	30.9	1.2	63.9	0.3	0.4
内蒙古	100.0	99.7	0.1	0.0	50.6	2.7	46.4	0.1	0.2
辽 宁	100.0	88.7	0.4	0.1	36.7	2.8	48.6	7.7	3.6
吉 林	100.0	97.9	0.4	0.0	57.8	5.0	34.7	1.5	0.6

续表

地　区	总计	内资占比	内资企业					港澳台资占比	外资占比
			国企占比	集合联占比	有限占比	股份有限占比	私企占比		
黑龙江	100.0	97.4	1.8	0.7	53.4	4.6	36.9	2.0	0.5
上　海	100.0	75.8	1.2	0.3	41	2.3	31	17.9	6.3
江　苏	100.0	91.3	0.7	0.3	27.9	2.4	60	5.8	2.9
浙　江	100.0	94.7	1.1	0.2	36.2	1.9	55.2	3.7	1.6
安　徽	100.0	98.6	0.5	0.0	59.6	2.3	36.2	1.1	0.3
福　建	100.0	91.8	2.2	0.3	46.7	1.7	41	6.0	2.1
江　西	100.0	98.1	1.8	0.0	43.8	4.7	47.8	1.6	0.4
山　东	100.0	97.1	1.2	0.7	44.6	3.6	47	2.1	0.8
河　南	100.0	99.1	0.6	0.1	57.4	3.9	37.1	0.6	0.3
湖　北	100.0	97.6	1.2	0.2	42.9	3.9	49.3	1.5	0.9
湖　南	100.0	97.6	0.8	0.1	38.7	3.5	54.4	1.5	0.9
广　东	100.0	90.8	0.7	0.9	43.9	2.6	42.7	6.3	3.0
广　西	100.0	95.8	1.3	0.2	39	1.9	53.5	2.6	1.6
海　南	100.0	91.9	1.2	0.2	66.5	3.7	20.3	4.4	3.7
重　庆	100.0	94.5	0.4	0.0	36.9	3.3	53.8	4.3	1.2
四　川	100.0	96.9	0.5	0.2	49	2.8	44.4	2.0	1.1
贵　州	100.0	98.8	0.5	0.0	49.2	2.4	46.8	1.0	0.2
云　南	100.0	96.8	1.4	0.1	44.4	3.5	47.4	2.7	0.5
西　藏	100.0	99.7	2.3	0.0	58.2	0.4	38.8	0.3	0.0
陕　西	100.0	98.5	4.5	0.3	51.4	2.6	39.7	1.0	0.5
甘　肃	100.0	99.2	1.5	0.4	47.8	3.1	46.5	0.6	0.2
青　海	100.0	99.6	0.0	0.0	38.8	6.5	54.2	0.2	0.2
宁　夏	100.0	98.5	0.0	0.0	31	0.2	67.3	1.0	0.5
新　疆	100.0	99.7	0.4	0.0	41.4	1.1	56.8	0.3	0.0

注：其他内资企业占比较小，未体现。下表同。

（四）服务业企业按行业、控股形式、规模分的具体就业数据

1. 服务业国有控股企业及非公有控股企业主要指标

服务业国有控股企业从业人数总计1 166.0万人，户均104.6人。其中交通运输、仓储和邮政业从业人数占比最高，为34.4%，户均248.9人；教育业从业人数占比最低，为0.5%，户均39.5人（见表2-52）。

表2-52　服务业中国有控股企业分行业从业人数、占比及户均

行　业	从业人员 （万人）	从业人员占比(%)	户均人员 （人）
总　计	1 166.0	100.0	104.6
交通运输、仓储和邮政业	401.5	34.4	248.9
信息传输、软件和信息技术服务业	152.2	13.1	235.1
房地产业	92.7	8.0	69.5
租赁和商务服务业	252.5	21.7	67.9
科学研究和技术服务业	144.6	12.4	81.3
水利、环境和公共设施管理业	59.2	5.1	71.8
居民服务、修理和其他服务业	10.0	0.9	41.0
教　育	5.9	0.5	39.5
卫生和社会工作	10.1	0.9	87.5
文化、体育和娱乐业	37.2	3.2	51.7

注：1. 数据源自《第三产业卷》表4-33。
　　2. 本表数据不含铁路运输业、金融业、房地产开发经营业，本节下同。

服务业非公有控股企业从业人数总计6 175.9万人，户均9.4人。其中租赁和商务服务业从业人数占比最高，为29.6%，户均8.3人；卫生和社会工作行业从业人数占比最低，为2.4%，户均22.3人（见表2-53）。

2. 按国民经济行业分类的服务业法人单位就业指标

服务业法人单位从业人数总计13 868.3万人，户均14.4人。在服务业的12个行业中除金融业外，公共管理、社会保障和社会组织行业从业人数占比最高，为18.1%，户均15.7人；水利、环境和公共设施管理业从业人数占比最低，为2.5%，户均23.7人（见表2-54）。

表2-53　服务业中非公有控股企业分行业从业人数、占比及户均

行　业	从业人员(万人)	占比(%)	户均人员(人)
总　计	6 175.9	100.0	9.4
交通运输、仓储和邮政业	769.9	12.5	14.1
信息传输、软件和信息技术服务业	832.5	13.5	9.2
房地产业	764.9	12.4	15.1
租赁和商务服务业	1 825.8	29.6	8.3
科学研究和技术服务业	831.1	13.5	7.4
水利、环境和公共设施管理业	167.6	2.7	16.5
居民服务、修理和其他服务业	394.6	6.4	8.4
教　育	161.9	2.6	8.2
卫生和社会工作	147.5	2.4	22.3
文化、体育和娱乐业	280.0	4.5	5.8

注：数据源自《第三产业卷》表4-34。

表2-54　服务业法人单位从业人数、占比及户均

行　业	从业人员(万人)	从业人员占比(%)	户均人员(人)
总　计	13 868.3	100.0	14.4
交通运输、仓储和邮政业	1 434.0	10.3	24.9
信息传输、软件和信息技术服务业	1 007.2	7.3	11.0
房地产业	897.2	6.5	16.6
租赁和商务服务业	2 288.3	16.5	9.0
科学研究和技术服务业	1 154.6	8.3	9.1
水利、环境和公共设施管理业	352.6	2.5	23.7
居民服务、修理和其他服务业	432.8	3.1	8.7
教　育	2 229.6	16.1	33.5
卫生和社会工作	1 147.1	8.3	42.2
文化、体育和娱乐业	419.4	3.0	7.4
公共管理、社会保障和社会组织	2 505.5	18.1	15.7

注：数据源自《第三产业卷》表4-1。

（1）交通运输、仓储和邮政业企业法人单位就业指标

2018年年末，全国共有交通运输、仓储和邮政业企业从业人员1 396.7万

人，比2013年年末增长12.0%。其中道路运输业从业人员725.3万人，占比最高为51.9%；管道运输业从业人员3.1万人，占比最低为0.2%（见表2–55）。

表2–55　交通运输、仓储和邮政业企业法人单位从业人数、占比及户均

行　业	从业人员(万人)	从业人员占比(%)	户均人员(人)
总　计	1 396.7	100.0	24.5
铁路运输业	193.1	13.8	5 728.8
道路运输业	725.3	51.9	20.1
水上运输业	51.4	3.7	38.6
水上旅客运输	4.4	0.3	33.8
水上货物运输	23.3	1.7	29.5
水上运输辅助活动	23.7	1.7	57.6
航空运输业	62.1	4.4	238.7
管道运输业	3.1	0.2	121.4
多式联运和运输代理业	100.5	7.2	10.5
装卸搬运和仓储业	117.7	8.4	16.7
邮政业	143.7	10.3	55.9

注：数据源自《第三产业卷》表4–2。

在交通运输、仓储和邮政业企业法人单位从业人员中，国有企业占7.3%，私营企业占38.4%，外商投资企业占1.4%（见表2–56）。

表2–56　交通运输、仓储和邮政业分登记注册类型企业法人单位从业人数、占比及户均

登记注册类型	从业人员(万人)	从业人员占比（%）	户均人员(人)
总　计	1 396.7	100.0	24.5
内资企业	1 347.0	96.4	23.9
国有企业	101.3	7.3	157.7
集合联企业	12.6	0.9	27.3
有限责任公司	606.9	43.5	73.3
股份有限公司	87.9	6.3	131.7
私营企业	536.7	38.4	11.6
其他企业	1.6	0.1	6.0
港澳台商投资企业	30.1	2.2	97.4
外商投资企业	19.6	1.4	97.6

注：数据源自《第三产业卷》表4–4。

（2）信息传输、软件和信息技术服务业企业法人单位就业指标

2018年年末，全国信息传输、软件和信息技术服务业企业共有从业人员995.1万人，比2013年年末增长84.5%。其中，国有企业从业人员占0.9%，私营企业占49.9%，外商投资企业占5.2%（见表2-57）。

表2-57 信息传输、软件和信息技术服务业分登记注册类型企业法人单位从业人数、占比及户均

登记注册类型	从业人员(万人)	从业人员占比(%)	户均人员(人)
总　计	995.1	100.0	10.9
内资企业	873.8	87.8	9.7
国有企业	9.1	0.9	72.9
集合联企业	0.7	0.1	7.1
有限责任公司	262.3	26.4	20.0
股份有限公司	104.4	10.5	106.8
私营企业	496.6	49.9	6.6
其他企业	0.5	0.1	5.8
港澳台商投资企业	69.4	7.0	82.3
外商投资企业	52.0	5.2	99.9

注：数据源自《第三产业卷》表4-7。

（3）房地产业企业法人单位就业指标

2018年年末，按登记注册类型统计的全国房地产企业法人单位共有从业人员891.9万人，户均16.6人。其中，国有企业从业人员占1.2%，私营企业占57.6%，外商投资企业占1.2%（见表2-58）。

表2-58 房地产业分登记注册类型企业法人单位从业人数、占比及户均

登记注册类型	从业人员(万人)	从业人员占比(%)	户均人员(人)
总　计	891.9	100.0	16.6
内资企业	858.2	96.2	16.2
国有企业	10.9	1.2	21.2
集合联企业	16.4	1.8	15.0
有限责任公司	289.0	32.4	31.3

登记注册类型	从业人员(万人)	从业人员占比(%)	户均人员(人)
股份有限公司	27.4	3.1	43.9
私营企业	513.9	57.6	12.4
其他企业	0.7	0.1	6.5
港澳台商投资企业	23.0	2.6	59.7
外商投资企业	10.7	1.2	57.9

注：数据源自《第三产业卷》表4-11。

（4）租赁和商务服务业企业法人单位就业指标

2018年年末，全国共有租赁和商务服务业企业从业人员2 236.9万人，比2013年年末增长84.0%。在租赁和商务服务业企业法人单位从业人员中，国有企业占3.1%，私营企业占63.9%，外商投资企业占1.5%（见表2-59）。

表2-59　租赁和商务服务业分登记注册类型企业法人单位
从业人数、占比及户均

登记注册类型	从业人员(万人)	从业人员占比(%)	户均人员(人)
总　计	2 236.9	100.0	8.9
内资企业	2 174.9	97.2	8.8
国有企业	69.6	3.1	73.0
集合联企业	74.0	3.3	4.3
有限责任公司	524.7	23.5	15.3
股份有限公司	43.5	1.9	20.7
私营企业	1 429.0	63.9	7.6
其他企业	34.2	1.5	5.6
港澳台商投资企业	27.4	1.2	18.6
外商投资企业	34.6	1.5	37.4

注：数据源自《第三产业卷》表4-14。

（5）科学研究和技术服务业企业法人单位就业指标

2018年年末，全国共有科学研究和技术服务业法人单位从业人员1 182.9万人。其中，企业法人单位从业人员1 029.0万人，比2013年年末增长70.6%。在科学研究和技术服务业企业法人单位从业人员中，国有企业占3.4%，私营企业占59.7%，外商投资企业占2.1%（见表2-60）。

表2-60　科学研究和技术服务业分登记注册类型企业法人单位从业人数、占比及户均

登记注册类型	从业人员(万人)	从业人员占比(%)	户均人员(人)
总　计	1 029.0	100.0	8.6
内资企业	992.2	96.4	8.4
国有企业	35.3	3.4	41.0
集合联企业	6.6	0.6	10.7
有限责任公司	267.7	26.0	16.2
股份有限公司	34.3	3.3	30.4
私营企业	614.6	59.7	6.5
其他企业	33.7	3.3	6.9
港澳台商投资企业	15.5	1.5	21.6
外商投资企业	21.3	2.1	32.4

注：数据源自《第三产业卷》表4-17。

（6）水利、环境和公共设施管理业企业法人单位就业指标

2018年年末，全国水利、环境和公共设施管理业企业法人单位共有从业人员238.8万人，比2013年年末增长18.5%。在水利、环境和公共设施管理业企业法人单位从业人员中，国有企业占4.4%，私营企业占45%，外商投资企业占0.4%（见表2-61）。

表2-61　水利、环境和公共设施管理业分登记注册类型企业法人单位
从业人数、占比及户均

登记注册类型	从业人员(万人)	从业人员占比(%)	户均人员(人)
总　计	238.8	100.0	20.6
内资企业	234.7	98.3	20.4
国有企业	10.5	4.4	39.7
集合联企业	2.6	1.1	19.0
有限责任公司	102.0	42.7	41.2
股份有限公司	10.3	4.3	55.5
私营企业	107.5	45.0	13.1
其他企业	1.8	0.8	6.6
港澳台商投资企业	3.0	1.3	73.5
外商投资企业	1.1	0.4	44.1

注：数据源自《第三产业卷》表4-20。

（7）居民服务、修理和其他服务业企业法人单位就业指标

2018年年末，全国居民服务、修理和其他服务业企业法人单位共有从业人员414.8万人，比2013年年末增长55.4%。在居民服务、修理和其他服务业企业法人单位从业人员中，国有企业占0.7%，私营企业占77.1%，外商投资企业占0.9%（见表2-62）。

表2-62　居民服务、修理和其他服务业分登记注册类型企业法人单位
从业人数、占比及户均

登记注册类型	从业人员(万人)	从业人员占比(%)	户均人员(人)
总　计	414.8	100.0	8.7
内资企业	404.0	97.4	8.5
国有企业	2.9	0.7	20.0
集合联企业	4.8	1.2	11.0
有限责任公司	69.6	16.8	12.8
股份有限公司	5.0	1.2	12.5
私营企业	319.8	77.1	7.8
其他企业	1.9	0.4	5.6
港澳台商投资企业	7.2	1.7	96.3
外商投资企业	3.6	0.9	53.6

注：数据源自《第三产业卷》表4-23。

（8）教育企业法人单位就业指标

2018年年末，全国教育法人单位共有从业人员2 230.5万人，比2013年年末增长16.5%。在教育企业法人单位从业人员中，国有企业占3.5%，私营企业占52.3%，外商投资企业占0.5%（见表2-63）。

表2-63　教育业分登记注册类型企业法人单位从业人数、占比及户均

登记注册类型	从业人员(万人)	从业人员占比(%)	户均人员(人)
总　计	360.3	100.0	12.5
内资企业	357.3	99.2	12.4
国有企业	12.7	3.5	29.9
集合联企业	7.4	2.0	21.9

登记注册类型	从业人员(万人)	从业人员占比(%)	户均人员(人)
有限责任公司	33.4	9.3	12.6
股份有限公司	9.0	2.5	35.2
私营企业	188.5	52.3	9.1
其他企业	106.3	29.5	23.6
港澳台商投资企业	1.2	0.3	35.0
外商投资企业	1.8	0.5	48.0

注：数据源自《第三产业卷》表4-26。

（9）卫生和社会工作企业法人单位就业指标

2018年年末，全国卫生和社会工作法人单位共有从业人员1 147.8万人，比2013年年末增长25.1%。在卫生和社会工作企业法人单位从业人员中，国有企业占10.8%，私营企业占51.0%，外商投资企业占0.8%（见表2-64）。

表2-64 卫生和社会工作分登记注册类型企业法人单位
从业人数、占比及户均

登记注册类型	从业人员(万人)	从业人员占比(%)	户均人员(人)
总　计	230.2	100.0	22.4
内资企业	226.9	98.6	22.2
国有企业	24.8	10.8	74.2
集合联企业	8.3	3.6	16.5
有限责任公司	39.7	17.3	40.4
股份有限公司	6.1	2.7	60.1
私营企业	117.4	51.0	18.5
其他企业	30.6	13.3	15.6
港澳台商投资企业	1.4	0.6	88.8
外商投资企业	1.8	0.8	102.9

注：数据源自《第三产业卷》表4-29。

（10）文化、体育和娱乐业企业法人单位就业指标

2018年年末，全国共有文化、体育和娱乐业法人单位从业人员419.8万人，比2013年年末增长35.9%。其中，企业法人单位从业人员336.4万人，比2013年

年末增长72.9%。在文化、体育和娱乐业企业法人单位从业人员中，国有企业占5.5%，私营企业占67.7%，外商投资企业占1.2%（见表2-65）。

表2-65　文化、体育和娱乐业分登记注册类型企业法人单位
从业人数、占比及户均

登记注册类型	从业人员(万人)	从业人员占比(%)	户均人员(人)
总　　计	336.4	100.0	6.6
内资企业	328.4	97.6	6.5
国有企业	18.4	5.5	47.0
集合联企业	1.5	0.5	7.0
有限责任公司	68.5	20.4	12.2
股份有限公司	8.0	2.4	18.6
私营企业	227.8	67.7	5.3
其他企业	4.3	1.3	5.8
港澳台商投资企业	4.0	1.2	33.2
外商投资企业	4.0	1.2	45.3

注：数据源自《第三产业卷》表4-32。

（11）金融业企业法人单位就业指标

金融业企业法人单位从业情况见表2-66。

表2-66　金融业分业务类型企业法人单位从业人数及户均

行　　业	从业人员(万人)	户均人数(人)
总　　计	1 818.0	132.4
货币金融服务	414.8	107.6
其中：系统内	390.2	312.1
资本市场服务	67.3	10.1
其中：系统内	54.8	21.6
保险业	1 308.0	729.1
其中：系统内	1 307.0	842.3
其他金融业	28.0	20.2
其中：系统内	8.6	270.3

注：数据源自《第三产业卷》表4-8。

（12）服务业中行政事业及非企业法人单位就业指标

服务业中行政事业及非企业法人单位从业情况见表2-67。

**表2-67　服务业行政事业及非企业法人单位分行业
从业人数、占比及户均**

行　业	从业人员(万人)	从业人员占比(%)	户均人员(人)
公共管理、社会保障和社会组织	2 505.5	100.0	15.7
中国共产党机关	78.8	3.1	20.9
国家机构	1 790.7	71.5	38.0
人民政协、民主党派	10.0	0.4	15.3
社会保障	14.8	0.6	14.6
群众团体、社会团体和其他成员组织	165.7	6.6	4.1
基层群众自治组织	445.6	17.8	6.7

注：数据源自《第三产业卷》表5-1。

| 第三章 |

国有、民营、外资企业资产数据及简明比较

十八大以来，我国经济取得长足发展，企业资产规模不断攀升，一系列成就在第四次经济普查的数据中得到充分印证：2018年全国工业企业资产总计139.3万亿元，较2013年增长32.4%；全国文化产业法人单位资产总计22.6万亿元，较2013年增长118.3%；全国批发和零售业企业法人单位资产总计53.4万亿元，较2013年增长56.1%。

本章主要描述2018年第四次经济普查中全国各类企业资产负债情况，第一部分为规模以上工业企业资产，第二部分为建筑业资产，第三部分为第三产业资产，对按控股类型和登记注册类型分的不同类型企业的资产规模进行了梳理和比较。

一、规模以上工业企业资产及比较

（一）按注册类型分工业企业资产情况

2018年全国各类规上工业企业资产总计115.33万亿元，户均资产3.08亿元，人均资产138万元，整体的资产负债率为56.7%（见表3-1）。

其中，私营企业（不包括有限责任公司和股份有限公司中的私人控股企业，本章同）资产总计26.35万亿元，占全国规上工业企业资产总量的22.8%，户均资产1.12亿元，人均资产79.4万元，资产负债率为56.5%。需要指出的是，除了国有控股和外商投资之外的全部规上民营工业企业，其总资产占比接近50%，是工业资产的第一大主体（见表3-1）。

国有控股企业资产总计45.65万亿元，占全国规上工业企业资产总量的39.6%，户均资产23.71亿元，人均资产299.5万元，资产负债率为58.8%；外商

投资企业资产总计12.67万亿元，占全国规上工业企业资产总量的11%，户均资产5.26亿元，人均资产134.5万元，资产负债率为53.5%（见表3-1）。

另外，规模以下的工业企业资产总额为23.97万亿元，其中绝大多数为民营企业资产。加上规模以下企业，全部民营工业企业资产占全国工业资产的50%以上。

表3-1　分登记注册类型规模以上工业企业资产情况

分　　组	资产总计 （亿元）	占比 （%）	户均资产 （万元）	人均资产 （万元）	资产负债率 （%）
总　　计	1 153 251.2	100.0	30 756	138.0	56.7
一、按登记注册类型分组					
国有企业	31 416.1	2.7	207 641	211.3	64.7
集合联企业	1 958.1	0.2	8 840	50.4	56.6
有限责任公司	464 913.0	40.3	59 036	204.2	60.3
股份有限公司	172 150.6	14.9	140 051	241.0	49.3
私营企业	263 450.6	22.8	11 190	79.4	56.5
其他企业	197.5	0.0	13 621	74.8	70.0
港、澳、台商投资企业	92 436.0	8.0	45 023	101.0	55.0
外商投资企业	126 729.4	11.0	52 600	134.5	53.5
二、总计中亏损的企业	188 722.3	16.4	36 020	168.6	75.8
总计中国有控股的企业	456 504.2	39.6	237 145	299.5	58.8

注：资产数据来自《2018中国经济普查年鉴》第二产业卷（上）表1-A-5，资产占比、户均资产、人均资产、资产负债率为北京大成企业研究院根据普查年鉴数据计算得出。

（二）工业企业资产分布情况

1. 各行业中各类型工业企业的资产占比

采矿业工业企业资产总计9.67万亿元，占全国规上工业企业资产的8.4%，户均资产9.38亿元，人均资产186.2万元，资产负债率59%。采矿业中，国有控股企业资产占76.8%，私营企业资产占9.7%，外商投资和港澳台商投资企业资产占3%（见表3-2至表3-7）。

制造业工业企业资产总计88.19万亿元，占全国规上工业企业资产的76.5%，户均资产2.5亿元，人均资产117.6万元，资产负债率55.7%。制造业中，国有控股企业资产占26.7%，私营企业资产占28%，外商投资和港澳台商投资企业资产占22.8%（见表3–2至表3–7）。

电力、热力、燃气及水生产和供应业工业企业资产总计17.47万亿元，占全国规模以上工业企业资产的15.1%，户均资产14.68亿元，人均资产514万元，资产负债率60.7%。电力、热力、燃气及水生产和供应业中，国有控股企业资产占84.1%，私营企业资产占4.3%，外商投资和港澳台商投资企业资产占8.6%（见表3–2至表3–7）。

2. 各类型工业企业资产在各行业的分布

国有控股工业企业资产总计45.65万亿元。其中采矿业资产7.42万亿元，占16.3%；制造业资产23.54万亿元，占51.6%；电力、热力、燃气及水生产和供应业资产14.69万亿元，占32.2%（见表3–2、表3–4）。

私营工业企业资产总计26.35万亿元。其中制造业资产24.65亿元，占93.6%，采矿业资产9 423.5亿元，占3.6%，电力、热力、燃气及水生产和供应业资产7 526亿元，占2.9%（见表3–2、表3–4）。

外商投资和港澳台商投资工业企业资产总计21.92万亿元。其中制造业资产20.12万亿元，占91.8%；采矿业资产2 899.9亿元，占1.3%；电力、热力、燃气及水生产和供应业资产1.5万亿元，占6.9%（见表3–2、表3–4）。

表3–2 规模以上工业企业资产

单位：亿元

行　业	全国工业	国有控股	私营	外商投资和港澳台投资
总　计	1 153 251.2	456 504.2	263 450.6	219 165.4
采矿业	96 680.9	74 217.0	9 423.5	2 899.9
煤炭开采和洗选业	55 636.2	42 699.4	5 108.3	1 261.4
石油和天然气开采业	19 371.6	18 460.6	42.5	842.5
黑色金属矿采选业	9 494.8	6 416.8	1 792.8	183.9
有色金属矿采选业	5 885.6	3 201.8	871.0	375.3
非金属矿采选业	3 431.9	987.6	1 485.6	95.6
开采专业及辅助性活动	2 847.6	2 451.0	114.7	141.1
其他采矿业	13.2	—	8.7	—

行　业	全国工业	国有控股	私营	外商投资和港澳台投资
制造业	881 869.5	235 364.5	246 501.1	201 230.7
农副食品加工业	30 085.8	1 888.7	12 832.4	5 763.1
食品制造业	15 833.1	1 364.3	4 875.1	4 601.0
酒、饮料和精制茶制造业	17 687.1	6 354.0	3 620.1	3 254.3
烟草制品业	10 922.3	10 849.5	33.7	—
纺织业	20 194.1	1 192.4	10 618.6	3 904.9
纺织服装、服饰业	12 305.4	358.2	6 077.6	3 004.9
皮革、毛皮、羽毛及其制品和制鞋业	6 607.5	205.6	2 978.8	2 160.3
木材加工和木、竹、藤、棕、草制品业	5 136.5	237.7	3 251.0	445.8
家具制造业	5 704.4	167.8	3 183.1	1 354.6
造纸和纸制品业	14 603.9	1 037.8	4 241.6	5 483.3
印刷和记录媒介复制业	5 720.1	769.8	2 345.2	1 282.6
文教、工美、体育和娱乐用品制造业	8 764.4	243.3	4 095.1	2 441.8
石油、煤炭及其他燃料加工业	31 557.7	15 749.9	6 752.3	3 063.6
化学原料和化学制品制造业	73 423.9	22 585.6	17 710.7	14 791.1
医药制造业	32 856.6	5 038.4	7 322.3	6 762.6
化学纤维制造业	7 838.3	1 249.4	2 607.8	1 376.4
橡胶和塑料制品业	22 780.9	1 717.1	9 617.1	6 079.9
非金属矿物制品业	49 728.8	9 840.8	20 756.0	5 457.6
黑色金属冶炼和压延加工业	61 675.6	31 796.2	16 621.2	5 307.9
有色金属冶炼和压延加工业	42 712.9	16 440.0	9 575.8	5 200.7
金属制品业	28 111.9	3 870.6	12 699.8	5 061.0
通用设备制造业	43 234.8	8 677.4	13 795.0	11 299.2
专用设备制造业	40 370.7	9 035.5	12 526.5	8 288.0
汽车制造业	79 793.1	36 376.1	11 717.1	30 426.8
铁路、船舶、航空航天和其他运输设备制造业	24 446.2	15 862.6	3 670.1	3 037.0
电气机械和器材制造业	68 256.7	9 298.6	2 2203.3	13 554.6
计算机、通信和其他电子设备制造业	105 152.6	18 821.1	15 983.9	44 749.2
仪器仪表制造业	9 611.1	1 716.8	2 734.5	1 978.8

续表

行　业	全国工业	国有控股	私营	外商投资和港澳台投资
其他制造业	2 274.0	1 066.3	518.7	403.1
废弃资源综合利用业	2 521.8	212.8	—	190.9
金属制品、机械和设备修理业	1 957.7	1 340.4	161.8	490.4
电力、热力、燃气及水生产和供应业	174 700.9	146 922.7	7 526.0	15 034.8
电力、热力生产和供应业	148 794.2	128 945.4	6 185.3	9 781.2
燃气生产和供应业	11 039.7	5 796.7	903.0	3 466.2
水的生产和供应业	14 867.0	12 180.7	437.7	1 787.4

注：表中的工业企业资产绝对数出自《2018中国经济普查年鉴》第二产业卷（上）表1-A-6、表1-A-7、表1-A-8、表1-A-9。

表3-3　各行业规模以上工业企业资产占比（横向）

单位：%

行　业	全国工业	国有控股	私营	外商投资和港澳台投资
总　计	100.0	39.6	22.8	19.0
采矿业	100.0	76.8	9.7	3.0
煤炭开采和洗选业	100.0	76.7	9.2	2.3
石油和天然气开采业	100.0	95.3	0.2	4.3
黑色金属矿采选业	100.0	67.6	18.9	1.9
有色金属矿采选业	100.0	54.4	14.8	6.4
非金属矿采选业	100.0	28.8	43.3	2.8
开采专业及辅助性活动	100.0	86.1	4.0	5.0
其他采矿业	100.0	—	65.9	—
制造业	100.0	26.7	28.0	22.8
农副食品加工业	100.0	6.3	42.7	19.2
食品制造业	100.0	8.6	30.8	29.1
酒、饮料和精制茶制造业	100.0	35.9	20.5	18.4
烟草制品业	100.0	99.3	0.3	—
纺织业	100.0	5.9	52.6	19.3
纺织服装、服饰业	100.0	2.9	49.4	24.4

续表

行　业	全国工业	国有控股	私营	外商投资和港澳台投资
皮革、毛皮、羽毛及其制品和制鞋业	100.0	3.1	45.1	32.7
木材加工和木、竹、藤、棕、草制品业	100.0	4.6	63.3	8.7
家具制造业	100.0	2.9	55.8	23.7
造纸和纸制品业	100.0	7.1	29.0	37.5
印刷和记录媒介复制业	100.0	13.5	41.0	22.4
文教、工美、体育和娱乐用品制造业	100.0	2.8	46.7	27.9
石油、煤炭及其他燃料加工业	100.0	49.9	21.4	9.7
化学原料和化学制品制造业	100.0	30.8	24.1	20.1
医药制造业	100.0	15.3	22.3	20.6
化学纤维制造业	100.0	15.9	33.3	17.6
橡胶和塑料制品业	100.0	7.5	42.2	26.7
非金属矿物制品业	100.0	19.8	41.7	11.0
黑色金属冶炼和压延加工业	100.0	51.6	26.9	8.6
有色金属冶炼和压延加工业	100.0	38.5	22.4	12.2
金属制品业	100.0	13.8	45.2	18.0
通用设备制造业	100.0	20.1	31.9	26.1
专用设备制造业	100.0	22.4	31.0	20.5
汽车制造业	100.0	45.6	14.7	38.1
铁路、船舶、航空航天和其他运输设备制造业	100.0	64.9	15.0	12.4
电气机械和器材制造业	100.0	13.6	32.5	19.9
计算机、通信和其他电子设备制造业	100.0	17.9	15.2	42.6
仪器仪表制造业	100.0	17.9	28.5	20.6
其他制造业	100.0	46.9	22.8	17.7
废弃资源综合利用业	100.0	8.4	—	7.6
金属制品、机械和设备修理业	100.0	68.5	8.3	25.0
电力、热力、燃气及水生产和供应业	100.0	84.1	4.3	8.6
电力、热力生产和供应业	100.0	86.7	4.2	6.6
燃气生产和供应业	100.0	52.5	8.2	31.4
水的生产和供应业	100.0	81.9	2.9	12.0

注：表中占比为北京大成企业研究院根据《2018中国经济普查年鉴》第二产业卷（上）表1–A–6、表1–A–7、表1–A–8、表1–A–9数据计算得出。

表3-4　规模以上工业企业资产在各行业的分布情况（纵向）

单位：%

行　业	全国工业	国有控股	私营	外商投资和港澳台投资
总　计	100.0	100.0	100.0	100.0
采矿业	8.4	16.3	3.6	1.3
煤炭开采和洗选业	4.8	9.4	1.9	0.6
石油和天然气开采业	1.7	4.0	0.0	0.4
黑色金属矿采选业	0.8	1.4	0.7	0.1
有色金属矿采选业	0.5	0.7	0.3	0.2
非金属矿采选业	0.3	0.2	0.6	0.0
开采专业及辅助性活动	0.2	0.5	0.0	0.1
其他采矿业	0.0	—	0.0	—
制造业	76.5	51.6	93.6	91.8
农副食品加工业	2.6	0.4	4.9	2.6
食品制造业	1.4	0.3	1.9	2.1
酒、饮料和精制茶制造业	1.5	1.4	1.4	1.5
烟草制品业	0.9	2.4	0.0	—
纺织业	1.8	0.3	4.0	1.8
纺织服装、服饰业	1.1	0.1	2.3	1.4
皮革、毛皮、羽毛及其制品和制鞋业	0.6	0.0	1.1	1.0
木材加工和木、竹、藤、棕、草制品业	0.4	0.1	1.2	0.2
家具制造业	0.5	0.0	1.2	0.6
造纸和纸制品业	1.3	0.2	1.6	2.5
印刷和记录媒介复制业	0.5	0.2	0.9	0.6
文教、工美、体育和娱乐用品制造业	0.8	0.1	1.6	1.1
石油、煤炭及其他燃料加工业	2.7	3.5	2.6	1.4
化学原料和化学制品制造业	6.4	4.9	6.7	6.7
医药制造业	2.8	1.1	2.8	3.1
化学纤维制造业	0.7	0.3	1.0	0.6
橡胶和塑料制品业	2.0	0.4	3.7	2.8
非金属矿物制品业	4.3	2.2	7.9	2.5

续表

行　业	全国工业	国有控股	私营	外商投资和港澳台投资
黑色金属冶炼和压延加工业	5.3	7.0	6.3	2.4
有色金属冶炼和压延加工业	3.7	3.6	3.6	2.4
金属制品业	2.4	0.8	4.8	2.3
通用设备制造业	3.7	1.9	5.2	5.2
专用设备制造业	3.5	2.0	4.8	3.8
汽车制造业	6.9	8.0	4.4	13.9
铁路、船舶、航空航天和其他运输设备制造业	2.1	3.5	1.4	1.4
电气机械和器材制造业	5.9	2.0	8.4	6.2
计算机、通信和其他电子设备制造业	9.1	4.1	6.1	20.4
仪器仪表制造业	0.8	0.4	1.0	0.9
其他制造业	0.2	0.2	0.2	0.2
废弃资源综合利用业	0.2	0.0	—	0.1
金属制品、机械和设备修理业	0.2	0.3	0.1	0.2
电力、热力、燃气及水生产和供应业	15.1	32.2	2.9	6.9
电力、热力生产和供应业	12.9	28.2	2.3	4.5
燃气生产和供应业	1.0	1.3	0.3	1.6
水的生产和供应业	1.3	2.7	0.2	0.8

注：表中占比为北京大成企业研究院根据《2018中国经济普查年鉴》第二产业卷（上）表1-A-6、表1-A-7、表1-A-8、表1-A-9数据计算得出。

表3-5　各类型规模以上工业企业户均资产

单位：万元

行　业	全国工业	国有控股	私营	外商投资和港澳台投资
总　计	30 756	237 145	11 190	49 114
采矿业	93 810	492 809	15 654	195 939
煤炭开采和洗选业	130 022	490 234	22 775	420 463
石油和天然气开采业	1 714 300	2 600 080	32 662	936 122
黑色金属矿采选业	74 586	567 854	21 368	122 600
有色金属矿采选业	45 731	129 104	14 517	98 766

行　　业	全国工业	国有控股	私营	外商投资和港澳台投资
非金属矿采选业	10 926	58 436	6 674	19 128
开采专业及辅助性活动	141 670	720 868	12 741	235 233
其他采矿业	10 983	—	9 633	—
制造业	25 000	199 614	10 854	46 563
农副食品加工业	12 891	29 056	8 232	40 844
食品制造业	18 391	42 369	9 426	43 405
酒、饮料和精制茶制造业	27 736	231 896	9 289	51 410
烟草制品业	1 020 771	1 205 500	56 083	—
纺织业	10 812	74 526	7 546	20 285
纺织服装、服饰业	8 745	18 852	6 625	11 886
皮革、毛皮、羽毛及其制品和制鞋业	8 079	76 148	5 286	16 050
木材加工和木、竹、藤、棕、草制品业	5 666	33 473	4 407	15 111
家具制造业	8 954	93 206	6 757	19 689
造纸和纸制品业	21 816	111 594	9 386	67 946
印刷和记录媒介复制业	9 995	27 690	6 308	23 110
文教、工美、体育和娱乐用品制造业	9 522	34 269	6 873	14 180
石油、煤炭及其他燃料加工业	159 543	678 877	61 948	217 278
化学原料和化学制品制造业	32 730	195 209	13 425	51 573
医药制造业	44 263	115 560	19 990	94 055
化学纤维制造业	42 926	249 876	19 520	69 865
橡胶和塑料制品业	11 997	73 067	7 730	20 944
非金属矿物制品业	14 287	59 968	8 751	34 131
黑色金属冶炼和压延加工业	119 991	1 123 540	47 475	145 024
有色金属冶炼和压延加工业	60 853	316 155	21 403	102 780
金属制品业	11 869	76 042	7 707	19 816
通用设备制造业	17 689	118 543	8 664	34 261
专用设备制造业	21 852	131 906	10 823	34 191
汽车制造业	52 279	479 263	13 798	100 518
铁路、船舶、航空航天和其他运输设备制造业	51 132	278 780	13 351	55 420

续表

行　业	全国工业	国有控股	私营	外商投资和港澳台投资
电气机械和器材制造业	27 908	157 870	14 524	40 571
计算机、通信和其他电子设备制造业	60 412	273 166	18 370	99 310
仪器仪表制造业	21 695	75 631	11 470	25 969
其他制造业	13 463	197 459	5 060	12 366
废弃资源综合利用业	14 782	28 754	—	19 884
金属制品、机械和设备修理业	50 455	126 455	10 240	76 619
电力、热力、燃气及水生产和供应业	146 758	246 805	32 608	119 418
电力、热力生产和供应业	187 162	307 232	38 950	154 278
燃气生产和供应业	57 739	107 744	19 760	81 943
水的生产和供应业	72 806	100 006	16 641	88 484

注：表中的工业企业户均资产为北京大成企业研究院根据《2018中国经济普查年鉴》第二产业卷（上）表1–A–6、表1–A–7、表1–A–9数据计算得出。

表3–6　各类型规模以上工业企业人均资产

单位：万元

行　业	全国工业	国有控股	私营	外商投资和港澳台投资
总　计	138.0	299.5	79.4	118.0
采矿业	186.2	199.3	120.3	438.0
煤炭开采和洗选业	170.3	172.1	132.1	427.6
石油和天然气开采业	301.3	292.4	326.6	1 138.5
黑色金属矿采选业	295.9	491.0	160.8	229.9
有色金属矿采选业	181.3	210.6	103.9	417.0
非金属矿采选业	104.6	179.6	80.6	119.6
开采专业及辅助性活动	92.2	89.3	77.5	328.2
其他采矿业	94.1	—	123.9	—
制造业	117.6	270.1	76.5	110.2
农副食品加工业	78.3	134.3	54.1	133.1
食品制造业	86.4	104.1	62.2	111.1
酒、饮料和精制茶制造业	133.3	252.6	78.0	133.2

续表

行　业	全国工业	国有控股	私营	外商投资和港澳台投资
烟草制品业	649.4	662.8	280.4	—
纺织业	61.9	110.8	54.6	68.3
纺织服装、服饰业	36.0	44.7	34.5	30.4
皮革、毛皮、羽毛及其制品和制鞋业	29.1	67.4	27.1	26.7
木材加工和木、竹、藤、棕、草制品业	50.8	104.7	43.1	75.0
家具制造业	49.7	239.7	46.1	55.6
造纸和纸制品业	133.6	210.9	75.3	228.0
印刷和记录媒介复制业	65.7	99.3	55.3	66.7
文教、工美、体育和娱乐用品制造业	35.4	139.8	29.3	33.2
石油、煤炭及其他燃料加工业	388.1	400.6	342.4	470.6
化学原料和化学制品制造业	196.4	312.4	115.4	282.6
医药制造业	157.9	195.8	119.1	175.8
化学纤维制造业	178.1	175.7	135.6	204.5
橡胶和塑料制品业	76.8	141.8	66.3	73.0
非金属矿物制品业	105.8	230.7	78.5	128.4
黑色金属冶炼和压延加工业	266.7	386.4	183.4	340.9
有色金属冶炼和压延加工业	234.4	307.7	156.3	313.3
金属制品业	77.8	166.8	65.7	73.2
通用设备制造业	105.8	202.1	74.2	118.5
专用设备制造业	128.2	228.1	90.2	124.8
汽车制造业	167.8	322.1	85.6	186.8
铁路、船舶、航空航天和其他运输设备制造业	154.0	217.3	78.5	150.6
电气机械和器材制造业	120.6	254.5	94.4	87.2
计算机、通信和其他电子设备制造业	117.1	246.7	86.6	96.9
仪器仪表制造业	109.7	200.6	82.5	85.8
其他制造业	64.5	175.4	36.2	38.5
废弃资源综合利用业	147.9	177.3	—	161.8
金属制品、机械和设备修理业	130.3	165.1	53.6	121.7
电力、热力、燃气及水生产和供应业	514.0	523.9	420.9	607.7
电力、热力生产和供应业	569.5	566.7	512.0	963.7

续表

行　业	全国工业	国有控股	私营	外商投资和港澳台投资
燃气生产和供应业	340.1	372.1	256.5	333.6
水的生产和供应业	322.1	326.3	192.0	425.6

注：表中的人均资产为北京大成企业研究院根据《2018中国经济普查年鉴》第二产业卷（上）表1-A-6、表1-A-7、表1-A-8、表1-A-9数据计算得出。

表3-7　各类型规模以上工业企业资产负债率

单位：万元

行　业	全国工业	国有控股	私营	外商投资和港澳台投资
总　计	56.7	58.8	56.5	54.1
采矿业	59.0	58.1	61.9	60.9
煤炭开采和洗选业	65.3	65.9	65.0	55.3
石油和天然气开采业	41.9	40.1	73.2	76.4
黑色金属矿采选业	61.4	60.2	67.6	47.4
有色金属矿采选业	57.3	56.2	57.4	65.9
非金属矿采选业	51.0	51.3	47.2	47.5
开采专业及辅助性活动	57.3	58.8	54.9	32.2
其他采矿业	54.1	—	40.3	—
制造业	55.7	58.2	56.0	53.8
农副食品加工业	54.8	71.1	50.1	60.3
食品制造业	46.7	53.2	45.2	46.5
酒、饮料和精制茶制造业	41.8	32.7	45.4	50.9
烟草制品业	24.5	24.3	79.3	—
纺织业	57.0	56.2	59.7	47.6
纺织服装、服饰业	49.2	40.6	53.0	48.1
皮革、毛皮、羽毛及其制品和制鞋业	47.8	51.8	50.8	46.4
木材加工和木、竹、藤、棕、草制品业	48.8	65.6	47.9	48.6
家具制造业	52.0	66.1	50.3	56.2
造纸和纸制品业	57.8	61.5	60.1	51.8
印刷和记录媒介复制业	46.1	33.4	54.3	41.1

行　业	全国工业	国有控股	私营	外商投资和港澳台投资
文教、工美、体育和娱乐用品制造业	53.2	59.4	53.2	51.6
石油、煤炭及其他燃料加工业	64.6	55.2	82.0	54.1
化学原料和化学制品制造业	55.5	61.9	53.6	48.4
医药制造业	42.2	41.3	48.0	42.2
化学纤维制造业	59.6	61.3	62.3	55.6
橡胶和塑料制品业	51.2	60.8	54.1	47.3
非金属矿物制品业	54.6	60.8	54.4	42.7
黑色金属冶炼和压延加工业	62.3	63.8	59.3	57.0
有色金属冶炼和压延加工业	63.0	68.1	62.6	60.8
金属制品业	55.0	61.1	56.9	47.1
通用设备制造业	53.5	63.2	51.8	52.1
专用设备制造业	55.8	66.5	53.2	50.6
汽车制造业	59.1	58.9	62.5	58.7
铁路、船舶、航空航天和其他运输设备制造业	62.4	67.2	54.6	52.8
电气机械和器材制造业	57.2	65.0	55.6	54.7
计算机、通信和其他电子设备制造业	57.7	51.5	60.9	59.0
仪器仪表制造业	45.1	48.1	46.9	43.9
其他制造业	53.5	64.7	46.7	37.7
废弃资源综合利用业	57.5	63.8	—	44.2
金属制品、机械和设备修理业	52.9	53.4	53.6	55.3
电力、热力、燃气及水生产和供应业	60.7	60.1	66.3	57.4
电力、热力生产和供应业	61.0	60.3	66.8	59.0
燃气生产和供应业	60.6	61.7	66.3	52.5
水的生产和供应业	57.0	56.4	58.0	58.3

注：表中的各类企业资产负债率为北京大成企业研究院根据《2018中国经济普查年鉴》第二产业卷（上）表1-A-6、表1-A-7、表1-A-8、表1-A-9绝对值数据计算得出。

（三）全国各地区规上工业企业资产分布情况

工业企业资产在各地区的分布：全国工业企业资产居前三的是广东、江苏、山东。其中广东工业企业资产12.7万亿元，占全国的11%，江苏工业企业资产12万亿元，占全国的10.4%，山东工业企业资产10.11万亿元，占全国的8.8%（见表3-8、表3-9）。

国有控股工业企业资产在各地区的分布：国有控股工业企业资产居前三的是北京、山东、广东。其中北京国有控股工业企业资产3.54万亿元，占全国国有控股工业资产的7.8%，山东国有控股工业企业资产3.16万亿元，占全国的6.9%，广东国有控股工业企业资产2.75万亿元，占全国的6%（见表3-8、表3-9）。

私营工业企业资产在各地区的分布：私营工业企业资产居前三的是江苏、广东、山东。其中江苏私营工业企业资产3.84万亿元，占全国私营工业资产总量的14.6%，广东私营工业企业资产2.88万亿元，占全国的10.9%，山东私营工业企业资产2.68万亿元，占全国的10.2%（见表3-8、表3-9）。

表3-8 按地区分组的规模以上工业企业资产情况

单位：亿元

地 区	总 计	国有控股	有限公司	股份公司	私营工业	港澳台商	外商投资
全 国	1 153 251.2	456 504.2	464 913.0	172 150.6	26 3450.6	92 436.0	126 729.4
北 京	49 321.5	35 439.4	29 169.8	7 208.5	1 862.3	3 210.4	6 340.5
天 津	20 953.1	10 989.9	7 143.5	4 045.9	2 735.4	1 115.0	4 371.2
河 北	43 957.9	17 645.8	18 488.8	4 940.4	14 125.8	2 313.3	2 957.8
山 西	39 196.3	25 822.6	25 078.2	3 355.8	6 815.4	1 146.7	1 210.4
内 蒙 古	30 364.8	16 592.1	18 368.2	4 390.3	3 718.4	635.0	1 849.2
辽 宁	37 914.7	19 052.4	17 626.7	4 713.1	6 756.4	2 375.8	5 803.3
吉 林	16 694.2	9 320.8	9 468.2	3 306.8	2 018.5	449.1	1 141.1
黑 龙 江	14 911.1	9 001.5	9 385.9	1 341.3	1 729.3	518.4	1 192.3
上 海	43 684.2	21 149.5	12 089.4	7 222.7	5 818.0	4 532.7	13 919.8
江 苏	120 421.0	23 117.5	28 473.7	12 010.0	38 445.4	14 018.5	26 634.2
浙 江	77 623.4	13 101.9	22 091.8	13 324.4	25 882.9	8 268.6	7 572.0
安 徽	36 673.6	15 327.1	15 913.5	7 200.7	8 230.4	1 785.0	1 670.0
福 建	36 858.8	9 377.1	10 456.2	3 804.1	10 715.0	6 665.6	4 984.1
江 西	24 533.4	7 592.1	10 978.5	2 676.8	7 661.2	1 367.7	1 362.2

续表

地 区	总 计	国有控股	有限公司	股份公司	私营工业	港澳台商	外商投资
山 东	101 110.8	31 550.4	42 074.3	16 940.6	26 782.4	4 109.2	7 992.4
河 南	52 968.5	15 976.0	21 003.0	8 964.1	14 036.8	4 456.3	1 757.9
湖 北	41 396.2	18 742.5	14 396.4	9 167.1	9 548.3	1 984.8	4 056.9
湖 南	27 845.5	9 492.5	7 841.0	3 137.0	10 357.2	2 060.0	2 200.3
广 东	127 024.6	27 537.2	36 514.8	18 023.7	28 779.7	23 745.0	19 470.2
广 西	16 460.8	7 795.1	7 874.4	1 977.6	3 639.4	887.3	1 970.7
海 南	3 031.2	1 159.1	1 542.6	578.2	100.8	368.7	419.7
重 庆	20 125.9	8 375.6	7 491.5	2 550.5	6 023.4	1 403.7	2 475.3
四 川	46 015.8	22 278.1	24 000.6	5 559.1	9 116.1	2 653.1	2 443.0
贵 州	15 724.7	9 868.4	9 869.1	1 247.4	2 958.4	300.1	313.7
云 南	21 004.6	14 368.6	11 668.5	4 901.6	2 882.4	330.3	338.3
西 藏	1 586.2	1 056.8	1 113.2	274.9	54.6	18.2	112.6
陕 西	34 981.2	23 885.2	20 465.1	7 396.9	3 261.1	445.5	1 598.7
甘 肃	12 308.7	9 117.5	6 385.2	3 026.2	943.5	184.0	224.4
青 海	7 032.4	5 239.9	3 505.1	2 179.9	699.7	171.4	23.8
宁 夏	10 566.0	4 090.8	4 079.1	739.6	4 475.0	789.1	136.0
新 疆	20 960.2	12 440.7	10 356.6	5 945.3	3 277.5	128.0	187.6

注：上表出自《2018中国经济普查年鉴》第二产业卷（下）表1–B–1。

表3–9　规模以上工业企业资产在各地区的分布情况（纵向占比）

单位：%

地 区	总 计	国有控股	有限公司	股份公司	私营工业	港澳台商	外商投资
全 国	100.0	100.0	100.0	100.0	100.0	100.0	100.0
北 京	4.3	7.8	6.3	4.2	0.7	3.5	5.0
天 津	1.8	2.4	1.5	2.4	1.0	1.2	3.4
河 北	3.8	3.9	4.0	2.9	5.4	2.5	2.3
山 西	3.4	5.7	5.4	1.9	2.6	1.2	1.0
内 蒙 古	2.6	3.6	4.0	2.6	1.4	0.7	1.5
辽 宁	3.3	4.2	3.8	2.7	2.6	2.6	4.6
吉 林	1.4	2.0	2.0	1.9	0.8	0.5	0.9

续表

地　区	总　计	国有控股	有限公司	股份公司	私营工业	港澳台商	外商投资
黑龙江	1.3	2.0	2.0	0.8	0.7	0.6	0.9
上　海	3.8	4.6	2.6	4.2	2.2	4.9	11.0
江　苏	10.4	5.1	6.1	7.0	14.6	15.2	21.0
浙　江	6.7	2.9	4.8	7.7	9.8	8.9	6.0
安　徽	3.2	3.4	3.4	4.2	3.1	1.9	1.3
福　建	3.2	2.1	2.2	2.2	4.1	7.2	3.9
江　西	2.1	1.7	2.4	1.6	2.9	1.5	1.1
山　东	8.8	6.9	9.0	9.8	10.2	4.4	6.3
河　南	4.6	3.5	4.5	5.2	5.3	4.8	1.4
湖　北	3.6	4.1	3.1	5.3	3.6	2.1	3.2
湖　南	2.4	2.1	1.7	1.8	3.9	2.2	1.7
广　东	11.0	6.0	7.9	10.5	10.9	25.7	15.4
广　西	1.4	1.7	1.7	1.1	1.4	1.0	1.6
海　南	0.3	0.3	0.3	0.3	0.0	0.4	0.3
重　庆	1.7	1.8	1.6	1.5	2.3	1.5	1.9
四　川	4.0	4.9	5.2	3.2	3.5	2.9	1.9
贵　州	1.4	2.2	2.1	0.7	1.1	0.3	0.2
云　南	1.8	3.1	2.5	2.8	1.1	0.4	0.3
西　藏	0.1	0.2	0.2	0.2	0.0	0.0	0.1
陕　西	3.0	5.2	4.4	4.3	1.2	0.5	1.3
甘　肃	1.1	2.0	1.4	1.8	0.4	0.2	0.2
青　海	0.6	1.1	0.8	1.3	0.3	0.2	0.0
宁　夏	0.9	0.9	0.9	0.4	1.7	0.9	0.1
新　疆	1.8	2.7	2.2	3.5	1.2	0.1	0.1

注：占比数据为北京大成企业研究院根据《2018中国经济普查年鉴》第二产业卷（下）表1-B-1绝对数计算得出。

表3-10　按地区分组的规模以上工业企业资产（横向占比）

单位：%

地　区	总　计	国有控股	有限公司	股份公司	私营工业	港澳台商	外商投资
全　国	100.0	39.6	40.3	14.9	22.8	8.0	11.0
北　京	100.0	71.9	59.1	14.6	3.8	6.5	12.9

续表

地 区	总 计	国有控股	有限公司	股份公司	私营工业	港澳台商	外商投资
天 津	100.0	52.5	34.1	19.3	13.1	5.3	20.9
河 北	100.0	40.1	42.1	11.2	32.1	5.3	6.7
山 西	100.0	65.9	64.0	8.6	17.4	2.9	3.1
内蒙古	100.0	54.6	60.5	14.5	12.2	2.1	6.1
辽 宁	100.0	50.3	46.5	12.4	17.8	6.3	15.3
吉 林	100.0	55.8	56.7	19.8	12.1	2.7	6.8
黑龙江	100.0	60.4	62.9	9.0	11.6	3.5	8.0
上 海	100.0	48.4	27.7	16.5	13.3	10.4	31.9
江 苏	100.0	19.2	23.6	10.0	31.9	11.6	22.1
浙 江	100.0	16.9	28.5	17.2	33.3	10.7	9.8
安 徽	100.0	41.8	43.4	19.6	22.4	4.9	4.6
福 建	100.0	25.4	28.4	10.3	29.1	18.1	13.5
江 西	100.0	30.9	44.7	10.9	31.2	5.6	5.6
山 东	100.0	31.2	41.6	16.8	26.5	4.1	7.9
河 南	100.0	30.2	39.7	16.9	26.5	8.4	3.3
湖 北	100.0	45.3	34.8	22.1	23.1	4.8	9.8
湖 南	100.0	34.1	28.2	11.3	37.2	7.4	7.9
广 东	100.0	21.7	28.7	14.2	22.7	18.7	15.3
广 西	100.0	47.4	47.8	12.0	22.1	5.4	12.0
海 南	100.0	38.2	50.9	19.1	3.3	12.2	13.8
重 庆	100.0	41.6	37.2	12.7	29.9	7.0	12.3
四 川	100.0	48.4	52.2	12.1	19.8	5.8	5.3
贵 州	100.0	62.8	62.8	7.9	18.8	1.9	2.0
云 南	100.0	68.4	55.6	23.3	13.7	1.6	1.6
西 藏	100.0	66.6	70.2	17.3	3.4	1.1	7.1
陕 西	100.0	68.3	58.5	21.1	9.3	1.3	4.6
甘 肃	100.0	74.1	51.9	24.6	7.7	1.5	1.8
青 海	100.0	74.5	49.8	31.0	9.9	2.4	0.3
宁 夏	100.0	38.7	38.6	7.0	42.4	7.5	1.3
新 疆	100.0	59.4	49.4	28.4	15.6	0.6	0.9

注：占比数据为北京大成企业研究院根据《2018中国经济普查年鉴》第二产业卷（下）表1-B-1绝对数
计算得出。

二、建筑业企业固定资产情况

2018年，全国总承包和专业承包企业固定资产原价合计2.16万亿元，其中，私营企业7 211.3亿元，占33.3%；国有企业固定资产3 370.63亿元，占15.6%（见表3-11）。

表3-11　按经济类型划分的总承包和专业承包企业固定资产情况

单位：亿元

指　标	合计	国有企业	集体企业	私营企业	港澳台商投资企业	外商投资企业
自有固定资产原价	21 627.6	3 370.63	368.3	7 211.3	75.76	60.66
占比（%）	100.0	15.6	1.7	33.3	0.4	0.3
自有固定资产净价	11 779.26	1 784.63	209.72	4 182.6	41.56	31.44
占比（%）	100.0	15.2	1.8	35.5	0.4	0.3

注：绝对数出自《2018中国经济普查年鉴》第二产业卷（下）表2-B-1.1至表2-B-2.47，占比为北京大成企业研究院根据年鉴数据计算得出；其中"私营企业"的自有固定资产净价为北京大成企业研究院根据绝对数和折旧计算得出。

三、第三产业资产及比较

（一）文化产业资产

规模以上文化制造业：2018年全国规上文化制造业企业资产总计3.41万亿元，户均资产1.71亿元，人均资产77.3万元。其中私人控股企业资产1.69万亿元，占49.6%，户均资产1.06亿元，人均资产64.3万元；国有控股企业资产4 719.71亿元，占13.8%，户均资产10.15亿元，人均资产194.5万元；港澳台商控股企业资产5 108.21亿元，占15%，户均资产3.24亿元，人均资产62.2万元；外商控股企业资产5 106.1亿元，占15%，户均资产4.93亿元，人均资产104.5万元（见表3-12）。

规模以下文化制造业：2018年全国规模以下文化制造业企业资产7 856.9亿元，户均资产393万元，人均资产35.6万元。其中私人控股企业资产6 880.53亿元，占87.6%，户均资产367万元，人均资产34.2万元；国有控股企业资产

147.87亿元，占1.9%，户均资产1 544万元，人均资产65万元；港澳台商控股企业资产289.32亿元，占3.7%，户均资产1 663万元，人均资产53.6万元；外商控股企业资产118.64亿元，占1.5%，户均资产1 376万元，人均资产51.2万元（见表3-13）。

表3-12　按注册类型和控股情况分规模以上文化制造业企业资产情况

单位：万元

分　组	资产总计	资产占比（%）	户均资产	人均资产
总　　计	3 412 479 84	100.0	17 132	77.3
按注册类型分组				
国有企业	922 826	0.3	13 571	72.5
私营企业	105 085 617	30.8	8 177	53.8
港澳台商投资企业	51 531 506	15.1	29 908	61.1
外商投资企业	58 343 911	17.1	47 550	110.5
按控股情况分组				
国有控股	47 197 079	13.8	101 499	194.5
集体控股	5 060 709	1.5	23 759	76.0
私人控股	169 306 378	49.6	10 572	64.3
港澳台商控股	51 082 131	15.0	32 351	62.2
外商控股	51 060 838	15.0	49 334	104.5
其　　他	17 540 849	5.1	28 615	108.9

注：资产绝对数出自《2018中国经济普查年鉴》综合卷表3-B-02，占比、户均、资产、人均资产为北京大成企业研究院根据绝对数计算得出。

限额以上文化批零业：2018年，全国限额以上文化批零业企业资产1.27万亿元，户均资产1.21亿元，人均资产215.9万元。其中私人控股企业资产4 638.32亿元，占36.4%，户均资产0.56亿元，人均资产148.3万元；国有控股企业资产4 005.82亿元，占31.4%，户均资产3.28亿元，人均资产288.7万元；港澳台商控股企业资产817.18亿元，户均资产4.7亿元，人均资产241.4万元；外商控股企业资产1 266.12亿元，占9.9%，户均资产9.45亿元，人均资产365.2万元（见表3-14）。

表3-13　按注册类型和控股情况分规模以下文化制造业企业资产情况

单位：万元

分　组	资产总计	资产占比（％）	户均资产	人均资产
总　计	78 568 975	100.0	393	35.6
按注册类型分组				
国有企业	752 606	1.0	1 086	50.3
私营企业	61 175 508	77.9	349	32.9
港澳台商投资企业	3 486 326	4.4	1 802	58.6
外商投资企业	1 597 093	2.0	1 399	55.2
按控股情况分组				
国有控股	1 478 683	1.9	1 544	65.0
集体控股	1 092 863	1.4	378	33.8
私人控股	68 805 258	87.6	367	34.2
港澳台商控股	2 893 208	3.7	1 663	53.6
外商控股	1 186 353	1.5	1 376	51.2
其　他	3 112 610	4.0	521	48.9

注：资产绝对数出自《2018中国经济普查年鉴》综合卷表3-B-02，占比、户均、资产、人均资产为北京大成企业研究院根据绝对数计算得出。

　　限额以下文化批零业：2018年，全国限额以下文化批零业企业资产7 214.94亿元，户均资产241万元，人均资产59.6万元。其中私人控股企业资产6 447.83亿元，占89.4％，户均资产225万元，人均资产56.8万元；国有控股企业资产242.3亿元，占3.4％，户均资产1 744万元，人均资产155.4万元；港澳台商控股企业资产136.32亿元，占1.9％，户均资产1 148万元，人均资产195.8万元；外商控股企业资产66.97亿元，占0.9％，户均资产914万元，人均资产121.3万元（见表3-15）。

　　规模以上文化服务业：2018年，全国规模以上文化服务业企业资产总计8万亿元，户均资产2.67亿元，人均资产227.6万元。其中，国有控股企业资产3.59万亿元，占44.9％，户均资产6.74亿元，人均资产347.3万元；私人控股企业资产2.34万亿元，占29.2％，户均资产1.12亿元，人均资产140万元；港澳台商控股企业资产1.07万亿元，占13.4％，户均资产17.98亿元，人均资产410.9万元；外商控股企业资产2 477.33亿元，占3.1％，户均资产4.42亿元，人均资产

202.2万元（见表3-16）。

表3-14 按注册类型和控股情况分限额以上文化批零业企业资产情况

单位：万元

分 组	资产总计	资产占比（%）	户均资产	人均资产
总 计	127 466 253	100.0	12 107	215.9
按注册类型分组				
国有企业	4 504 604	3.5	21 248	333.8
私营企业	30 330 941	23.8	4 447	134.6
港澳台商投资企业	7 836 134	6.1	45 035	231.4
外商投资企业	13 674 457	10.7	89 964	346.5
按控股情况分组				
国有控股	40 058 175	31.4	32 808	288.7
集体控股	4 457 469	3.5	35 098	369.2
私人控股	46 383 248	36.4	5 577	148.3
港澳台商控股	8 171 842	6.4	46 965	241.4
外商控股	12 661 159	9.9	94 486	365.2
其 他	15 734 361	12.3	28 350	270.4

注：资产绝对数出自《2018中国经济普查年鉴》综合卷表3-C-02，占比、户均、资产、人均资产为北京大成企业研究院根据绝对数计算得出。

表3-15 按注册类型和控股情况分限额以下文化批零业企业资产情况

单位：万元

分 组	资产总计	资产占比（%）	户均资产	人均资产
总 计	72 149 363	100.0	241	59.6
按注册类型分组				
国有企业	629 965	0.9	922	111.5
私营企业	56 431 288	78.2	215	55.1
港澳台商投资企业	1 395 270	1.9	1189	198.6
外商投资企业	703 398	1.0	798	109.0
按控股情况分组				
国有控股	2 422 820	3.4	1744	155.4
集体控股	678 306	0.9	481	72.9

续表

分　组	资产总计	资产占比（%）	户均资产	人均资产
私人控股	64 478 287	89.4	225	56.8
港澳台商控股	1 363 228	1.9	1 148	195.8
外商控股	669 736	0.9	914	121.3
其　他	2 536 986	3.5	312	67.8

注：资产绝对数出自《2018中国经济普查年鉴》综合卷表3–C–04，占比、户均、资产、人均资产为北京大成企业研究院根据绝对数计算得出。

表3–16　按注册类型和控股情况分规模以上文化服务业企业资产情况

单位：万元

分　组	资产总计	资产占比（%）	户均资产	人均资产
总　计	800 662 583	100.0	26 677	227.6
按注册类型分组				
国有企业	45 648 942	5.7	39 285	210.0
私营企业	123 910 017	15.5	8 026	114.6
港澳台商投资企业	103 885 089	13.0	167 827	407.7
外商投资企业	31 060 957	3.9	47 640	200.5
按控股情况分组				
国有控股	359 190 852	44.9	67 390	347.3
集体控股	10 282 956	1.3	24 310	165.7
私人控股	234 118 578	29.2	11 188	140.0
港澳台商控股	107 337 617	13.4	179 795	410.9
外商控股	24 773 344	3.1	44 238	202.2
其　他	64 959 236	8.1	29 839	178.0

注：资产绝对数出自《2018中国经济普查年鉴》综合卷表3–D–02，占比、户均、资产、人均资产为北京大成企业研究院根据绝对数计算得出。

规模以下文化服务业：2018年，全国规模以下文化服务业企业资产总计7.22万亿元，户均资产520万元，人均资产100.5万元。其中私人控股企业资产4.1万亿元，占56.9%，户均资产315万元，人均资产63.4万元；国有控股企业资产2.23万亿元，占30.9%，户均资产2.03亿元，人均资产1 077.6万元；港、澳、台商控股企业资产677.1亿元，占0.9%，户均资产1 495万元，人均资产198.9万元；外商控股企业资产358.73亿元，占0.5%，户均资产1 991万元，人均资产196.4万元（见表3-17）。

表3-17　按注册类型和控股情况分规模以下文化服务业企业资产情况

单位：万元

分　　组	资产总计	资产占比（%）	户均资产	人均资产
总　　计	721 700 119	100.0	520	100.5
按注册类型分组				
国有企业	19 973 506	2.8	3 710	216.5
私营企业	283 608 060	39.3	240	49.2
港澳台商投资企业	7 356 742	1.0	1 654	214.5
外商投资企业	4 604 032	0.6	1 947	194.5
按控股情况分组				
国有控股	223 353 096	30.9	20 253	1 077.6
集体控股	11 579 700	1.6	2 182	280.8
私人控股	410 363 335	56.9	315	63.4
港澳台商控股	6 770 921	0.9	1 495	198.9
外商控股	3 587 258	0.5	1 991	196.4
其　　他	66 045 809	9.2	1 028	159.9

注：资产绝对数出自《2018中国经济普查年鉴》综合卷表3-D-04，占比、户均资产、人均资产为北京大成企业研究院根据绝对数计算得出。

（二）批发业及零售业资产

批发业：2018年全国批发业法人企业资产总计42.03万亿元，资产负债率69.7%。其中私营企业资产17.85万亿元，占42.5%，资产负债率70.5%；国有企业资产1.05万亿元，占2.5%，资产负债率45.5%；有限责任公司资产15.08万亿元，占35.9%，资产负债率73.7%；股份有限公司资产3.06万亿元，占7.3%，资产负债率61%；外商投资企业资产2.65万亿元，占6.3%，资产负债率65.8%；港澳台商投资企业资产1.93万亿元，占4.6%，资产负债率70%（见表3-18）。

表3-18 批发业法人企业资产负债情况

单位：亿元

分 组	资产合计	资产占比（%）	资产负债率（%）
批发业	420 267.3	100.0	69.7
国有企业	10 480.5	2.5	45.5
集合联企业	1 699.2	0.4	67.3
有限责任公司	150 790.3	35.9	73.7
股份有限公司	30 592.5	7.3	61.0
私营企业	178 548.0	42.5	70.5
其他企业	2 306.0	0.5	20.2
港澳台商投资企业	19 331.3	4.6	70.0
外商投资企业	26 519.6	6.3	65.8

注：资产绝对数出自《2018中国经济普查年鉴》第三产业卷表1–A–3，占比、资产负债率为北京大成企业研究院根据绝对数计算得出。

　　限额以上批发业：2018年全国限额以上批发业法人企业资产总计24.77万亿元，资产负债率72.8%。其中私营企业资产6.54万亿元，占26.4%，资产负债率78.6%；国有企业资产8 606.6亿元，占3.5%，资产负债率39.4%；有限责任公司资产10.84万亿元，占43.8%，资产负债率76%；股份有限公司资产2.55万亿元，占10.3%，资产负债率61.8%；外商投资企业资产2.31万亿元，占9.3%，资产负债率67.3%；港澳台商投资企业资产1.61万亿元，占6.5%，资产负债率70.4%（见表3–19）。

表3-19 限额以上批发业法人企业资产情况

单位：亿元

分 组	资产总计	资产占比（%）	资产负债率（%）
批发业	247 653.8	100.0	72.8
国有企业	8 606.6	3.5	39.4
集合联企业	466.5	0.2	78.2
有限责任公司	108 358.2	43.8	76.0
股份有限公司	25 545.9	10.3	61.8
私营企业	65 406.3	26.4	78.6

续表

分　组	资产总计	资产占比（%）	资产负债率（%）
其他企业	91.6	0.0	40.2
港澳台商投资企业	16 126.8	6.5	70.4
外商投资企业	23 051.8	9.3	67.3

注：资产绝对数出自《2018中国经济普查年鉴》第三产业卷表1-A-4，占比、资产负债率为北京大成企业研究院根据绝对数计算得出。

零售业：2018年全国零售业法人企业资产总计11.32万亿元，资产负债率62%。其中私营企业资产5.73万亿元，占50.6%，资产负债率58.9%；国有企业资产1 300.3亿元，占1.1%，资产负债率66.4%；有限责任公司资产3.18万亿元，占28.1%，资产负债率68%；股份有限公司资产1.13万亿元，占10%，资产负债率57.3%；外商投资企业资产5 449.6亿元，占4.8%，资产负债率68.4%；港澳台商投资企业资产4 634.4亿元，占4.1%，资产负债率68.3%（见表3-20）。

表3-20　零售业法人企业资产负债情况

单位：亿元

分　组	资产总计	资产占比（%）	资产负债率
零售业	113 187.9	100.0	62.0
国有企业	1 300.3	1.1	66.4
集合联企业	778.0	0.7	56.1
有限责任公司	31 842.8	28.1	68.0
股份有限公司	11 314.5	10.0	57.3
私营企业	57 284.7	50.6	58.9
其他企业	583.6	0.5	18.7
港澳台商投资企业	4 634.4	4.1	68.3
外商投资企业	5 449.6	4.8	68.4

注：资产绝对数出自《2018中国经济普查年鉴》第三产业卷表1-A-5，占比、资产负债率为北京大成企业研究院根据绝对数计算得出。

限额以上零售业：2018年全国限额以上零售业法人企业资产总计6.18万亿元，整体资产负债率69.6%。其中，私营企业资产1.9万亿元，占30.7%，资产负债率73.5%；国有企业资产972.5亿元，占1.6%，资产负债率65.1%；有限责任公司资产2.24万亿元，占36.2%，资产负债率71.8%；股份有限公司资产9 946.5亿元，占16.1%，资产负债率60.3%；外商投资企业资产5 042.9亿元，占8.2%，资产负债率67.3%；港澳台商投资企业资产4 186.3亿元，占6.8%，资产负债率67.3%（见表3-21）。

表3-21 限额以上零售业法人企业资产负债情况

单位：亿元

分　组	资产总计	资产占比（%）	资产负债率（%）
零售业	61 828.3	100.0	69.6
国有企业	972.5	1.6	65.1
集合联企业	262.9	0.4	59.0
有限责任公司	22 383.5	36.2	71.8
股份有限公司	9 946.5	16.1	60.3
私营企业	18 990.1	30.7	73.5
其他企业	43.6	0.1	33.3
港澳台商投资企业	4 186.3	6.8	67.3
外商投资企业	5 042.9	8.2	67.3

注：资产绝对数出自《2018中国经济普查年鉴》第三产业卷表1-A-8，占比、资产负债率为北京大成企业研究院根据绝对数计算得出。

（三）行政事业及非企业法人单位资产

2018年全国服务业行政事业及非企业法人单位资产23.08万亿元，人均资产92.1万元。其中国家机构资产18.27万亿元，占79.2%，人均资产102万元（见表3-22）。

表3-22 服务业行政事业及非企业法人单位分行业资产情况

行　业	资产总计（亿元）	占比（%）	人均资产（万元）
公共管理、社会保障和社会组织	230 794.1	100.0	92.1
中国共产党机关	2 968.9	1.3	37.7
国家机构	182 681.2	79.2	102.0

续表

行　业	资产总计 （亿元）	占比 （%）	人均资产 （万元）
人民政协、民主党派	298.2	0.1	29.9
社会保障	281.5	0.1	19.1
群众团体、社会团体和其他成员组织	9 517.0	4.1	57.4
基层群众自治组织	35 047.3	15.2	78.7

注：资产绝对数出自《2018中国经济普查年鉴》第三产业卷表5–1，占比、人均资产为北京大成企业研究院根据绝对数计算得出。

（四）房地产开发企业资产

2018年全国房地产开发企业总资产100.6万亿元，资产负债率为67.03%。其中，有限公司资产59.22万亿元，占58.9%；私营企业资产28.56万亿元，占28.4%；国有企业资产1.04万亿元，占1%（见表3–23、表3–24）。

房地产企业资产在各地区的分布：全国房地产开发企业资产排名前三的地区是广东、江苏、浙江。广东房地产企业资产总计12.96万亿元，占全国的12.9%；江苏房地产企业资产总计8.77万亿元，占全国的8.7%；浙江房地产企业资产总计6.85万亿元，占全国的6.8%（见表3–23）。

表3–23　各地区按登记注册类型分房地产开发企业资产总计

单位：万元

地区	总　计	国有企业	集合联营企业	有限公司	股份公司	私营企业	港澳台商投资企业	外商投资企业
全　国	10 059 473 599	104 231 636	13 581 277	5 922 422 032	344 632 993	2 855 737 139	574 865 057	243 736 465
北　京	684 227 732	7 916 862	2 408 953	489 646 284	43 651 862	77 782 361	37 984 329	24 837 081
天　津	335 617 156	9 594 138	315 703	233 809 790	11 345 372	57 852 818	13 456 389	9 242 947
河　北	309 168 332	579 695	47 141	127 140 934	9 043 681	165 071 296	3 925 206	3 360 380
山　西	140 372 115	1 918 656	50 951	69 185 653	1 873 712	65 866 355	653 871	822 917
内蒙古	101 895 515	99 222	58 915	56 140 356	2 832 740	42 410 267	115 022	238 992
辽　宁	278 708 840	1 540 183	78 834	139 658 163	5 941 873	95 804 896	23 160 221	12 518 187
吉　林	76 584 339	798 933	—	50 015 103	4 700 978	19 748 755	1 056 095	264 475

续表

地区	总计	国有企业	集合联企业	有限公司	股份公司	私营企业	港澳台商投资企业	外商投资企业
黑龙江	129 943 655	1 471 058	8 914	97 718 260	4 508 106	24 278 280	1 473 190	485 847
上海	683 441 917	4 263 701	1 011 671	399 276 082	25 201 608	146 837 305	78 113 971	28 737 579
江苏	877 062 933	14 255 841	1 534 271	418 260 500	23 404 549	324 352 732	68 440 744	26 814 295
浙江	685 402 215	5 564 665	325 506	334 353 891	16 890 799	274 975 619	32 514 422	20 777 313
安徽	329 404 243	10 030 081	106 605	224 114 056	10 016 538	79 083 338	4 957 824	1 095 803
福建	419 121 390	10 339 474	377 032	257 143 637	8 915 380	99 885 196	33 662 083	8 798 588
江西	184 610 395	2 925 858	4 320	117 222 908	6 128 861	50 500 477	6 808 866	1 019 105
山东	618 255 896	7 069 581	2 267 418	387 035 782	20 695 437	174 188 870	19 746 627	7 179 166
河南	372 476 734	2 271 574	113 068	267 046 358	14 046 468	76 855 760	10 174 140	1 969 366
湖北	379 848 501	5 191 792	371 203	243 154 290	18 473 294	95 650 607	11 910 172	5 097 141
湖南	229 583 383	630 557	38 095	134 406 470	7 508 843	77 597 967	7 164 500	2 157 853
广东	1 296 188 839	4 711 244	3 742 785	681 454 806	60 467 425	349 160 805	138 367 483	58 284 203
广西	190 453 417	1 127 149	80 168	112 127 688	2 271 510	62 268 715	7 647 826	4 930 361
海南	149 089 868	452 708	145 013	108 089 874	5 243 102	19 817 975	11 398 633	3 942 563
重庆	345 466 633	2 041 039	10 145	193 246 754	11 242 405	102 912 711	28 212 175	7 801 404
四川	417 447 209	1 341 952	231 040	277 556 673	8 424 562	107 487 939	12 921 508	9 375 134
贵州	174 716 731	962 562	2 720	122 566 993	2 597 287	44 040 561	4 190 117	356 490
云南	227 041 025	1 953 596	24 104	141 827 525	10 966 283	62 030 228	8 567 813	1 671 475
西藏	7 741 188	15 850	—	6 399 624	27 267	1 293 211	5 236	—
陕西	215 262 804	3 695 600	182 678	126 691 168	4 263 584	74 048 018	4 858 346	1 523 409
甘肃	65 134 998	873 633	32 854	38 570 618	2 066 980	23 158 510	328 177	104 225
青海	23 125 904	15 158	—	12 167 424	818 705	10 090 988	16 534	17 097
宁夏	32 464 515	5 988	7 060	11 594 098	61 245	20 003 019	488 017	305 089
新疆	79 615 178	573 283	4 109	44 800 184	1 002 538	30 681 560	2 545 522	7 982

注：1. 此表绝对数出自《2018中国经济普查年鉴》第三产业卷表3-3。

2. 集合联企业数据是指集体、股份合作、国有联营、集体联营、国有与集体联营、其他联营企业的整体数据。有限公司数据是指国有独资和其他有限责任企业的整体数据。私营企业数据是指私营独资、私营合伙、私营有限、私营股份企业的整体数据。

表3-24 各地区按登记注册类型分房地产开发企业资产占比（横向）

单位：%

地区	总计	国有企业	集合联企业	有限公司	股份公司	私营企业	港澳台商投资企业	外商投资企业
全 国	100.0	1.0	0.1	58.9	3.4	28.4	5.7	2.4
北 京	100.0	1.2	0.4	71.6	6.4	11.4	5.6	3.6
天 津	100.0	2.9	0.1	69.7	3.4	17.2	4.0	2.8
河 北	100.0	0.2	0.0	41.1	2.9	53.4	1.3	1.1
山 西	100.0	1.4	0.0	49.3	1.3	46.9	0.5	0.6
内蒙古	100.0	0.1	0.1	55.1	2.8	41.6	0.1	0.2
辽 宁	100.0	0.6	0.0	50.1	2.1	34.4	8.3	4.5
吉 林	100.0	1.0	—	65.3	6.1	25.8	1.4	0.3
黑龙江	100.0	1.1	0.0	75.2	3.5	18.7	1.1	0.4
上 海	100.0	0.6	0.1	58.4	3.7	21.5	11.4	4.2
江 苏	100.0	1.6	0.2	47.7	2.7	37.0	7.8	3.1
浙 江	100.0	0.8	0.0	48.8	2.5	40.1	4.7	3.0
安 徽	100.0	3.0	0.0	68.0	3.0	24.0	1.5	0.3
福 建	100.0	2.5	0.1	61.4	2.1	23.8	8.0	2.1
江 西	100.0	1.6	0.0	63.5	3.3	27.4	3.7	0.6
山 东	100.0	1.1	0.4	62.6	3.3	28.2	3.2	1.2
河 南	100.0	0.6	0.0	71.7	3.8	20.6	2.7	0.5
湖 北	100.0	1.4	0.1	64.0	4.9	25.2	3.1	1.3
湖 南	100.0	0.3	0.0	58.5	3.3	33.8	3.1	0.9
广 东	100.0	0.4	0.3	52.6	4.7	26.9	10.7	4.5
广 西	100.0	0.6	0.0	58.9	1.2	32.7	4.0	2.6
海 南	100.0	0.3	0.1	72.5	3.5	13.3	7.6	2.6
重 庆	100.0	0.6	0.0	55.9	3.3	29.8	8.2	2.3
四 川	100.0	0.3	0.1	66.5	2.0	25.7	3.1	2.2
贵 州	100.0	0.6	0.0	70.2	1.5	25.2	2.4	0.2
云 南	100.0	0.9	0.0	62.5	4.8	27.3	3.8	0.7
西 藏	100.0	0.2	—	82.7	0.4	16.7	0.1	—
陕 西	100.0	1.7	0.1	58.9	2.0	34.4	2.3	0.7
甘 肃	100.0	1.3	0.1	59.2	3.2	35.6	0.5	0.2
青 海	100.0	0.1	—	52.6	3.5	43.6	0.1	0.1
宁 夏	100.0	0.0	0.0	35.7	0.2	61.6	1.5	0.9
新 疆	100.0	0.7	0.0	56.3	1.3	38.5	3.2	0.0

表3-25　各地区按登记注册类型分房地产开发企业个数（横向占比）

单位：%

地 区	总 计	国营企业	集合联企业	有限公司	股份有限公司	私营企业	港澳台商投资企业	外商投资企业
全 国	100.0	0.7	0.3	35.3	2.1	58.9	1.8	0.8
北 京	100.0	1.0	0.7	47.3	1.0	44.8	2.5	2.7
天 津	100.0	2.9	0.6	50.4	2.2	38.5	3.0	2.3
河 北	100.0	0.1	0.0	23.5	0.9	75.0	0.3	0.2
山 西	100.0	1.1	0.2	20.7	1.2	76.6	0.2	0.2
内蒙古	100.0	0.2	0.0	40.4	2.4	56.9	0.1	0.1
辽 宁	100.0	0.5	0.1	30	2.2	61.6	3.8	1.8
吉 林	100.0	0.2	0.0	46.4	4.5	48.0	0.6	0.3
黑龙江	100.0	1.2	0.1	40.4	4.3	53.0	0.6	0.4
上 海	100.0	0.9	0.5	47.8	1.2	37.4	8.6	3.6
江 苏	100.0	0.6	0.4	22.2	1.9	69.4	3.9	1.6
浙 江	100.0	0.4	0.3	32.7	1.2	61.5	2.4	1.3
安 徽	100.0	0.6	0.1	57.8	1.8	39.0	0.6	0.2
福 建	100.0	1.2	0.4	36	1.7	53.0	5.5	2.2
江 西	100.0	1.1	0.1	36.7	3.2	57.1	1.4	0.5
山 东	100.0	0.7	0.6	34.3	2.7	59.8	1.2	0.6
河 南	100.0	0.3	0.1	44.8	2.6	51.6	0.4	0.2
湖 北	100.0	0.7	0.2	35	2.9	59.7	1.1	0.4
湖 南	100.0	0.6	0.1	30.8	3.3	63.9	0.9	0.4
广 东	100.0	0.8	1.1	32.8	1.5	58.7	3.8	1.3
广 西	100.0	0.9	0.4	26.5	2.1	68.1	1.0	1.0
海 南	100.0	1.0	0.3	65.1	2.8	27.9	2.2	0.6
重 庆	100.0	0.5	0.1	32.4	2.2	60.7	3.1	1.1
四 川	100.0	0.4	0.2	41.6	2.3	53.5	1.1	0.8
贵 州	100.0	0.8	0.1	37.7	1.9	58.6	0.6	0.3
云 南	100.0	0.8	0.2	33.2	2.8	62.2	0.6	0.3
西 藏	100.0	0.7	0.0	53.3	1.5	43.8	0.7	0.0
陕 西	100.0	0.9	0.3	39.5	2.1	56.3	0.6	0.3
甘 肃	100.0	0.9	0.5	43.3	3.1	51.5	0.4	0.2
青 海	100.0	0.1	0.0	26.5	3.1	69.7	0.4	0.1
宁 夏	100.0	0.1	0.1	25.4	0.1	73.4	0.3	0.4
新 疆	100.0	0.3	0.0	33.2	1.2	65.1	0.1	0.1

注：占比为北京大成企业研究院根据《2018中国经济普查年鉴》第三产业卷表3-1数据计算得出，"其他企业"占比较小，未体现。

表3-26　各地区按登记注册类型分房地产开发企业个数（纵向占比）

单位：%

地区	总计	国营企业	集合联营企业	有限公司	股份有限公司	私营企业	港澳台商投资企业	外商投资企业
全 国	100.0	100.0	100.0	100.0	100.0	100.0	100.0	100.0
北 京	1.9	3.0	4.1	2.6	0.9	1.5	2.7	6.2
天 津	0.9	4.0	1.7	1.3	1.0	0.6	1.5	2.6
河 北	7.3	1.4	0.9	4.9	3.0	9.3	1.1	2.1
山 西	2.5	4.1	1.1	1.5	1.4	3.3	0.2	0.5
内蒙古	1.8	0.4	0.1	2.1	2.1	1.8	0.1	0.1
辽 宁	3.2	2.5	1.0	2.7	3.3	3.3	6.6	6.6
吉 林	1.2	0.3	0.0	1.6	2.7	1.0	0.4	0.4
黑龙江	1.4	2.5	0.6	1.6	2.9	1.3	0.5	0.6
上 海	1.8	2.3	2.7	2.4	1.0	1.1	8.2	7.6
江 苏	6.6	6.2	8.7	4.2	6.0	7.8	13.9	12.6
浙 江	5.2	3.2	4.4	4.8	3.1	5.4	6.9	8.3
安 徽	3.5	3.3	0.9	5.8	3.0	2.4	1.1	0.8
福 建	2.8	5.1	3.3	2.8	2.3	2.5	8.3	7.2
江 西	2.5	4.1	0.4	2.6	3.8	2.4	1.9	1.4
山 东	7.4	7.7	13.2	7.2	9.7	7.6	4.9	5.3
河 南	7.7	3.9	1.8	9.7	9.5	6.7	1.7	2.0
湖 北	4.4	4.8	2.8	4.3	6.0	4.4	2.5	2.2
湖 南	4.0	3.8	1.3	3.5	6.2	4.3	2.0	1.8
广 东	11.2	13.5	35.9	10.4	8.1	11.2	23.3	16.9
广 西	3.6	5.0	3.8	2.7	3.6	4.2	2.0	4.3
海 南	1.6	2.5	1.6	3.0	2.2	0.8	1.9	1.2
重 庆	1.6	1.1	0.4	1.4	1.6	1.6	2.6	2.0
四 川	4.0	2.7	2.7	4.7	4.5	3.7	2.5	3.7
贵 州	2.3	2.7	0.7	2.5	2.1	2.3	0.8	0.9
云 南	2.6	3.0	1.4	2.5	3.5	2.8	0.9	0.8
西 藏	0.1	0.1	0.0	0.1	0.0	0.0	0.0	0.0
陕 西	3.1	4.2	2.4	3.5	3.2	3.0	1.0	1.2
甘 肃	1.2	1.7	1.7	1.5	1.8	1.1	0.2	0.3
青 海	0.3	0.1	0.0	0.3	0.5	0.4	0.1	0.1
宁 夏	0.3	0.1	0.1	0.2	0.0	0.4	0.1	0.2
新 疆	1.7	0.8	0.1	1.6	1.0	1.9	0.1	0.1

注：占比为北京大成企业研究院根据《2018中国经济普查年鉴》第三产业卷表3-1数据计算得出，"其他企业"占比较小，未体现。

表3-27 各地区按登记注册类型分房地产开发企业负债合计

单位：万元

地 区	总 计	国有企业	集合联企业	有限公司	股份有限公司	私营企业	港澳台商投资企业	外商投资企业
全 国	6 743 333 639	44 376 533	9 624 971	4 072 256 230	239 129 123	1 876 160 319	348 232 683	153 310 031
北 京	464 167 399	5 091 322	2 017 156	354 911 240	29 448 802	33 793 896	27 380 870	1 1524 114
天 津	229 273 763	2 494 546	105 830	164 174 535	9 058 112	38 272 192	9 405 900	5 762 648
河 北	190 239 248	318 214	—	79 587 997	6 613 490	99 281 480	2 258 502	2 179 566
山 西	109 122 047	1 762 165	43 639	53 146 001	1 494 029	51 515 336	421 243	739 635
内蒙古	70 521 005	90 870	—	40 942 857	2 382 834	26 844 223	113 902	146 319
辽 宁	172 602 904	497 458	27 974	89 199 103	3 066 209	61 431 876	11 714 726	6 657 818
吉 林	56 059 438	426 369		37 334 345	3 495 089	13 983 624	670 650	149 361
黑龙江	69 790 559	1 076 350	4 413	46 595 158	2 842 183	17 864 072	1 074 798	333 586
上 海	399 711 313	504 024	501 371	251 531 568	15 196 276	81 212 498	37 566 254	13 199 323
江 苏	552 958 813	3 304 129	1 269 272	268 822 723	14 064 524	211 204 863	37 536 716	16 756 586
浙 江	474 664 064	3 641 106	145 686	227 312 721	10 560 870	201 847 223	16 577 478	14 578 979
安 徽	229 762 342	1 626 245	9 562	162 314 862	7 079 272	55 248 244	2 748 309	735 848
福 建	287 996 691	4 676 417	309 613	176 887 080	6 223 019	70 709 773	23 869 543	5 321 246
江 西	114 843 376	1 550 437	—	69 915 653	3 963 309	34 679 246	4 114 757	619 975
山 东	446 714 910	4 000 106	2 031 853	285 706 112	15 530 202	121 916 369	12 610 575	4 850 260
河 南	279 404 629	1 752 385	60 461	205 741 992	10 648 991	52 740 182	7 320 353	1 140 265
湖 北	255 000 594	3 560 678	216 854	165 895 998	10 730 618	65 480 555	5 391 686	3 724 206
湖 南	153 433 430	424 037	14 394	95 147 195	5 608 785	46 394 792	4 273 128	1 512 055
广 东	893 033 274	1 308 897	2 415 165	487 569 431	44 531 548	220 686 653	91 808 233	44 713 347
广 西	127 349 198	549 366	32 677	74 790 169	1 190 640	43 115 359	4 744 315	2 926 671
海 南	100 544 689	297 250	71 156	70 636 815	4 120 026	12 844 079	9 399 189	3 176 174
重 庆	235 491 193	518 790	2 569	128 956 067	9 227 389	75 092 652	17 121 592	4 572 133
四 川	256 727 996	653 810	162 539	175 192 534	5 646 607	63 934 655	5 747 739	5 282 578
贵 州	118 333 201	260 186	754	79 855 399	1 992 228	32 490 258	3 571 211	163 164
云 南	169 428 446	1 219 377	4 085	105 922 226	8 819 699	45 869 389	6 315 047	1 278 622
西 藏	3 894 997	14 263	—	3 273 507	26 732	580 495	—	—
陕 西	137 493 395	1 960 800	158 526	93 963 532	3 089 393	35 115 707	2 298 165	907 273
甘 肃	49 638 896	695 943	15 030	30 164 850	1 220 446	17 192 878	268 634	81 115
青 海	13 916 169	—		7 535 587	399 721	5 967 325		13 537
宁 夏	26 112 385			9 099 109	55 512	16 300 862	393 271	263 630
新 疆	55 103 275	100 992	4 391	30 129 863	802 568	22 549 562	1 515 899	—

注：此表绝对数出自《2018中国经济普查年鉴》第三产业卷表3-28。

表3-28　各地区按登记注册类型分房地产开发企业负债合计（横向占比）

单位：%

地区	总计	国营企业	集合联企业	有限公司	股份有限公司	私营企业	港澳台商投资企业	外商投资企业
全国	100.0	0.7	0.1	60.4	3.5	27.8	5.2	2.3
北京	100.0	1.1	0.4	76.5	6.3	7.3	5.9	2.5
天津	100.0	1.1	0.0	71.6	4.0	16.7	4.1	2.5
河北	100.0	0.2	—	41.8	3.5	52.2	1.2	1.1
山西	100.0	1.6	0.0	48.7	1.4	47.2	0.4	0.7
内蒙古	100.0	0.1	—	58.1	3.4	38.1	0.2	0.2
辽宁	100.0	0.3	0.0	51.7	1.8	35.6	6.8	3.9
吉林	100.0	0.8	—	66.6	6.2	24.9	1.2	0.3
黑龙江	100.0	1.5	0.0	66.8	4.1	25.6	1.5	0.5
上海	100.0	0.1	0.1	62.9	3.8	20.3	9.4	3.3
江苏	100.0	0.6	0.2	48.6	2.5	38.2	6.8	3.0
浙江	100.0	0.8	0.0	47.9	2.2	42.5	3.5	3.1
安徽	100.0	0.7	0.1	70.6	3.1	24	1.2	0.3
福建	100.0	1.6	0.1	61.4	2.2	24.6	8.3	1.8
江西	100.0	1.4	—	60.9	3.5	30.2	3.6	0.5
山东	100.0	0.9	0.5	64	3.5	27.3	2.8	1.1
河南	100.0	0.6	0.0	73.6	3.8	18.9	2.6	0.4
湖北	100.0	1.4	0.1	65.1	4.2	25.7	2.1	1.5
湖南	100.0	0.3	0.0	62	3.7	30.2	2.8	1.0
广东	100.0	0.1	0.3	54.6	5.0	24.7	10.3	5
广西	100.0	0.4	0.0	58.7	0.9	33.9	3.7	2.3
海南	100.0	0.3	0.1	70.3	4.1	12.8	9.3	3.2
重庆	100.0	0.2	0.0	54.8	3.9	31.9	7.3	1.9
四川	100.0	0.3	0.1	68.2	2.2	24.9	2.2	2.1
贵州	100.0	0.2	0.0	67.5	1.7	27.5	3.0	0.1
云南	100.0	0.7	0.0	62.5	5.2	27.1	3.7	0.8
西藏	100.0	0.4	—	84	0.7	14.9	0.0	0.0
陕西	100.0	1.4	0.1	68.3	2.2	25.5	1.7	0.7
甘肃	100.0	1.4	0.0	60.8	2.5	34.6	0.5	0.2
青海	100.0	—	—	54.1	2.9	42.9	0.0	0.1
宁夏	100.0	—	—	34.8	0.2	62.4	1.5	1.0
新疆	100.0	0.2	0.0	54.7	1.5	40.9	2.8	0.0

注：占比为北京大成企业研究院根据《2018中国经济普查年鉴》第三产业卷表3-28-(1)数据计算得出。

表3-29　各地区按登记注册类型分房地产开发企业负债合计（纵向占比）

单位：%

地　区	所有企业	国营企业	集合联企业	有限公司	股份有限公司	私营企业	港澳台商投资企业	外商投资企业
全　国	100.0	100.0	100.0	100.0	100.0	100.0	100.0	100.0
北　京	6.9	11.5	21.0	8.7	12.3	1.8	7.9	7.5
天　津	3.4	5.6	1.1	4.0	3.8	2.0	2.7	3.8
河　北	2.8	0.7	—	2.0	2.8	5.3	0.6	1.4
山　西	1.6	4.0	0.5	1.3	0.6	2.7	0.1	0.5
内蒙古	1.0	0.2	—	1.0	1.0	1.4	0.03	0.1
辽　宁	2.6	1.1	0.3	2.2	1.3	3.3	3.4	4.3
吉　林	0.8	1.0	—	0.9	1.5	0.7	0.2	0.1
黑龙江	1.0	2.4	0.05	1.1	1.2	1.0	0.3	0.2
上　海	5.9	1.1	5.2	6.2	6.4	4.3	10.8	8.6
江　苏	8.2	7.4	13.2	6.6	5.9	11.3	10.8	10.9
浙　江	7.0	8.2	1.5	5.6	4.4	10.8	4.8	9.5
安　徽	3.4	3.7	0.1	4.0	3.0	2.9	0.8	0.5
福　建	4.3	10.5	3.2	4.3	2.6	3.8	6.9	3.5
江　西	1.7	3.5	—	1.7	1.7	1.8	1.2	0.4
山　东	6.6	9.0	21.1	7.0	6.5	6.5	3.6	3.2
河　南	4.1	3.9	0.6	5.1	4.5	2.8	2.1	0.7
湖　北	3.8	8.0	2.3	4.1	4.5	3.5	1.5	2.4
湖　南	2.3	1.0	0.1	2.3	2.3	2.5	1.2	1.0
广　东	13.2	2.9	25.1	12.0	18.6	11.8	26.4	29.2
广　西	1.9	1.2	0.3	1.8	0.5	2.3	1.4	1.9
海　南	1.5	0.7	0.7	1.7	1.7	0.7	2.7	2.1
重　庆	3.5	1.2	0.03	3.2	3.9	4.0	4.9	3.0
四　川	3.8	1.5	1.7	4.3	2.4	3.4	1.7	3.4
贵　州	1.8	0.6	0.01	2.0	0.8	1.7	1.0	0.1
云　南	2.5	2.7	0.04	2.6	3.7	2.4	1.8	0.8
西　藏	0.1	0.03	—	0.1	0.01	0.03	—	—
陕　西	2.0	4.4	1.6	2.3	1.3	1.9	0.7	0.6
甘　肃	0.7	1.6	0.2	0.7	0.5	0.9	0.1	0.1
青　海	0.2	—	—	0.2	0.2	0.3	—	0.01
宁　夏	0.4	—	—	0.2	0.02	0.9	0.1	0.2
新　疆	0.8	0.2	0.05	0.7	0.3	1.2	0.4	—

注：占比为北京大成企业研究院根据《2018中国经济普查年鉴》第三产业卷表3-28-(1)数据计算得出。

（五）服务业企业资产情况

2018年，全国交通运输、仓储和邮政业企业资产总计35.22万亿元，资产负债率60.7%，户均资产6 181.3万元；其中道路运输业企业资产16.62万亿元，占全行业的47.2%，资产负债率60.6%（见表3-30）。

表3-30　交通运输、仓储和邮政业企业资产负债情况

行　业	资产总计（亿元）	占比（%）	户均资产（万元）	资产负债率（%）
总　计	352 215.1	100.0	6 181.3	60.7
铁路运输业	82 547.9	23.4	2 449 491.4	64.6
道路运输业	166 195.2	47.2	4 605.1	60.6
水上运输业	23 482.2	6.7	17 638.5	49.6
水上旅客运输	462.1	0.1	3 535.4	36.2
水上货物运输	7 859.6	2.2	9 956.5	57.2
水上运输辅助活动	15 160.5	4.3	36 868.8	46.1
航空运输业	23 292.9	6.6	89 553.7	53.7
管道运输业	5 509.7	1.6	218 638.9	31.7
多式联运和运输代理业	13 708.8	3.9	1 426.2	56.6
装卸搬运和仓储业	32 999.0	9.4	4 676.7	71.0
邮政业	4 479.4	1.3	1 741.3	55.9

注：绝对数出自《2018中国经济普查年鉴》第三产业卷表4-2，占比、户均资产、资产负债率为北京大成企业研究院根据绝对数计算得出。

2018年，全国交通运输、仓储和邮政业企业总资产中，有限责任公司资产22.86万亿元，占64.9%；国有企业资产4.89万亿元，占13.9%；私营企业资产3.2万亿元，占9.1%（见表3-31）。

表3-31　交通运输、仓储和邮政业企业法人单位分登记注册类型资产负债情况

登记注册类型	资产总计（亿元）	资产占比（%）	户均资产（万元）	资产负债率（%）
总　计	352 215.1	100.0	6 181.3	60.7
国有企业	48 933.3	13.9	76 184.5	86.3
集合联企业	618.3	0.2	1 338.8	61.4

登记注册类型	资产总计 （亿元）	资产占比 （%）	户均资产 （万元）	资产负债率 (%)
有限责任公司	228 608.7	64.9	27 613.1	56.2
股份有限公司	25 834.3	7.3	38 732.0	59.7
私营企业	32 140.2	9.1	696.4	59.5
其他企业	197.1	0.1	730.1	47.8
港澳台商投资企业	9 278.8	2.6	30 067.3	47.5
外商投资企业	6 604.6	1.9	32 842.2	53.1

注：绝对数出自《2018中国经济普查年鉴》第三产业卷表4-4，占比、户均资产、资产负债率为北京大成企业研究院根据绝对数计算得出。

2018年，全国信息传输、软件和信息技术服务业企业资产15.2万亿元，整体资产负债率63.8%。其中有限责任公司资产4.92万亿元，占32.4%；私营企业资产3.39万亿元，占22.3%；国有企业资产0.24万亿元，占1.6%（见表3-32）。

表3-32 信息传输、软件和信息技术服务业企业法人单位分登记注册类型资产负债情况

登记注册类型	资产总计（亿元）	资产占比（%）	资产负债率（%）
总　计	152 025.5	100.0	63.8
国有企业	2 363.2	1.6	62.4
集合联企业	68.6	0.0	46.6
有限责任公司	49 211.9	32.4	40.7
股份有限公司	27 509.6	18.1	59.7
私营企业	33 945.5	22.3	31.2
其他企业	13.8	0.0	50.2
港澳台商投资企业	21 557.3	14.2	29.4
外商投资企业	17 355.7	11.4	63.8

注：绝对数出自《2018中国经济普查年鉴》第三产业卷表4-7，占比、户均资产、资产负债率为北京大成企业研究院根据绝对数计算得出。

2018年，全国金融业企业资产总计321.83万亿元，整体资产负债率85.2%，户均资产23.4亿元，人均资产1 770.3万元。其中，货币金融服务企业资产总计264.28万亿元，占82.1%，户均资产68.5亿元，人均资产6 371.9万元，资产负债率91.4%（见表3-33）。

表3-33　金融业企业法人单位资产负债情况

行　业	资产总计 （亿元）	资产占比 （%）	户均资产 （亿元）	人均资产 （万元）	资产负债率 (%)
总　计	3 218 309	100.0	23.4	1 770.3	85.2
货币金融服务	2 642 776	82.1	68.5	6 371.9	91.4
其中：系统内	2 583 076	80.3	206.6	6 620.3	92.1
资本市场服务	223 257	6.9	3.3	3 317.9	48.6
其中：系统内	103 271	3.2	4.1	1 884.3	62.5
保险业	184 159	5.7	10.3	140.8	88.8
其中：系统内	183 965	5.7	11.9	140.7	88.8
其他金融业	168 116	5.2	12.1	6 013.9	32.9
其中：系统内	34 849	1.1	109.9	4 067.5	70

注：绝对数出自《2018中国经济普查年鉴》第三产业卷表4-8，占比、户均资产、人均资产、资产负债率为北京大成企业研究院根据绝对数计算得出。

2018年，全国房地产业企业资产总计15.35万亿元，资产负债率66.6%，户均资产2 863.4万元。其中，有限责任公司资产7.1万亿元，占46.2%；私营企业资产4.75万亿元，占30.9%；国有企业资产0.59万亿元，占3.8%（见表3-34）。

表3-34　房地产业企业法人单位分登记注册类型资产负债情况

登记注册类型	资产总计 （亿元）	资产占比 (%)	户均资产 （万元）	资产负债率 （%）
总　计	153 540.1	100.0	2 863.4	66.6
国有企业	5 850.6	3.8	2 626.2	1 583.8
集合联企业	4 994.4	3.3	11 442.5	65.5
有限责任公司	70 952.4	46.2	4 545.7	4.8
股份有限公司	9 882.5	6.4	7 681.7	459.9
私营企业	47 469.6	30.9	15 832.2	12.4
其他企业	176.3	0.1	1 144.5	19 624.2
港澳台商投资企业	8 450.0	5.5	1 665.0	0.9
外商投资企业	5 764.3	3.8	21 965.2	97.2

注：绝对数出自《2018中国经济普查年鉴》第三产业卷表4-11，占比、户均资产、资产负债率为北京大成企业研究院根据绝对数计算得出。

2018年，全国租赁和商务服务业企业资产总额1 108 253.1亿元，资产负债率为52.7%。其中，有限责任公司资产占62.1%，私营企业资产占19.5%，国有企业资产占5.3%（见表3–35）。

表3-35　租赁和商务服务业企业法人单位分登记注册类型资产负债情况

登记注册类型	资产总计（亿元）	占比（%）	户均资产（万元）	资产负债率（%）
总　计	1 108 253.1	100.0	4 423.3	52.7
国有企业	58 438.5	5.3	61 301.3	42.8
集合联企业	17 418.5	1.6	1 008.2	47.2
有限责任公司	688 724.4	62.1	20 069.2	52.9
股份有限公司	80 545.5	7.3	38 415.4	49.6
私营企业	215 787.0	19.5	1 151.6	56.3
其他企业	2 613.1	0.2	426.0	26.9
港澳台商投资企业	20 784.3	1.9	14 103.5	64.2
外商投资企业	23 941.7	2.2	25 891.4	46.0

注：绝对数出自《2018中国经济普查年鉴》第三产业卷表4–14，占比、户均资产、资产负债率为北京大成企业研究院根据绝对数计算得出。

2018年，全国科学研究和技术服务业企业资产总计15.21万亿元，资产负债率53.9%，户均资产1 273万元。其中有限责任公司资产7.89万亿元，占51.8%；私营企业资产4.17万亿元，占27.4%；国有企业资产0.54万亿元，占3.6%（见表3–36）。

表3-36　科学研究和技术服务业企业法人单位分登记注册类型资产负债情况

登记注册类型	资产总计（亿元）	资产占比（%）	户均资产（万元）	资产负债率（%）
总　计	152 124.0	100.0	1 273.0	53.9
国有企业	5 441.6	3.6	6 315.7	53.8
集合联企业	464.5	0.3	1 059.1	50.1
有限责任公司	78 835.8	51.8	4 758.4	52.2
股份有限公司	14 826.5	9.7	13 153.4	53.4
私营企业	41 734.1	27.4	443.6	49.6
其他企业	884.7	0.6	181.7	57.2

登记注册类型	资产总计 (亿元)	资产占比 (％)	户均资产 (万元)	资产负债率 (%)
港澳台商投资企业	5 569.5	3.7	7 732.2	27.0
外商投资企业	4 167.7	2.7	6 351.3	58.9

注：绝对数出自《2018中国经济普查年鉴》第三产业卷表4-17，占比、户均资产、资产负债率为北京大成企业研究院根据绝对数计算得出。

2018年，全国水利、环境和公共设施管理业企业资产总计16.67万亿元，整体资产负债率57.4%，户均资产1.44万亿元。其中，有限责任公司资产总计13.78万亿元，占82.7%；私营企业资产总计1.36万亿元，占8.2%；国有企业资产总计0.89万亿元，占5.3%（见表3-37）。

表3-37　水利、环境和公共设施管理业企业法人单位分登记注册类型资产负债情况

登记注册类型	资产总计 (亿元)	资产占比 (%)	户均资产 (万元)	资产负债率 (%)
总　计	166 617.2	100.0	14 373.1	57.4
国有企业	8 884.3	5.3	33 487.9	57.3
集合联企业	361.7	0.2	2 675.3	61.0
有限责任公司	137 849.9	82.7	55 708.2	57.8
股份有限公司	4 346.7	2.6	23 495.7	49.5
私营企业	13 610.0	8.2	1 662.2	57.1
其他企业	128.0	0.1	458.1	46.9
港澳台商投资企业	660.4	0.4	16 185.1	47.4
外商投资企业	776.1	0.5	32 473.0	51.2

注：绝对数出自《2018中国经济普查年鉴》第三产业卷表4-20，占比、户均资产、资产负债率为北京大成企业研究院根据绝对数计算得出。

2018年，全国居民服务、修理和其他服务业企业资产总计1.04万亿元，整体资产负债率52.6%，户均资产216.2万亿元。其中私营企业资产6 395.9亿元，占61.7%；有限责任公司资产2 610.7亿元，占25.2%；国有企业资产总计244.6亿元，占2.4%（见表3-38）。

表3-38　居民服务、修理和其他服务业企业法人单位分登记注册类型资产负债情况

登记注册类型	资产总计 (亿元)	资产占比 (%)	户均资产 (万元)	资产负债率 (%)
总　计	10 360.8	100.0	216.2	52.6
国有企业	244.6	2.4	1 687.7	53.1
集合联企业	296.7	2.9	685.2	57.5
有限责任公司	2 610.7	25.2	478.5	58.5
股份有限公司	320.9	3.1	802.0	48.5
私营企业	6 395.9	61.7	156.0	49.9
其他企业	67.4	0.7	202.2	42.5
港澳台商投资企业	230.1	2.2	3 071.5	68.4
外商投资企业	194.4	1.9	2 901.9	44.4

注：绝对数出自《2018中国经济普查年鉴》第三产业卷表4-23，占比、户均资产、资产负债率为北京大成企业研究院根据绝对数计算得出。

2018年，教育企业法人单位资产总计9 957.7亿元，资产负债率52.3%，户均资产344.5万亿元。其中，私营企业资产4 075.4亿元，占40.9%；有限责任公司资产1 823.3亿元，占18.3%；国有企业资产423.7亿元，占4.3%（见表3-39）。

表3-39　教育企业法人单位分登记注册类型主要指标资产负债情况

登记注册类型	资产总计 (亿元)	资产占比 (%)	户均资产 (万元)	资产负债率 (%)
总　计	9 957.7	100.0	344.5	52.3
国有企业	423.7	4.3	993.5	32.3
集合联企业	233.0	2.3	691.3	42.5
有限责任公司	1 823.3	18.3	686.2	63.8
股份有限公司	368.3	3.7	1 440.5	52.4
私营企业	4 075.4	40.9	197.3	48.3
其他企业	2 773.8	27.9	616.9	52.4
港澳台商投资企业	95.2	1.0	2 751.6	78.8
外商投资企业	—	1.7	4 331.6	68.5

注：绝对数出自《2018中国经济普查年鉴》第三产业卷表4-26，占比、户均资产、资产负债率为北京大成企业研究院根据绝对数计算得出。

2018年，卫生和社会工作企业法人单位资产总计9 171.2亿元，资产负债率59%，户均资产894.3万元。其中私营企业资产3 967.3亿元，占43.3%；有限责任公司资产2 283.6亿元，占24.9%；国有企业资产939.5亿元，占10.2%（见表3-40）。

表3-40　卫生和社会工作企业法人单位分登记注册类型资产负债情况

登记注册类型	资产总计 （亿元）	占比 （%）	户均资产 （万元）	资产负债率 （%）
总　计	9 171.2	100.0	894.3	59.0
国有企业	939.5	10.2	863.8	58.9
集合联企业	280.9	3.1	2 812.8	59.7
有限责任公司	2 283.6	24.9	562.5	50.1
股份有限公司	367.9	4.0	2 325.2	65.0
私营企业	3 967.3	43.3	3 620.9	38.9
其他企业	989.1	10.8	625.4	58.1
港澳台商投资企业	178.6	1.9	504.7	57.3
外商投资企业	164.5	1.8	11 021.9	62.4

注：绝对数出自《2018中国经济普查年鉴》第三产业卷表4-29，占比、户均资产、资产负债率为北京大成企业研究院根据绝对数计算得出。

2018年，文化、体育和娱乐业企业法人单位资产总计3.42万亿元，资产负债率53.4%，户均资产674.6万元。其中有限责任公司资产1.31万亿元，占38.4%；私营企业资产1.24万亿元，占36.2%；国有企业资产0.32万亿元，占9.5%（见表3-41）。

表3-41　文化、体育和娱乐业企业法人单位分登记注册类型资产负债情况

登记注册类型	资产总计 （亿元）	占比 （%）	户均资产 （万元）	资产负债率 （%）
总　计	34 187.5	100.0	674.6	53.4
国有企业	3 241.0	9.5	8 278.3	42.6
集合联企业	83.0	0.2	382.4	60.4
有限责任公司	13 113.8	38.4	2 328.9	56.9
股份有限公司	3 534.3	10.3	8 234.6	37.9
私营企业	12 363.8	36.2	287.1	55.0

登记注册类型	资产总计 (亿元)	占比 (%)	户均资产 (万元)	资产负债率 (%)
其他企业	170.9	0.5	233.6	33.2
港澳台商投资企业	898.1	2.6	7 428.3	74.3
外商投资企业	782.7	2.3	8 904.6	66.7

注：绝对数出自《2018中国经济普查年鉴》第三产业卷表4-32，占比、户均资产、资产负债率为北京大成企业研究院根据绝对数计算得出。

2018年，规模以上文化、体育和娱乐业法人单位资产总计1.74万亿元，资产负债率为53.1%。其中，广播、电视、电影和录音制作业法人单位资产5 942.5亿元，占34.1%；新闻和出版业法人单位资产4 628.1亿元，占26.6%；娱乐业法人单位资产3 562.2亿元，占20.4%；文化艺术业法人单位资产1 844.3亿元，占10.6%；体育业法人单位资产总计1 450.1亿元，占8.3%（见表3-42）。

表3-42 规模以上文化、体育和娱乐业法人单位资产负债情况

行 业	资产总计 (亿元)	占比 (%)	资产负债率 (%)
总 计	17 427.2	100.0	53.1
新闻和出版业	4 628.1	26.6	38.4
广播、电视、电影和录音制作业	5 942.5	34.1	47.8
文化艺术业	1 844.3	10.6	54.0
体 育	1 450.1	8.3	86.9
娱乐业	3 562.2	20.4	66.6

注：绝对数出自《2018中国经济普查年鉴》第三产业卷表4-44，占比、户均资产、资产负债率为北京大成企业研究院根据绝对数计算得出。

服务业国有控股企业资产：2018年全国服务业国有控股企业资产总计114.63万亿元，户均资产10.29亿元，资产负债率51.7%。其中，租赁和商务服务业、交通运输仓储和邮政业、水利环境和公共设施管理业的资产规模较大。租赁和商务服务业国有控股企业资产总计63.8万亿元，占55.7%，户均资产17.16亿元，资产负债率49.1%（见表3-43）。

服务业非公有控股企业资产：2018年各行业非公有控股企业资产总计85.39万亿元，户均资产1 294.6万元，资产负债率58.9%。其中租赁和商务服务业、

信息传输软件和信息技术服务业、房地产业的资产规模较大。租赁和商务服务业资产总计43.51万亿元，占51%，户均资产1 973.3万元，资产负债率58.1%（见表3-44）。

表3-43　服务业国有控股企业分行业资产负债情况

行　业	资产总计 (亿元)	占比 (%)	户均资产 (万元)	资产负债率 (%)
总　计	1 146 264.5	100.0	102 856.6	51.7
交通运输、仓储和邮政业	197 753.8	17.3	122 569.6	58.6
信息传输、软件和信息技术服务业	49 689.3	4.3	76 752.1	40.5
房地产业	51 535.0	4.5	38 640.6	56.7
租赁和商务服务业	637 933.3	55.7	171 556.6	49.1
科学研究和技术服务业	68 997.4	6.0	38 793.1	50.6
水利、环境和公共设施管理业	126 501.6	11.0	153 502.8	57.2
居民服务、修理和其他服务业	1 225.0	0.1	5 016.2	55.5
教　育	598.4	0.1	4 008.0	49.0
卫生和社会工作	591.1	0.1	5 117.8	61.8
文化、体育和娱乐业	11 439.6	1.0	15 897.1	44.7

注：绝对数出自《2018中国经济普查年鉴》第三产业卷表4-33，占比、户均资产、资产负债率为北京大成企业研究院根据绝对数计算得出。

表3-44　服务业非公有控股企业分行业资产负债情况

行　业	资产总计 (亿元)	资产占比 (%)	户均资产 (万元)	资产负债率 (%)
总　计	853 892.7	100.0	1 294.6	58.9
交通运输、仓储和邮政业	69 174.4	8.1	1 271.1	61.6
信息传输、软件和信息技术服务业	100 629.0	11.8	1 114.1	50.5
房地产业	93 477.8	10.9	1 842.0	72.1
租赁和商务服务业	435 124.8	51.0	1 973.3	58.1
科学研究和技术服务业	79 285.2	9.3	709.6	57.1
水利、环境和公共设施管理业	36 058.5	4.2	3 549.5	57.6
居民服务、修理和其他服务业	8 611.6	1.0	184.3	52.3
教　育	4 714.1	0.6	239.7	58.8

续表

行　业	资产总计 (亿元)	资产占比 (%)	户均资产 (万元)	资产负债率 (%)
卫生和社会工作	6 149.5	0.7	930.0	60.8
文化、体育和娱乐业	20 667.7	2.4	424.7	59.2

注：绝对数出自《2018中国经济普查年鉴》第三产业卷表4-34，占比、户均资产、资产负债率为北京大成企业研究院根据绝对数计算得出。

| 第四章 |

国有、民营、外资企业营业收入数据及简明比较

本章内容为国有、民营、外资企业营业收入数据的简要分析和比较，主要包括规模以上工业企业、建筑业企业、文化及相关产业、批发零售企业、房地产开发企业以及服务业企业等6大类国有、民营和外资企业的营收总额、占比、户均营收、人均营收等情况。

一、规模以上工业企业营收情况

2018年，规模以上工业企业营收总额1 057 327.3亿元，其中内资企业820 368.6亿元，占比为77.6%。国有控股企业营收总额290 753.9亿元，占全部规模以上工业企业营收总额的27.5%；私营企业营收总额343 843.2亿元，占32.5%；港澳台商投资企业营收总额93 396.4亿元，占比为8.8%；外商投资企业营收总额143 562.3亿元，占比为13.6%（见表4-1）。

2013年，规模以上主营业务收入总额1 038 659亿元。2018年较2013年增长了18%。按控股情况看，2013年国有控股企业主营业务收入总额257 817亿元，2018年较2013年增长了12.8%，2013年占比为24.8%；私营工业企业342 003亿元，2018年较2013年增长了0.5%，2013年占比为32.9%；外商和港澳台商投资工业企业242 964亿元，2018年较2013年降低了2.5%，2013年占比为18.9%。

（一）规模以上工业企业营收总额及占比情况

规模以上工业企业中，制造业的营收总额为937 798亿元，所占份额最大，达88.7%。排名前五的行业分别为计算机、通信和其他电子设备制造业，营

收总额110 454.2亿元，占比10.4%；汽车制造业，84 491.8亿元，占比8%；化学原料和化学制品制造业，70 470.9亿元，占比6.7%；黑色金属冶炼和压延加工业67 564.7亿元，占比6.4%；电气机械和器材制造业，65 165.3亿元，占比6.2%。排名后五位的分别为黑色金属矿采选业，3 387.2亿元，占比0.3%；水的生产和供应业，2 744.4亿元，占比0.3%；开采专业及辅助性活动，2 215.4亿元，占比0.2%；其他制造业，2 129亿元，占比0.2%；金属制品、机械和设备修理业，1 206亿元，占比0.1%（见表4-2、表4-3）。

表4-1　分登记注册类型规模以上工业企业营收情况

分　组	营业收入（亿元）	营收占比（%）	户均营收（万元）	人均营收（万元）
总　计	1 057 327.3	100.0	28 198	126.5
一、按登记注册类型分组				
内资企业	820 368.6	77.6	24 834	126.2
国有企业	21 025.7	2.0	138 967	141.4
集合联企业	2 547.6	0.2	11 502	65.6
有限责任公司	341 397.7	32.3	43 352	150.0
股份有限公司	111 356.5	10.5	90 593	155.9
私营企业	343 843.2	32.5	14 605	103.6
其他企业	198.0	0.0	13 652	75.0
港澳台商投资企业	93 396.4	8.8	45 490	102.1
外商投资企业	143 562.3	13.6	59 587	152.4
二、总计中亏损的企业	97 402.0	9.2	18 590	87.0
总计中国有控股的企业	290 753.9	27.5	151 041	190.8

注：总量数据来源于《中国经济普查年鉴2018.第二产业卷（上）》表1-A-5"分登记注册类型规模以上工业企业主要经济指标"，占比、户均等数据由北京大成企业研究院根据总量数据计算得出。

国有控股企业中，制造业营收总额197 395.2亿元，占比67.9%。排名前五的行业分别为电力、热力生产和供应业，营收总额56 950.2亿元，占比19.6%；汽车制造业，37 589.3亿元，占比12.9%；石油、煤炭及其他燃料加工业，28 842.6亿元，占比9.9%；黑色金属冶炼和压延加工业，24 462.4亿元，占比8.4%；有色金属冶炼和压延加工业，19 504.2亿元，占比6.7%。排名后五位的分别为非金属矿采选业，366.5亿元；纺织服装、服饰业，227.3亿元；皮革、毛皮、羽毛及其制品和制鞋业，209.9亿元；家具制造业，164.4亿元；木材加工和木、竹、藤、棕、草制品业，154.5亿元（见表4-2、表4-3）。

私营工业企业中，制造业营收总额为332 472.7亿元，占比达到96.7%。排名前五的行业分别为非金属矿物制品业，26 856.7亿元，占比7.8%；电气机械和器材制造业，25 524.1亿元，占比7.4%；黑色金属冶炼和压延加工业，25 442.3亿元，占比7.4%；农副食品加工业，22 746亿元，占比6.6%；化学原料和化学制品制造业，22 165.3亿元，占比6.4%。排名后五位的分别为燃气生产和供应业，675亿元，占比0.2%；水的生产和供应业，190亿元，占比0.1%；金属制品、机械和设备修理业，165.8亿元；开采专业及辅助性活动，78.5亿元；石油和天然气开采业，10.6亿元（见表4-2、表4-3）。

外商和港澳台商投资工业企业中，制造业营收总额为229 342.2亿元，占比96.8%。排名前五的行业分别为计算机、通信和其他电子设备制造业，54 503.2亿元，占比23%；汽车制造业，40 291.7亿元，占比17%；化学原料和化学制品制造业，15 748亿元，占比6.6%；电气机械和器材制造业，14 906亿元，占比6.3%；通用设备制造业，11 534.6亿元，4.9%。排名后五位的分别为水的生产和供应业，428亿元，占比0.2%；有色金属矿采选业，110.5亿元；开采专业及辅助性活动，77.4亿元；黑色金属矿采选业，75.1亿元；非金属矿采选业，68.2亿元（见表4-2、表4-3）。

各行业中各类型工业企业营收总额占比情况。全部规模以上工业企业营收总额中，国有控股企业占比27.5%，私营工业占比32.5%，外商和港澳台商投资工业占比22.4%（见表4-4）。

国有控股企业占比较高的行业是：石油和天然气开采业，国有控股企业营收总额占比达93.4%；电力、热力生产和供应业，占比91.5%；开采专业及辅助性活动，占比89.5%（见表4-4）。

私营工业企业占比较高的行业是：木材加工和木、竹、藤、棕、草制品业，占比76.1%；非金属矿采选业，占比63.5%；纺织业，占比61.8%（见表4-4）。

外商和港澳台商投资工业占比较高的行业是：计算机、通信和其他电子设备制造业，占比49.3%；汽车制造业，占比47.7%；金属制品、机械和设备修理业，占比43.2%（见表4-4）。

表4-2 规模以上工业企业营收总额

单位：亿元

行　业	全部工业	国有控股	私营工业	外商和港澳台商投资工业
总　　计	1 057 327.3	290 753.9	343 843.2	236 958.7
采矿业	46 671.6	30 382.7	9 041.0	1 417.5
煤炭开采和洗选业	25 292.4	16 850.0	4 575.7	527.5
石油和天然气开采业	8 701.3	8 124.2	10.6	558.7
黑色金属矿采选业	3 273.0	1 218.7	1 324.0	75.1
有色金属矿采选业	3 777.4	1 840.2	896.9	110.5
非金属矿采选业	3 387.2	366.5	2 150.1	68.2
开采专业及辅助性活动	2 215.4	1 983.2	78.8	77.4
制造业	937 798.0	197 395.2	332 472.7	229 342.2
农副食品加工业	46 867.7	2 795.6	22 746.0	8 162.3
食品制造业	18 668.6	1 317.9	6 934.1	5 401.5
酒、饮料和精制茶制造业	15 167.1	3 636.9	4 752.3	3 197.8
纺织业	25 242.2	763.6	15 590.8	4 250.1
纺织服装、服饰业	17 303.0	227.3	9 620.1	4 165.0
皮革、毛皮、羽毛及其制品和制鞋业	12 070.9	209.9	6 292.2	3 690.6
木材加工和木、竹、藤、棕、草制品业	8 645.6	154.5	6 579.0	430.8
家具制造业	7 192.8	164.4	4 337.0	1 556.5
造纸和纸制品业	14 014.0	637.6	6 221.8	4 154.2
印刷和记录媒介复制业	6 633.4	582.9	3 560.9	1 128.9
文教、工美、体育和娱乐用品制造业	13 449.2	571.9	6 783.7	3 721.0
石油、煤炭及其他燃料加工业	47 611.5	28 842.6	8 616.2	4 661.7
化学原料和化学制品制造业	70 470.9	15 343.5	22 165.3	15 748.0
医药制造业	23 917.5	2 646.4	6 728.3	5 316.1
化学纤维制造业	8 624.0	1 166.3	3 783.3	1 434.6
橡胶和塑料制品业	25 480.0	1 189.6	13 206.5	6 231.5
非金属矿物制品业	50 254.8	6 075.7	26 856.7	4 414.2
黑色金属冶炼和压延加工业	67 564.7	24 462.4	25 442.3	6 261.9
有色金属冶炼和压延加工业	54 439.4	19 504.2	16 373.9	6 269.8

行　业	全部工业	国有控股	私营工业	外商和港澳台商投资工业
金属制品业	34 389.6	2 552.7	19 175.6	5 828.7
通用设备制造业	38 822.1	4 641.2	15 785.7	11 534.6
专用设备制造业	30 100.4	4 631.7	12 515.5	6 684.6
汽车制造业	84 491.8	37 589.3	12 309.6	40 291.7
铁路、船舶、航空航天和其他运输设备制造业	15 164.9	7 910.3	3 907.9	1 905.3
电气机械和器材制造业	65 165.3	6 534.8	25 524.1	14 906.0
计算机、通信和其他电子设备制造业	110 454.2	10 556.8	20 464.6	54 503.2
仪器仪表制造业	7 722.9	882.8	2 744.9	2 188.2
其他制造业	2 129.0	502.2	864.8	492.9
金属制品、机械和设备修理业	1 206.0	608.8	165.8	521.3
电力、热力、燃气及水生产和供应业	72 857.7	62 976.1	2 329.4	6 198.9
电力、热力生产和供应业	62 268.8	56 950.2	1 464.5	3 277.7
燃气生产和供应业	7 844.5	4 025.2	675.0	2 493.2
水的生产和供应业	2 744.4	2 000.7	190.0	428.0

注：总量数据来源于《中国经济普查年鉴2018.第二产业卷（上）》表1–A–6、表1–A–7、表1–A–8、表1–A–9。

表4–3　各类型工业企业营收总额在各行业中的占比

单位：%

行　业	全部工业	国有控股	私营工业	外商和港澳台商投资工业
总　计	100.0	100.0	100.0	100.0
采矿业	4.4	10.4	2.6	0.6
煤炭开采和洗选业	2.4	5.8	1.3	0.2
石油和天然气开采业	0.8	2.8	0.0	0.2
黑色金属矿采选业	0.3	0.4	0.4	0.0
有色金属矿采选业	0.4	0.6	0.3	0.0
非金属矿采选业	0.3	0.1	0.6	0.0
开采专业及辅助性活动	0.2	0.7	0.0	0.0

续表

行 业	全部工业	国有控股	私营工业	外商和港澳台商投资工业
制造业	88.7	67.9	96.7	96.8
农副食品加工业	4.4	1.0	6.6	3.4
食品制造业	1.8	0.5	2.0	2.3
酒、饮料和精制茶制造业	1.4	1.3	1.4	1.3
纺织业	2.4	0.3	4.5	1.8
纺织服装、服饰业	1.6	0.1	2.8	1.8
皮革、毛皮、羽毛及其制品和制鞋业	1.1	0.1	1.8	1.6
木材加工和木、竹、藤、棕、草制品业	0.8	0.1	1.9	0.2
家具制造业	0.7	0.1	1.3	0.7
造纸和纸制品业	1.3	0.2	1.8	1.8
印刷和记录媒介复制业	0.6	0.2	1.0	0.5
文教、工美、体育和娱乐用品制造业	1.3	0.2	2.0	1.6
石油、煤炭及其他燃料加工业	4.5	9.9	2.5	2.0
化学原料和化学制品制造业	6.7	5.3	6.4	6.6
医药制造业	2.3	0.9	2.0	2.2
化学纤维制造业	0.8	0.4	1.1	0.6
橡胶和塑料制品业	2.4	0.4	3.8	2.6
非金属矿物制品业	4.8	2.1	7.8	1.9
黑色金属冶炼和压延加工业	6.4	8.4	7.4	2.6
有色金属冶炼和压延加工业	5.1	6.7	4.8	2.6
金属制品业	3.3	0.9	5.6	2.5
通用设备制造业	3.7	1.6	4.6	4.9
专用设备制造业	2.8	1.6	3.6	2.8
汽车制造业	8.0	12.9	3.6	17.0
铁路、船舶、航空航天和其他运输设备制造业	1.4	2.7	1.1	0.8
电气机械和器材制造业	6.2	2.2	7.4	6.3
计算机、通信和其他电子设备制造业	10.4	3.6	6.0	23.0
仪器仪表制造业	0.7	0.3	0.8	0.9
其他制造业	0.2	0.2	0.3	0.2

续表

行 业	全部工业	国有控股	私营工业	外商和港澳台商投资工业
金属制品、机械和设备修理业	0.1	0.2	0.0	0.2
电力、热力、燃气及水生产和供应业	6.9	21.7	0.7	2.6
电力、热力生产和供应业	5.9	19.6	0.4	1.4
燃气生产和供应业	0.7	1.4	0.2	1.1
水的生产和供应业	0.3	0.7	0.1	0.2

注：占比数据由北京大成企业研究院根据总量数据计算得出。

表4-4　各行业中各类型工业企业营收总额占比

单位：%

行 业	全部工业	国有控股	私营工业	外商和港澳台商投资工业
总 计	100.0	27.5	32.5	22.4
采矿业	100.0	65.1	19.4	3.0
煤炭开采和洗选业	100.0	66.6	18.1	2.1
石油和天然气开采业	100.0	93.4	0.12	6.4
黑色金属矿采选业	100.0	37.2	40.5	2.3
有色金属矿采选业	100.0	48.7	23.7	2.9
非金属矿采选业	100.0	10.8	63.5	2.0
开采专业及辅助性活动	100.0	89.5	3.6	3.5
制造业	100.0	21.0	35.5	24.5
农副食品加工业	100.0	6.0	48.5	17.4
食品制造业	100.0	7.1	37.1	28.9
酒、饮料和精制茶制造业	100.0	24	31.3	21.1
纺织业	100.0	3.0	61.8	16.8
纺织服装、服饰业	100.0	1.3	55.6	24.1
皮革、毛皮、羽毛及其制品和制鞋业	100.0	1.7	52.1	30.6
木材加工和木、竹、藤、棕、草制品业	100.0	1.8	76.1	5.0
家具制造业	100.0	2.3	60.3	21.6
造纸和纸制品业	100.0	4.5	44.4	29.6
印刷和记录媒介复制业	100.0	8.8	53.7	17.0

续表

行　业	全部工业	国有控股	私营工业	外商和港澳台商投资工业
文教、工美、体育和娱乐用品制造业	100.0	4.3	50.4	27.7
石油、煤炭及其他燃料加工业	100.0	60.6	18.1	9.8
化学原料和化学制品制造业	100.0	21.8	31.5	22.3
医药制造业	100.0	11.1	28.1	22.2
化学纤维制造业	100.0	13.5	43.9	16.6
橡胶和塑料制品业	100.0	4.7	51.8	24.5
非金属矿物制品业	100.0	12.1	53.4	8.8
黑色金属冶炼和压延加工业	100.0	36.2	37.7	9.3
有色金属冶炼和压延加工业	100.0	35.8	30.1	11.5
金属制品业	100.0	7.4	55.8	16.9
通用设备制造业	100.0	12	40.7	29.7
专用设备制造业	100.0	15.4	41.6	22.2
汽车制造业	100.0	44.5	14.6	47.7
铁路、船舶、航空航天和其他运输设备制造业	100.0	52.2	25.8	12.6
电气机械和器材制造业	100.0	10.0	39.2	22.9
计算机、通信和其他电子设备制造业	100.0	9.6	18.5	49.3
仪器仪表制造业	100.0	11.4	35.5	28.3
其他制造业	100.0	23.6	40.6	23.2
金属制品、机械和设备修理业	100.0	50.5	13.7	43.2
电力、热力、燃气及水生产和供应业	100.0	86.4	3.2	8.5
电力、热力生产和供应业	100.0	91.5	2.4	5.3
燃气生产和供应业	100.0	51.3	8.6	31.8
水的生产和供应业	100.0	72.9	6.9	15.6

注：占比数据由北京大成企业研究院根据总量数据计算得出。

（二）规模以上工业企业户均和人均营收情况

户均营收方面，全部规模以上工业企业户均营收28 198万元。国有控股企业为151 041万元，私营工业14 605万元，外商和港澳台商投资工业为

53 101万元（见表4-5）。

全部工业中，户均营收排名前五名的行业分别是石油和天然气开采业，770 028万元；石油、煤炭及其他燃料加工业，240 705万元；黑色金属冶炼和压延加工业，131 449万元；开采专业及辅助性活动，110 220万元；电力、热力生产和供应业，78 326万元。排名后五位的分别是纺织服装、服饰业，12 297万元；印刷和记录媒介复制业，11 591万元；家具制造业，11 290万元；非金属矿采选业，10 784万元；木材加工和木、竹、藤、棕、草制品业，9 536万元（见表4-5）。

国有控股企业中，户均营收排名前五名的行业分别是石油、煤炭及其他燃料加工业，1 243 213万元；石油和天然气开采业，1 144 248万元；黑色金属冶炼和压延加工业，864 396万元；开采专业及辅助性活动，583 306万元；汽车制造业，495 247万元。排名后五位的分别是木材加工和木、竹、藤、棕、草制品业，21 762万元；非金属矿采选业，21 683万元；印刷和记录媒介复制业，20 966万元；水的生产和供应业，16 426万元；纺织服装、服饰业，11 962万元（见表4-5）。

私营工业企业中，户均营收排名前五名的行业分别是石油、煤炭及其他燃料加工业，79 048万元；黑色金属冶炼和压延加工业，72 672万元；有色金属冶炼和压延加工业，36 598万元；化学纤维制造业，28 318万元；计算机、通信和其他电子设备制造业，23 520万元。排名后五位的分别是木材加工和木、竹、藤、棕、草制品业，8 920万元；开采专业及辅助性活动，8 750万元；其他制造业，8 437万元；石油和天然气开采业，8 146万元；水的生产和供应业，7 224万元（见表4-5）。

外商和港澳台商投资工业中，户均营收排名前五名的行业分别是石油和天然气开采业，620 778万元；石油、煤炭及其他燃料加工业，330 613万元；煤炭开采和洗选业，175 843万元；黑色金属冶炼和压延加工业，171 090万元；汽车制造业，133 108万元。排名后五位的分别是印刷和记录媒介复制业，20 340万元；纺织服装、服饰业，16 475万元；其他制造业，15 120万元；木材加工和木、竹、藤、棕、草制品业，14 603万元；非金属矿采选业，13 648万元（见表4-5）。

表4-5 规模以上工业企业户均营收

单位：万元

行 业	全部工业	国有控股	私营工业	外商和港澳台商投资工业
总　计	28 193	151 041	14 605	53 101
采矿业	45 286	201 744	15 018	95 777
煤炭开采和洗选业	59 108	193 455	20 400	175 843
石油和天然气开采业	770 028	1 144 248	8 146	620 778
黑色金属矿采选业	25 711	107 848	15 780	50 060
有色金属矿采选业	29 350	74 201	14 949	29 084
非金属矿采选业	10 784	21 683	9 659	13 648
开采专业及辅助性活动	110 220	583 306	8 750	129 033
制造业	26 585	167 412	14 640	53 068
农副食品加工业	20 082	43 009	14 592	57 848
食品制造业	21 685	40 927	13 407	50 957
酒、饮料和精制茶制造业	23 784	132 733	12 195	50 519
纺织业	13 515	47 724	11 079	22 078
纺织服装、服饰业	12 297	11 962	10 486	16 475
皮革、毛皮、羽毛及其制品和制鞋业	14 758	77 756	11 166	27 419
木材加工和木、竹、藤、棕、草制品业	9 536	21 762	8 920	14 603
家具制造业	11 290	91 328	9 206	22 624
造纸和纸制品业	20 935	68 563	13 768	51 477
印刷和记录媒介复制业	11 591	20 966	9 577	20 340
文教、工美、体育和娱乐用品制造业	14 612	80 551	11 386	21 608
石油、煤炭及其他燃料加工业	240 705	1 243 213	79 048	330 613
化学原料和化学制品制造业	31 414	132 615	16 802	54 909
医药制造业	32 221	60 696	18 368	73 937
化学纤维制造业	47 229	233 252	28 318	72 820
橡胶和塑料制品业	13 418	50 620	10 615	21 466
非金属矿物制品业	14 438	37 024	11 323	27 606
黑色金属冶炼和压延加工业	131 449	864 396	72 672	171 090
有色金属冶炼和压延加工业	77 560	375 082	36 598	123 909

行　业	全部工业	国有控股	私营工业	外商和港澳台商投资工业
金属制品业	14 520	50 151	11 636	22 822
通用设备制造业	15 883	63 404	9 914	34 974
专用设备制造业	16 293	67 615	10 813	27 577
汽车制造业	55 357	495 247	14 496	133 108
铁路、船舶、航空航天和其他运输设备制造业	31 719	139 021	14 216	34 769
电气机械和器材制造业	26 644	110 947	16 697	44 615
计算机、通信和其他电子设备制造业	63 458	153 220	23 520	120 957
仪器仪表制造业	17 433	38 888	11 514	28 716
其他制造业	12 605	92 994	8 437	15 120
金属制品、机械和设备修理业	31 082	57 435	10 493	81 450
电力、热力、燃气及水生产和供应业	61 204	105 789	10 093	49 237
电力、热力生产和供应业	78 326	135 693	9 222	51 699
燃气生产和供应业	41 028	74 818	14 770	58 940
水的生产和供应业	13 440	16 426	7 224	21 190

注：户均数据由北京大成企业研究院根据总量数据计算得出。

人均营收方面，全部规模以上工业企业人均营收126.5万元，国有控股企业为190.8万元，私营工业103.6万元，外商和港澳台商投资工业为127.6万元（见表4-6）。

全部工业中，人均营收排名前五名的行业分别是石油、煤炭及其他燃料加工业，585.6万元；有色金属冶炼和压延加工业，298.8万元；黑色金属冶炼和压延加工业，292.1万元；燃气生产和供应业，241.7万元；电力、热力生产和供应业，238.3万元。排名后五位的分别是其他制造业，60.4万元；水的生产和供应业，59.5万元；文教、工美、体育和娱乐用品制造业，54.4万元；皮革、毛皮、羽毛及其制品和制鞋业，53.2万元；纺织服装、服饰业，50.7万元（见表4-6）。

国有控股企业中，人均营收排名前五名的行业分别是石油、煤炭及其他燃料加工业，733.5万元；有色金属冶炼和压延加工业，365万元；汽车制造业，332.8万元；文教、工美、体育和娱乐用品制造业，328.7万元；黑色金属冶炼和压延加工业，297.3万元。排名后五位的分别是木材加工和木、竹、藤、棕、草制品业，68.1万元；煤炭开采和洗选业，67.9万元；非金属矿采选业，66.6万元；水的生产和供应业，53.6万元；纺织服装、服饰业，28.4万元（见表4-6）。

　　私营工业企业中，人均营收排名前五名的行业分别是石油、煤炭及其他燃料加工业，436.9万元；黑色金属冶炼和压延加工业，280.7万元；有色金属冶炼和压延加工业，267.3万元；化学纤维制造业，196.7万元；燃气生产和供应业，191.8万元。排名后五位的分别是皮革、毛皮、羽毛及其制品和制鞋业，57.2万元；金属制品、机械和设备修理业，54.9万元；纺织服装、服饰业，54.6万元；开采专业及辅助性活动，53.2万元；文教、工美、体育和娱乐用品制造业，48.5万元（见表4-6）。

　　外商和港澳台商投资工业中，人均营收排名前五名的行业分别是石油和天然气开采业，755万元；石油、煤炭及其他燃料加工业，716.1万元；黑色金属冶炼和压延加工业，402.2万元；有色金属冶炼和压延加工业，377.7万元；电力、热力生产和供应业，322.9万元。排名后五位的分别是印刷和记录媒介复制业，58.7万元；文教、工美、体育和娱乐用品制造业，50.6万元；其他制造业，47万元；皮革、毛皮、羽毛及其制品和制鞋业，45.7万元；纺织服装、服饰业，42.1万元（见表4-6）。

表4-6　规模以上工业企业人均营收

单位：万元

行　业	全部工业	国有控股	私营工业	外商和港澳台商投资工业
总　计	126.5	190.8	103.6	127.6
采矿业	89.9	81.6	115.5	214.1
煤炭开采和洗选业	77.4	67.9	118.3	178.8
石油和天然气开采业	135.3	128.7	81.5	755.0
黑色金属矿采选业	102.0	93.2	118.7	93.9
有色金属矿采选业	116.3	121.1	107.0	122.8
非金属矿采选业	103.3	66.6	116.6	85.3
开采专业及辅助性活动	71.7	72.3	53.2	180.0

续表

行　业	全部工业	国有控股	私营工业	外商和港澳台商投资工业
制造业	125.1	226.6	103.2	125.6
农副食品加工业	121.9	198.8	96.0	188.5
食品制造业	101.9	100.6	88.9	130.4
酒、饮料和精制茶制造业	114.3	144.6	102.3	130.8
纺织业	77.3	71.0	80.2	74.3
纺织服装、服饰业	50.7	28.4	54.6	42.1
皮革、毛皮、羽毛及其制品和制鞋业	53.2	68.8	57.2	45.7
木材加工和木、竹、藤、棕、草制品业	85.5	68.1	87.2	72.5
家具制造业	62.7	234.8	62.8	63.9
造纸和纸制品业	128.2	129.6	110.4	172.7
印刷和记录媒介复制业	76.2	75.2	84.0	58.7
文教、工美、体育和娱乐用品制造业	54.4	328.7	48.5	50.6
石油、煤炭及其他燃料加工业	585.6	733.5	436.9	716.1
化学原料和化学制品制造业	188.5	212.2	144.4	300.9
医药制造业	114.9	102.9	109.4	138.2
化学纤维制造业	195.9	164.0	196.7	213.2
橡胶和塑料制品业	85.9	98.2	91.1	74.8
非金属矿物制品业	106.9	142.4	101.6	103.9
黑色金属冶炼和压延加工业	292.1	297.3	280.7	402.2
有色金属冶炼和压延加工业	298.8	365.0	267.3	377.7
金属制品业	95.2	110.0	99.2	84.3
通用设备制造业	95.0	108.1	84.9	120.9
专用设备制造业	95.6	116.9	90.1	100.7
汽车制造业	177.6	332.8	89.9	247.4
铁路、船舶、航空航天和其他运输设备制造业	95.5	108.4	83.6	94.5
电气机械和器材制造业	115.1	178.9	108.5	95.9
计算机、通信和其他电子设备制造业	123.0	138.4	110.9	118.0
仪器仪表制造业	88.1	103.1	82.8	94.9
其他制造业	60.4	82.6	60.4	47.0

续表

行　业	全部工业	国有控股	私营工业	外商和港澳台商投资工业
金属制品、机械和设备修理业	80.3	75.0	54.9	129.3
电力、热力、燃气及水生产和供应业	214.4	224.5	130.3	250.6
电力、热力生产和供应业	238.3	250.3	121.2	322.9
燃气生产和供应业	241.7	258.4	191.8	240.0
水的生产和供应业	59.5	53.6	83.3	101.9

注：人均数据由北京大成企业研究院根据总量数据计算得出。

二、建筑业企业营收情况

建筑业总产值225 816.86亿元。其中国有企业28 273.22亿元，占比12.5%；私营企业7 980.97亿元，占比3.5%；港澳台商投资企业743.74亿元，占比0.3%；外商投资企业639.04亿元，占比0.3%（见表4-7）。

按总产值计算劳动生产率，全国379 723.89元/人。其中国有企业550 030.5元/人，私营企业308 432.5元/人，港澳台商投资企业389 392.67元/人，外商投资企业514 939.56元/人（见表4-7）。

表4-7　按经济类型划分的总承包和专业承包企业主总产值情况

指　标	合计	内资企业	内资企业			港澳台商投资企业	外商投资企业
			国有	集体	私营		
建筑业总产值（亿元）	225 816.86	224 434.1	28 273.22	3 615.37	7 980.97	743.74	639.04
建筑业总产值占比（%）	100.0	99.4	12.5	1.6	3.5	0.3	0.3
按总产值计算劳动生产率（元/人）	379 723.89	379 409	550 030.5	282 649.5	308 432.5	389 392.67	514 939.56

注：数据来源于《中国经济普查年鉴2018.第二产业卷（下）》表2-B-1.1、表2-B-2.39、表2-B-2.44。

总承包和专业承包企业营业收入2 119 917 042万元。其中国有企业286 537 329万元，占比13.5%；私营企业707 917 983万元，占比33.4%；港澳台企业7 525 574万元，占比0.4%；外商投资企业7 818 222万元，占比0.4%（见表4-8）。

主营业务收入方面，总计2 093 388 310万元，其中国有企业283 385 975万元，占比13.5%；私营企业698 374 869万元，占比33.4；港澳台企业7 451 100万元，占比0.4%；外商投资企业7 748 298万元，占比0.4%（见表4-8）。

表4-8 总承包和专业承包企业营业收入、主营业务收入情况

	总　　计	国有企业	港澳台企业	外商投资企业	私营企业
营业收入（万元）	2 119 917 042	286 537 329	7 525 574	7 818 222	707 917 983
营业收入占比（%）	100.0	13.5	0.4	0.4	33.4
主营业务收入（万元）	2 093 388 310	283 385 975	7 451 100	7 748 298	698 374 869
主营业务收入占比（%）	100.0	13.5	0.4	0.4	33.4

注：数据来源于《中国经济普查年鉴2018.第二产业卷（下）》表2-B-1.1、表2-B-2.45、表2-B-2.50。

三、文化及相关产业营收情况

（一）规模以上文化制造业企业营收情况

规模以上文化制造业企业营收总额396 721 947万元。按控股情况来看，国有控股企业营收总额40 919 254万元，占比为10.3%；私人控股企业营收总额217 945 524万元，占比54.9%；港澳台商控股企业营收总额为62 746 541万元，占比为15.8%；外商控股企业营收总额56 550 235万元，占比14.3%（见表4-9）。

户均营收方面，国有控股企业户均营收541万元，私人控股企业329万元，港澳台商控股企业597万元，外商控股企业705万元（见表4-9）。

人均营收方面，国有控股企业人均营收总额22.8万元，私人控股企业30.6万元，港澳台商控股企业19.2万元，外商控股企业26.2万元（见表4-9）。

表4-9 按注册类型和控股情况分规模以上文化制造业企业营收情况

分 组	营业收入（万元）	营收占比（%）	户均营收（万元）	人均营收（万元）
总 计	396 721 947	100.0	331	30.0
按注册类型分组				
内资企业	271 642 626	68.5	327	30.4
国有企业	755 029	0.2	397	18.4
私营企业	156 803 056	39.5	325	30.6
港澳台商投资企业	60 317 857	15.2	611	19.9
外商投资企业	64 761 464	16.3	664	26.2
按控股情况分组				
国有控股	40 919 254	10.3	541	22.8
集体控股	5 107 319	1.3	272	24.3
私人控股	217 945 524	54.9	329	30.6
港澳台商控股	62 746 541	15.8	597	19.2
外商控股	56 550 235	14.3	705	26.2
其 他	13 453 074	3.4	285	26.7

注：数据来源于《中国经济普查年鉴2018综合卷》表3-B-02"按注册类型和控股情况分规模以上文化制造业企业主要财务指标"，占比、户均、人均数据为北京大成企业研究院计算得出。

（二）文化批零企业营收情况

1. 限额以上文化批零企业营业收入情况

限额以上文化批零业企业营收总额205 379 431万元。按控股情况来看，国有控股企业营收总额为40 723 041万元，占比为19.8%；私人控股企业营收总额为86 788 678万元，占比为42.3%；港澳台商控股企业营收总额为9 475 898万元，占比为4.6%；外商控股企业营收总额为35 773 006万元，占比为17.4%（见表4-10）。

户均营收方面，国有控股企业户均营收33 352万元；私人控股企业10 435万元；港澳台商控股企业54 459万元；外商控股企业266 963万元（见表4-10）。

人均营收方面，国有控股企业人均营收293.5万元；私人控股企业277.4万元；港澳台商控股企业279.9万元；外商控股企业1 032万元（见表4-10）。

表4-10　按注册类型和控股情况分限额以上文化批零业企业营收情况

分　　组	营业收入（万元）	营收占比（%）	户均营收（万元）	人均营收（万元）
总　　计	205 379 431	—	19 508	347.9
按注册类型分组				
内资企业	159 131 176	77.5	15 598	307.8
国有企业	2 801 636	1.4	13 215	207.6
私营企业	60 684 460	29.5	8 898	269.3
港澳台商投资企业	9 218 849	4.5	52 982	272.3
外商投资企业	37 029 406	18	243 615	938.3
按控股情况分组				
国有控股	40 723 041	19.8	33 352	293.5
集体控股	8 830 949	4.3	69 535	731.5
私人控股	86 788 678	42.3	10 435	277.4
港澳台商控股	9 475 898	4.6	54 459	279.9
外商控股	35 773 006	17.4	266 963	1032
其　　他	23 787 859	11.6	42 861	408.7

注：数据来源于《中国经济普查年鉴2018综合卷》表3-C-02"按注册类型和控股情况分限额以上文化批零业企业主要财务指标"，占比、户均、人均数据为北京大成企业研究院计算得出。

2. 限额以下文化批零企业营业收入情况

限额以下文化批零业企业营收总额72 515 237万元。按控股情况来看，国有控股企业营收总额1 080 958万元，占比为1.5%；私人控股企业营收总额66 776 454万元，占比92.1%；港澳台商控股企业营收总额为1 243 405万元，占比1.7%；外商控股企业营收总额765 888万元，占比1.1%（见表4-11）。

户均营收方面，国有控股企业户均营收778万元，私人控股企业233万元，港澳台商控股企业1 048万元，外商控股企业1 045万元（见表4-11）。

人均营收方面，国有控股企业人均营收总额69.3万元，私人控股企业58.8万元，港澳台商控股企业178.6万元，外商控股企业138.7万元（见表4-11）。

表4-11 按注册类型和控股情况分限额以下文化批零业企业营收情况

分 组	营业收入 （万元）	营收占比 （%）	户均营收 （万元）	人均营收 （万元）
总 计	72 515 237	100.0	243	59.9
按注册类型分组				
内资企业	70 427 758	97.1	237	58.8
国有企业	259 264	0.4	380	45.9
私营企业	60 020 705	82.8	229	58.6
港澳台商投资企业	1 256 232	1.7	1 071	178.8
外商投资企业	831 247	1.1	944	128.8
按控股情况分组				
国有控股	1 080 958	1.5	778	69.3
集体控股	574 977	0.8	408	61.8
私人控股	66 776 454	92.1	233	58.8
港澳台商控股	1 243 405	1.7	1 048	178.6
外商控股	765 888	1.1	1 045	138.7
其 他	2 073 555	2.9	255	55.4

注：数据来源于《中国经济普查年鉴2018综合卷》表3-C-04"按注册类型和控股情况分限额以下文化批零业企业主要财务指标"，占比、户均、人均数据为北京大成企业研究院计算得出。

（三）文化服务业企业营收情况

1. 规模以上文化服务业企业营业收入情况

规模以上文化服务业企业营收总额365 888 952万元。按控股情况来看，国有控股企业营收总额为87 133 430万元，占比为23.8%；私人控股企业营收总额为158 213 336万元，占比为43.2%；港澳台商控股企业营收总额为58 158 080万元，占比为15.9%；外商控股企业营收总额为28 848 910万元，占比为7.9%（见表4-12）。

户均营收方面，国有控股企业户均营收16 348万元，私人控股企业7 561万元，港澳台商控股企业97 417万元，外商控股企业51 516万元（见表4-12）。

人均营收方面，国有控股企业人均营业总额84.2万元，私人控股企业94.6万元，港澳台商控股企业222.7万元，外商控股企业235.5万元（见表4-12）。

表4-12 按注册类型和控股情况分规模以上文化服务业企业营收情况

分 组	营业收入 （万元）	营收占比 （%）	户均营收 （万元）	人均营收 （万元）
总 计	365 888 952	100.0	12 191	104
按注册类型分组				
内资企业	275 619 361	75.3	9 589	88.7
国有企业	13 031 893	3.6	11 215	59.9
私营企业	94 572 163	25.8	6 126	87.5
港澳台商投资企业	58 224 497	15.9	94 062	228.5
外商投资企业	32 045 095	8.8	49 149	206.8
按控股情况分组				
国有控股	87 133 430	23.8	16 348	84.2
集体控股	3 242 392	0.9	7 665	52.2
私人控股	158 213 336	43.2	7 561	94.6
港澳台商控股	58 158 080	15.9	97 417	222.7
外商控股	28 848 910	7.9	51 516	235.5
其 他	30 292 804	8.3	13 915	83

注：数据来源于《中国经济普查年鉴2018综合卷》表3-D-02"按注册类型和控股情况分规模以上文化服务业企业主要财务指标"，占比、户均、人均数据为北京大成企业研究院计算得出。

2. 规模以下文化服务业企业营业收入情况

规模以下文化服务业企业营收总额195 073 261万元。按控股情况来看，国有控股企业营收总额为9 021 921万元，占比为4.6%；私人控股企业营收总额为171 136 884万元，占比为87.7%；港澳台商控股企业营收总额为1 967 659万元，占比为1.0%；外商控股企业营收总额为977 384万元，占比为0.5%（见表4-13）。

户均营收方面，国有控股企业户均营收818万元，私人控股企业131万元，港澳台商控股企业434万元，外商控股企业542万元（见表4-13）。

人均营收方面，国有控股企业人均营收43.5万元，私人控股企业26.5万元，港澳台商控股企业57.8万元，外商控股企业53.5万元（见表4-13）。

表4-13　按注册类型和控股情况分规模以下文化服务业企业营收情况

分　组	营业收入 （万元）	营收占比 （%）	户均营收 （万元）	人均营收 （万元）
总　计	195 073 261	100.0	140	27.2
按注册类型分组				
内资企业	191 813 779	98.3	139	26.9
国有企业	2 292 938	1.2	426	24.9
私营企业	150 659 786	77.2	127	26.1
港澳台商投资企业	2 027 555	1.0	456	59.1
外商投资企业	1 231 927	0.6	521	52
按控股情况分组				
国有控股	9 021 921	4.6	818	43.5
集体控股	1 072 593	0.5	202	26
私人控股	171 136 884	87.7	131	26.5
港澳台商控股	1 967 659	1.0	434	57.8
外商控股	977 384	0.5	542	53.5
其他	10 896 820	5.6	170	26.4

注：数据来源于《中国经济普查年鉴2018综合卷》表3-D-04"按注册类型和控股情况分规模以下XIA文化服务业企业主要财务指标"，占比、户均、人均数据为北京大成企业研究院计算得出。

四、批发零售业法人企业营收情况

（一）批发业法人企业营收情况

批发业法人企业营业收入总额722 441.2亿元。其中国有企业17 652.9亿元，占比2.4%；私营企业315 241.6亿元，占比43.6%；港澳台商投资企业26 380.8亿元，占比3.7%；外商投资企业57 810.3亿元，占比8.0%（见表4-14）。

限额以上批发业法人企业营业收入总额502 839.2亿元。其中国有企业16 488.3亿元，占比3.3%；私营企业154 735.2亿元，占比30.8%；港澳台商投资企业23 674.7亿元，占比4.7%；外商投资企业53 976亿元，占比10.7%（见

表4-15）。

表4-14　批发业法人企业营收及占比情况

分　组	营业收入（亿元）	营收占比（%）
批发业	722 441.2	100.0
内资企业	638 250.1	88.3
国有企业	17 652.9	2.4
集合联企业	1 554.0	0.2
有限责任公司	252 683.7	35.0
股份有限公司	47 659.4	6.6
私营企业	315 241.6	43.6
其他企业	3 458.7	0.5
港澳台商投资企业	26 380.8	3.7
外商投资企业	57 810.3	8.0

注：数据来源于《中国经济普查年鉴2018第三产业卷》表1-A-3"批发业法人企业财务状况"，占比数据为北京大成企业研究院计算得出。

表4-15　限额以上批发业法人企业营收及占比情况

分　组	营业收入（亿元）	营收占比（%）
批发业	502 839.2	100.0
内资企业	425 188.5	84.6
国有企业	16 488.3	3.3
集合联企业	972.4	0.2
有限责任公司	210 000.1	41.8
股份有限公司	42 630.0	8.5
私营企业	154 735.2	30.8
其他企业	362.5	0.1
港澳台商投资企业	23 674.7	4.7
外商投资企业	53 976.0	10.7

注：数据来源于《中国经济普查年鉴2018第三产业卷》表1-A-4"限额以上批发业法人企业财务状况"，占比数据为北京大成企业研究院计算得出。

（二）零售业法人企业营收情况

零售业法人企业营业收入总额158 700.4亿元。其中国有企业1 277.1亿元，占比0.8%；私营企业77 118.6亿元，占比48.6%；港、澳、台商投资企业7 288.4亿元，占比4.6%；外商投资企业7 896.1亿元，占比5%（见表4–16）。

表4–16 零售业法人企业营收及占比情况

分 组	营业收入（亿元）	营收占比（%）
批发业	158 700.4	100.0
内资企业	143 515.9	90.4
国有企业	1 277.1	0.8
集合联企业	1 071.4	0.7
有限责任公司	49 876.4	31.4
股份有限公司	13 529.7	8.5
私营企业	77 118.6	48.6
其他企业	642.8	0.4
港澳台商投资企业	7 288.4	4.6
外商投资企业	7 896.1	5.0

注：数据来源于《中国经济普查年鉴2018第三产业卷》表1–A–7"零售法人企业财务状况"，占比数据为北京大成企业研究院计算得出。

限额以上零售业法人企业营业收入总额110 555.1亿元。其中国有企业1 111.3亿元，占比1.0%；私营企业38 865.3亿元，占比35.2%；港澳台商投资企业6 985.9亿元，占比6.3%；外商投资企业7 577.8亿元，占比6.9%（见表4–17）。

表4–17 限额以上零售业法人企业营收及占比情况

分 组	营业收入（亿元）	营收占比（%）
批发业	110 555.1	100.0
内资企业	95 991.5	86.8
国有企业	1 111.3	1.0
集合联企业	708.5	0.6
有限责任公司	42 369.9	38.3
股份有限公司	12 821.9	11.6

分　　组	营业收入（亿元）	营收占比（%）
私营企业	38 865.3	35.2
其他企业	114.6	0.1
港澳台商投资企业	6 985.9	6.3
外商投资企业	7 577.8	6.9

注：数据来源于《中国经济普查年鉴2018第三产业卷》表1-A-8"限额以上零售业法人企业财务状况"，占比数据为北京大成企业研究院计算得出。

五、房地产开发企业营收情况

房地产开发企业主营业务收入1 129 246 843万元。其中国有企业4 259 803万元，占比0.4%；私营企业368 712 639万元，占比32.7%；港澳台商投资企业66 167 033万元，占比5.9%；外商投资企业27 356 488万元，占比2.4%。全国营收前五的地区分别是：江苏155 657 990万元；广东144 841 102万元；浙江81 766 211万元；山东75 574 991万元；湖北59 314 029（见表4-18、表4-19）。

国有企业中，营收排名前五的地区分别是：江苏619 769万元；广东332 864万元；福建323 702万元；北京297 406万元；陕西285 916万元（见表4-18）。

私营企业中，营收排名前五的地区分别是：江苏70 996 246万元；广东40 585 755万元；浙江33 773 765万元；山东22 449 051万元；湖北20 194 819万元（见表4-18）。

港澳台商投资企业中，营收排名前五的地区分别是：广东13 646 312万元；江苏12 304 095万元；上海6 436 904万元；浙江5 051 157万元；重庆4 461 556万元（见表4-18）。

外商投资企业中，营收排名前五的地区分别是：广东6 265 660万元；江苏5 715 215万元；上海3 420 576万元；辽宁2 237 305万元；山东1 700 064万元（见表4-18）。

表4-18 各地区按登记注册类型分房地产开发企业主营业务收入

单位：万元

地区	总计	内资企业	国有企业	集体联企业	有限公司	股份有限公司	私营企业	其他内资企业	港澳台商投资企业	外商投资企业
全 国	1 129 246 843	1 035 723 323	4 259 803	1 820 305	629 996 631	30 901 137	368 712 639	32 808	66 167 033	27 356 488
北 京	35 155 039	32 617 979	297 406	32 867	30 205 612	952 308	1 129 787	—	1 471 985	1 065 076
天 津	20 897 470	18 287 965	89 344	25 075	14 027 093	651 174	3 495 278	—	1 704 345	905 160
河 北	27 482 727	26 966 406	3 712	—	10 536 065	241 095	16 185 534	—	398 281	118 040
山 西	8 876 438	8 796 124	49 850	329	3 733 456	153 949	4 858 541	—	52 602	27 712
内蒙古	9 205 889	9 184 309	1 435	—	5 037 952	145 623	3 999 299	—	13 914	7 666
辽 宁	24 937 659	20 120 844	13 570	765	11 283 674	224 379	8 598 456	—	2 579 510	2 237 305
吉 林	10 658 263	10 498 582	2 201	—	6 679 324	774 967	3 042 090	—	149 181	10 500
黑龙江	10 751 505	10 555 252	52 246	—	6 643 730	564 911	3 294 365	—	130 297	65 957
上 海	56 122 712	46 265 232	168 357	125 659	35 588 331	1 096 944	9 285 941	—	6 436 904	3 420 576
江 苏	155 657 990	137 638 680	619 769	154 074	62 565 186	3 303 405	70 996 246	—	12 304 095	5 715 215
浙 江	81 766 211	75 829 691	207 967	23 733	40 270 649	1 553 577	33 773 765	—	5 051 157	885 363
安 徽	46 632 904	45 809 662	109 009	1 478	31 369 918	1 126 841	13 202 415	—	562 758	260 484
福 建	45 125 974	40 526 066	323 702	8 582	27 010 026	1 267 340	11 916 416	—	405 2636	547 272
江 西	26 792 480	26 217 962	218 757	—	14 683 014	1 272 196	10 043 995	—	546 286	28 233
山 东	75 574 991	70 343 912	280 538	356 174	43 855 809	3 383 305	22 449 051	19 036	3 531 015	1 700 064

续表

地区	总计	内资企业	国有企业	集合联企业	有限公司	股份有限公司	私营企业	其他内资企业	港澳台商投资企业	外商投资企业
河 南	50 433 460	49 635 660	242 681	51 527	35 991 926	2 216 491	11 133 035	—	747 180	50 621
湖 北	59 314 029	56 823 277	126 326	83 953	34 612 648	1 805 530	20 194 819	—	1 836 328	654 424
湖 南	40 402 387	38 497 259	205 479	22 792	20 703 237	1 541 494	16 024 090	167	1 487 451	417 678
广 东	144 841 102	124 929 130	332 864	788 567	80 034 924	3 187 021	40 585 755	—	13 646 312	6 265 660
广 西	20 925 721	18 968 977	85 617	2 626	11 309 306	479 643	7 091 785	—	1 102 752	853 992
海 南	15 256 780	14 572 271	11 929	2 737	11 950 449	654 866	1 952 289	—	500 868	183 641
重 庆	37 136 884	32 256 858	94 621	311	17 959 141	1 366 070	12 836 715	—	4 461 556	418 470
四 川	54 444 267	51 822 934	166 579	132 197	33 083 433	991 499	17 435 621	13 605	1 565 387	1 055 946
贵 州	16 089 649	15 169 679	7 785	99	9 394 573	312 008	5 455 214	—	832 821	87 150
云 南	16 779 845	16 311 164	192 073	1 391	9 581 651	678 701	5 857 348	—	310 722	157 959
西 藏	472 925	472 925	29 317	—	374 624	—	68 985	—	—	—
陕 西	17 823 484	17 184 584	285 916	4 744	11 754 856	381 676	4 757 392	—	502 352	136 548
甘 肃	7 799 016	7 740 900	34 721	420	4 088 549	292 071	3 325 139	—	8 691	49 425
青 海	1 444 454	1 443 848	—	—	776 671	16 450	650 728	—	—	606
宁 夏	3 300 791	3 146 123	—	—	1 236 182	—	1 909 941	—	124 920	29 748
新 疆	7 143 800	7 089 070	6 037	204	3 654 623	265 602	3 162 605	—	54 730	—

注：数据来源于《中国经济普查年鉴2018第三产业卷》表3-27"各地区按登记注册类型分房地产开发企业主营业务收入"。

表4-19　各地区按登记注册类型分房地产开发企业主营业务收入占比情况

单位：%

地 区	总计	内资	内资企业					港澳台商投资企业	外资
			国企	集合联	有限	股份有限	私企		
全 国	100.0	91.7	0.4	0.2	55.8	2.7	32.7	5.9	2.4
北 京	100.0	92.8	0.8	0.1	85.9	2.7	3.2	4.2	3.0
天 津	100.0	87.5	0.4	0.1	67.1	3.1	16.7	8.2	4.3
河 北	100.0	98.1	0.0	—	38.3	0.9	58.9	1.4	0.4
山 西	100.0	99.1	0.6	0.0	42.1	1.7	54.7	0.6	0.3
内蒙古	100.0	99.8	0.0	—	54.7	1.6	43.4	0.2	0.1
辽 宁	100.0	80.7	0.1	0.0	45.2	0.9	34.5	10.3	9.0
吉 林	100.0	98.5	0.0	—	62.7	7.3	28.5	1.4	0.1
黑龙江	100.0	98.2	0.5	—	61.8	5.3	30.6	1.2	0.6
上 海	100.0	82.4	0.3	0.2	63.4	2.0	16.5	11.5	6.1
江 苏	100.0	88.4	0.4	0.1	40.2	2.1	45.6	7.9	3.7
浙 江	100.0	92.7	0.3	0.0	49.3	1.9	41.3	6.2	1.1
安 徽	100.0	98.2	0.2	0.0	67.3	2.4	28.3	1.2	0.6
福 建	100.0	89.8	0.7	0.0	59.9	2.8	26.4	9.0	1.2
江 西	100.0	97.9	0.8	—	54.8	4.7	37.5	2.0	0.1
山 东	100.0	93.1	0.4	0.5	58	4.5	29.7	4.7	2.2
河 南	100.0	98.4	0.5	0.1	71.4	4.4	22.1	1.5	0.1
湖 北	100.0	95.8	0.2	0.1	58.4	3.0	34	3.1	1.1
湖 南	100.0	95.3	0.5	0.1	51.2	3.8	39.7	3.7	1.0
广 东	100.0	86.3	0.2	0.5	55.3	2.2	28	9.4	4.3
广 西	100.0	90.6	0.4	0.5	54	2.3	33.9	5.3	4.1
海 南	100.0	95.5	0.1	0.0	78.3	4.3	12.8	3.3	1.2
重 庆	100.0	86.9	0.3	0.0	48.4	3.7	34.6	12	1.1
四 川	100.0	95.2	0.3	0.2	60.8	1.8	32	2.9	1.9
贵 州	100.0	94.3	0.0	0.0	58.4	1.9	33.9	5.2	0.5
云 南	100.0	97.2	1.1	0.0	57.1	4.0	34.9	1.9	0.9
西 藏	100.0	100	6.2	—	79.2	0.0	14.6	0.0	0.0
陕 西	100.0	96.4	1.6	0.0	66	2.1	26.7	2.8	0.8
甘 肃	100.0	99.3	0.4	0.0	52.4	3.7	42.6	0.1	0.6
青 海	100.0	100	—	—	53.8	1.1	45.1	0.0	0.0
宁 夏	100.0	95.3	—	—	37.5	—	57.9	3.8	0.9
新 疆	100.0	99.2	0.1	0.0	51.2	3.7	44.3	0.8	0.0

注：1. 占比数据为北京大成企业研究院根据总量数据计算得出。

2. 其他内资企业占比较小，未体现。

六、服务业企业营收情况

（一）服务业国有控股企业及非公有控股企业各行业营收情况

服务业国有控股企业及非公有控股企业各行业营收情况见表4-20、表4-21。

表4-20　服务业国有控股企业及非公有控股企业各行业营收总额及占比情况

行　业	营业收入(亿元)		营收占比(%)	
	国有控股	非公有控股	国有控股	非公有控股
总　计	92 168.1	228 342.2	100.0	100.0
交通运输、仓储和邮政业	31 632.2	45 332.0	34.3	19.9
信息传输、软件和信息技术服务业	17 361.0	51 840.9	18.8	22.7
房地产业	2 808.0	14 346.2	3.0	6.3
租赁和商务服务业	18 360.5	62 923.6	19.9	27.6
科学研究和技术服务业	13 572.1	29 460.5	14.7	12.9
水利、环境和公共设施管理业	5 188.5	4 602.4	5.6	2.0
居民服务、修理和其他服务业	261.8	6 349.4	0.3	2.8
教　育	131.7	2 593.5	0.1	1.1
卫生和社会工作	339.2	3 369.5	0.4	1.5
文化、体育和娱乐业	2 513.1	7 524.2	2.7	3.3

表4-21　服务业国有控股企业及非公有控股企业分行业户均及人均营收情况

行　业	户均营收（万元）		人均营收（万元）	
	国有控股	非公有控股	国有控股	非公有控股
总　计	8 270.4	346.2	79.0	37.0
交通运输、仓储和邮政业	19 605.9	833.0	78.8	58.9
信息传输、软件和信息技术服务业	26 816.5	573.9	114.0	62.3
房地产业	2 105.4	282.7	30.3	18.8
租赁和商务服务业	4 937.6	285.4	72.7	34.5
科学研究和技术服务业	7 630.8	263.7	93.8	35.4
水利、环境和公共设施管理业	6 296.0	453.1	87.6	27.5
居民服务、修理和其他服务业	1 072.2	135.9	26.1	16.1

续表

行　业	户均营收（万元）		人均营收（万元）	
	国有控股	非公有控股	国有控股	非公有控股
教　育	881.9	131.9	22.3	16.0
卫生和社会工作	2 937.1	509.6	33.6	22.8
文化、体育和娱乐业	3 492.3	154.6	67.6	26.9

（二）交通运输、仓储和邮政业企业法人单位营收情况

交通运输、仓储和邮政业企业法人单位营业收入86 365.5亿元。其中国有企业3 746.5亿元，占比4.3%；私营企业27 676.8亿元，占比32%；港澳台商投资企业4 476.4亿元，占比5.2%；外商投资企业2 803.8亿元，占比3.2%（见表4–22、表4–23）。

户均营收方面，国有企业户均营收5 833.0万元，私营企业599.7万元，港澳台商投资企业14 505.6万元，外商投资企业13 942.2万元（见表4–23）。

人均营收方面，国有企业人均营收37.0万元，私营企业51.6万元，港澳台商投资企业148.9万元，外商投资企业142.8万元（见表4–23）。

表4–22　交通运输、仓储和邮政业企业法人单位营收情况（按行业）

行　业	营业收入(亿元)	营收占比(%)	户均营收(万元)	人均营收(万元)
总　计	86 365.5	100.0	1 515.7	61.8
铁路运输业	8 410.6	9.7	249 572.8	43.6
道路运输业	33 233.9	38.5	920.9	45.8
水上运输业	6 063.6	7.0	4 554.6	118.1
水上旅客运输	160.9	0.2	1 231.1	36.5
水上货物运输	3 805.8	4.4	4 821.1	163.5
水上运输辅助活动	2 096.9	2.4	5 099.4	88.6
航空运输业	7 372.8	8.5	28 345.9	118.8
管道运输业	3 030.8	3.5	120 270.0	990.6
多式联运和运输代理业	13 257.7	15.4	1 379.3	131.9
装卸搬运和仓储业	9 133.3	10.6	1 294.4	77.6
邮政业	5 862.9	6.8	2 279.1	40.8

注：总量数据来源于《中国经济普查年鉴2018第三产业卷》表4–2 "交通运输、仓储和邮政业企业法人单位主要指标"，占比、户均和人均数据为北京大成企业研究院计算得出。

表4-23 交通运输、仓储和邮政业企业法人单位分登记注册类型营收情况

登记注册类型	营业收入 (亿元)	营收占比 (%)	户均营收 (万元)	人均营收 (万元)
总　计	86 365.5	100.0	1 515.7	61.8
内资企业	79 085.3	91.6	1 400.5	58.7
国有企业	3 746.5	4.3	5 833.0	37.0
集合联企业	263.4	0.3	570.4	20.9
有限责任公司	38 121.8	44.1	4 604.6	62.8
股份有限公司	9 234.6	10.7	13 845.0	105.1
私营企业	27 676.8	32.0	599.7	51.6
其他企业	42.1	0.0	156.1	26.1
港澳台商投资企业	4 476.4	5.2	14 505.6	148.9
外商投资企业	2 803.8	3.2	13 942.2	142.8

注：总量数据来源于《中国经济普查年鉴2018第三产业卷》表4-4"交通运输、仓储和邮政业企业法人单位分登记注册类型主要指标"，占比、户均和人均数据为北京大成企业研究院计算得出。

（三）信息传输、软件和信息技术服务业企业法人单位营收情况

信息传输、软件和信息技术服务业企业法人单位营业收入70 078.1亿元，其中国有企业1 065.9亿元，占比1.5%；私营企业22 072.2亿元，占比31.5%，港澳台商投资企业9 902.9亿元，占比14.1%；外商投资企业6 685.2亿元，占比9.5%（见表4-24）。

户均营收方面，国有企业户均营收8 527.6万元，私营企业292.2万元，港澳台商投资企业11 752.8万元，外商投资企业12 848.7万元。

人均营收方面，国有企业人均营收117.0万元，私营企业44.4万元，港澳台商投资企业142.8万元，外商投资企业128.6万元。

表4-24 信息传输、软件和信息技术服务业企业法人单位分登记注册类型营收情况

登记注册类型	营业收入 (亿元)	营收占比 (%)	户均营收 (万元)	人均营收 (万元)
总　计	70 078.1	100.0	767.5	70.4
内资企业	53 490.0	76.3	594.7	61.2

登记注册类型	营业收入 (亿元)	营收占比 (%)	户均营收 (万元)	人均营收 (万元)
国有企业	1 065.9	1.5	8 527.6	117.0
集合联企业	21.2	0.0	214.2	30.3
有限责任公司	21 791.2	31.1	1 660.5	83.1
股份有限公司	8 526.8	12.2	8 718.6	81.6
私营企业	22 072.2	31.5	292.2	44.4
其他企业	12.7	0.0	136.2	23.7
港澳台商投资企业	9 902.9	14.1	11 752.8	142.8
外商投资企业	6 685.2	9.5	12 848.7	128.6

注：总量数据来源于《中国经济普查年鉴2018第三产业卷》表4-7"信息传输、软件和信息技术服务业企业法人单位分登记注册类型主要指标"，占比、户均和人均数据为北京大成企业研究院计算得出。

（四）金融业企业法人单位营收情况

2018年，金融业企业法人单位营收总额137 186亿元。其中，货币金融服务企业法人单位营收总额70 427亿元，资本市场服务企业营收总额8 564亿元，保险业企业营收总额45 735亿元，其他金融业企业营收总额12 460亿元（见表4-25）。

表4-25　金融业企业法人单位营收情况

行　业	营业收入(亿元)	户均营收(亿元)	人均营收(万元)
总　计	137 186	1.0	75.5
货币金融服务	70 427	1.8	169.8
其中：系统内	65 941	5.3	169
资本市场服务	8 564	0.1	127.3
其中：系统内	6 726	0.3	122.7
保险业	45 735	2.5	35
其中：系统内	45 682	2.9	35
其他金融业	12 460	0.9	445.7
其中：系统内	3 817	12.0	445.5

注：总量数据来源于《中国经济普查年鉴2018第三产业卷》表4-8"金融业企业法人单位主要指标"，占比、户均和人均数据为北京大成企业研究院计算得出。

（五）房地产业企业法人单位营收情况

房地产业企业法人单位营业收入17 977.6亿元。其中国有企业246.4亿元，占比1.4%；私营企业8 782.9亿元，占比48.9%；港澳台商投资企业1 115.5亿元，占比6.2%；外商投资企业444.7亿元，占比2.5%（见表4-26）。

户均营收方面，国有企业户均营收481.8万元，私营企业211.8万元，港澳台商投资企业2 899.8万元，外商投资企业2 406.3万元（见表4-26）。

人均营收方面，国有企业人均营收22.7万元，私营企业17.1万元，港澳台商投资企业48.6万元，外商投资企业41.6万元（见表4-26）。

表4-26　房地产业企业法人单位分登记注册类型营收情况

登记注册类型	营业收入（亿元）	营收占比（%）	户均营收（万元）	人均营收（万元）
总　　计	17 977.6	100.0	335.3	20.2
内资企业	16 417.4	91.3	309.5	19.1
国有企业	246.4	1.4	481.8	22.7
集合联企业	392.9	2.2	357.6	23.9
有限责任公司	6 386.9	35.5	691.5	22.1
股份有限公司	589.0	3.3	943.7	21.5
私营企业	8 782.9	48.9	211.8	17.1
其他企业	19.3	0.1	182.0	27.9
港澳台商投资企业	1 115.5	6.2	2 899.8	48.6
外商投资企业	444.7	2.5	2 406.3	41.6

注：总量数据来源于《中国经济普查年鉴2018第三产业卷》表4-11"房地产业企业法人单位分登记注册类型主要指标"，占比、户均和人均数据为北京大成企业研究院计算得出。

（六）租赁和商务服务业企业法人单位营业收入情况

租赁和商务服务业企业法人单位营业收入85 404.9亿元。其中国有企业2 296.1亿元，占比2.7%；私营企业41 494.9亿元，占比48.6%；港澳台商投资企业2 786.7亿元，占比3.3%；外商投资企业4 267.5亿元，占比5%（见表4-27）。

户均营收方面，国有企业户均营收2 408.6万元，私营企业221.5万元，港澳台商投资企业1 891.0万元，外商投资企业4 615.0万元（见表4–27）。

人均营收方面，国有企业人均营收33.0万元，私营企业29.0万元，港澳台商投资企业101.8万元，外商投资企业123.5万元（见表4–27）。

表4–27　租赁和商务服务业企业法人单位分登记注册类型营收情况

登记注册类型	营业收入 （亿元）	营收占比 （%）	户均营收 （万元）	人均营收 （万元）
总　　计	85 404.9	100.0	340.9	38.2
内资企业	78 350.7	91.7	315.7	36.0
国有企业	2 296.1	2.7	2 408.6	33.0
集合联企业	1 634.5	1.9	94.6	22.1
有限责任公司	29 024.9	34	845.8	55.3
股份有限公司	3 070.3	3.6	1 464.3	70.6
私营企业	41 494.9	48.6	221.5	29.0
其他企业	830.0	1.0	135.3	24.3
港澳台商投资企业	2 786.7	3.3	1 891.0	101.8
外商投资企业	4 267.5	5.0	4 615.0	123.5

注：总量数据来源于《中国经济普查年鉴2018第三产业卷》表4–14"租赁和商务服务业企业法人单位分登记注册类型主要指标"，占比、户均和人均数据为北京大成企业研究院计算得出。

（七）科学研究和技术服务业企业法人单位营收情况

科学研究和技术服务业企业法人单位营业收入44 695.7亿元。其中国有企业1 652.5亿元，占比3.7%；私营企业19 487.3亿元，占比43.6%；港、澳、台商投资企业1 020.5亿元，占比2.3%；外商投资企业1 587.3亿元，占比3.6%（见表4–28）。

户均营收方面，国有企业户均营收1 917.9万元，私营企业207.1万元，港、澳、台商投资企业1 416.8万元，外商投资企业2 418.9万元（见表4–28）。

人均营收方面，国有企业人均营收46.8万元，私营企业31.7万元，港、澳、台商投资企业65.7万元，外商投资企业74.7万元（见表4–28）。

表4-28　科学研究和技术服务业企业法人单位分登记注册类型营收情况

登记注册类型	营业收入 (亿元)	营收占比 (%)	户均营收 (万元)	人均营收 (万元)
总　计	44 695.7	100.0	374.0	43.4
内资企业	42 087.9	94.2	356.3	42.4
国有企业	1 652.5	3.7	1 917.9	46.8
集合联企业	175.1	0.4	284.2	26.5
有限责任公司	16 757.9	37.5	1 011.5	62.6
股份有限公司	3 160.4	7.1	2 803.7	92.2
私营企业	19 487.3	43.6	207.1	31.7
其他企业	854.8	1.9	175.5	25.4
港澳台商投资企业	1 020.5	2.3	1 416.8	65.7
外商投资企业	1 587.3	3.6	2 418.9	74.7

注：总量数据来源于《中国经济普查年鉴2018第三产业卷》表4-17"科学研究和技术服务业企业法人单位分登记注册类型主要指标"，占比、户均和人均数据为北京大成企业研究院计算得出。

（八）水利、环境和公共设施管理业企业法人单位营收情况

水利、环境和公共设施管理业企业法人单位营业收入10 066.5亿元。其中国有企业408.7亿元，占比4.1%；私营企业2 651.3亿元，占比26.3%；港澳台商投资企业108.7亿元，占比1.1%；外商投资企业122.2亿元，占比1.2%（见表4-29）。

户均营收方面，国有企业户均营收1 540.5万元，私营企业323.8万元，港澳台商投资企业2 663.7万元，外商投资企业5 111.2万元（见表4-29）。

人均营收方面，国有企业人均营收38.8万元，私营企业24.7万元，港澳台商投资企业36.3万元，外商投资企业115.9万元（见表4-29）。

表4-29　水利、环境和公共设施管理业企业法人单位分登记注册类型营收情况

登记注册类型	营业收入 (亿元)	营收占比 (%)	户均营收 (万元)	人均营收 (万元)
总　计	10 066.5	100.0	868.4	42.2
内资企业	9 835.6	97.7	853.2	41.9

续表

登记注册类型	营业收入 （亿元）	营收占比 （%）	户均营收 （万元）	人均营收 （万元）
国有企业	408.7	4.1	1 540.5	38.8
集合联企业	51.1	0.5	378.1	19.9
有限责任公司	6 244.9	62	2 523.7	61.2
股份有限公司	443.2	4.4	2 395.9	43.2
私营企业	2 651.3	26.3	323.8	24.7
其他企业	36.4	0.4	130.2	19.7
港澳台商投资企业	108.7	1.1	2 663.7	36.3
外商投资企业	122.2	1.2	5 111.2	115.9

注：总量数据来源于《中国经济普查年鉴2018第三产业卷》表4-20 "水利、环境和公共设施管理业企业法人单位分登记注册类型主要指标"，占比、户均和人均数据为北京大成企业研究院计算得出。

（九）居民服务、修理和其他服务业企业法人单位营收情况

居民服务、修理和其他服务业企业法人单位营业收入6 832.3亿元。其中国有企业76.3亿元，占比1.1%；私营企业4 996.2亿元，占比73.1%；港澳台商投资企业148.8亿元，占比2.2%；外商投资企业117.4亿元，占比1.7%（见表4-30）。

户均营收方面，国有企业户均营收526.4万元，私营企业121.8万元，港澳台商投资企业1 986.1万元，外商投资企业1 751.7万元（见表4-30）。

人均营收方面，国有企业人均营收26.3万元，私营企业15.6万元，港澳台商投资企业20.6万元，外商投资企业32.7万元（见表4-30）。

表4-30　居民服务、修理和其他服务业企业法人单位分登记注册类型营收情况

登记注册类型	营业收入 （亿元）	营收占比 （%）	户均营收 （万元）	人均营收 （万元）
总　　计	6 832.3	100.0	142.6	16.5
内资企业	6 566.2	96.1	137.4	16.3
国有企业	76.3	1.1	526.4	26.3
集合联企业	120.2	1.8	277.5	25.2

登记注册类型	营业收入 (亿元)	营收占比 (%)	户均营收 (万元)	人均营收 (万元)
有限责任公司	1 211.1	17.7	222.0	17.4
股份有限公司	129.0	1.9	322.3	25.7
私营企业	4 996.2	73.1	121.8	15.6
其他企业	33.4	0.5	100.2	18.0
港澳台商投资企业	148.8	2.2	1 986.1	20.6
外商投资企业	117.4	1.7	1 751.7	32.7

注：总量数据来源于《中国经济普查年鉴2018第三产业卷》表4-23"居民服务、修理和其他服务业企业法人单位分登记注册类型主要指标"，占比、户均和人均数据为北京大成企业研究院计算得出。

（十）教育企业法人单位营收情况

教育企业法人单位营业收入5 225.5亿元。其中国有企业164.2亿元，占比3.1%；私营企业2 517.6亿元，占比48.2%；港、澳、台商投资企业41.7亿元，占比0.8%（见表4-31）。

户均营收方面，国有企业户均营收384.9万元，私营企业121.9万元，港、澳、台商投资企业1 204.1万元（见表4-31）。

人均营收方面，国有企业人均营收12.9万元，私营企业13.4万元，港、澳、台商投资企业34.4万元（见表4-31）。

表4-31　教育企业法人单位分登记注册类型营收情况

登记注册类型	营业收入 (亿元)	营收占比 (%)	户均营收 (万元)	人均营收 (万元)
总　　计	5 225.5	100.0	180.8	14.5
内资企业	5 105.9	97.7	177.1	14.3
国有企业	164.2	3.1	384.9	12.9
集合联企业	95.9	1.8	284.5	13.0
有限责任公司	649.0	12.4	244.2	19.4
股份有限公司	188.8	3.6	738.4	21.0
私营企业	2 517.6	48.2	121.9	13.4
其他企业	1 490.5	28.5	331.5	14.0

登记注册类型	营业收入 (亿元)	营收占比 (%)	户均营收 (万元)	人均营收 (万元)
港澳台商投资企业	41.7	0.8	1 204.1	34.4
外商投资企业	—	1.5	2 045.8	42.6

注：总量数据来源于《中国经济普查年鉴2018第三产业卷》表4-26"教育企业法人单位分登记注册类型主要指标"，占比、户均和人均数据为北京大成企业研究院计算得出。

（十一）卫生和社会工作企业法人单位营收情况

卫生和社会工作企业法人单位营业收入5 431.7亿元。其中国有企业738.3亿元，占比13.6%；私营企业2 383.4亿元，占比43.9%；港澳台商投资企业59.2亿元，占比1.1%；外商投资企业74.4亿元，占比1.4%（见表4-32）。

户均营收方面，国有企业户均营收2 210.5万元，私营企业375.7万元，港澳台商投资企业3 653.6万元，外商投资企业4 181.0万元（见表4-32）。

人均营收方面，国有企业人均营收29.8万元，私营企业20.3万元，港澳台商投资企业41.2万元，外商投资企业40.6万元（见表4-32）。

表4-32 卫生和社会工作企业法人单位分登记注册类型营收情况

登记注册类型	营业收入 (亿元)	营收占比 (%)	户均营收 (万元)	人均营收 (万元)
总　计	5 431.7	100.0	529.7	23.6
内资企业	5 298.0	97.5	518.4	23.3
国有企业	738.3	13.6	2 210.5	29.8
集合联企业	204.8	3.8	410.2	24.8
有限责任公司	1 121.3	20.6	1 141.7	28.2
股份有限公司	164.4	3.0	1 618.5	27.0
私营企业	2 383.4	43.9	375.7	20.3
其他企业	685.8	12.6	349.9	22.4
港澳台商投资企业	59.2	1.1	3 653.6	41.2
外商投资企业	74.4	1.4	4 181.0	40.6

注：总量数据来源于《中国经济普查年鉴2018第三产业卷》表4-29"卫生和社会工作企业法人单位分登记注册类型主要指标"，占比、户均和人均数据为北京大成企业研究院计算得出。

（十二）文化、体育和娱乐业企业法人单位营收情况

文化、体育和娱乐业企业法人单位营业收入10 718.8亿元。其中国有企业914.7亿元，占比8.5%；私营企业5 645.3亿元，占比52.7%；港澳台商投资企业207.0亿元，占比1.9%；外商投资企业142.2亿元，占比1.3%（见表4-33）。

户均营收方面，国有企业户均营收2 336.5万元，私营企业131.1万元，港澳台商投资企业1 711.9万元，外商投资企业1 617.7万元（见表4-33）。

人均营收方面，国有企业人均营收49.7万元，私营企业24.8万元，港澳台商投资企业51.5万元，外商投资企业35.7万元（见表4-33）。

表4-33　文化、体育和娱乐业企业法人单位分登记注册类型营收情况

登记注册类型	营业收入(亿元)	营收占比(%)	户均营收(万元)	人均营收(万元)
总　　计	10 718.8	100.0	211.5	31.9
内资企业	10 369.7	96.7	205.5	31.6
国有企业	914.7	8.5	2 336.5	49.7
集合联企业	25.2	0.2	116.1	16.6
有限责任公司	3 137.1	29.3	557.1	45.8
股份有限公司	566.0	5.3	1 318.7	71.0
私营企业	5 645.3	52.7	131.1	24.8
其他企业	81.3	0.8	111.2	19.0
港澳台商投资企业	207.0	1.9	1 711.9	51.5
外商投资企业	142.2	1.3	1 617.7	35.7

注：总量数据来源于《中国经济普查年鉴2018第三产业卷》表4-32"文化、体育和娱乐业企业法人单位分登记注册类型主要指标"，占比、户均和人均数据为北京大成企业研究院计算得出。

表4-34为规模以上文化、体育和娱乐业法人单位营收情况。

表4-34　规模以上文化、体育和娱乐业法人单位营收情况

行　　业	营业收入(亿元)	营收占比（%）
总　　计	5 295.8	100.0
新闻和出版业	1 393.4	26.3
广播、电视、电影和录音制作业	2 106.1	39.8

行　业	营业收入(亿元)	营收占比（%）
文化艺术业	471.8	8.9
体　育	401.1	7.6
娱乐业	923.4	17.4

注：总量数据来源于《中国经济普查年鉴2018第三产业卷》表4-44"规模以上文化、体育和娱乐业企业法人单位分登记注册类型主要指标"，占比、户均和人均数据为北京大成企业研究院计算得出。

第五章

国有、民营、外资企业利润数据及简明比较

本章内容为国有、民营、外资企业利润数据的简要分析和比较，主要包括规模以上工业企业、建筑业企业、文化及相关产业，以及服务业中规模以上文化、体育和娱乐业等行业国有、民营和外资企业的利润总额、占比、户均利润、人均利润等情况。

一、规模以上工业企业利润情况

2018年，规模以上工业企业利润总额71 608.9亿元，其中内资企业54 665.4亿元，占比为76.3%。国有控股企业利润总额19 284.7亿元，占全部规模以上工业企业利润总额的26.9%；私营企业利润总额21 762.8亿元，占30.4%；港澳台商投资企业利润总额6 308.7亿元，占比为8.8%；外商投资企业利润总额10 634.8亿元，占比为14.9%（见表5-1）。

2013年，规模以上工业企业利润总额68 378.91亿元，2018年较2013年增长了4.7%。按控股情况看，2013年国有控股企业利润总额15 918亿元，2018年较2013年增长了21%，2013年占比为23.3%；私营工业企业23 327亿元，2018年较2013年降低了6.7%，2013年占比为34.1%；外商和港澳台商投资工业企业15 803亿元，2018年较2013年增长了7.1%，2013年占比为23.1%。

（一）规模以上工业企业利润总额及占比情况

规模以上工业企业中，制造业的利润总额为61 848.5亿元，所占份额最大，占比达86.4%。排名前五的行业分别为汽车制造业，利润总额为6 615.2亿元，占比9.2%；化学原料和化学制品制造业，5 398亿元，占比7.5%；计

算机、通信和其他电子设备制造业，5 249亿元，占比7.3%；非金属矿物制品业，4 815.3亿元，占比6.7%；黑色金属冶炼和压延加工业，4 255.8亿元，占比5.9%。排名后五位的分别为水的生产和供应业，308.5亿元，占比0.4%；其他制造业，133.1亿元，占比0.2%；黑色金属矿采选业，120.9亿元，占比0.2%；金属制品、机械和设备修理业，79.2亿元，占比0.1%；开采专业及辅助性活动，–49.1亿元（见表5–2、表5–3）。

表5–1　分登记注册类型规模以上工业企业利润和亏损总额情况

分　组	利润总额（亿元）	占比（%）	户均利润（万元）	人均利润（万元）	亏损企业亏损额(亿元)	占比（%）
总　计	71 608.9	100.0	1 910	8.6	7 782.4	100.0
一、按登记注册类型分组						
内资企业	54 665.4	76.3	1 655	8.4	6 225.3	80.0
国有企业	496.5	0.7	3 281	3.3	257.9	3.3
集合联企业	153.2	0.2	692	3.9	16.3	0.2
有限责任公司	22 153.6	30.9	2 813	9.7	3 418.6	43.9
股份有限公司	10 088.6	14.1	8 207	14.1	1 117.7	14.4
私营企业	21 762.8	30.4	924	6.6	1 413.6	18.2
其他企业	10.7	0.0	734	4.0	1.2	0.0
港澳台商投资企业	6 308.7	8.8	3 073	6.9	568.9	7.3
外商投资企业	10 634.8	14.9	4 414	11.3	988.3	12.7
二、总计中亏损的企业	–7 782.4	–10.9	–1 485	–7.0	7 782.4	100.0
总计中国有控股的企业	19 284.7	26.9	10 018	12.7	3 504.1	45.0

注：总量数据来源于《中国经济普查年鉴2018.第二产业卷（上）》表1–A–5"分登记注册类型规模以上工业企业主要经济指标"，占比、户均等数据由北京大成企业研究院根据总量数据计算得出。

国有控股企业方面，制造业利润总额12 808.4亿元，占比66.4%。排名前五的行业分别为汽车制造业，3 171.5亿元，占比16.4%；电力、热力生产和供应业，2 642.8亿元，占比13.7%；煤炭开采和洗选业，1 947.6亿元，占比10.1%；石油、煤炭及其他燃料加工业，1 410.7亿元，占比7.3%；黑色金属冶炼和压延加工业，1 342.3亿元，占比7%。排名后五位的分别为纺织业，14亿元；橡胶和塑料制品业，13.5亿元；木材加工和木、竹、藤、棕、草制品业，–9.6亿元；黑色金属矿采选业，–16.7亿元；开采专业及辅助性活动，–71.3亿元（见

261

表5-2、表5-3）。

表5-2 规模以上工业企业利润总额情况

单位：亿元

行　业	工业	国有控股	私营工业	外商和港澳台商投资工业
总　计	71 608.9	19 284.7	21 762.8	16 943.5
采矿业	5 481.0	3 415.9	842.1	467.5
煤炭开采和洗选业	3 009.3	1 947.6	443.4	133.5
石油和天然气开采业	1 570.1	1 297.9	−0.5	282.9
黑色金属矿采选业	120.9	−16.7	95.4	9.4
有色金属矿采选业	502.4	225.0	83.4	24.2
非金属矿采选业	326.2	33.3	215.0	7.3
开采专业及辅助性活动	−49.1	−71.3	5.0	10.1
制造业	61 848.5	12 808.4	20 614.5	15 677.6
农副食品加工业	2 360.2	65.5	1 290.6	333.7
食品制造业	1 649.0	71.9	526.0	567.3
酒、饮料和精制茶制造业	2 154.8	1 064.7	410.1	264.9
纺织业	1 349.6	14.0	808.8	263.0
纺织服装、服饰业	1 076.8	14.8	572.1	222.0
皮革、毛皮、羽毛及其制品和制鞋业	815.8	15.2	391.7	288.1
木材加工和木、竹、藤、棕、草制品业	487.1	−9.6	380.0	18.6
家具制造业	467.0	29.7	277.7	101.6
造纸和纸制品业	844.6	32.5	307.8	329.0
印刷和记录媒介复制业	475.6	61.4	217.8	88.3
文教、工美、体育和娱乐用品制造业	811.2	25.7	443.1	189.7
石油、煤炭及其他燃料加工业	2 322.6	1 410.7	294.7	403.6
化学原料和化学制品制造业	5 398.0	1 263.0	1 495.9	1 435.6
医药制造业	3 187.2	394.9	682.1	778.4
化学纤维制造业	431.5	74.6	162.7	80.5
橡胶和塑料制品业	1 413.1	13.5	721.0	334.5
非金属矿物制品业	4 815.3	922.3	2 037.6	576.3

行　业	工业	国有控股	私营工业	外商和港澳台商投资工业
黑色金属冶炼和压延加工业	4 255.8	1 342.3	1 686.8	385.0
有色金属冶炼和压延加工业	1 812.0	218.5	775.8	174.4
金属制品业	1 827.2	73.7	1 044.6	326.9
通用设备制造业	2 715.6	241.0	1 026.5	914.7
专用设备制造业	2 288.8	74.5	969.0	635.0
汽车制造业	6 615.2	3 171.5	782.6	3 525.9
铁路、船舶、航空航天和其他运输设备制造业	791.5	320.8	241.6	125.1
电气机械和器材制造业	4 100.6	392.8	1 601.6	977.8
计算机、通信和其他电子设备制造业	5 249.0	470.8	994.6	2 012.2
仪器仪表制造业	752.0	58.6	257.5	230.2
其他制造业	133.1	31.6	54.5	26.8
金属制品、机械和设备修理业	79.2	27.8	14.7	35.3
电力、热力、燃气及水生产和供应业	4 279.5	3 060.4	306.2	798.5
电力、热力生产和供应业	3 360.0	2 642.8	223.7	429.7
燃气生产和供应业	611.0	236.3	58.5	282.5
水的生产和供应业	308.5	181.3	24.0	86.3

注：总量数据来源于《中国经济普查年鉴2018.第二产业卷（上）》表1–A–6、表1–A–7、表1–A–8、表1–A–9，占比、户均等数据由北京大成企业研究院根据总量数据计算得出。

私营工业方面，制造业利润总额为20 614.5亿元，占比达到94.7%。排名前五的行业分别为非金属矿物制品业，2 037.6亿元，占比9.4%；黑色金属冶炼和压延加工业，1 686.8亿元，占比7.8%；电气机械和器材制造业，1 601.6亿元，占比7.4%；化学原料和化学制品制造业，1 495.9亿元，占比6.9%；农副食品加工业，1 290.6亿元，占比5.9%。排名后五位的分别为其他制造业，54.5亿元，占比0.3%；水的生产和供应业，24亿元，占比0.1%；金属制品、机械和设备修理业，14.7亿元，占比0.1%；开采专业及辅助性活动，5亿元；石油和天然气开采业，–0.5亿元（见表5–2、表5–3）。

外商和港澳台商投资工业企业方面，制造业利润总额为15 677.6亿元，占比92.5%。排名前五的行业分别为汽车制造业，3 525.9亿元，占比20.8%；计算机、通信和其他电子设备制造业，2 012.2亿元，占比11.9%；化学原料和化学制品制造业，1 435.6亿元，占比8.5%；电气机械和器材制造业，977.8亿元，占比5.8%；通用设备制造业，914.7亿元，5.4%。排名后五位的分别为有色金属矿采选业，利润总额24.2亿元；木材加工和木、竹、藤、棕、草制品业，18.6亿元；开采专业及辅助性活动，10.1亿元；黑色金属矿采选业，9.4亿元；非金属矿采选业，7.3亿元（见表5-2、表5-3）。

表5-3　各类型工业企业利润总额在各行业中的占比

单位：%

行　业	全部工业	国有控股	私营工业	外商和港澳台商投资工业
总　　计	100.0	100.0	100.0	100.0
采矿业	7.7	17.7	3.9	2.8
煤炭开采和洗选业	4.2	10.1	2.0	0.8
石油和天然气开采业	2.2	6.7	0.0	1.7
黑色金属矿采选业	0.2	-0.1	0.4	0.1
有色金属矿采选业	0.7	1.2	0.4	0.1
非金属矿采选业	0.5	0.2	1.0	0.0
开采专业及辅助性活动	-0.1	-0.4	0.0	0.1
制造业	86.4	66.4	94.7	92.5
农副食品加工业	3.3	0.3	5.9	2.0
食品制造业	2.3	0.4	2.4	3.3
酒、饮料和精制茶制造业	3.0	5.5	1.9	1.6
纺织业	1.9	0.1	3.7	1.6
纺织服装、服饰业	1.5	0.1	2.6	1.3
皮革、毛皮、羽毛及其制品和制鞋业	1.1	0.1	1.8	1.7
木材加工和木、竹、藤、棕、草制品业	0.7	0.0	1.7	0.1
家具制造业	0.7	0.2	1.3	0.6
造纸和纸制品业	1.2	0.2	1.4	1.9

行 业	全部工业	国有控股	私营工业	外商和港澳台商投资工业
印刷和记录媒介复制业	0.7	0.3	1.0	0.5
文教、工美、体育和娱乐用品制造业	1.1	0.1	2.0	1.1
石油、煤炭及其他燃料加工业	3.2	7.3	1.4	2.4
化学原料和化学制品制造业	7.5	6.5	6.9	8.5
医药制造业	4.5	2.0	3.1	4.6
化学纤维制造业	0.6	0.4	0.7	0.5
橡胶和塑料制品业	2.0	0.1	3.3	2.0
非金属矿物制品业	6.7	4.8	9.4	3.4
黑色金属冶炼和压延加工业	5.9	7.0	7.8	2.3
有色金属冶炼和压延加工业	2.5	1.1	3.6	1.0
金属制品业	2.6	0.4	4.8	1.9
通用设备制造业	3.8	1.2	4.7	5.4
专用设备制造业	3.2	0.4	4.5	3.7
汽车制造业	9.2	16.4	3.6	20.8
铁路、船舶、航空航天和其他运输设备制造业	1.1	1.7	1.1	0.7
电气机械和器材制造业	5.7	2.0	7.4	5.8
计算机、通信和其他电子设备制造业	7.3	2.4	4.6	11.9
仪器仪表制造业	1.1	0.3	1.2	1.4
其他制造业	0.2	0.2	0.3	0.2
金属制品、机械和设备修理业	0.1	0.1	0.1	0.2
电力、热力、燃气及水生产和供应业	6.0	15.9	1.4	4.7
电力、热力生产和供应业	4.7	13.7	1.0	2.5
燃气生产和供应业	0.9	1.2	0.3	1.7
水的生产和供应业	0.4	0.9	0.1	0.5

注：占比数据由北京大成企业研究院根据总量数据计算得出。

各行业中各类型企业利润占比。全国规模以上工业企业利润总额中，国有控股企业占比26.9%，私营工业占比30.4%，外商和港澳台商投资工业占比

23.7%（见表5–4）。

国有控股企业中，占比较高的行业是：开采专业及辅助性活动，国有控股企业利润总额占比达145.2%；石油和天然气开采业，占比82.7%；电力、热力生产和供应业，占比78.7%（见表5–4）。

私营工业企业中，占比较高的行业是：黑色金属矿采选业，占比78.9%；木材加工和木、竹、藤、棕、草制品业，占比78%；非金属矿采选业，占比65.9%（见表5–4）。

外商和港澳台商投资工业中，占比较高的行业是：汽车制造业，占比53.3%；燃气生产和供应业，占比46.2%；金属制品、机械和设备修理业，占比44.6%（见表5–4）。

表5–4　各行业中各类型工业企业利润总额占比

单位：%

行　业	全部工业	国有控股	私营工业	外商和港澳台商投资工业
总　　计	100.0	26.9	30.4	23.7
采矿业	100.0	62.3	15.4	8.5
煤炭开采和洗选业	100.0	64.7	14.7	4.4
石油和天然气开采业	100.0	82.7	−0.03	18
黑色金属矿采选业	100.0	−13.8	78.9	7.8
有色金属矿采选业	100.0	44.8	16.6	4.8
非金属矿采选业	100.0	10.2	65.9	2.2
开采专业及辅助性活动	100.0	145.2	−10.2	−20.6
制造业	100.0	20.7	33.3	25.3
农副食品加工业	100.0	2.8	54.7	14.1
食品制造业	100.0	4.4	31.9	34.4
酒、饮料和精制茶制造业	100.0	49.4	19.0	12.3
纺织业	100.0	1	59.9	19.5
纺织服装、服饰业	100.0	1.4	53.1	20.6
皮革、毛皮、羽毛及其制品和制鞋业	100.0	1.9	48.0	35.3
木材加工和木、竹、藤、棕、草制品业	100.0	−2.0	78.0	3.8
家具制造业	100.0	6.4	59.5	21.8

续表

行　业	全部工业	国有控股	私营工业	外商和港澳台商投资工业
造纸和纸制品业	100.0	3.8	36.4	39.0
印刷和记录媒介复制业	100.0	12.9	45.8	18.6
文教、工美、体育和娱乐用品制造业	100.0	3.2	54.6	23.4
石油、煤炭及其他燃料加工业	100.0	60.7	12.7	17.4
化学原料和化学制品制造业	100.0	23.4	27.7	26.6
医药制造业	100.0	12.4	21.4	24.4
化学纤维制造业	100.0	17.3	37.7	18.7
橡胶和塑料制品业	100.0	1.0	51.0	23.7
非金属矿物制品业	100.0	19.2	42.3	12.0
黑色金属冶炼和压延加工业	100.0	31.5	39.6	9.0
有色金属冶炼和压延加工业	100.0	12.1	42.8	9.6
金属制品业	100.0	4.0	57.2	17.9
通用设备制造业	100.0	8.9	37.8	33.7
专用设备制造业	100.0	3.3	42.3	27.7
汽车制造业	100.0	47.9	11.8	53.3
铁路、船舶、航空航天和其他运输设备制造业	100.0	40.5	30.5	15.8
电气机械和器材制造业	100.0	9.6	39.1	23.8
计算机、通信和其他电子设备制造业	100.0	9.0	18.9	38.3
仪器仪表制造业	100.0	7.8	34.2	30.6
其他制造业	100.0	23.7	40.9	20.1
金属制品、机械和设备修理业	100.0	35.1	18.6	44.6
电力、热力、燃气及水生产和供应业	100.0	71.5	7.2	18.7
电力、热力生产和供应业	100.0	78.7	6.7	12.8
燃气生产和供应业	100.0	38.7	9.6	46.2
水的生产和供应业	100.0	58.8	7.8	28.0

注：占比等数据由北京大成企业研究院根据总量数据计算得出。

（二）规模以上工业企业户均和人均利润情况

户均利润方面，全部规模以上工业企业户均利润1 910万元，国有控股企业为10 018万元，私营工业924万元，外商和港澳台商投资工业为3 797万元（见表5-5）。

全部工业中，户均利润排名前五名的行业分别是石油和天然气开采业，138 942万元；石油、煤炭及其他燃料加工业，11 742万元；黑色金属冶炼和压延加工业，8 280万元；煤炭开采和洗选业，7 033万元；汽车制造业，4 334万元。排名后五位的分别是橡胶和塑料制品业，744万元；家具制造业，733万元；纺织业，723万元；木材加工和木、竹、藤、棕、草制品业，537万元；开采专业及辅助性活动，–2 444万元（见表5-5）。

国有控股企业中，户均利润排名前五名的行业分别是石油和天然气开采业，182 803万元；石油、煤炭及其他燃料加工业，60 806万元；黑色金属冶炼和压延加工业，47 432万元；汽车制造业，41 785万元；酒、饮料和精制茶制造业，38 859万元。排名后五位的分别是纺织服装、服饰业，778万元；橡胶和塑料制品业，573万元；木材加工和木、竹、藤、棕、草制品业，–1 348万元；黑色金属矿采选业，–1 477万元；开采专业及辅助性活动，–20 962万元（见表5-5）。

私营工业企业中，户均利润排名前五名的行业分别是黑色金属冶炼和压延加工业，4 818万元；石油、煤炭及其他燃料加工业，2 704万元；煤炭开采和洗选业，1 977万元；医药制造业，1 862万元；有色金属冶炼和压延加工业，1 734万元。排名后五位的分别是纺织业，575万元；开采专业及辅助性活动，553万元；其他制造业，532万元；木材加工和木、竹、藤、棕、草制品业，515万元；石油和天然气开采业，–377万元（见表5-5）。

外商和港澳台商投资工业中，户均利润排名前五名的行业分别是石油和天然气开采业，314 356万元；煤炭开采和洗选业，44 503万元；石油、煤炭及其他燃料加工业，28 627万元；开采专业及辅助性活动，16 867万元；汽车制造业，11 648万元。排名后五位的分别是橡胶和塑料制品业，1 152万元；文教、工美、体育和娱乐用品制造业，1 102万元；纺织服装、服饰业，878万元；其他制造业，823万元；木材加工和木、竹、藤、棕、草制品业，630万元（见表5-5）。

表5-5 规模以上工业企业户均利润

单位：万元

行业	全部工业	国有控股	私营工业	外商和港澳台商投资工业
总　计	1 910	10 018	924	3 797
采矿业	5 318	22 682	1 399	31 584
煤炭开采和洗选业	7 033	22 361	1 977	44 503
石油和天然气开采业	138 942	182 803	−377	314 356
黑色金属矿采选业	950	−1 477	1 137	6 267
有色金属矿采选业	3 904	9 074	1 390	6 371
非金属矿采选业	1 039	1 973	966	1 460
开采专业及辅助性活动	−2 444	−20 962	553	16 867
制造业	1 753	10 863	908	3 628
农副食品加工业	1 011	1 007	828	2 365
食品制造业	1 915	2 231	1 017	5 352
酒、饮料和精制茶制造业	3 379	38 859	1 052	4 184
纺织业	723	874	575	1 366
纺织服装、服饰业	765	778	624	878
皮革、毛皮、羽毛及其制品和制鞋业	997	5 641	695	2 141
木材加工和木、竹、藤、棕、草制品业	537	−1 348	515	630
家具制造业	733	16 506	590	1 477
造纸和纸制品业	1 262	3 499	681	4 076
印刷和记录媒介复制业	831	2 207	586	1 591
文教、工美、体育和娱乐用品制造业	881	3 614	744	1 102
石油、煤炭及其他燃料加工业	11 742	60 806	2 704	28 627
化学原料和化学制品制造业	2 406	10 917	1 134	5 005
医药制造业	4 294	9 058	1 862	10 826
化学纤维制造业	2 363	14 922	1 218	4 085
橡胶和塑料制品业	744	573	580	1 152
非金属矿物制品业	1 383	5 621	859	3 604

续表

行 业	全部工业	国有控股	私营工业	外商和港澳台商投资工业
黑色金属冶炼和压延加工业	8 280	47 432	4 818	10 518
有色金属冶炼和压延加工业	2 582	4 201	1 734	3 446
金属制品业	771	1 447	634	1 280
通用设备制造业	1 111	3 293	645	2 773
专用设备制造业	1 239	1 088	837	2 620
汽车制造业	4 334	41 785	922	11 648
铁路、船舶、航空航天和其他运输设备制造业	1 655	5 637	879	2 283
电气机械和器材制造业	1 677	6 669	1 048	2 927
计算机、通信和其他电子设备制造业	3 016	6 833	1 143	4 465
仪器仪表制造业	1 697	2 580	1 080	3 022
其他制造业	788	5 852	532	823
金属制品、机械和设备修理业	2 042	2 625	928	5 520
电力、热力、燃气及水生产和供应业	3 595	5 141	1 327	6 342
电力、热力生产和供应业	4 226	6 297	1 409	6 778
燃气生产和供应业	3 195	4 393	1 281	6 678
水的生产和供应业	1 511	1 489	913	4 271

注：户均数据由北京大成企业研究院根据总量数据计算得出。

人均利润方面，全部规模以上工业企业人均利润8.6万元，国有控股企业为12.7万元，私营工业6.6万元，外商和港澳台商投资工业为9.1万元（见表5-6）。

全部工业中，人均利润前五名的行业分别是石油、煤炭及其他燃料加工业，28.6万元；石油和天然气开采业，24.4万元；燃气生产和供应业，18.8万元；黑色金属冶炼和压延加工业，18.4万元；酒、饮料和精制茶制造业，16.2万元。后五位的分别是其他制造业，3.8万元；皮革、毛皮、羽毛及其制品和制鞋业，3.6万元；文教、工美、体育和娱乐用品制造业，3.3万元；纺织服装、服饰业，3.2万元；开采专业及辅助性活动，-1.6万元（见表5-6）。

国有控股企业中，人均利润排名前五名的行业分别是家具制造业，42.4万元；酒、饮料和精制茶制造业，42.3万元；石油、煤炭及其他燃料加工业，

35.9万元；汽车制造业，28.1万元；黑色金属矿采选业，-1.3万元；非金属矿物制品业，21.6万元。后五位的分别是纺织业，1.3万元；橡胶和塑料制品业，1.1万元；黑色金属矿采选业，-1.3万元；开采专业及辅助性活动，-2.6万元；木材加工和木、竹、藤、棕、草制品业，-4.2万元（见表5-6）。

私营工业企业中，人均利润排名前五名的行业分别是黑色金属冶炼和压延加工业，18.6万元；电力、热力生产和供应业，18.5万元；燃气生产和供应业，16.6万元；石油、煤炭及其他燃料加工业，14.9万元；有色金属冶炼和压延加工业，12.7万元。后五位的分别是皮革、毛皮、羽毛及其制品和制鞋业，3.6万元；开采专业及辅助性活动，3.4万元；文教、工美、体育和娱乐用品制造业，3.2万元；纺织服装、服饰业，3.2万元；石油和天然气开采业，-3.8万元（见表5-6）。

外商和港澳台商投资工业中，人均利润前五名的行业分别是石油和天然气开采业，382.3万元；石油、煤炭及其他燃料加工业，62.0万元；煤炭开采和洗选业，45.3万元；电力、热力生产和供应业，42.3万元；化学原料和化学制品制造业，27.4万元。后五位的分别是皮革、毛皮、羽毛及其制品和制鞋业，3.6万元；木材加工和木、竹、藤、棕、草制品业，3.1万元；其他制造业，2.6万元；文教、工美、体育和娱乐用品制造业，2.6万元；纺织服装、服饰业，2.2万元（见表5-6）。

表5-6 规模以上工业企业人均利润

单位：万元

行 业	全部工业	国有控股	私营工业	外商和港澳台商投资工业
总 计	8.6	12.7	6.6	9.1
采矿业	10.6	9.2	10.8	70.6
煤炭开采和洗选业	9.2	7.9	11.5	45.3
石油和天然气开采业	24.4	20.6	-3.8	382.3
黑色金属矿采选业	3.8	-1.3	8.6	11.8
有色金属矿采选业	15.5	14.8	10.0	26.9
非金属矿采选业	9.9	6.1	11.7	9.1
开采专业及辅助性活动	-1.6	-2.6	3.4	23.5

续表

行　业	全部工业	国有控股	私营工业	外商和港澳台商投资工业
制造业	8.2	14.7	6.4	8.6
农副食品加工业	6.1	4.7	5.4	7.7
食品制造业	9.0	5.5	6.7	13.7
酒、饮料和精制茶制造业	16.2	42.3	8.8	10.8
纺织业	4.1	1.3	4.2	4.6
纺织服装、服饰业	3.2	1.8	3.2	2.2
皮革、毛皮、羽毛及其制品和制鞋业	3.6	5.0	3.6	3.6
木材加工和木、竹、藤、棕、草制品业	4.8	-4.2	5.0	3.1
家具制造业	4.1	42.4	4.0	4.2
造纸和纸制品业	7.7	6.6	5.5	13.7
印刷和记录媒介复制业	5.5	7.9	5.1	4.6
文教、工美、体育和娱乐用品制造业	3.3	14.7	3.2	2.6
石油、煤炭及其他燃料加工业	28.6	35.9	14.9	62.0
化学原料和化学制品制造业	14.4	17.5	9.7	27.4
医药制造业	15.3	15.3	11.1	20.2
化学纤维制造业	9.8	10.5	8.5	12.0
橡胶和塑料制品业	4.8	1.1	5.0	4.0
非金属矿物制品业	10.2	21.6	7.7	13.6
黑色金属冶炼和压延加工业	18.4	16.3	18.6	24.7
有色金属冶炼和压延加工业	9.9	4.1	12.7	10.5
金属制品业	5.1	3.2	5.4	4.7
通用设备制造业	6.6	5.6	5.5	9.6
专用设备制造业	7.3	1.9	7.0	9.6
汽车制造业	13.9	28.1	5.7	21.7
铁路、船舶、航空航天和其他运输设备制造业	5.0	4.4	5.2	6.2
电气机械和器材制造业	7.2	10.8	6.8	6.3
计算机、通信和其他电子设备制造业	5.8	6.2	5.4	4.4

行　业	全部工业	国有控股	私营工业	外商和港澳台商投资工业
仪器仪表制造业	8.6	6.8	7.8	10.0
其他制造业	3.8	5.2	3.8	2.6
金属制品、机械和设备修理业	5.3	3.4	4.9	8.8
电力、热力、燃气及水生产和供应业	12.6	10.9	17.1	32.3
电力、热力生产和供应业	12.9	11.6	18.5	42.3
燃气生产和供应业	18.8	15.2	16.6	27.2
水的生产和供应业	6.7	4.9	10.5	20.5

注：人均数据由北京大成企业研究院根据总量数据计算得出。

（三）规模以上工业企业亏损情况

亏损企业亏损额方面，全国工业亏损额总计7 782.4亿元，其中国有控股工业3 504.1亿元，私营工业1 413.6亿元，外商和港澳台商投资工业1 577.1亿元。亏损额前五的行业分别为电力、热力生产和供应业，935.9亿元；计算机、通信和其他电子设备制造业，739.6亿元；汽车制造业，609.9亿元；化学原料和化学制品制造业，510.9亿元；有色金属冶炼和压延加工业，467.7亿元（见表5-7）。

国有控股企业方面，亏损额前五的行业分别为电力、热力生产和供应业，822亿元；石油和天然气开采业，334亿元；煤炭开采和洗选业，246.8亿元；有色金属冶炼和压延加工业，232.8亿元；汽车制造业，222亿元（见表5-7）。

私营工业方面，亏损额前五的行业分别为电气机械和器材制造业，138亿元；化学原料和化学制品制造业，113.8亿元；计算机、通信和其他电子设备制造业，113.4亿元；汽车制造业，89.7亿元；农副食品加工业，85.2亿元（见表5-7）。

外商和港澳台商投资工业企业方面，亏损额前五的行业分别为计算机、通信和其他电子设备制造业，293.8亿元；汽车制造业，258.2亿元；电气机械和器材制造业，108.8亿元；化学原料和化学制品制造业，91.5亿元；橡胶和塑料制品业，63.8亿元（见表5-7）。

表5-7　规模以上工业企业亏损企业亏损额

单位：亿元

行　业	全部工业	国有控股	私营工业	外商和港澳台商投资工业
总　　计	7 782.4	3 504.1	1 413.6	1 557.1
采矿业	946.2	778.9	77.6	7.4
煤炭开采和洗选业	346.3	246.8	44.0	2.0
石油和天然气开采业	337.0	334.0	1.0	0.2
黑色金属矿采选业	122.7	86.0	20.0	2.7
有色金属矿采选业	37.7	20.6	6.8	1.2
非金属矿采选业	16.4	6.6	5.3	1.3
开采专业及辅助性活动	86.1	85.0	0.4	0.1
制造业	5 738.7	1 778.6	1 291.8	1 482.1
农副食品加工业	245.8	32.6	85.2	61.5
食品制造业	124.1	18.1	25.1	57.0
酒、饮料和精制茶制造业	80.3	15.1	16.5	32.9
纺织业	109.1	10.2	58.0	22.6
纺织服装、服饰业	55.2	2.7	20.1	22.4
皮革、毛皮、羽毛及其制品和制鞋业	39.9	1.4	9.5	24.1
木材加工和木、竹、藤、棕、草制品业	39.1	14.7	14.8	4.4
家具制造业	32.6	0.1	13.2	11.5
造纸和纸制品业	69.2	5.7	22.9	24.0
印刷和记录媒介复制业	28.0	6.3	10.1	7.8
文教、工美、体育和娱乐用品制造业	46.9	1.6	11.2	18.4
石油、煤炭及其他燃料加工业	153.6	59.1	44.8	12.7
化学原料和化学制品制造业	510.9	168.8	113.8	91.5
医药制造业	154.5	15.0	38.6	39.8
化学纤维制造业	37.1	5.9	12.7	14.5
橡胶和塑料制品业	150.3	16.9	39.7	63.8
非金属矿物制品业	251.2	90.1	70.1	29.8
黑色金属冶炼和压延加工业	252.4	160.6	44.8	20.1

续表

行　业	全部工业	国有控股	私营工业	外商和港澳台商投资工业
有色金属冶炼和压延加工业	467.7	232.8	78.5	49.9
金属制品业	214.7	59.0	73.3	48.1
通用设备制造业	242.5	71.6	58.9	60.8
专用设备制造业	293.5	101.5	46.0	49.4
汽车制造业	609.9	222.0	89.7	258.2
铁路、船舶、航空航天和其他运输设备制造业	226.6	155.9	22.0	38.2
电气机械和器材制造业	459.9	73.7	138.0	108.8
计算机、通信和其他电子设备制造业	739.6	191.4	113.4	293.8
仪器仪表制造业	51.4	16.5	8.6	9.0
其他制造业	9.4	2.8	2.1	3.7
金属制品、机械和设备修理业	14.2	9.7	1.5	2.8
电力、热力、燃气及水生产和供应业	1 097.6	946.6	44.3	67.6
电力、热力生产和供应业	935.9	822.0	34.2	56.5
燃气生产和供应业	95.5	68.1	7.5	5.6
水的生产和供应业	66.2	56.5	2.6	5.6

注：总量数据来源于《中国经济普查年鉴2018.第二产业卷（上）》表1–A–5 "分登记注册类型规模以上工业企业主要经济指标"。

表5–8为规模以上工业企业亏损企业亏损额占比情况。

表5–8　规模以上工业企业亏损企业亏损额占比

单位：%

行　业	全部工业	国有控股	私营工业	外商和港澳台商投资工业
总　计	100.0	100.0	100.0	100.0
采矿业	12.2	22.2	5.5	0.5
煤炭开采和洗选业	4.5	7.0	3.1	0.1
石油和天然气开采业	4.3	9.5	0.1	0.0
黑色金属矿采选业	1.6	2.5	1.4	0.2

续表

行 业	全部工业	国有控股	私营工业	外商和港澳台商投资工业
有色金属矿采选业	0.5	0.6	0.5	0.1
非金属矿采选业	0.2	0.2	0.4	0.1
开采专业及辅助性活动	1.1	2.4	0.0	0.0
制造业	73.7	50.8	91.4	95.2
农副食品加工业	3.2	0.9	6.0	4.0
食品制造业	1.6	0.5	1.8	3.7
酒、饮料和精制茶制造业	1.0	0.4	1.2	2.1
纺织业	1.4	0.3	4.1	1.5
纺织服装、服饰业	0.7	0.1	1.4	1.4
皮革、毛皮、羽毛及其制品和制鞋业	0.5	0.0	0.7	1.5
木材加工和木、竹、藤、棕、草制品业	0.5	0.4	1.0	0.3
家具制造业	0.4	0.0	0.9	0.7
造纸和纸制品业	0.9	0.2	1.6	1.5
印刷和记录媒介复制业	0.4	0.2	0.7	0.5
文教、工美、体育和娱乐用品制造业	0.6	0.0	0.8	1.2
石油、煤炭及其他燃料加工业	2.0	1.7	3.2	0.8
化学原料和化学制品制造业	6.6	4.8	8.0	5.9
医药制造业	2.0	0.4	2.7	2.6
化学纤维制造业	0.5	0.2	0.9	0.9
橡胶和塑料制品业	1.9	0.5	2.8	4.1
非金属矿物制品业	3.2	2.6	5.0	1.9
黑色金属冶炼和压延加工业	3.2	4.6	3.2	1.3
有色金属冶炼和压延加工业	6.0	6.6	5.6	3.2
金属制品业	2.8	1.7	5.2	3.1
通用设备制造业	3.1	2.0	4.2	3.9
专用设备制造业	3.8	2.9	3.3	3.2
汽车制造业	7.8	6.3	6.3	16.6
铁路、船舶、航空航天和其他运输设备制造业	2.9	4.4	1.6	2.5

续表

行　业	全部工业	国有控股	私营工业	外商和港澳台商投资工业
电气机械和器材制造业	5.9	2.1	9.8	7.0
计算机、通信和其他电子设备制造业	9.5	5.5	8.0	18.9
仪器仪表制造业	0.7	0.5	0.6	0.6
其他制造业	0.1	0.1	0.1	0.2
金属制品、机械和设备修理业	0.2	0.3	0.1	0.2
电力、热力、燃气及水生产和供应业	14.1	27.0	3.1	4.3
电力、热力生产和供应业	12.0	23.5	2.4	3.6
燃气生产和供应业	1.2	1.9	0.5	0.4
水的生产和供应业	0.9	1.6	0.2	0.4

注：占比数据由北京大成企业研究院根据总量数据计算得出。

二、建筑业企业利润及亏损情况

全国总承包和专业承包企业利润总额79 748 233万元。其中国有企业8 134 639万元，占比10.2%；私营企业29 634 386万元，占比37.2%；港澳台企业375 132万元，占比0.5%；外商投资企业484 549万元，占比0.6%（见表5-9）。

人均利润总额方面，国有企业15 825.2万元，私营企业11 452.5万元，港澳台企业19 642.8万元，外商投资企业39 029.9万元（见表5-9）。

表5-9　总承包和专业承包企业利润及亏损情况

	总计	国有企业	港澳台企业	外商投资企业	私营企业	股份制企业
利润总额（万元）	79 748 233	8 134 639	375 132	484 549	29 634 386	—
利润总额占比（%）	100	10.2	0.5	0.6	37.2	—
人均利润(元/人)	13 410.1	15 825.2	19 642.8	39 029.9	11 452.5	—
亏损企业个数（个）	14 362	514	57	49	9 042	—
亏损企业面（%）	—	—	—	—	—	—

注：数据来源于《中国经济普查年鉴2018.第二产业卷（下）》表2-B-1.11、表2-B-1.52、表2-B-1.53、表2-B-1.54，占比为北京大成企业研究院计算得出。

三、文化及相关产业利润情况

（一）规模以上文化制造企业利润情况

规模以上文化制造业企业营业利润总额22 222 755万元。按控股情况来看，国有控股企业营业利润总额1 918 774万元，占比为8.6%；私人控股企业营业利润总额13 717 765万元，占比61.7%；港澳台商控股企业营业利润总额为3 074 554万元，占比为13.8%；外商控股企业营业利润总额2 678 816万元，占比12.1%（见表5–10）。

户均营业利润方面，国有控股企业户均营业利润21万元，私人控股企业25万元，港澳台商控股企业1万元，外商控股企业9万元（见表5–10）。

人均营业利润方面，国有控股企业人均营业利润总额0.9万元，私人控股企业2.3万元，外商控股企业0.3万元（见表5–10）。

表5–10　按注册类型和控股情况分规模以上文化制造业企业利润及占比

单位：万元、%

分　组	营业利润 （万元）	利润占比 （%）	户均利润 （万元）	人均利润 （万元）
总　计	22 222 755	100.0	24	2.2
按注册类型分组				
内资企业	16 197 323	72.9	25	2.3
国有企业	8 415	0.0	17	0.8
私营企业	9 863 900	44.4	25	2.3
港澳台商投资企业	3 015 379	13.6	1	0.0
外商投资企业	3 010 052	13.5	4	0.2
按控股情况分组				
国有控股	1 918 774	8.6	21	0.9
集体控股	180 997	0.8	20	1.8
私人控股	13 717 765	61.7	25	2.3
港澳台商控股	3 074 554	13.8	1	0.0
外商控股	2 678 816	12.1	9	0.3
其　他	651 849	2.9	13	1.3

注：数据来源于《中国经济普查年鉴2018综合卷》表3–B–02"按注册类型和控股情况分规模以上文化制造业企业主要财务指标"，占比、户均、人均数据为北京大成企业研究院计算得出。

（二）文化批零企业营业利润情况

1. 限额以上文化批零企业营业利润情况

限额以上文化批零业企业营业利润总额6 088 672万元。按控股情况来看，国有控股企业营业利润总额1 724 211万元，占比为28.3%；私人控股企业营业利润总额2 221 498万元，占比36.5%；港澳台商控股企业营业利润总额为287 050万元，占比为4.7%；外商控股企业营业利润总额1 447 433万元，占比23.8%（见表5–11）。

户均营业利润方面，国有控股企业户均营业利润1 412万元，私人控股企业267万元，港澳台商控股企业1 650万元，外商控股企业10 802万元（见表5–11）。

人均营业利润方面，国有控股企业人均营业利润12.4万元，私人控股企业7.1万元，港澳台商控股企业8.5万元，外商控股企业41.8万元（见表5–11）。

表5–11　按注册类型和控股情况分限额以上文化批零业企业利润情况

分　　组	营业利润（万元）	营业利润占比（%）	户均利润（万元）	人均利润（万元）
总　　计	6 088 672	—	578	10.3
按注册类型分组				
内资企业	4 367 160	71.7	428	8.4
国有企业	212 879	3.5	1 004	15.8
私营企业	1 650 970	27.1	242	7.3
港澳台商投资企业	243 185	4.0	1 398	7.2
外商投资企业	1 478 327	24.3	9 726	37.5
按控股情况分组				
国有控股	1 724 211	28.3	1 412	12.4
集体控股	132 028	2.2	1 040	10.9
私人控股	2 221 498	36.5	267	7.1
港澳台商控股	287 050	4.7	1 650	8.5
外商控股	1 447 433	23.8	10 802	41.8
其　　他	276 452	4.5	498	4.8

注：数据来源于《中国经济普查年鉴2018综合卷》表3–C–02"按注册类型和控股情况分限额以上文化批零业企业主要财务指标"，占比、户均、人均数据为北京大成企业研究院计算得出。

2. 限额以下文化批零文化企业营业利润情况

限额以下文化批零业企业营业利润总额3 777 191万元。按控股情况来看，国有控股企业营业利润总额48 524万元，占比为1.3%；私人控股企业营业利润总额3 586 496万元，占比95.0%；港澳台商控股企业营业利润总额为–21 838万元；外商控股企业营业利润总额22 156万元，占比0.6%（见表5–12）。

户均营业利润方面，国有控股企业户均营业利润35万元，私人控股企业13万元，港澳台商控股企业–18万元，外商控股企业30万元（见表5–12）。

人均营业利润方面，国有控股企业人均营业利润总额3.1万元，私人控股企业3.2万元，港澳台商控股企业–3.1万元，外商控股企业4万元（见表5–12）。

表5–12　按注册类型和控股情况分限额以下文化批零业企业利润情况

分　组	营业利润 (万元)	营业利润占比 (%)	户均利润 (万元)	人均利润 (万元)
总　计	3 777 191	100.0	13	3.1
按注册类型分组				
内资企业	3 776 370	100.0	13	3.2
国有企业	19 636	0.5	29	3.5
私营企业	3 263 826	86.4	12	3.2
港澳台商投资企业	–22 830	–0.6	–19	–3.2
外商投资企业	23 651	0.6	27	3.7
按控股情况分组				
国有控股	48 524	1.3	35	3.1
集体控股	34 546	0.9	25	3.7
私人控股	3 586 496	95.0	13	3.2
港澳台商控股	–21 838	–0.6	–18	–3.1
外商控股	22 156	0.6	30	4.0
其　他	107 307	2.8	13	2.9

注：数据来源于《中国经济普查年鉴2018综合卷》表3–C–04"按注册类型和控股情况分限额以下文化批零业企业主要财务指标"，占比、户均、人均数据为北京大成企业研究院计算得出。

（三）文化服务业企业利润情况

1. 规模以上文化服务业企业营业利润情况

规模以上文化服务业企业营业利润总额49 305 794万元。按控股情况来看，国有控股企业营业利润总额9 570 153万元，占比为19.4%；私人控股企业营业利润总额12 736 963万元，占比25.8%；港澳台商控股企业营业利润总额为20 052 344万元，占比40.7%；外商控股企业营业利润总额2 060 960万元，占比4.2%（见表5–13）。

户均营业利润方面，国有控股企业户均营业利润1 796万元，私人控股企业609万元，港澳台商控股企业33 589万元，外商控股企业3 680万元（见表5–13）。

人均营业利润方面，国有控股企业人均营业总额9.3万元，私人控股企业7.6万元，港澳台商控股企业76.8万元，外商控股企业16.8万元（见表5–13）。

表5–13　按注册类型和控股情况分规模以上文化服务业企业利润情况

分　　组	营业利润（万元）	营业利润占比（％）	户均利润（万元）	人均利润（万元）
总　　计	49 305 794	100.0	1 643	14.0
按注册类型分组				
内资企业	26 999 317	54.8	939	8.7
国有企业	1 508 673	3.1	1 298	6.9
私营企业	7 666 596	15.5	497	7.1
港澳台商投资企业	20 013 908	40.6	32 333	78.5
外商投资企业	2 292 569	4.6	3 516	14.8
按控股情况分组				
国有控股	9 570 153	19.4	1 796	9.3
集体控股	467 396	0.9	1 105	7.5
私人控股	12 736 963	25.8	609	7.6
港澳台商控股	20 052 344	40.7	33 589	76.8
外商控股	2 060 960	4.2	3 680	16.8
其　　他	4 417 979	9.0	2 029	12.1

注：数据来源于《中国经济普查年鉴2018综合卷》表3–D–02"按注册类型和控股情况分规模以上文化服务业企业主要财务指标"，占比、户均、人均数据为北京大成企业研究院计算得出。

2. 规模以下文化服务业企业营业利润情况

规模以下文化服务业企业营业利润总额17 760 563万元。按控股情况来看，国有控股企业营业利润总额1 265 714万元，占比为7.1%；私人控股企业营业利润总额14 571 933万元，占比82.0%；港澳台商控股企业营业利润总额为–105 859万元，占比–0.6%；外商控股企业营业利润总额1 710万元（见表5–14）。

户均营业利润方面，国有控股企业户均营业利润115万元，私人控股企业11万元，港澳台商控股企业–23万元，外商控股企业1万元（见表5–14）。

人均营业利润方面，国有控股企业人均营业利润6.1万元，私人控股企业2.3万元，港澳台商控股企业–3.1万元，外商控股企业0.1万元（见表5–14）。

表5–14 按注册类型和控股情况分规模以下文化服务业企业利润情况

分 组	营业利润（万元）	占比（%）	户均利润（万元）	人均利润（万元）
总 计	17 760 563	100.0	13	2.5
按注册类型分组				
内资企业	17 876 107	100.7	13	2.5
国有企业	130 431	0.7	24	1.4
私营企业	13 446 639	75.7	11	2.3
港澳台商投资企业	–110 335	–0.6	–25	–3.2
外商投资企业	–5 209	0.0	–2	–0.2
按控股情况分组				
国有控股	1 265 714	7.1	115	6.1
集体控股	–11 235	–0.1	–2	–0.3
私人控股	14 571 933	82.0	11	2.3
港澳台商控股	–105 859	–0.6	–23	–3.1
外商控股	1 710	0.0	1	0.1
其他	2 038 299	11.5	32	4.9

注：数据来源于《中国经济普查年鉴2018综合卷》表3–D–04"按注册类型和控股情况分规模以下文化服务业企业主要财务指标"，占比、户均、人均数据为北京大成企业研究院计算得出。

四、规模以上文化、体育和娱乐业法人单位利润情况

规模以上文化、体育和娱乐业法人单位利润总额545.5亿元。其中，新闻和出版业利润总额194.2亿元，占比35.6%；广播、电视、电影和录音制作业利润总额270.7亿元，占比49.6%；文化艺术业利润总额83.6亿元，占比15.3%（见表5-15）。

表5-15 规模以上文化、体育和娱乐业法人单位利润及占比

行 业	利润总额（亿元）	占比（%）
总 计	545.5	100.0
新闻和出版业	194.2	35.6
广播、电视、电影和录音制作业	270.7	49.6
文化艺术业	83.6	15.3
体育	−86.0	−15.8
娱乐业	83.0	15.2

注：总量数据来源于《中国经济普查年鉴2018第三产业卷》表4-44"规模以上文化、体育和娱乐业企业法人单位分登记注册类型主要指标"，占比为北京大成企业研究院计算。

第六章

国有、民营、外资企业权益资本数据及简明比较

本章依据2018年第四次经济普查中的宏观和中观数据，通过横向与纵向的对比，发现规模以上、国有控股、私营工业企业、总承包和专业承包建筑业企业的所有者权益相较于实收资本都有较大程度的增长，说明这两大类企业经营情况总体良好。

通过梳理四经普中工业企业和总承包、专业承包建筑业企业的权益资本整体数据，分两个主要部分介绍第二产业中工业和建筑业权益资本数据情况，第一部分介绍工业企业所有者权益及实收资本，第二部分介绍总承包和专业承包建筑业企业所有者权益及实收资本。工业企业从按登记注册类型分和行业分的规模以上工业企业权益资本、国有控股工业企业和私营工业企业分别描述权益资本数据情况。

一、工业企业所有者权益及实收资本

1. 按登记注册类型分规模以上工业企业所有者权益及实收资本情况

全国规模以上工业企业的所有者权益和实收资本分别为49.9万亿元、25.1万亿元。国有企业、私营企业、外商投资企业的所有者权益分别为1.1万亿元、11.5万亿元、5.9万亿元，占比分别为2.2%、23.0%和11.8%；国有企业、私营企业、外商投资企业的实收资本分别为5 836.6亿元、5.6万亿元、3.2万亿元，占比分别为2.3%、22.5%和12.7%（见表6–1、表6–2）。

从实收资本的构成来看，全国规模以上工业企业的法人资本占比最高，为

36.4%。其中，国有企业中国家资本占比最高，为89.4%，私营企业中个人资本占比最高，为52.4%，外商投资企业中的外商资本占比最高，为63.4%（见表6-3）。

表6-1　分登记注册类型规模以上工业企业所有者权益及实收资本

单位：亿元

分　组	所有者权益合计	实收资本	国家资本	集体资本	法人资本	个人资本	港澳台资本	外商资本
总　计	499 342.9	250 718.2	70 659.4	4 097.3	91 367.1	47 817.9	13 950.9	22 816.8
一、按登记注册类型分组								
内资企业	398 736.9	198 439.6	66 591.2	3 717.5	80 468.1	46 092.3	633.2	911.1
国有企业	11 085.0	5 836.6	5 220.7	22.4	581.2	10.5	1.8	0.0
集合联企业	850.7	353.3	7.0	198.8	58.7	88.5	0.2	0.1
有限责任公司	184 772.0	104 935.3	50 580.4	1 856.2	42 696.3	8 815.1	316.1	657.0
股份有限公司	87 282.2	30 942.1	10 307.2	782.0	11 778.2	7 662.9	237.9	170.6
私营企业	114 687.8	56 337.1	458.1	852.4	25 348.7	29 508.8	77.3	83.4
其他企业	59.2	35.3	18.0	5.8	5.0	6.5	0.0	0.0
港澳台商投资企业	41 611.7	20 365.6	1 317.4	148.1	4 168.4	865.8	12 214.5	1 675.4
外商投资企业	58 994.3	31 913.0	2 750.8	231.6	6 730.6	859.7	1 103.2	20 230.3
二、总计中：亏损企业	45 742.1	51 956.8	15 862.7	1 111.0	19 949.8	7 367.6	2 806.8	4 842.4
总计中：国有控股企业	188 017.6	102 024.0	67 767.0	818.7	28 402.6	2 124.4	605.0	2 325.3
总计中：大型企业	244 442.3	101 792.2	45 818.0	1 098.9	33 051.1	7 550.5	5 379.7	8 894.1
中型企业	111 925.4	56 979.3	12 507.2	1 216.5	21 766.6	10 934.9	4 139.8	6 402.4
小型企业	142 975.2	91 946.7	12 334.3	1 781.8	36 549.4	29 332.5	4 431.4	7 520.4

注：数据源自《第二产业卷（上）》表1-A-5。

表6-2　各类型规模以上工业企业所有者权益及实收资本在全国的占比

单位：%

分　组	所有者权益合计	实收资本	国家资本	集体资本	法人资本	个人资本	港澳台资本	外商资本
总　计	100.0	100.0	100.0	100.0	100.0	100.0	100.0	100.0
一、按登记注册类型分组								
内资企业	79.9	79.1	94.2	90.7	88.1	96.4	4.5	4.0

续表

分　组	所有者权益合计	实收资本	国家资本	集体资本	法人资本	个人资本	港澳台资本	外商资本
国有企业	2.2	2.3	7.4	0.5	0.6	0.0	0.0	0.0
集合联企业	0.2	0.1	0.0	4.9	0.1	0.2	0.0	0.0
有限责任公司	37.0	41.9	71.6	45.3	46.7	18.4	2.3	2.9
股份有限公司	17.5	12.3	14.6	19.1	12.9	16.0	1.7	0.7
私营企业	23.0	22.5	0.6	20.8	27.7	61.7	0.6	0.4
其他企业	0.0	0.0	0.0	0.1	0.0	0.0	0.0	0.0
港澳台商投资企业	8.3	8.1	1.9	3.6	4.6	1.8	87.6	7.3
外商投资企业	11.8	12.7	3.9	5.7	7.4	1.8	7.9	88.7
二、总计中：亏损企业	9.2	20.7	22.4	27.1	21.8	15.4	20.1	21.2
总计中：国有控股企业	37.7	40.7	95.9	20.0	31.1	4.4	4.3	10.2
总计中：大型企业	49.0	40.6	64.8	26.8	36.2	15.8	38.6	39.0
中型企业	22.4	22.7	17.7	29.7	23.8	22.9	29.7	28.1
小型企业	28.6	36.7	17.5	43.5	40.0	61.3	31.8	33.0

注：数据源自《第二产业卷（上）》表1-A-5，占比数据为北京大成企业研究院根据统计局发布数据计算得出。

表6-3　规模以上工业企业实收资本在各类企业中的占比

单位：%

分　组	实收资本	国家资本	集体资本	法人资本	个人资本	港澳台资本	外商资本
总　计	100.0	28.2	1.6	36.4	19.1	5.6	9.1
一、按登记注册类型分组							
内资企业	100.0	33.6	1.9	40.6	23.2	0.3	0.5
国有企业	100.0	89.4	0.4	10.0	0.2	0.0	0.0
集合联企业	100.0	2.0	56.3	16.6	25.0	0.0	0.0
有限责任公司	100.0	48.2	1.8	40.7	8.4	0.3	0.6
股份有限公司	100.0	33.3	2.5	38.1	24.8	0.8	0.6
私营企业	100.0	0.8	1.5	45.0	52.4	0.1	0.1
其他企业	100.0	51.0	16.4	14.1	18.5	0.0	0.0

分　　组	实收资本	国家资本	集体资本	法人资本	个人资本	港澳台资本	外商资本
港澳台商投资企业	100.0	6.5	0.7	20.5	4.3	60.0	8.2
外商投资企业	100.0	8.6	0.7	21.1	2.7	3.5	63.4
二、总计中：亏损企业	100.0	30.5	2.1	38.4	14.2	5.4	9.3
总计中：国有控股企业	100.0	66.4	0.8	27.8	2.1	0.6	2.3
总计中：大型企业	100.0	45.0	1.1	32.5	7.4	5.3	8.7
中型企业	100.0	22.0	2.1	38.2	19.2	7.3	11.2
小型企业	100.0	13.4	1.9	39.8	31.9	4.8	8.2

注：数据源自《第二产业卷（上）》表1-A-5，占比数据为北京大成企业研究院根据统计局发布数据计算得出。

2. 规模以上工业企业所有者权益及实收资本情况

规模以上工业企业中，采矿业的所有者权益和实收资本分别为3.96万亿元、1.8万亿元，国家资本在采矿业的实收资本中占比最高，为58.1%。制造业的所有者权益和实收资本分别为39.1万亿元、18.5万亿元，其中法人资本在实收资本中占比最高，为40.5%。电力、热力、燃气及水生产和供应业的所有者权益和实收资本分别为6.9万亿元、4.8万亿元，其中国家资本在实收资本中占比最高，为70.0%（见表6-4、表6-6）。

三个行业大类中，所有者权益方面采矿业、制造业及电力、热力、燃气及水生产和供应业的占比分别为7.9%、78.3%和13.8%；实收资本方面采矿业、制造业及电力、热力、燃气及水生产和供应业的占比分别为7.4%、73.6%和19.0%（见表6-5）。

表6-4　各行业规模以上工业企业所有者权益及各类实收资本

单位：亿元

行业	所有者权益合计	实收资本	国家资本	集体资本	法人资本	个人资本	港澳台资本	外商资本
总　　计	499 342.9	250 718.2	70 659.4	4 097.3	91 367.1	47 817.9	13 950.9	22 816.8
采矿业	39 648.7	18 468.1	10 728.4	322.2	5 607.0	1 651.5	60.7	95.2

行　　业	所有者权益合计	实收资本	国家资本	集体资本	法人资本	个人资本	港澳台资本	外商资本
煤炭开采和洗选业	19 313.2	7 217.2	3 876.2	220.0	2 176.3	885.1	15.5	41.7
石油和天然气开采业	11 255.9	6 354.0	4 345.2	0.8	1 996.4	3.1	—	8.6
黑色金属矿采选业	3 660.4	1 550.6	927.2	40.2	366.0	209.0	6.6	1.4
有色金属矿采选业	2 514.4	1 148.4	399.6	40.2	378.5	280.0	17.7	32.1
非金属矿采选业	1 681.7	699.1	110.1	18.6	302.9	246.5	10.0	11.1
开采专业及辅助性活动	1 217.1	1 496.4	1 070.2	2.5	386.0	26.4	10.9	0.4
其他采矿业	6.0	2.4	0.0	—	0.9	1.4	—	—
制造业	390 989.3	184 566.8	26 572.2	3 338.5	74 737.4	45 084.5	12 939.2	21 878.5
农副食品加工业	13 620.2	8 323.7	309.0	144.8	4 703.8	2 261.3	283.1	621.7
食品制造业	8 427.1	3 862.7	167.1	91.7	1 460.4	1 286.1	310.2	546.8
酒、饮料和精制茶制造业	10 288.4	4 311.9	348.2	62.5	1 330.3	1 837.4	250.7	479.9
烟草制品业	8 245.1	1 116.4	810.6	3.8	297.2	2.6	—	2.2
纺织业	8 691.1	4 445.5	145.4	73.2	1 487.4	1 783.4	576.5	380.0
纺织服装、服饰业	6 252.2	2 380.4	36.9	49.7	812.1	895.7	386.8	199.1
皮革、毛皮、羽毛及其制品和制鞋业	3 449.2	1 311.6	14.8	21.4	406.4	451.6	253.4	164.0
木材加工和木、竹、藤、棕、草制品业	2 630.3	1 378.5	42.1	38.0	432.7	763.4	53.6	48.8
家具制造业	2 736.5	1 323.3	8.7	12.9	510.4	577.0	110.5	103.8
造纸和纸制品业	6 169.1	3 549.9	213.9	49.8	1 231.8	726.9	568.9	758.6
印刷和记录媒介复制业	3 084.7	1 434.1	163.1	22.2	501.9	439.8	157.5	149.7
文教、工美、体育和娱乐用品制造业	4 102.1	1 704.1	24.1	25.5	565.9	586.6	289.5	212.3
石油、煤炭及其他燃料加工业	11 167.3	5 951.2	2 715.3	60.0	2 148.0	678.0	134.6	215.2
化学原料和化学制品制造业	32 683.4	17 782.1	3 181.0	508.0	7 371.7	3 069.4	1 090.6	2 561.0
医药制造业	18 986.3	6 094.6	434.0	193.9	2 948.6	1 628.7	390.1	499.0
化学纤维制造业	3 166.8	1 749.4	187.0	25.7	740.8	476.9	196.8	122.3

续表

行 业	所有者权益合计	实收资本	国家资本	集体资本	法人资本	个人资本	港澳台资本	外商资本
橡胶和塑料制品业	11 117.9	5 540.4	258.4	70.4	1 944.5	1 699.9	617.9	948.9
非金属矿物制品业	22 587.6	11 526.0	1 616.6	261.3	4 634.1	3 718.1	589.2	706.2
黑色金属冶炼和压延加工业	23 268.3	11 469.8	2 438.9	72.2	5 375.9	2 887.5	299.3	395.9
有色金属冶炼和压延加工业	15 821.1	7 456.0	2 113.7	233.9	3 264.3	1 134.2	399.8	309.9
金属制品业	12 659.1	6 606.2	737.7	142.4	2 314.8	2 111.1	620.6	678.4
通用设备制造业	20 125.2	10 628.0	992.5	184.9	3 711.5	3 818.3	477.7	1 442.9
专用设备制造业	17 834.5	8 420.1	1 015.2	116.9	3 028.1	2 861.2	424.3	973.4
汽车制造业	32 621.5	14 061.2	2 931.7	184.7	5 954.2	1 587.5	424.4	2 978.0
铁路、船舶、航空航天和其他运输设备制造业	9 182.2	4 595.9	2 294.2	38.1	1 350.5	505.7	121.4	285.9
电气机械和器材制造业	29 213.6	13 080.1	1 043.4	352.2	5 574.9	3 965.5	762.9	1 380.7
计算机、通信和其他电子设备制造业	44 532.0	20 689.7	1 845.1	235.3	8 926.6	2 394.0	2 897.4	4 383.8
仪器仪表制造业	5 276.8	2 219.4	194.6	18.8	1 021.8	624.2	137.6	222.5
其他制造业	1 054.2	460.4	84.0	2.1	138.9	108.2	73.7	53.6
废弃资源综合利用业	1 072.8	602.2	52.1	39.3	298.7	173.4	20.5	18.1
金属制品、机械和设备修理业	922.6	492.3	153.0	3.0	249.2	31.3	19.9	36.0
电力、热力、燃气及水生产和供应业	68 705.0	47 683.4	33 358.8	436.6	11 022.6	1 081.8	951.0	843.1
电力、热力生产和供应业	57 953.8	39 511.6	29 210.6	357.1	7 976.9	826.3	644.7	508.1
燃气生产和供应业	4 351.3	4 844.2	2 002.2	41.1	2 238.3	153.6	196.9	211.9
水的生产和供应业	6 399.9	3 327.7	2 146.0	38.4	807.0	101.9	109.4	123.2

注：数据源自《第二产业卷（上）》表1–A–6，本节下同。

表6-5　规模以上工业企业所有者权益及各类实收资本在各行业的占比

单位：%

行　业	所有者权益合计	实收资本	国家资本	集体资本	法人资本	个人资本	港澳台资本	外商资本
总　计	100.0	100.0	100.0	100.0	100.0	100.0	100.0	100.0
采矿业	7.9	7.4	15.2	7.9	6.1	3.5	0.4	0.3
煤炭开采和洗选业	3.9	2.9	5.5	5.4	2.4	1.9	0.1	0.1
石油和天然气开采业	2.3	2.5	6.1	0.0	2.2	0.0	0.0	0.0
黑色金属矿采选业	0.7	0.6	1.3	1.0	0.4	0.4	0.0	0.0
有色金属矿采选业	0.5	0.5	0.6	1.0	0.4	0.6	0.1	0.0
非金属矿采选业	0.3	0.3	0.2	0.5	0.3	0.5	0.1	0.0
开采专业及辅助性活动	0.2	0.6	1.5	0.1	0.4	0.1	0.1	0.0
其他采矿业	0.0	0.0	0.0	—	0.0	0.0	—	—
制造业	78.3	73.6	37.6	81.5	81.8	94.3	92.7	56.7
农副食品加工业	2.7	3.3	0.4	3.5	5.1	4.7	2.0	1.2
食品制造业	1.7	1.5	0.2	2.2	1.6	2.7	2.2	1.4
酒、饮料和精制茶制造业	2.1	1.7	0.5	1.5	1.5	3.8	1.8	1.1
烟草制品业	1.7	0.4	1.1	0.1	0.3	0.0	—	0.0
纺织业	1.7	1.8	0.2	1.8	1.6	3.7	4.1	2.5
纺织服装、服饰业	1.3	0.9	0.1	1.2	0.9	1.9	2.8	1.7
皮革、毛皮、羽毛及其制品和制鞋业	0.7	0.5	0.0	0.5	0.4	0.9	1.8	1.1
木材加工和木、竹、藤、棕、草制品业	0.5	0.5	0.1	0.9	0.5	1.6	0.4	0.2
家具制造业	0.5	0.5	0.0	0.3	0.6	1.2	0.8	0.5
造纸和纸制品业	1.2	1.4	0.3	1.2	1.3	1.5	4.1	2.5
印刷和记录媒介复制业	0.6	0.6	0.2	0.5	0.5	0.9	1.1	0.7
文教、工美、体育和娱乐用品制造业	0.8	0.7	0.0	0.6	0.6	1.2	2.1	1.3
石油、煤炭及其他燃料加工业	2.2	2.4	3.8	1.5	2.4	1.4	1.0	0.6
化学原料和化学制品制造业	6.5	7.1	4.5	12.4	8.1	6.4	7.8	4.8
医药制造业	3.8	2.4	0.6	4.7	3.2	3.4	2.8	1.7
化学纤维制造业	0.6	0.7	0.3	0.6	0.8	1.0	1.4	0.9

续表

行　业	所有者权益合计	实收资本	国家资本	集体资本	法人资本	个人资本	港澳台资本	外商资本
橡胶和塑料制品业	2.2	2.2	0.4	1.7	2.1	3.6	4.4	2.7
非金属矿物制品业	4.5	4.6	2.3	6.4	5.1	7.8	4.2	2.6
黑色金属冶炼和压延加工业	4.7	4.6	3.5	1.8	5.9	6.0	2.1	1.3
有色金属冶炼和压延加工业	3.2	3.0	3.0	5.7	3.6	2.4	2.9	1.8
金属制品业	2.5	2.6	1.0	3.5	2.5	4.4	4.4	2.7
通用设备制造业	4.0	4.2	1.4	4.5	4.1	8.0	3.4	2.1
专用设备制造业	3.6	3.4	1.4	2.9	3.3	6.0	3.0	1.9
汽车制造业	6.5	5.6	4.1	4.5	6.5	3.3	3.0	1.9
铁路、船舶、航空航天和其他运输设备制造业	1.8	1.8	3.2	0.9	1.5	1.1	0.9	0.5
电气机械和器材制造业	5.9	5.2	1.5	8.6	6.1	8.3	5.5	3.3
计算机、通信和其他电子设备制造业	8.9	8.3	2.6	5.7	9.8	5.0	20.8	12.7
仪器仪表制造业	1.1	0.9	0.3	0.5	1.1	1.3	1.0	0.6
其他制造业	0.2	0.2	0.1	0.1	0.2	0.2	0.5	0.4
废弃资源综合利用业	0.2	0.2	0.1	1.0	0.3	0.4	0.1	0.1
金属制品、机械和设备修理业	0.2	0.2	0.2	0.1	0.3	0.1	0.1	0.1
电力、热力、燃气及水生产和供应业	13.8	19.0	47.2	10.7	12.1	2.3	6.8	4.2
电力、热力生产和供应业	11.6	15.8	41.3	8.7	8.7	1.7	4.6	2.8
燃气生产和供应业	0.9	1.9	2.8	1.0	2.4	0.3	1.4	0.9
水的生产和供应业	1.3	1.3	3.0	0.9	0.9	0.2	0.8	0.5

注：数据源自《第二产业卷（上）》表1-A-6，占比数据为北京大成企业研究院根据统计局发布数据计算得出。

表6-6　各行业规模以上工业企业中的各类实收资本占比

单位：%

行　业	实收资本	国家资本	集体资本	法人资本	个人资本	港澳台资本	外商资本
总　计	100.0	28.2	1.6	36.4	19.1	5.6	9.1
采矿业	100.0	58.1	1.7	30.4	8.9	0.3	0.5

续表

行　业	实收资本	国家资本	集体资本	法人资本	个人资本	港澳台资本	外商资本
煤炭开采和洗选业	100.0	53.7	3.0	30.2	12.3	0.2	0.6
石油和天然气开采业	100.0	68.4	0.0	31.4	0.0	0.0	0.1
黑色金属矿采选业	100.0	59.8	2.6	23.6	13.5	0.4	0.1
有色金属矿采选业	100.0	34.8	3.5	33.0	24.4	1.5	2.8
非金属矿采选业	100.0	15.7	2.7	43.3	35.3	1.4	1.6
开采专业及辅助性活动	100.0	71.5	0.2	25.8	1.8	0.7	0.0
其他采矿业	100.0	1.7	0.0	38.8	59.6	0.0	0.0
制造业	100.0	14.4	1.8	40.5	24.4	7.0	11.9
农副食品加工业	100.0	3.7	1.7	56.5	27.2	3.4	7.5
食品制造业	100.0	4.3	2.4	37.8	33.3	8.0	14.2
酒、饮料和精制茶制造业	100.0	8.1	1.4	30.9	42.6	5.8	11.1
烟草制品业	100.0	72.6	0.3	26.6	0.2	0.0	0.2
纺织业	100.0	3.3	1.6	33.5	40.1	13.0	8.5
纺织服装、服饰业	100.0	1.5	2.1	34.1	37.6	16.2	8.4
皮革、毛皮、羽毛及其制品和制鞋业	100.0	1.1	1.6	31.0	34.4	19.3	12.5
木材加工和木、竹、藤、棕、草制品业	100.0	3.1	2.8	31.4	55.4	3.9	3.5
家具制造业	100.0	0.7	1.0	38.6	43.6	8.3	7.8
造纸和纸制品业	100.0	6.0	1.4	34.7	20.5	16.0	21.4
印刷和记录媒介复制业	100.0	11.4	1.5	35.0	30.7	11.0	10.4
文教、工美、体育和娱乐用品制造业	100.0	1.4	1.5	33.2	34.4	17.0	12.5
石油、煤炭及其他燃料加工业	100.0	45.6	1.0	36.1	11.4	2.3	3.6
化学原料和化学制品制造业	100.0	17.9	2.9	41.5	17.3	6.1	14.4
医药制造业	100.0	7.1	3.2	48.4	26.7	6.4	8.2
化学纤维制造业	100.0	10.7	1.5	42.3	27.3	11.2	7.0
橡胶和塑料制品业	100.0	4.7	1.3	35.1	30.7	11.2	17.1
非金属矿物制品业	100.0	14.0	2.3	40.2	32.3	5.1	6.1
黑色金属冶炼和压延加工业	100.0	21.3	0.6	46.9	25.2	2.6	3.5
有色金属冶炼和压延加工业	100.0	28.3	3.1	43.8	15.2	5.4	4.2
金属制品业	100.0	11.2	2.2	35.0	32.0	9.4	10.3
通用设备制造业	100.0	9.3	1.7	34.9	35.9	4.5	13.6

续表

行 业	实收资本	国家资本	集体资本	法人资本	个人资本	港澳台资本	外商资本
专用设备制造业	100.0	12.1	1.4	36.0	34.0	5.0	11.6
汽车制造业	100.0	20.8	1.3	42.3	11.3	3.0	21.2
铁路、船舶、航空航天和其他运输设备制造业	100.0	49.9	0.8	29.4	11.0	2.6	6.2
电气机械和器材制造业	100.0	8.0	2.7	42.6	30.3	5.8	10.6
计算机、通信和其他电子设备制造业	100.0	8.9	1.1	43.1	11.6	14.0	21.2
仪器仪表制造业	100.0	8.8	0.8	46.0	28.1	6.2	10.0
其他制造业	100.0	18.2	0.5	30.2	23.5	16.0	11.6
废弃资源综合利用业	100.0	8.7	6.5	49.6	28.8	3.4	3.0
金属制品、机械和设备修理业	100.0	31.1	0.6	50.6	6.4	4.0	7.3
电力、热力、燃气及水生产和供应业	100.0	70.0	0.9	23.1	2.3	2.0	1.8
电力、热力生产和供应业	100.0	73.9	0.9	20.2	2.1	1.6	1.3
燃气生产和供应业	100.0	41.3	0.8	46.2	3.2	4.1	4.4
水的生产和供应业	100.0	64.5	1.2	24.3	3.1	3.3	3.7

注：数据源自《第二产业卷（上）》表1–A–6。

3. 国有控股工业企业所有者权益及实收资本

按大、中类行业分，国有控股工业企业中采矿业的所有者权益和实收资本分别为3.1万亿元、1.5万亿元，其中国家资本在实收资本中占比最高，为70.3%；国有控股工业企业中制造业的所有者权益和实收资本分别为9.8万亿元、4.7万亿元，其中国家资本在实收资本中占比最高，为52.5%；国有控股工业企业中电力、热力、燃气及水生产和供应业的所有者权益和实收资本分别为5.9万亿元、4.0万亿元，其中国家资本在实收资本中占比最高，为81.2%（见表6–7、表6–9）。

三个行业大类中，所有者权益方面采矿业、制造业及电力、热力、燃气及水生产和供应业的占比分别为16.5%、52.3%和31.2%；实收资本方面采矿业、制造业及电力、热力、燃气及水生产和供应业的占比分别为14.9%、45.8%和39.3%（见表6–8）。

表6-7　国有控股工业企业在各行业中的所有者权益及各类实收资本

单位：亿元

行　业	所有者权益合计	实收资本	国家资本	集体资本	法人资本	个人资本	港澳台资本	外商资本
总　计	188 017.6	102 024.0	67 767.0	818.7	28 402.6	2 124.4	605.0	2 325.3
采矿业	31 077.8	15 166.7	10 662.7	151.7	4 099.8	224.3	0.1	28.2
煤炭开采和洗选业	14 573.5	5 602.8	3 849.8	117.2	1 432.9	183.6	—	19.2
石油和天然气开采业	11 057.6	6 332.2	4 343.3	0.3	1 987.5	0.1	—	1.0
黑色金属矿采选业	2 553.7	1 117.8	912.5	19.0	162.8	22.6	—	1.0
有色金属矿采选业	1 402.9	512.9	382.6	13.3	96.6	14.1		6.3
非金属矿采选业	481.4	165.0	104.9	1.8	54.6	3.3	0.1	0.4
开采专业及辅助性活动	1 008.8	1 436.0	1 069.7	0.0	365.5	0.6	—	0.2
制造业	98 278.3	46 758.5	24 541.3	474.2	17 972.2	1 586.5	370.1	1 814.2
农副食品加工业	546.1	383.1	210.9	10.3	125.5	24.9	5.3	6.2
食品制造业	638.1	319.8	136.1	8.5	129.6	23.7	12.6	9.2
酒、饮料和精制茶制造业	4 275.8	568.1	266.0	13.8	239.5	36.1	1.5	11.2
烟草制品业	8 218.3	1 105.6	808.0	1.2	294.5	1.9	—	
纺织业	522.2	213.3	99.6	6.3	77.6	28.0	0.3	1.4
纺织服装、服饰业	212.9	54.4	29.5	0.2	23.5	0.9	0.1	0.3
皮革、毛皮、羽毛及其制品和制鞋业	99.1	17.6	8.8	1.3	6.9	0.6	0.0	—
木材加工和木、竹、藤、棕、草制品业	81.8	59.9	32.9	3.2	17.6	5.4	0.5	0.4
家具制造业	56.9	14.9	5.5	—	5.0	0.2	2.2	2.0
造纸和纸制品业	399.9	284.8	183.1	9.1	68.2	15.4	1.2	7.9
印刷和记录媒介复制业	512.6	265.7	149.9	1.9	100.9	7.5	4.1	1.5
文教、工美、体育和娱乐用品制造业	98.8	53.7	12.5	2.4	35.9	1.3	0.3	1.4
石油、煤炭及其他燃料加工业	7 054.6	3 547.8	2 651.5	15.8	763.3	52.3	47.5	17.4
化学原料和化学制品制造业	8 609.9	5 742.0	2 956.6	76.6	2 225.1	183.9	14.0	285.8
医药制造业	2 956.5	837.2	363.6	15.5	327.2	86.4	13.3	31.2
化学纤维制造业	483.2	246.3	130.7	9.7	72.8	16.1	11.5	5.6

续表

行 业	所有者权益合计	实收资本	国家资本	集体资本	法人资本	个人资本	港澳台资本	外商资本
橡胶和塑料制品业	672.8	376.7	210.5	6.5	115.7	29.3	10.1	4.6
非金属矿物制品业	3 858.7	2 453.9	1 404.2	52.9	895.6	67.1	7.0	27.2
黑色金属冶炼和压延加工业	11 503.1	6 111.9	2 370.4	6.4	3 436.9	195.8	30.1	72.2
有色金属冶炼和压延加工业	5 246.0	3 137.8	2 036.0	46.7	873.8	126.0	11.3	44.1
金属制品业	1 505.5	1 026.8	691.2	12.2	259.1	47.5	4.5	12.4
通用设备制造业	3 189.5	1 442.5	897.0	16.1	352.6	101.8	28.0	47.0
专用设备制造业	3 026.1	1 674.2	950.3	18.7	604.8	85.4	3.0	12.1
汽车制造业	14 960.1	6 513.9	2 700.0	72.3	2 495.4	151.6	95.5	999.1
铁路、船舶、航空航天和其他运输设备制造业	5 200.5	2 966.9	2 263.0	16.3	581.5	20.2	4.1	81.7
电气机械和器材制造业	3 255.0	1 471.4	896.0	31.4	410.5	101.1	10.1	22.5
计算机、通信和其他电子设备制造业	9 125.8	5 061.7	1 633.9	12.6	3 132.1	153.5	45.9	83.6
仪器仪表制造业	890.2	279.6	182.5	1.3	79.4	10.4	2.4	3.6
其他制造业	376.2	121.5	82.0	0.4	30.3	8.8	0.0	0.0
废弃资源综合利用业	77.0	54.8	31.1	4.8	15.0	2.4	0.5	1.0
金属制品、机械和设备修理业	625.1	350.7	148.2	0.0	176.6	0.8	3.4	21.7
电力、热力、燃气及水生产和供应业	58 661.5	40 098.9	32 563.0	192.9	6 330.6	313.6	234.8	482.9
电力、热力生产和供应业	51 135.0	34 956.5	28 587.2	173.5	5 485.0	249.9	159.3	320.4
燃气生产和供应业	2 221.2	2 385.4	1 912.8	8.8	272.6	21.0	53.2	117.1
水的生产和供应业	5 305.2	2 757.0	2 063.0	10.6	573.0	42.8	22.3	45.4

注：数据源自《第二产业卷（上）》表1–A–7。

表6–8 国有控股工业企业各类实收资本在各行业占比

单位：%

行 业	所有者权益合计	实收资本	国家资本	集体资本	法人资本	个人资本	港澳台资本	外商资本
总 计	100	100	100	100	100	100	100	100
采矿业	16.5	14.9	15.7	18.5	14.4	10.6	0.0	1.2

续表

行　业	所有者权益合计	实收资本	国家资本	集体资本	法人资本	个人资本	港澳台资本	外商资本
煤炭开采和洗选业	7.8	5.5	5.7	14.3	5.0	8.6	—	0.8
石油和天然气开采业	5.9	6.2	6.4	0.0	7.0	0.0	—	0.0
黑色金属矿采选业	1.4	1.1	1.3	2.3	0.6	1.1	—	0.0
有色金属矿采选业	0.7	0.5	0.6	1.6	0.3	0.7	—	0.3
非金属矿采选业	0.3	0.2	0.2	0.2	0.2	0.2	0.0	0.0
开采专业及辅助性活动	0.5	1.4	1.6	0.0	1.3	0.0	—	0.0
制造业	52.3	45.8	36.2	57.9	63.3	74.7	61.2	78.0
农副食品加工业	0.3	0.4	0.3	1.3	0.4	1.2	0.9	0.3
食品制造业	0.3	0.3	0.2	1.0	0.5	1.1	2.1	0.4
酒、饮料和精制茶制造业	2.3	0.6	0.4	1.7	0.8	1.7	0.3	0.5
烟草制品业	4.4	1.1	1.2	0.1	1.0	0.1	—	—
纺织业	0.3	0.2	0.1	0.8	0.3	1.3	0.1	0.1
纺织服装、服饰业	0.1	0.1	0.0	0.0	0.1	0.0	0.0	0.0
皮革、毛皮、羽毛及其制品和制鞋业	0.1	0.0	0.0	0.2	0.0	0.0	0.0	—
木材加工和木、竹、藤、棕、草制品业	0.0	0.1	0.0	0.0	0.1	0.3	0.1	0.0
家具制造业	0.0	0.0	0.0	0.0	0.0	0.0	0.4	0.1
造纸和纸制品业	0.2	0.3	0.3	1.1	0.2	0.7	0.2	0.3
印刷和记录媒介复制业	0.3	0.3	0.2	0.2	0.4	0.4	0.7	0.1
文教、工美、体育和娱乐用品制造业	0.1	0.1	0.0	0.3	0.1	0.1	0.0	0.1
石油、煤炭及其他燃料加工业	3.8	3.5	3.9	1.9	2.7	2.5	7.9	0.7
化学原料和化学制品制造业	4.6	5.6	4.4	9.4	7.8	8.7	2.3	12.3
医药制造业	1.6	0.8	0.5	1.9	1.2	4.1	2.2	1.3
化学纤维制造业	0.3	0.2	0.2	1.2	0.3	0.8	1.9	0.2
橡胶和塑料制品业	0.4	0.4	0.3	0.8	0.4	1.4	1.7	0.2
非金属矿物制品业	2.1	2.4	2.1	6.5	3.2	3.2	1.1	1.2
黑色金属冶炼和压延加工业	6.1	6.0	3.5	0.8	12.1	9.2	5.0	3.1
有色金属冶炼和压延加工业	2.8	3.1	3.0	5.7	3.1	5.9	1.9	1.9
金属制品业	0.8	1.0	1.0	1.5	0.9	2.2	0.7	0.5
通用设备制造业	1.7	1.4	1.3	2.0	1.2	4.8	4.6	2.0
专用设备制造业	1.6	1.6	1.4	2.3	2.1	4.0	0.5	0.5

续表

行　业	所有者权益合计	实收资本	国家资本	集体资本	法人资本	个人资本	港澳台资本	外商资本
汽车制造业	8.0	6.4	4.0	8.8	8.8	7.1	15.8	43.0
铁路、船舶、航空航天和其他运输设备制造业	2.8	2.9	3.3	2.0	2.0	1.0	0.7	3.5
电气机械和器材制造业	1.7	1.4	1.3	3.8	1.4	4.8	1.7	1.0
计算机、通信和其他电子设备制造业	4.9	5.0	2.4	1.5	11.0	7.2	7.6	3.6
仪器仪表制造业	0.5	0.3	0.3	0.2	0.3	0.5	0.4	0.2
其他制造业	0.2	0.1	0.1	0.1	0.1	0.4	0.0	0.0
废弃资源综合利用业	0.0	0.1	0.0	0.6	0.1	0.1	0.1	0.0
金属制品、机械和设备修理业	0.3	0.3	0.2	0.0	0.6	0.0	0.6	0.9
电力、热力、燃气及水生产和供应业	31.2	39.3	48.1	23.6	22.3	14.8	38.8	20.8
电力、热力生产和供应业	27.2	34.3	42.2	21.2	19.3	11.8	26.3	13.8
燃气生产和供应业	1.2	2.3	2.8	1.1	1.0	1.0	8.8	5.0
水的生产和供应业	2.8	2.7	3.0	1.3	2.0	2.0	3.7	2.0

注：数据源自《第二产业卷（上）》表1-A-7。

表6-9　各行业国有控股工业企业中各类资本占比

单位：%

行　业	实收资本	国家资本	集体资本	法人资本	个人资本	港澳台资本	外商资本
总　计	100.0	66.4	0.8	27.8	2.1	0.6	2.3
采矿业	100.0	70.3	1.0	27.0	1.5	0.0	0.2
煤炭开采和洗选业	100.0	68.7	2.1	25.6	3.3	—	0.3
石油和天然气开采业	100.0	68.6	0.0	31.4	0.0	—	0.0
黑色金属矿采选业	100.0	81.6	1.7	14.6	2.0	—	0.1
有色金属矿采选业	100.0	74.6	2.6	18.8	2.8	—	1.2
非金属矿采选业	100.0	63.6	1.1	33.1	2.0	0.0	0.3
开采专业及辅助性活动	100.0	74.5	0.0	25.5	0.0	0.0	0.0
制造业	100.0	52.5	1.0	38.4	3.4	0.8	3.9
农副食品加工业	100.0	55.0	2.7	32.8	6.5	1.4	1.6
食品制造业	100.0	42.6	2.7	40.5	7.4	3.9	2.9
酒、饮料和精制茶制造业	100.0	46.8	2.4	42.2	6.3	0.3	2.0

行 业	实收资本	国家资本	集体资本	法人资本	个人资本	港澳台资本	外商资本
烟草制品业	100.0	73.1	0.1	26.6	0.2	—	—
纺织业	100.0	46.7	3.0	36.4	13.1	0.1	0.7
纺织服装、服饰业	100.0	54.1	0.4	43.2	1.7	0.1	0.5
皮革、毛皮、羽毛及其制品和制鞋业	100.0	49.9	7.4	38.9	3.6	0.1	0.0
木材加工和木、竹、藤、棕、草制品业	100.0	54.8	5.3	29.4	9.1	0.8	0.6
家具制造业	100..	36.9	0.0	33.4	1.3	14.7	13.7
造纸和纸制品业	100.0	64.3	3.2	23.9	5.4	0.4	2.8
印刷和记录媒介复制业	100.0	56.4	0.7	38.0	2.8	1.5	0.6
文教、工美、体育和娱乐用品制造业	100.0	23.2	4.4	66.9	2.4	0.5	2.6
石油、煤炭及其他燃料加工业	100.0	74.7	0.4	21.5	1.5	1.3	0.5
化学原料和化学制品制造业	100.0	51.5	1.3	38.8	3.2	0.2	5.0
医药制造业	100.0	43.4	1.9	39.1	10.3	1.6	3.7
化学纤维制造业	100.0	53.1	3.9	29.6	6.5	4.7	2.3
橡胶和塑料制品业	100.0	55.9	1.7	30.7	7.8	2.7	1.2
非金属矿物制品业	100.0	57.2	2.2	36.5	2.7	0.3	1.1
黑色金属冶炼和压延加工业	100.0	38.8	0.1	56.2	3.2	0.5	1.2
有色金属冶炼和压延加工业	100.0	64.9	1.5	27.8	4.0	0.4	1.4
金属制品业	100.0	67.3	1.2	25.2	4.6	0.4	1.2
通用设备制造业	100.0	62.2	1.1	24.4	7.1	1.9	3.3
专用设备制造业	100.0	56.8	1.1	36.1	5.1	0.2	0.7
汽车制造业	100.0	41.5	1.1	38.3	2.3	1.5	15.3
铁路、船舶、航空航天和其他运输设备制造业	100.0	76.3	0.5	19.6	0.7	0.1	2.8
电气机械和器材制造业	100.0	60.9	2.1	27.9	6.9	0.7	1.5
计算机、通信和其他电子设备制造业	100.0	32.3	0.2	61.9	3.0	0.9	1.7
仪器仪表制造业	100.0	65.3	0.5	28.4	3.7	0.9	1.3
其他制造业	100.0	67.5	0.4	24.9	7.2	0.0	0.0
废弃资源综合利用业	100.0	56.8	8.7	27.3	4.4	0.9	1.9
金属制品、机械和设备修理业	100.0	42.3	0.0	50.4	0.2	1.0	6.2
电力、热力、燃气及水生产和供应业	100.0	81.2	0.5	15.8	0.8	0.6	1.2

续表

行　业	实收资本	国家资本	集体资本	法人资本	个人资本	港澳台资本	外商资本
电力、热力生产和供应业	100.0	81.8	0.5	15.7	0.7	0.5	0.9
燃气生产和供应业	100.0	80.2	0.4	11.4	0.9	2.2	4.9
水的生产和供应业	100.0	74.8	0.4	20.8	1.6	0.8	1.6

注：数据源自《第二产业卷（上）》表1–A–7。

4. 私营工业企业所有者权益及实收资本

按大、中类行业分，私营工业企业中采矿业的所有者权益和实收资本分别为3.6千亿元、1.5千亿元，其中个人资本在实收资本中占比最高，为55.6%；私营工业企业中制造业的所有者权益和实收资本分别为10.9万亿元、5.3万亿元，其中个人资本在实收资本中占比最高，为53.0%；私营工业企业中电力、热力、燃气及水生产和供应业的所有者权益和实收资本分别为2.5千亿元、1.6千亿元，其中法人资本在实收资本中占比最高，为65.6%（见表6–10、表6–12）。

三个行业大类中，所有者权益方面采矿业、制造业及电力、热力、燃气及水生产和供应业的占比分别为3.1%、94.7%和2.2%；实收资本方面采矿业、制造业及电力、热力、燃气及水生产和供应业的占比分别为2.7%、94.4%和2.8%（见表6–11）。

表6–10　各行业私营工业企业所有者权益及各类实收资本

单位：亿元

行　业	所有者权益合计	实收资本	国家资本	集体资本	法人资本	个人资本	港澳台资本	外商资本
总　计	114 687.8	56 337.1	58.1	852.4	25 348.7	29 508.8	77.3	83.4
采矿业	3 590.4	1 548.2	19.0	39.3	625.3	861.3	0.8	0.4
煤炭开采和洗选业	1 785.8	755.2	12.8	14.5	280.2	445.0	0.5	—
石油和天然气开采业	11.4	6.8	0.6	—	3.9	2.3		
黑色金属矿采选业	581.6	238.1	2.4	9.1	100.8	125.4	—	0.3
有色金属矿采选业	370.8	183.2	1.0	6.8	80.0	95.4	0.1	
非金属矿采选业	784.0	340.8	2.3	7.3	151.9	179.0	0.2	0.1
开采专业及辅助性活动	51.8	21.9	—	1.6	7.6	12.8		

续表

行　业	所有者权益合计	实收资本	国家资本	集体资本	法人资本	个人资本	港澳台资本	外商资本
其他采矿业	5.1	2.2	—	—	0.9	1.3	—	—
制造业	108 558.6	53 206.0	368.0	770.4	23 685.3	28 218.1	76.1	82.6
农副食品加工业	6 409.4	4 947.2	35.6	46.8	3 335.8	1 526.1	0.8	2.0
食品制造业	2 656.8	1 360.8	5.2	28.7	546.0	778.8	1.5	0.4
酒、饮料和精制茶制造业	1 977.3	1 908.8	6.0	11.6	382.2	1 506.3	0.7	1.7
烟草制品业	7.0	2.2	0.3	—	1.9	0.0	—	—
纺织业	4 275.9	2 130.9	23.7	22.7	731.4	1 346.5	4.4	1.9
纺织服装、服饰业	2 853.9	1 015.5	4.1	14.3	371.1	622.6	1.7	1.5
皮革、毛皮、羽毛及其制品和制鞋业	1 464.3	544.8	4.2	7.4	223.9	306.0	2.0	1.3
木材加工和木、竹、藤、棕、草制品业	1 691.7	876.6	6.8	8.1	255.9	604.6	0.1	1.1
家具制造业	1 582.8	761.2	1.4	7.9	297.6	453.2	0.4	0.8
造纸和纸制品业	1 690.3	782.4	1.4	12.6	367.7	399.0	1.7	—
印刷和记录媒介复制业	1 071.8	485.3	4.3	6.8	185.4	288.4	0.3	0.2
文教、工美、体育和娱乐用品制造业	1 914.6	729.4	2.7	7.4	299.7	415.3	3.7	0.5
石油、煤炭及其他燃料加工业	1 213.2	812.9	0.6	15.6	421.6	374.2	0.7	0.4
化学原料和化学制品制造业	8 215.9	3 671.0	31.8	63.2	1 990.7	1 568.1	7.5	9.3
医药制造业	3 808.1	1 365.2	6.4	35.3	680.1	641.4	1.8	0.1
化学纤维制造业	982.6	615.6	21.9	2.3	265.5	325.5	0.4	—
橡胶和塑料制品业	4 416.2	1 986.9	7.3	25.9	759.6	1 187.6	1.8	4.6
非金属矿物制品业	9 469.6	4 672.2	33.2	77.4	1 980.5	2 563.9	5.6	10.8
黑色金属冶炼和压延加工业	6 764.0	2 783.5	6.0	21.1	798.1	1 947.9	6.2	4.3
有色金属冶炼和压延加工业	3 579.2	1 705.0	10.3	26.1	1 026.6	640.0	0.5	1.5
金属制品业	5 475.0	2 703.4	10.0	34.8	1 155.8	1 480.5	19.0	2.2
通用设备制造业	6 654.8	3 965.9	10.0	85.6	1 061.7	2 802.8	2.2	3.4
专用设备制造业	5 860.7	2 340.6	12.8	24.4	987.3	1 310.5	1.2	4.5
汽车制造业	4 396.3	1 965.8	23.7	22.5	1 016.0	899.1	3.4	1.0
铁路、船舶、航空航天和其他运输设备制造业	1 666.4	636.4	23.6	11.1	284.7	316.1	0.7	0.1

续表

行　业	所有者权益合计	实收资本	国家资本	集体资本	法人资本	个人资本	港澳台资本	外商资本
电气机械和器材制造业	9 848.3	4 621.4	18.8	101.7	2 128.1	2 364.9	2.7	4.8
计算机、通信和其他电子设备制造业	6 242.2	2 444.5	43.7	38.9	1 309.7	1 028.1	2.4	20.7
仪器仪表制造业	1 451.6	907.6	0.8	5.5	581.7	317.8	0.2	1.7
其他制造业	276.2	123.2	1.9	0.4	51.6	68.4	—	1.0
金属制品、机械和设备修理业	75.1	33.7	0.3	0.4	18.2	15.0	—	—
电力、热力、燃气及水生产和供应业	2 538.8	1 582.9	71.1	42.7	1 038.2	429.5	0.5	0.4
电力、热力生产和供应业	2 051.0	1 295.4	53.1	36.0	866.7	339.3	0.1	0.0
燃气生产和供应业	303.9	190.5	4.1	3.7	127.1	55.2	—	0.2
水的生产和供应业	183.8	97.0	14.0	3.0	44.3	34.9	0.3	0.2

注：数据源自《第二产业卷（上）》表1–A–8。

表6–11　私营工业企业所有者权益及各类实收资本在各行业的占比

单位：%

行　业	所有者权益合计	实收资本	国家资本	集体资本	法人资本	个人资本	港澳台资本	外商资本
总　　计	100.0	100.0	100.0	100.0	100.0	100.0	100.0	100.0
采矿业	3.1	2.7	4.2	4.6	2.5	2.9	1.0	0.4
煤炭开采和洗选业	1.6	1.3	2.8	1.7	1.1	1.5	0.7	—
石油和天然气开采业	0.0	0.0	0.1	—	0.0	0.0	—	—
黑色金属矿采选业	0.5	0.4	0.5	1.1	0.4	0.4	0.0	0.4
有色金属矿采选业	0.3	0.3	0.2	0.8	0.3	0.3	0.1	0.0
非金属矿采选业	0.7	0.6	0.5	0.9	0.6	0.6	0.2	0.1
开采专业及辅助性活动	0.0	0.0	—	0.2	0.0	0.0	—	—
其他采矿业	0.0	0.0						
制造业	94.7	94.4	80.3	90.4	93.4	95.6	98.4	99.1
农副食品加工业	5.6	8.8	7.8	5.5	13.2	5.2	1.1	2.4
食品制造业	2.3	2.4	1.1	3.4	2.2	2.6	2.0	0.5
酒、饮料和精制茶制造业	1.7	3.4	1.3	1.4	1.5	5.1	0.9	2.1
烟草制品业	0.0	0.0	0.1	—	0.0	0.0	—	—

行　业	所有者权益合计	实收资本	国家资本	集体资本	法人资本	个人资本	港澳台资本	外商资本
纺织业	3.7	3.8	5.2	2.7	2.9	4.6	5.7	2.3
纺织服装、服饰业	2.5	1.8	0.9	1.7	1.5	2.1	2.2	1.8
皮革、毛皮、羽毛及其制品和制鞋业	1.3	1.0	0.9	0.9	0.9	1.0	2.6	1.5
木材加工和木、竹、藤、棕、草制品业	1.5	1.6	1.5	0.9	1.0	2.0	0.2	1.4
家具制造业	1.4	1.4	0.3	0.9	1.2	1.5	0.5	0.9
造纸和纸制品业	1.5	1.4	0.3	1.5	1.5	1.4	2.2	0.0
印刷和记录媒介复制业	0.9	0.9	0.9	0.8	0.7	1.0	0.4	0.3
文教、工美、体育和娱乐用品制造业	1.7	1.3	0.6	1.2	1.2	1.4	4.7	0.6
石油、煤炭及其他燃料加工业	1.1	1.4	0.1	1.8	1.7	1.3	0.8	0.4
化学原料和化学制品制造业	7.2	6.5	6.9	7.4	7.9	5.3	9.7	11.1
医药制造业	3.3	2.4	1.4	4.1	2.7	2.2	2.4	0.1
化学纤维制造业	0.9	1.1	4.8	0.3	1.0	1.1	0.5	—
橡胶和塑料制品业	3.9	3.5	1.6	3.0	3.0	4.0	2.3	5.5
非金属矿物制品业	8.3	8.3	7.2	9.1	7.8	8.7	7.2	12.9
黑色金属冶炼和压延加工业	5.9	4.9	1.3	2.5	3.1	6.6	8.0	5.2
有色金属冶炼和压延加工业	3.1	3.0	2.2	3.1	4.0	2.2	0.6	1.8
金属制品业	4.8	4.8	2.2	4.1	4.6	5.0	24.6	2.7
通用设备制造业	5.8	7.0	2.2	10.0	4.2	9.5	2.8	4.0
专用设备制造业	5.1	4.2	2.8	2.9	3.9	4.4	1.5	5.3
汽车制造业	3.8	3.5	5.2	2.6	4.0	3.0	4.4	1.2
铁路、船舶、航空航天和其他运输设备制造业	1.5	1.1	5.2	1.3	1.1	1.1	0.9	0.1
电气机械和器材制造业	8.6	8.2	4.1	11.9	8.4	8.0	3.5	5.7
计算机、通信和其他电子设备制造业	5.4	4.3	9.5	4.6	5.2	3.5	3.1	24.9
仪器仪表制造业	1.3	1.6	0.2	0.6	2.3	1.1	0.3	2.1
其他制造业	0.2	0.2	0.4	0.0	0.2	0.2	—	1.2
金属制品、机械和设备修理业	0.1	0.1	0.1	0.0	0.1	0.1	—	—

续表

行　业	所有者权益合计	实收资本	国家资本	集体资本	法人资本	个人资本	港澳台资本	外商资本
电力、热力、燃气及水生产和供应业	2.2	2.8	15.5	5.0	4.1	1.5	0.6	0.5
电力、热力生产和供应业	1.8	2.3	11.6	4.2	3.4	1.1	0.2	0.0
燃气生产和供应业	0.3	0.3	0.9	0.4	0.5	0.2	—	0.2
水的生产和供应业	0.2	0.2	3.0	0.3	0.2	0.1	0.4	0.2

注：数据源自《第二产业卷（上）》表1-A-8。

表6-12　各行业私营工业企业各类实收资本的占比

单位：%

行　业	实收资本	国家资本	集体资本	法人资本	个人资本	港澳台资本	外商资本
总　计	100.0	0.8	1.5	45.0	52.4	0.1	0.1
采矿业	100.0	1.2	2.5	40.4	55.6	0.0	0.0
煤炭开采和洗选业	100.0	1.7	1.9	37.1	58.9	0.1	—
石油和天然气开采业	100.0	8.8	0.0	57.6	33.5	—	—
黑色金属矿采选业	100.0	1.0	3.8	42.3	52.7	—	0.1
有色金属矿采选业	100.0	0.5	3.7	43.7	52.1	0.0	—
非金属矿采选业	100.0	0.7	2.1	44.6	52.5	0.1	0.0
开采专业及辅助性活动	100.0	—	7.2	34.7	58.2	—	—
其他采矿业	100.0	—	—	41.7	58.3	—	—
制造业	100.0	0.7	1.4	44.5	53.0	0.1	0.2
农副食品加工业	100.0	0.7	0.9	67.4	30.8	0.0	0.0
食品制造业	100.0	0.4	2.1	40.1	57.2	0.1	0.1
酒、饮料和精制茶制造业	100.0	0.3	0.6	20.0	78.9	0.0	0.1
烟草制品业	100.0	13.4	—	84.8	1.8	—	—
纺织业	100.0	1.1	1.1	34.3	63.2	0.2	0.1
纺织服装、服饰业	100.0	0.4	1.4	36.5	61.3	0.2	0.1
皮革、毛皮、羽毛及其制品和制鞋业	100.0	0.8	1.4	41.1	56.2	0.4	0.2
木材加工和木、竹、藤、棕、草制品业	100.0	0.8	0.9	29.2	69.0	0.0	0.1
家具制造业	100.0	0.2	1.0	39.1	59.5	0.1	0.1

行　业	实收资本	国家资本	集体资本	法人资本	个人资本	港澳台资本	外商资本
造纸和纸制品业	100.0	0.2	1.6	47.0	51.0	0.2	—
印刷和记录媒介复制业	100.0	0.9	1.4	38.2	59.4	0.1	0.0
文教、工美、体育和娱乐用品制造业	100.0	0.4	1.0	41.1	56.9	0.5	0.1
石油、煤炭及其他燃料加工业	100.0	0.1	1.9	51.9	46.0	0.1	0.0
化学原料和化学制品制造业	100.0	0.9	1.7	54.2	42.7	0.2	0.3
医药制造业	100.0	0.5	2.6	49.8	47.0	0.1	0.0
化学纤维制造业	100.0	3.6	0.4	43.1	52.9	0.1	—
橡胶和塑料制品业	100.0	0.4	1.3	38.2	59.8	0.1	0.2
非金属矿物制品业	100.0	0.7	1.7	42.4	54.9	0.1	0.2
黑色金属冶炼和压延加工业	100.0	0.2	0.8	28.7	70.0		0.1
有色金属冶炼和压延加工业	100.0	0.6	1.5	60.2	37.5	0.0	0.1
金属制品业	100.0	0.4	1.3	42.8	54.8	0.7	0.1
通用设备制造业	100.0	0.3	2.2	26.8	70.7	0.1	0.1
专用设备制造业	100.0	0.5	1.0	42.2	56.0	0.0	0.2
汽车制造业	100.0	1.2	1.1	51.7	45.7	0.2	0.1
铁路、船舶、航空航天和其他运输设备制造业	100.0	3.7	1.8	44.7	49.7	0.1	0.0
电气机械和器材制造业	100.0	0.4	2.2	46.0	51.2	0.1	0.1
计算机、通信和其他电子设备制造业	100.0	1.8	1.6	53.6	42.1	0.1	0.8
仪器仪表制造业	100.0	0.1	0.6	64.1	35.0	0.0	0.2
其他制造业	100.0	1.6	0.3	41.8	55.5	—	0.8
金属制品、机械和设备修理业	100.0	0.7	1.1	53.8	44.4		
电力、热力、燃气及水生产和供应业	100.0	4.5	2.7	65.6	27.1	0.0	0.0
电力、热力生产和供应业	100.0	4.1	2.8	66.9	26.2	0.0	0.0
燃气生产和供应业	100.0	2.1	2.0	66.8	29.0	—	0.1
水的生产和供应业	100.0	14.4	3.1	45.7	36.0	0.4	0.2

注：数据源自《第二产业卷（上）》表1-A-8。

二、总承包和专业承包建筑业企业所有者权益及实收资本

按登记注册类型分总承包和专业承包建筑业企业中，国有企业的所有者权益和实收资本分别为8 692.7亿元、4 413.1亿元；私营企业的所有者权益和实收资本分别为2.7万亿元、1.6万亿元；外商投资企业的所有者权益和实收资本分别为337.1亿元、133.6亿元（见表6–13）。

从全国总承包和专业承包建筑业企业的所有者权益来看，国有企业所有者权益的占比为11.6%，私营企业所有者权益的占比为35.9%，外商投资企业所有者权益的占比为0.5%；从实收资本来看，国有企业占比为11.3%，私营企业占比为40.0%，外资企业占比为0.3%（见表6–14）。

从全国总承包和专业承包建筑业企业实收资本在各类型企业的分布来看，个人资本在全国实收资本中的占比最高，为41.9%；国有企业实收资本中，国家资本占比最高，为74.5%；私营企业实收资本中，个人资本、法人资本占比分别为68.4%和31.0%；外商投资企业实收资本中，外商资本占比最高，为73.1%（见表6–15）。

表6–13　分登记注册类型总承包和专业承包建筑业企业所有者权益及各类实收资本

单位：万元

项目	全国总计	国有企业	港澳台企业	外商投资企业	私营企业	股份制企业
所有者权益	747 618 672	86 926 587	4 346 241	3 371 068	268 744 385	376 005 682
实收资本	390 831 729	44 131 495	1 640 568	1 336 281	156 201 372	182 725 761
国家资本	83 910 422	32 872 510	110 642	30 341	262 951	50 592 771
集体资本	11 960 032	280 595	12 181	6 538	543 266	7 297 841
法人资本	128 887 624	10 909 272	524 545	248 223	48 433 431	68 113 920
个人资本	163 910 189	73 503	64 939	57 749	106 914 880	56 521 234
港澳台资本	1 035 734	33	903 689	16 528	33 658	81 725
外商资本	1 133 288	7 009	24 622	976 902	6052	118 644

注：1. 数据源自《第二产业卷（下）》表2–B–1.15。

2. 另有集合联企业、有限责任、其他企业的数据占比很小，未单列出来。本节下同。

表6-14　各类实收资本在各类型企业中的占比

单位：%

项目	全国总计	国有企业	港澳台企业	外商投资企业	私营企业	股份制企业
所有者权益	100.0	11.6	0.6	0.5	35.9	50.3
实收资本	100.0	11.3	0.4	0.3	40.0	46.8
国家资本	100.0	39.2	0.1	0.0	0.3	60.3
集体资本	100.0	2.3	0.1	0.1	4.5	61.0
法人资本	100.0	8.5	0.4	0.2	37.6	52.8
个人资本	100.0	0.0	0.0	0.0	65.2	34.5
港澳台资本	100.0	0.0	87.3	1.6	3.2	7.9
外商资本	100.0	0.6	2.2	86.2	0.5	10.5

注：数据源自《第二产业卷（下）》表2-B-1.15。占比数据为北京大成企业研究院根据统计局发布数据计算得出。

表6-15　各类型企业中的各类实收资本的占比

单位：%

项目	全国总计	国有企业	港澳台企业	外商投资企业	私营企业	股份制企业
实收资本	100.0	100.0	100.0	100.0	100.0	100.0
国家资本	21.5	74.5	6.7	2.3	0.2	27.7
集体资本	3.1	0.6	0.7	0.5	0.3	4.0
法人资本	33.0	24.7	32.0	18.6	31.0	37.3
个人资本	41.9	0.2	4.0	4.3	68.4	30.9
港澳台资本	0.3	0.0	55.1	1.2	0.0	0.0
外商资本	0.3	0.0	1.5	73.1	0.0	0.1

注：数据源自《第二产业卷（下）》表2-B-1.15。

| 第七章 |

国有、民营、外资企业效率效益数据及简明比较

本章基于第四次全国经济普查中的企业资产、营业收入、利润总额等原始数据，分析比较各登记注册类型和各类控股企业的经营效率和经济效益，覆盖工业、建筑业、文化及相关产业、批发和零售业、住宿和餐饮业以及服务业。

私营工业企业和国有控股企业的营业利润率接近，但私营企业的资产利润率是国有控股企业的两倍，私营企业的资产营收率是国有控股企业的两倍。私营企业资产利用效率更高，有更高的资产周转率，以更少的资产支撑更大规模的营收。

本章效率效益数据除建筑业直接引自四经普年鉴之外，其余皆为北京大成企业研究院根据年鉴原始数据计算所得。

一、工业企业效率效益比较

1. 人均使用资产：2018年，规模以上工业企业人均使用资产为138万元，其中国有控股、私营、外商投资和港澳台工业企业分别为299.5万元、79.4万元、118.0万元（见表7-1）。

2. 人均营收：2018年，规模以上工业企业人均营收为126.5万元，其中国有控股、私营、外商投资和港澳台工业企业分别为190.8万元、103.6万元、127.6万元（见表7-2）。

3. 资产营收率：规模以上工业企业资产营收率为91.7%，其中，国有控股、私营、外商投资和港澳台工业企业的资产营收率分别为63.7%、130.5%、108.1%（见表7-3）。

4. 资产利润率：规模以上工业企业资产利润率为6.2%，其中国有控股、私营、外商投资和港澳台工业企业的资产利润率分别为4.2%、8.3%、7.7%。按登记注册类型看，私营企业和外商投资企业的资产利润率最高（见表7-4）。

5. 营收利润率：2018年，规模以上工业企业营业利润率为6.8%，其中国有控股、私营、外商投资和港澳台工业企业的营收利润率分别为6.6%、6.3%、7.2%（见表7-5）。

6. 私营与国有企业比较：私营企业资产利润率为8.3%，营业利润率为6.3%，资产营收率为130.5%，均高于国有企业，除了营业利润率外也高于国有控股企业（见表7-6）。

7. 工业大类比较：工业三个门类、41个大类中，规模以上工业企业中，水的生产和供应业资产营收率最低，仅为18.5%；其他采矿业资产营收率最高，达188.5%。皮革、毛皮、羽毛及其制品和制鞋业资产利润率最高，为12.3%；石油和天然气开采业营收利润率最高，为18.0%（见表7-7）。

8. 地区比较：从地区看，福建规模以上工业企业资产利润率最高，达11.3%；青海最低，仅为0.4%（见表7-8）。

表7-9至表7-14供读者参考。

表7-1 全国及各类型工业企业人均使用资产

单位：万元

行　业	规模以上工业企业	国有控股工业企业	私营工业企业	外商投资和港澳台工业企业
总　计	138.0	299.5	79.4	118.0
采矿业	186.2	199.3	120.3	438.0
煤炭开采和洗选业	170.3	172.1	132.1	427.6
石油和天然气开采业	301.3	292.4	326.6	1 138.5
黑色金属矿采选业	295.9	491.0	160.8	229.9
有色金属矿采选业	181.3	210.6	103.9	417.0
非金属矿采选业	104.6	179.6	80.6	119.6
开采专业及辅助性活动	92.2	89.3	77.5	328.2
其他采矿业	94.1	—	123.9	—
制造业	117.6	270.1	76.5	110.2
农副食品加工业	78.3	134.3	54.1	133.1

行　业	规模以上工业企业	国有控股工业企业	私营工业企业	外商投资和港澳台工业企业
食品制造业	86.4	104.1	62.5	111.1
酒、饮料和精制茶制造业	133.3	252.6	78.0	133.2
烟草制品业	649.4	662.8	280.4	—
纺织业	61.9	110.8	54.6	68.3
纺织服装、服饰业	36.0	44.7	34.5	30.4
皮革、毛皮、羽毛及其制品和制鞋业	29.1	67.4	27.1	26.7
木材加工和木、竹、藤、棕、草制品业	50.8	104.7	43.1	75.0
家具制造业	49.7	239.7	46.1	55.6
造纸和纸制品业	133.6	210.9	75.3	228.0
印刷和记录媒介复制业	65.7	99.3	55.3	66.7
文教、工美、体育和娱乐用品制造业	35.4	139.8	29.3	33.2
石油、煤炭及其他燃料加工业	388.1	400.6	342.4	470.6
化学原料和化学制品制造业	196.4	312.4	115.4	282.6
医药制造业	157.9	195.8	119.1	175.8
化学纤维制造业	178.1	175.7	135.6	204.5
橡胶和塑料制品业	76.8	141.8	66.3	73.0
非金属矿物制品业	105.8	230.7	78.5	128.4
黑色金属冶炼和压延加工业	266.7	386.4	183.4	340.9
有色金属冶炼和压延加工业	234.4	307.7	156.3	313.3
金属制品业	77.8	166.8	65.7	73.2
通用设备制造业	105.8	202.1	74.2	118.5
专用设备制造业	128.2	228.1	90.2	124.8
汽车制造业	167.8	322.1	85.6	186.8
铁路、船舶、航空航天和其他运输设备制造业	154.0	217.3	78.5	150.6
电气机械和器材制造业	120.6	254.5	94.4	87.2
计算机、通信和其他电子设备制造业	117.1	246.7	86.6	96.9
仪器仪表制造业	109.7	200.6	82.5	85.8
其他制造业	64.5	175.4	36.2	38.5
废弃资源综合利用业	147.9	177.3	144.9	161.8

续表

行　业	规模以上工业企业	国有控股工业企业	私营工业企业	外商投资和港澳台工业企业
金属制品、机械和设备修理业	130.3	165.1	53.6	121.7
电力、热力、燃气及水生产和供应业	514.0	523.9	420.9	607.7
电力、热力生产和供应业	569.5	566.7	512.0	963.7
燃气生产和供应业	340.1	372.1	256.5	333.6
水的生产和供应业	322.1	326.3	192.0	425.6

注：数据源自《中国经济普查年鉴2018》，第二产业卷（上），第一篇 工业企业生产经营及财务状况篇，表1-A-6、表1-A-7、表1-A-8、表1-A-9。人均使用资产为北京大成企业研究院计算。

表7-2　各类型工业企业人均营收

单位：万元

行　业	规模以上工业企业	国有控股工业企业	私营工业企业	外商投资和港澳台工业企业
总　计	126.5	190.8	103.6	127.6
采矿业	89.9	81.6	115.5	214.1
煤炭开采和洗选业	77.4	67.9	118.3	178.8
石油和天然气开采业	135.3	128.7	81.5	755.0
黑色金属矿采选业	102.0	93.2	118.7	93.9
有色金属矿采选业	116.3	121.1	107.0	122.8
非金属矿采选业	103.3	66.6	116.6	85.3
开采专业及辅助性活动	71.7	72.3	53.2	180.0
其他采矿业	177.5	—	71.4	—
制造业	125.1	226.6	103.2	125.6
农副食品加工业	121.9	198.8	96.0	188.5
食品制造业	101.9	100.6	88.9	130.4
酒、饮料和精制茶制造业	114.3	144.6	102.3	130.8
烟草制品业	621.3	636.1	126.3	—
纺织业	77.3	71.0	80.2	74.3
纺织服装、服饰业	50.7	28.4	54.6	42.1
皮革、毛皮、羽毛及其制品和制鞋业	53.2	68.8	57.2	45.7
木材加工和木、竹、藤、棕、草制品业	85.5	68.1	87.2	72.5

续表

行　业	规模以上工业企业	国有控股工业企业	私营工业企业	外商投资和港澳台工业企业
家具制造业	62.7	234.8	62.8	63.9
造纸和纸制品业	128.2	129.6	110.4	172.7
印刷和记录媒介复制业	76.2	75.2	84.0	58.7
文教、工美、体育和娱乐用品制造业	54.4	328.7	48.5	50.6
石油、煤炭及其他燃料加工业	585.6	733.5	436.9	716.1
化学原料和化学制品制造业	188.5	212.2	144.4	300.9
医药制造业	114.9	102.9	109.4	138.2
化学纤维制造业	195.9	164.0	196.7	213.2
橡胶和塑料制品业	85.9	98.2	91.3	74.8
非金属矿物制品业	106.9	142.4	101.6	103.9
黑色金属冶炼和压延加工业	292.1	297.3	280.7	402.2
有色金属冶炼和压延加工业	298.8	365.0	267.3	377.7
金属制品业	95.2	110.0	99.2	84.3
通用设备制造业	95.0	108.1	84.9	120.9
专用设备制造业	95.6	116.9	90.1	100.7
汽车制造业	177.6	332.8	89.9	247.4
铁路、船舶、航空航天和其他运输设备制造业	95.5	108.4	83.6	94.5
电气机械和器材制造业	115.1	178.9	108.5	95.9
计算机、通信和其他电子设备制造业	123.0	138.4	110.9	118.0
仪器仪表制造业	88.1	103.1	82.8	94.9
其他制造业	60.4	82.6	60.4	47.0
废弃资源综合利用业	239.5	232.9	253.8	241.1
金属制品、机械和设备修理业	80.3	75.0	54.9	129.3
电力、热力、燃气及水生产和供应业	214.4	224.5	130.3	250.6
电力、热力生产和供应业	238.3	250.3	121.2	322.9
燃气生产和供应业	241.7	258.4	191.8	240.0
水的生产和供应业	59.5	53.6	83.3	101.9

注：数据源自《中国经济普查年鉴2018》，第二产业卷（上），第一篇 工业企业生产经营及财务状况篇，表1–A–6、表1–A–7、表1–A–8、表1–A–9。人均营收为北京大成企业研究院计算。

表7-3　各行业中各类型工业企业资产营收率

单位：%

行　业	规模以上工业企业	国有控股工业企业	私营工业企业	外商投资和港澳台工业企业
总　计	91.7	63.7	130.5	108.1
采矿业	48.3	40.9	95.9	48.9
煤炭开采和洗选业	45.5	39.5	89.6	41.8
石油和天然气开采业	44.9	44.0	24.9	66.3
黑色金属矿采选业	34.5	19.0	73.9	40.8
有色金属矿采选业	64.2	57.5	103.0	29.4
非金属矿采选业	98.7	37.1	144.7	71.4
开采专业及辅助性活动	77.8	80.9	68.7	54.9
其他采矿业	188.5	—	57.7	—
制造业	106.3	83.9	134.9	114.0
农副食品加工业	155.8	148.0	177.3	141.6
食品制造业	117.9	96.6	142.2	117.4
酒、饮料和精制茶制造业	85.8	57.2	131.3	98.3
烟草制品业	95.7	96.0	45.0	—
纺织业	125.0	64.0	146.8	108.8
纺织服装、服饰业	140.6	63.5	158.3	138.6
皮革、毛皮、羽毛及其制品和制鞋业	182.7	102.1	211.2	170.8
木材加工和木、竹、藤、棕、草制品业	168.3	65.0	202.4	96.6
家具制造业	126.1	98.0	136.3	114.9
造纸和纸制品业	96.0	61.4	146.7	75.8
印刷和记录媒介复制业	116.0	75.7	151.8	88.0
文教、工美、体育和娱乐用品制造业	153.5	235.1	165.7	152.4
石油、煤炭及其他燃料加工业	150.9	183.1	127.6	152.2
化学原料和化学制品制造业	96.0	67.9	125.2	106.5
医药制造业	72.8	52.5	91.9	78.6
化学纤维制造业	110.0	93.3	145.1	104.2
橡胶和塑料制品业	111.8	69.3	137.3	102.5
非金属矿物制品业	101.1	61.7	129.4	80.9

续表

行 业	规模以上工业企业	国有控股工业企业	私营工业企业	外商投资和港澳台工业企业
黑色金属冶炼和压延加工业	109.5	76.9	153.1	118.0
有色金属冶炼和压延加工业	127.5	118.6	171.0	120.6
金属制品业	122.3	66.0	151.0	115.2
通用设备制造业	89.8	53.5	114.4	102.1
专用设备制造业	74.6	51.3	99.9	80.7
汽车制造业	105.9	103.3	105.1	132.4
铁路、船舶、航空航天和其他运输设备制造业	62.0	49.9	106.5	62.7
电气机械和器材制造业	95.5	70.3	115.0	110.0
计算机、通信和其他电子设备制造业	105.0	56.1	128.0	121.8
仪器仪表制造业	80.4	51.4	100.4	110.6
其他制造业	93.5	47.1	166.7	122.3
废弃资源综合利用业	161.9	131.3	175.2	149.0
金属制品、机械和设备修理业	61.5	45.4	102.5	106.3
电力、热力、燃气及水生产和供应业	41.7	42.9	31.0	41.2
电力、热力生产和供应业	41.8	44.2	23.7	33.5
燃气生产和供应业	71.1	69.4	74.7	71.9
水的生产和供应业	18.5	16.4	43.4	23.9

注：数据源自《中国经济普查年鉴2018》，第二产业卷（上），第一篇 工业企业生产经营及财务状况篇，表1-A-6、表1-A-7、表1-A-8、表1-A-9。资产营收率为北京大成企业研究院计算。

表7-4　全国及各类型工业企业资产利润率

单位：%

行 业	规模以上工业企业	国有控股工业企业	私营工业企业	外商投资和港澳台工业企业
总　计	6.2	4.2	8.3	7.7
采矿业	5.7	4.6	8.9	16.1
煤炭开采和洗选业	5.4	4.6	8.7	10.6
石油和天然气开采业	8.1	7.0	-1.2	33.6
黑色金属矿采选业	1.3	-0.3	5.3	5.1
有色金属矿采选业	8.5	7.0	9.6	6.5

行　业	规模以上工业企业	国有控股工业企业	私营工业企业	外商投资和港澳台工业企业
非金属矿采选业	9.5	3.4	14.5	7.6
开采专业及辅助性活动	−1.7	−2.9	4.3	7.2
其他采矿业	9.3	——	3.9	——
制造业	7.0	5.4	8.4	7.8
农副食品加工业	7.8	3.5	10.1	5.8
食品制造业	10.4	5.3	10.8	12.3
酒、饮料和精制茶制造业	12.2	16.8	11.3	8.1
烟草制品业	8.3	8.3	15.8	——
纺织业	6.7	1.2	7.6	6.7
纺织服装、服饰业	8.8	4.1	9.4	7.4
皮革、毛皮、羽毛及其制品和制鞋业	12.3	7.4	13.2	13.3
木材加工和木、竹、藤、棕、草制品业	9.5	−4.0	11.7	4.2
家具制造业	8.2	17.7	8.7	7.5
造纸和纸制品业	5.8	3.1	7.3	6.0
印刷和记录媒介复制业	8.3	8.0	9.3	6.9
文教、工美、体育和娱乐用品制造业	9.3	10.5	10.8	7.8
石油、煤炭及其他燃料加工业	7.4	9.0	4.4	13.2
化学原料和化学制品制造业	7.4	5.6	8.4	9.7
医药制造业	9.7	7.8	9.3	11.5
化学纤维制造业	5.5	6.0	6.2	5.8
橡胶和塑料制品业	6.2	0.8	7.5	5.5
非金属矿物制品业	9.7	9.4	9.8	10.6
黑色金属冶炼和压延加工业	6.9	4.2	10.1	7.3
有色金属冶炼和压延加工业	4.2	1.3	8.1	3.4
金属制品业	6.5	1.9	8.2	6.5
通用设备制造业	6.3	2.8	7.4	8.1
专用设备制造业	5.7	0.8	7.7	7.7
汽车制造业	8.3	8.7	6.7	11.6
铁路、船舶、航空航天和其他运输设备制造业	3.2	2.0	6.6	4.1

行 业	规模以上工业企业	国有控股工业企业	私营工业企业	外商投资和港澳台工业企业
电气机械和器材制造业	6.0	4.2	7.2	7.2
计算机、通信和其他电子设备制造业	5.0	2.5	6.2	4.5
仪器仪表制造业	7.8	3.4	9.4	11.6
其他制造业	5.9	3.0	10.5	6.7
废弃资源综合利用业	10.2	7.0	10.2	17.2
金属制品、机械和设备修理业	4.0	2.1	9.1	7.2
电力、热力、燃气及水生产和供应业	2.4	2.1	4.1	5.3
电力、热力生产和供应业	2.3	2.0	3.6	4.4
燃气生产和供应业	5.5	4.1	6.5	8.1
水的生产和供应业	2.1	1.5	5.5	4.8

注：数据源自《中国经济普查年鉴2018》，第二产业卷（上），第一篇 工业企业生产经营及财务状况篇，表1-A-6、表1-A-7、表1-A-8、表1-A-9。资产利润率为北京大成企业研究院计算。

表7-5 全国及各类型工业企业营收利润率

单位：%

行 业	规模以上工业企业	国有控股工业企业	私营工业企业	外商投资和港澳台工业企业
总　计	6.8	6.6	6.3	7.2
采矿业	11.7	11.2	9.3	33.0
煤炭开采和洗选业	11.9	11.6	9.7	25.3
石油和天然气开采业	18.0	16.0	−4.6	50.6
黑色金属矿采选业	3.7	−1.4	7.2	12.5
有色金属矿采选业	13.3	12.2	9.3	21.9
非金属矿采选业	9.6	9.1	10.0	10.7
开采专业及辅助性活动	−2.2	−3.6	6.3	13.1
其他采矿业	4.9	—	6.8	—
制造业	6.6	6.5	6.2	6.8
农副食品加工业	5.0	2.3	5.7	4.1
食品制造业	8.8	5.5	7.6	10.5
酒、饮料和精制茶制造业	14.2	29.3	8.6	8.3

行　　业	规模以上工业企业	国有控股工业企业	私营工业企业	外商投资和港澳台工业企业
烟草制品业	8.7	8.7	35.0	—
纺织业	5.3	1.8	5.2	6.2
纺织服装、服饰业	6.2	6.5	5.9	5.3
皮革、毛皮、羽毛及其制品和制鞋业	6.8	7.3	6.2	7.8
木材加工和木、竹、藤、棕、草制品业	5.6	−6.2	5.8	4.3
家具制造业	6.5	18.1	6.4	6.5
造纸和纸制品业	6.0	5.1	4.9	7.9
印刷和记录媒介复制业	7.2	10.5	6.1	7.8
文教、工美、体育和娱乐用品制造业	6.0	4.5	6.5	5.1
石油、煤炭及其他燃料加工业	4.9	4.9	3.4	8.7
化学原料和化学制品制造业	7.7	8.2	6.7	9.1
医药制造业	13.3	14.9	10.1	14.6
化学纤维制造业	5.0	6.4	4.3	5.6
橡胶和塑料制品业	5.5	1.1	5.5	5.4
非金属矿物制品业	9.6	15.2	7.6	13.1
黑色金属冶炼和压延加工业	6.3	5.5	6.6	6.1
有色金属冶炼和压延加工业	3.3	1.1	4.7	2.8
金属制品业	5.3	2.9	5.4	5.6
通用设备制造业	7.0	5.2	6.5	7.9
专用设备制造业	7.6	1.6	7.7	9.5
汽车制造业	7.8	8.4	6.4	8.8
铁路、船舶、航空航天和其他运输设备制造业	5.2	4.1	6.2	6.6
电气机械和器材制造业	6.3	6.0	6.3	6.6
计算机、通信和其他电子设备制造业	4.8	4.5	4.9	3.7
仪器仪表制造业	9.7	6.6	9.4	10.5
其他制造业	6.3	6.3	6.3	5.4
废弃资源综合利用业	6.3	5.3	5.8	11.5
金属制品、机械和设备修理业	6.6	4.6	8.8	6.8

续表

行　业	规模以上工业企业	国有控股工业企业	私营工业企业	外商投资和港澳台工业企业
电力、热力、燃气及水生产和供应业	5.9	4.9	13.1	12.9
电力、热力生产和供应业	5.4	4.6	15.3	13.1
燃气生产和供应业	7.8	5.9	8.7	11.3
水的生产和供应业	11.2	9.1	12.6	20.2

注：数据源自《中国经济普查年鉴2018》，第二产业卷（上），第一篇 工业企业生产经营及财务状况篇，表1–A–6、表1–A–7、表1–A–8、表1–A–9。营收利润率为北京大成企业研究院计算。

表7–6　分登记注册类型规模以上工业企业效益指标

分　组	人均资产（万元）	人均营收（万元）	营业利润率（%）	资产营收率（%）	资产利润率（%）
总　　计	138.0	126.5	6.8	91.7	6.2
一、按登记注册类型分组					
内资企业	143.7	126.2	6.7	87.8	5.9
国有企业	211.3	141.4	2.4	66.9	1.6
集合联企业	50.4	65.6	6.0	130.1	7.8
有限责任公司	204.2	150.0	6.5	73.4	4.8
股份有限公司	241.0	155.9	9.1	64.7	5.9
私营企业	79.4	103.6	6.3	130.5	8.3
其他企业	74.8	75.0	5.4	100.2	5.4
港澳台商投资企业	101.0	102.1	6.8	101.0	6.8
外商投资企业	134.5	152.4	7.4	113.3	8.4
二、总计中亏损的企业	168.6	87.0	–8.0	51.6	–4.1
总计中国有控股的企业	299.5	190.8	6.6	63.7	4.2

注：数据源自《中国经济普查年鉴2018》，第二产业卷（上），第一篇 工业企业生产经营及财务状况篇，表1–A–5分登记注册类型规模以上工业企业主要经济指标。人均、效率、效益指标为北京大成企业研究院计算。

表7–7　各行业规模以上工业企业效益指标

行　业	人均资产（万元）	人均营收（万元）	营收利润率(%)	资产营收率(%)	资产利润率(%)
总　　计	138.0	126.5	6.8	91.7	6.2

续表

行　业	人均资产（万元）	人均营收(万元)	营收利润率(%)	资产营收率(%)	资产利润率(%)
采矿业	186.2	89.9	11.7	48.3	5.7
煤炭开采和洗选业	170.3	77.4	11.9	45.5	5.4
石油和天然气开采业	301.3	135.3	18.0	44.9	8.1
黑色金属矿采选业	295.9	102.0	3.7	34.5	1.3
有色金属矿采选业	181.3	116.3	13.3	64.2	8.5
非金属矿采选业	104.6	103.3	9.6	98.7	9.5
开采专业及辅助性活动	92.2	71.7	-2.2	77.8	-1.7
其他采矿业	94.1	177.5	4.9	188.5	9.3
制造业	117.6	125.1	6.6	106.3	7.0
农副食品加工业	78.3	121.9	5.0	155.8	7.8
食品制造业	86.4	101.9	8.8	117.9	10.4
酒、饮料和精制茶制造业	133.3	114.3	14.2	85.8	12.2
烟草制品业	649.4	621.3	8.7	95.7	8.3
纺织业	61.9	77.3	5.3	125.0	6.7
纺织服装、服饰业	36.0	50.7	6.2	140.6	8.8
皮革、毛皮、羽毛及其制品和制鞋业	29.1	53.2	6.8	182.7	12.3
木材加工和木、竹、藤、棕、草制品业	50.8	85.5	5.6	168.3	9.5
家具制造业	49.7	62.7	6.5	126.1	8.2
造纸和纸制品业	133.6	128.2	6.0	96.0	5.8
印刷和记录媒介复制业	65.7	76.2	7.2	116.0	8.3
文教、工美、体育和娱乐用品制造业	35.4	54.4	6.0	153.5	9.3
石油、煤炭及其他燃料加工业	388.1	585.6	4.9	150.9	7.4
化学原料和化学制品制造业	196.4	188.5	7.7	96.0	7.4
医药制造业	157.9	114.9	13.3	72.8	9.7
化学纤维制造业	178.1	195.9	5.0	110.0	5.5
橡胶和塑料制品业	76.8	85.9	5.5	111.8	6.2
非金属矿物制品业	105.8	106.9	9.6	101.1	9.7
黑色金属冶炼和压延加工业	266.7	292.1	6.3	109.5	6.9
有色金属冶炼和压延加工业	234.4	298.8	3.3	127.5	4.2
金属制品业	77.8	95.2	5.3	122.3	6.5
通用设备制造业	105.8	95.0	7.0	89.8	6.3

续表

行　业	人均资产 (万元)	人均营 收(万元)	营收利润 率(%)	资产营 收率(%)	资产利 润率(%)
专用设备制造业	128.2	95.6	7.6	74.6	5.7
汽车制造业	167.8	177.6	7.8	105.9	8.3
铁路、船舶、航空航天和其他运输设备制造业	154.0	95.5	5.2	62.0	3.2
电气机械和器材制造业	120.6	115.1	6.3	95.5	6.0
计算机、通信和其他电子设备制造业	117.1	123.0	4.8	105.0	5.0
仪器仪表制造业	109.7	88.1	9.7	80.4	7.8
其他制造业	64.5	60.4	6.3	93.6	5.9
废弃资源综合利用业	147.9	239.5	6.3	161.9	10.2
金属制品、机械和设备修理业	130.3	80.3	6.6	61.6	4.0
电力、热力、燃气及水生产和供应业	514.0	214.4	5.9	41.7	2.4
电力、热力生产和供应业	569.5	238.3	5.4	41.8	2.3
燃气生产和供应业	340.1	241.7	7.8	71.1	5.5
水的生产和供应业	322.1	59.5	11.2	18.5	2.1

注：数据源自《中国经济普查年鉴2018》，第二产业卷（上），第一篇 工业企业生产经营及财务状况篇，表1–A–6 规模以上工业企业主要经济指标（大、中、小类行业）。人均、效率、效益指标为北京大成企业研究院计算。

表7–8　各地区各类型规模以上工业企业资产利润率

单位：%

地　区	规模以上 工业	国有控股	有限公司	股份公司	私营工业	港澳台商	外商投资
全　国	6.2	4.2	4.8	5.9	8.3	6.8	8.4
北　京	3.3	2.8	2.0	3.5	4.1	3.9	9.7
天　津	5.9	6.3	0.5	17.4	3.7	5.7	7.9
河　北	4.9	1.9	2.4	3.7	7.8	9.5	7.2
山　西	3.5	2.4	2.8	4.4	5.1	3.0	8.2
内蒙古	4.7	3.3	4.4	5.3	5.6	3.9	5.8
辽　宁	4.2	3.0	2.2	4.4	4.4	2.8	10.7
吉　林	5.0	4.9	6.1	2.6	3.8	−2.1	10.3
黑龙江	3.3	2.3	2.7	6.9	2.7	4.8	8.1

续表

地 区	规模以上工业	国有控股	有限公司	股份公司	私营工业	港澳台商	外商投资
上 海	7.7	8.4	4.5	8.4	5.4	7.2	11.3
江 苏	7.5	6.2	5.6	7.2	8.7	7.8	7.8
浙 江	6.0	6.2	6.0	6.4	5.1	7.2	7.1
安 徽	7.3	4.6	6.4	6.5	10.9	4.7	9.3
福 建	11.3	4.1	8.2	6.2	16.5	12.3	9.6
江 西	9.3	4.3	6.9	9.6	12.5	11.3	10.0
山 东	4.6	4.2	4.6	4.3	4.2	6.9	5.8
河 南	7.6	1.9	6.4	5.2	13.2	2.1	9.5
湖 北	9.1	4.9	7.0	6.8	16.0	8.9	10.4
湖 南	7.2	4.5	6.3	5.2	10.2	3.8	5.8
广 东	6.9	5.7	6.3	5.6	7.4	7.0	8.3
广 西	5.8	5.4	4.9	5.7	6.1	10.5	6.7
海 南	4.8	3.5	2.5	5.7	4.2	13.6	4.2
重 庆	6.6	2.5	4.9	3.1	12.2	4.3	3.4
四 川	6.6	4.0	5.2	7.8	12.3	2.6	9.1
贵 州	6.6	6.6	7.2	3.7	8.1	4.9	5.0
云 南	4.9	3.8	4.9	3.4	7.2	5.8	4.2
西 藏	1.2	−0.2	−0.8	7.9	2.8	9.7	2.8
陕 西	7.8	6.0	7.1	7.2	14.8	6.3	9.7
甘 肃	2.4	2.0	1.7	2.8	2.2	0.5	2.2
青 海	0.4	−0.2	0.2	0.2	2.8	0.3	5.7
宁 夏	1.8	1.5	1.6	3.6	0.7	6.7	3.2
新 疆	3.7	3.8	2.1	6.2	4.3	8.7	7.0

注：数据源自《中国经济普查年鉴2018》，第二产业卷（上），第一篇 工业企业生产经营及财务状况篇，表1–B–1、表1–B–2、表1–B–3、表1–B–4、表1–B–5、表1–B–6、表1–B–7。资产利润率为北京大成企业研究院计算。

表7-9　各行业私营工业企业效率效益指标

行　业	人均资产(万元)	人均营收(万元)	营收利润率(%)	资产营收率(%)	资产利润率(%)
总　计	79.4	103.6	6.3	130.5	8.3
采矿业	120.3	115.5	9.3	95.9	8.9
煤炭开采和洗选业	132.1	118.3	9.7	89.6	8.7
石油和天然气开采业	326.6	81.5	-4.6	24.9	-1.2
黑色金属矿采选业	160.8	118.7	7.2	73.9	5.3
有色金属矿采选业	103.9	107.0	9.3	103.0	9.6
非金属矿采选业	80.6	116.6	10.0	144.7	14.5
开采专业及辅助性活动	77.5	53.2	6.3	68.7	4.3
其他采矿业	123.9	71.4	6.8	57.7	3.9
制造业	76.5	103.2	6.2	134.9	8.4
农副食品加工业	54.1	96.0	5.7	177.3	10.1
食品制造业	62.5	88.9	7.6	142.2	10.8
酒、饮料和精制茶制造业	78.0	102.3	8.6	131.3	11.3
烟草制品业	280.4	126.3	35.0	45.0	15.8
纺织业	54.6	80.2	5.2	146.8	7.6
纺织服装、服饰业	34.5	54.6	5.9	158.3	9.4
皮革、毛皮、羽毛及其制品和制鞋业	27.1	57.2	6.2	211.2	13.2
木材加工和木、竹、藤、棕、草制品业	43.1	87.2	5.8	202.4	11.7
家具制造业	46.1	62.8	6.4	136.3	8.7
造纸和纸制品业	75.3	110.4	4.9	146.7	7.3
印刷和记录媒介复制业	55.3	84.0	6.1	151.8	9.3
文教、工美、体育和娱乐用品制造业	29.3	48.5	6.5	165.7	10.8
石油、煤炭及其他燃料加工业	342.4	436.9	3.4	127.6	4.4
化学原料和化学制品制造业	115.4	144.4	6.7	125.2	8.4
医药制造业	119.1	109.4	10.1	91.9	9.3
化学纤维制造业	135.6	196.7	4.3	145.1	6.2
橡胶和塑料制品业	66.3	91.1	5.5	137.3	7.5
非金属矿物制品业	78.5	101.6	7.6	129.4	9.8
黑色金属冶炼和压延加工业	183.4	280.7	6.6	153.1	10.1

续表

行　业	人均资产(万元)	人均营收(万元)	营收利润率(%)	资产营收率(%)	资产利润率(%)
有色金属冶炼和压延加工业	156.3	267.3	4.7	171.0	8.1
金属制品业	65.7	99.2	5.4	151.0	8.2
通用设备制造业	74.2	84.9	6.5	114.4	7.4
专用设备制造业	90.2	90.1	7.7	99.9	7.7
汽车制造业	85.6	89.9	6.4	105.1	6.7
铁路、船舶、航空航天和其他运输设备制造业	78.5	83.6	6.2	106.5	6.6
电气机械和器材制造业	94.4	108.5	6.3	115.0	7.2
计算机、通信和其他电子设备制造业	86.6	110.9	4.9	128.0	6.2
仪器仪表制造业	82.5	82.8	9.4	100.4	9.4
其他制造业	36.2	60.4	6.3	166.7	10.5
废弃资源综合利用业	144.9	253.8	5.8	175.2	10.2
金属制品、机械和设备修理业	53.6	54.9	8.8	102.5	9.1
电力、热力、燃气及水生产和供应业	420.9	130.3	13.1	31.0	4.1
电力、热力生产和供应业	512.0	121.2	15.3	23.7	3.6
燃气生产和供应业	256.5	191.8	8.7	74.7	6.5
水的生产和供应业	192.0	83.3	12.6	43.4	5.5

注：数据源自《中国经济普查年鉴2018》，第二产业卷（上），第一篇 工业企业生产经营及财务状况篇，表1–A–8 私营工业企业主要经济指标（大、中类行业）。人均、效率、效益指标为北京大成企业研究院计算。

表7–10　各行业外商投资和港澳台商投资工业企业效率效益指标

行　业	人均资产(万元)	人均营收(万元)	营收利润率(%)	资产营收率(%)	资产利润率(%)
总　计	118.0	127.6	7.2	108.1	7.7
采矿业	438.0	214.1	33.0	48.9	16.1
煤炭开采和洗选业	427.6	178.8	25.3	41.8	10.6
石油和天然气开采业	1 138.5	755.0	50.6	66.3	33.6
黑色金属矿采选业	229.9	93.9	12.5	40.8	5.1
有色金属矿采选业	417.0	122.8	21.9	29.4	6.5
非金属矿采选业	119.6	85.3	10.7	71.4	7.6

续表

行　业	人均资产(万元)	人均营收(万元)	营收利润率(%)	资产营收率(%)	资产利润率(%)
开采专业及辅助性活动	328.2	180.0	13.1	54.9	7.2
制造业	110.2	125.6	6.8	114.0	7.8
农副食品加工业	133.1	188.5	4.1	141.6	5.8
食品制造业	111.1	130.4	10.5	117.4	12.3
酒、饮料和精制茶制造业	133.2	130.8	8.3	98.3	8.1
纺织业	68.3	74.3	6.2	108.8	6.7
纺织服装、服饰业	30.4	42.1	5.3	138.6	7.4
皮革、毛皮、羽毛及其制品和制鞋业	26.7	45.7	7.8	170.8	13.3
木材加工和木、竹、藤、棕、草制品业	75.0	72.5	4.3	96.6	4.2
家具制造业	55.6	63.9	6.5	114.9	7.5
造纸和纸制品业	228.0	172.7	7.9	75.8	6.0
印刷和记录媒介复制业	66.7	58.7	7.8	88.0	6.9
文教、工美、体育和娱乐用品制造业	33.2	50.6	5.1	152.4	7.8
石油、煤炭及其他燃料加工业	470.6	716.1	8.7	152.2	13.2
化学原料和化学制品制造业	282.6	300.9	9.1	106.5	9.7
医药制造业	175.8	138.2	14.6	78.6	11.5
化学纤维制造业	204.5	213.2	5.6	104.2	5.8
橡胶和塑料制品业	73.0	74.8	5.4	102.5	5.5
非金属矿物制品业	128.4	103.9	13.1	80.9	10.6
黑色金属冶炼和压延加工业	340.9	402.2	6.1	118.0	7.3
有色金属冶炼和压延加工业	313.3	377.7	2.8	120.6	3.4
金属制品业	73.2	84.3	5.6	115.2	6.6
通用设备制造业	118.5	120.9	7.9	102.1	8.1
专用设备制造业	124.8	100.7	9.5	80.7	7.7
汽车制造业	186.8	247.4	8.8	132.4	11.6
铁路、船舶、航空航天和其他运输设备制造业	150.6	94.5	6.6	62.7	4.1
电气机械和器材制造业	87.2	95.9	6.6	110.0	7.2
计算机、通信和其他电子设备制造业	96.9	118.0	3.7	121.8	4.5
仪器仪表制造业	85.8	94.9	10.5	110.6	11.6

续表

行　业	人均资产(万元)	人均营收(万元)	营收利润率(%)	资产营收率(%)	资产利润率(%)
其他制造业	38.5	47.0	5.4	122.3	6.7
废弃资源综合利用业	161.8	241.1	11.5	149.0	17.2
金属制品、机械和设备修理业	121.7	129.3	6.8	106.3	7.2
电力、热力、燃气及水生产和供应业	607.7	250.6	12.9	41.2	5.3
电力、热力生产和供应业	963.7	322.9	13.1	33.5	4.4
燃气生产和供应业	333.6	240.0	11.3	71.9	8.1
水的生产和供应业	425.6	101.9	20.2	23.9	4.8

注：数据源自《中国经济普查年鉴2018》，第二产业卷（上），第一篇 工业企业生产经营及财务状况篇，表1-A-9 外商投资和港澳台商投资工业企业主要经济指标（大、中类行业）。人均、效率、效益指标为北京大成企业研究院计算。

表7-11　各地区各类型规模以上工业企业营收利润率

单位：%

地　区	规模以上工业	国有控股	有限公司	股份公司	私营工业	港澳台商	外商投资
全　国	6.8	6.6	6.5	9.1	6.3	6.8	7.4
北　京	7.4	8.0	6.7	9.5	6.0	4.2	10.5
天　津	6.9	10.4	0.8	21.8	3.0	6.4	6.0
河　北	5.5	3.1	3.8	5.0	6.1	10.2	7.5
山　西	6.6	5.8	6.6	10.4	6.1	3.4	17.4
内 蒙 古	9.7	7.7	9.5	9.6	9.6	8.2	12.7
辽　宁	5.4	4.1	3.8	3.8	4.9	4.3	10.6
吉　林	6.0	5.1	6.6	4.5	5.2	−3.4	8.5
黑 龙 江	5.2	4.1	5.5	6.3	3.2	6.3	10.8
上　海	8.4	10.6	6.8	17.1	6.3	6.0	8.6
江　苏	6.8	7.7	6.1	9.9	6.4	7.3	6.8
浙　江	6.4	7.0	6.7	10.3	4.6	8.1	7.2
安　徽	7.0	6.1	6.8	9.6	7.2	4.0	7.6
福　建	8.2	6.5	7.8	11.4	8.1	8.6	7.4
江　西	6.9	4.1	5.7	9.5	7.2	8.4	9.4
山　东	5.0	5.4	5.3	6.2	3.8	9.0	5.8

续表

地　　区	规模以上工业	国有控股	有限公司	股份公司	私营工业	港澳台商	外商投资
河　南	7.9	2.8	7.1	8.1	10.1	2.3	8.5
湖　北	8.4	7.6	7.3	13.0	8.8	8.9	8.0
湖　南	5.7	5.6	6.1	5.5	5.6	5.3	8.3
广　东	6.1	7.1	6.2	8.4	5.1	6.6	6.2
广　西	5.7	6.0	5.6	6.8	4.7	10.2	5.7
海　南	6.5	7.5	3.5	12.5	4.9	8.4	10.9
重　庆	6.4	3.9	6.5	4.6	9.0	3.2	2.7
四　川	7.3	7.8	7.5	14.2	6.9	3.7	7.6
贵　州	10.4	14.3	15.0	8.7	6.9	7.5	5.5
云　南	7.4	7.1	8.0	6.3	6.8	9.4	5.8
西　藏	7.1	−1.7	−8.2	22.3	7.8	48.2	10.7
陕　西	10.9	11.3	10.2	15.4	9.9	6.5	14.3
甘　肃	3.3	2.6	3.3	2.2	3.8	0.5	5.0
青　海	1.3	−0.6	0.7	0.7	5.6	0.7	13.8
宁　夏	3.8	3.4	5.1	4.4	1.6	11.9	5.1
新　疆	7.2	7.7	5.1	10.6	6.7	14.6	9.9

注：数据源自《中国经济普查年鉴2018》，第二产业卷（上），第一篇 工业企业生产经营及财务状况篇，表1–B–1、表1–B–2、表1–B–3、表1–B–4、表1–B–5、表1–B–6、表1–B–7。营收利润率为北京大成企业研究院计算。

表7–12　各地区各类型规模以上工业企业资产营收率

单位：%

地　　区	规模以上工业	国有控股	有限公司	股份公司	私营工业	港澳台商	外商投资
全　国	91.7	63.7	73.4	64.7	130.5	101.0	113.3
北　京	45.3	35.4	29.7	36.3	68.5	92.1	92.3
天　津	86.4	61.0	58.5	79.7	122.2	88.8	132.0
河　北	89.1	61.3	63.2	73.3	126.6	93.7	95.2
山　西	52.2	40.6	41.6	42.2	83.9	88.3	46.9
内蒙古	48.7	42.4	46.0	55.2	58.4	47.6	45.8
辽　宁	76.7	72.0	56.3	114.1	90.4	65.3	100.7

地 区	规模以上工业	国有控股	有限公司	股份公司	私营工业	港澳台商	外商投资
吉 林	83.7	94.5	92.1	58.6	73.8	61.4	122.0
黑龙江	63.3	56.1	49.5	109.3	85.4	76.0	74.8
上 海	92.6	79.1	67.1	49.2	86.9	118.5	131.4
江 苏	109.7	81.4	91.0	73.1	134.5	106.1	114.0
浙 江	93.2	89.6	90.6	62.5	110.5	88.2	98.2
安 徽	103.6	74.3	94.9	68.2	151.8	119.0	122.8
福 建	139.1	63.2	104.9	54.0	204.8	142.4	130.4
江 西	133.8	104.6	121.0	101.4	172.4	134.8	105.7
山 东	91.6	78.8	88.1	68.7	111.7	76.6	100.6
河 南	96.4	66.8	90.2	64.1	130.6	91.1	111.8
湖 北	107.8	64.4	95.4	52.4	182.7	100.0	129.1
湖 南	126.0	79.9	103.3	93.4	182.5	71.6	69.8
广 东	112.3	80.2	102.2	66.5	143.9	106.0	134.9
广 西	100.2	89.6	87.0	83.9	128.6	103.3	116.3
海 南	73.7	46.1	72.5	45.6	85.8	161.5	38.0
重 庆	102.6	63.6	75.9	67.5	135.1	136.9	125.5
四 川	90.9	50.6	69.1	55.1	176.3	70.9	120.1
贵 州	63.5	46.3	48.1	43.1	116.3	66.2	91.1
云 南	65.8	52.9	61.5	53.1	106.5	62.3	72.8
西 藏	16.8	13.0	10.2	35.3	36.1	20.2	25.8
陕 西	72.0	53.4	69.1	47.0	148.8	96.9	68.0
甘 肃	71.3	78.2	51.2	123.0	57.4	92.8	45.0
青 海	31.9	27.6	26.5	28.0	50.6	38.9	41.3
宁 夏	46.9	45.6	32.3	83.2	45.3	56.4	62.8
新 疆	50.7	49.2	40.4	58.3	64.5	59.4	69.9

注：数据源自《中国经济普查年鉴2018》，第二产业卷（上），第一篇 工业企业生产经营及财务状况篇，表1-B-1、表1-B-2、表1-B-3、表1-B-4、表1-B-5、表1-B-6、表1-B-7。资产营收率为北京大成企业研究院计算。

表7-13 各行业国有控股工业企业效率效益指标

行 业	人均资产(万元)	人均营收(万元)	营收利润率(%)	资产营收率(%)	资产利润率(%)
总 计	299.5	190.8	6.6	63.7	4.2
采矿业	199.3	81.6	11.2	40.9	4.6
煤炭开采和洗选业	172.1	67.9	11.6	39.5	4.6
石油和天然气开采业	292.4	128.7	16.0	44.0	7.0
黑色金属矿采选业	491.0	93.2	−1.4	19.0	−0.3
有色金属矿采选业	210.6	121.1	12.2	57.5	7.0
非金属矿采选业	179.6	66.6	9.1	37.1	3.4
开采专业及辅助性活动	89.3	72.3	−3.6	80.9	−2.9
制造业	270.1	226.6	6.5	83.9	5.4
农副食品加工业	134.3	198.8	2.3	148.0	3.5
食品制造业	104.1	100.6	5.5	96.6	5.3
酒、饮料和精制茶制造业	252.6	144.6	29.3	57.2	16.8
烟草制品业	662.8	636.1	8.7	96.0	8.3
纺织业	110.8	71.0	1.8	64.0	1.2
纺织服装、服饰业	44.7	28.4	6.5	63.5	4.1
皮革、毛皮、羽毛及其制品和制鞋业	67.4	68.8	7.3	102.1	7.4
木材加工和木、竹、藤、棕、草制品业	104.7	68.1	−6.2	65.0	−4.0
家具制造业	239.7	234.8	18.1	98.0	17.7
造纸和纸制品业	210.9	129.6	5.1	61.4	3.1
印刷和记录媒介复制业	99.3	75.2	10.5	75.7	8.0
文教、工美、体育和娱乐用品制造业	139.8	328.7	4.5	235.1	10.5
石油、煤炭及其他燃料加工业	400.6	733.5	4.9	183.1	9.0
化学原料和化学制品制造业	312.4	212.2	8.2	67.9	5.6
医药制造业	195.8	102.9	14.9	52.5	7.8
化学纤维制造业	175.7	164.0	6.4	93.3	6.0
橡胶和塑料制品业	141.8	98.2	1.1	69.3	0.8
非金属矿物制品业	230.7	142.4	15.2	61.7	9.4
黑色金属冶炼和压延加工业	386.4	297.3	5.5	76.9	4.2
有色金属冶炼和压延加工业	307.7	365.0	1.1	118.6	1.3

续表

行　业	人均资产 (万元)	人均营 收(万元)	营收利 润率(%)	资产营 收率(%)	资产利 润率(%)
金属制品业	166.8	110.0	2.9	66.0	1.9
通用设备制造业	202.1	108.1	5.2	53.5	2.8
专用设备制造业	228.1	116.9	1.6	51.3	0.8
汽车制造业	322.1	332.8	8.4	103.3	8.7
铁路、船舶、航空航天和其他运输设备制造业	217.3	108.4	4.1	49.9	2.0
电气机械和器材制造业	254.5	178.9	6.0	70.3	4.2
计算机、通信和其他电子设备制造业	246.7	138.4	4.5	56.1	2.5
仪器仪表制造业	200.6	103.1	6.6	51.4	3.4
其他制造业	175.4	82.6	6.3	47.1	3.0
废弃资源综合利用业	177.3	232.9	5.3	131.3	7.0
金属制品、机械和设备修理业	165.1	75.0	4.6	45.4	2.1
电力、热力、燃气及水生产和供应业	523.9	224.5	4.9	42.9	2.1
电力、热力生产和供应业	566.7	250.3	4.6	44.2	2.0
燃气生产和供应业	372.1	258.4	5.9	69.4	4.1
水的生产和供应业	326.3	53.6	9.1	16.4	1.5

注：数据源自《中国经济普查年鉴2018》，第二产业卷（上），第一篇 工业企业生产经营及财务状况篇，表1-A-7 国有控股工业企业主要经济指标（大、中类行业）。人均、效率、效益指标为北京大成企业研究院计算。

表 7-14　各地区各类型规模以上工业企业人均营收

单位：万元

地　区	规模以上工业	国有控股	有限公司	股份公司	私营工业	港澳台商	外商投资
全　国	126.5	190.8	150.0	155.9	103.6	102.1	152.4
北　京	241.0	321.2	259.1	185.2	97.3	435.4	265.3
天　津	183.1	245.0	151.2	283.0	158.5	136.2	200.1
河　北	135.8	153.5	142.0	155.5	124.9	160.5	151.8
山　西	101.5	87.1	91.6	60.4	137.1	124.9	101.4
内蒙古	175.1	167.8	171.0	209.8	151.1	143.9	398.0
辽　宁	148.1	167.8	119.7	217.3	144.3	169.1	189.1

续表

地 区	规模以上工业	国有控股	有限公司	股份公司	私营工业	港澳台商	外商投资
吉 林	143.4	207.8	179.3	136.0	68.4	114.0	176.5
黑龙江	107.2	94.4	93.3	195.3	121.9	204.0	154.1
上 海	202.7	444.1	258.9	396.1	102.8	183.5	229.3
江 苏	138.7	284.2	196.9	160.2	124.7	116.8	138.6
浙 江	108.1	395.2	182.7	137.1	78.0	113.6	115.9
安 徽	130.5	175.3	134.0	137.7	111.0	234.7	140.7
福 建	115.1	252.5	153.6	114.0	106.1	100.6	125.3
江 西	138.9	239.1	170.5	173.0	122.5	91.5	122.0
山 东	138.8	204.8	175.2	164.9	108.4	127.2	121.7
河 南	79.6	108.5	96.9	99.4	56.7	127.1	138.9
湖 北	141.5	179.6	148.4	131.5	128.9	134.5	221.1
湖 南	112.3	170.2	135.8	143.4	100.1	73.1	158.3
广 东	105.4	290.8	154.0	147.5	97.1	66.2	123.2
广 西	128.7	222.7	158.9	195.0	85.0	88.8	257.7
海 南	214.3	218.8	205.1	154.0	62.7	676.5	181.1
重 庆	127.1	158.7	141.2	165.8	98.3	167.5	195.5
四 川	137.3	157.2	140.8	117.9	130.2	133.8	198.6
贵 州	112.1	133.5	130.4	65.2	96.4	143.0	142.1
云 南	155.5	226.0	191.1	241.9	99.5	89.9	138.4
西 藏	126.1	129.9	105.9	179.7	82.0	183.5	171.2
陕 西	144.3	148.8	147.6	151.0	136.7	103.1	196.1
甘 肃	172.5	206.0	130.6	324.2	86.5	569.2	134.5
青 海	132.5	139.2	133.8	110.4	116.5	180.4	98.2
宁 夏	175.3	176.4	122.7	211.6	174.5	370.7	102.9
新 疆	156.4	173.8	130.6	237.8	132.6	115.1	166.0

注：数据源自《中国经济普查年鉴2018》，第二产业卷（上），第一篇 工业企业生产经营及财务状况篇，表1-B-1、表1-B-2、表1-B-3、表1-B-4、表1-B-5、表1-B-6、表1-B-7。人均营收为北京大成企业研究院计算。

二、建筑业企业效率效益比较

1. 劳动生产率：2018年，建筑业企业按总产值计算的劳动生产率为37.97

万元/人，其中国有企业、私营企业、股份制企业、港澳台商投资企业、外商投资企业劳动生产率分别为55.00万元/人、30.84万元/人、41.98万元/人、38.94万元/人、51.49万元/人（见表7-15，下同）。

2．产值利润率：2018年，建筑业总产值为22.58万亿，利润总额7 975亿元，产值利润率3.5%。其中，国有企业、私营企业、股份制企业、港澳台商投资企业、外商投资企业产值利润率分别为2.9%、3.7%、3.5%、5.0%、7.6%。

3．产值利税率：2018年，建筑业企业产值利税率为6.9%，其中国有企业、私营企业、股份制企业、港澳台商投资企业、外商投资企业产值利税率分别为5.4%、7.6%、6.6%、7.2%、10.5%。

4．资本利润率：2018年，建筑业企业资本利润率为20.4%，其中国有企业、私营企业、股份制企业、港澳台商投资企业、外商投资企业资本利润率分别为18.4%、19.0%、21.8%、22.9%、36.3%。

5．资本利税率：2018年，建筑业企业资本利税率为39.6%，其中国有企业、私营企业、股份制企业、港澳台商投资企业、外商投资企业资本利税率分别为34.3%、39.0%、40.5%、32.6%、50.3%。

表7-15　各类型总承包和专业承包企业主要生产效益指标

指标	全国总计	国有企业	私营企业	股份制企业	港澳台企业	外商投资企业
按总产值计算的劳动生产率(元/人)	379 724	550 030	308 432.5	419 821.1	389 437	514 743
人均竣工产值(元/人)	202 721	213 825	192 575.0	210 714.2	225 313	257 764
人均施工面积(平方米/人)	230.7	285.4	190.1	260.4	273.7	235.6
人均竣工面积(平方米/人)	69.2	50.2	70.8	70.2	56.8	33.1
产值利润率(%)	3.5	2.9	3.7	3.5	5.0	7.6
产值利税率(%)	6.9	5.4	7.6	6.6	7.2	10.5
资本利润率(%)	20.4	18.4	19.0	21.8	22.9	36.3
资本利税率(%)	39.6	34.3	39.0	40.5	32.6	50.3
人均利润(元/人)	13 410	15 825	11 452.5	14 815.7	19 643	39 030
人均利税(元/人)	26 027	29 458	23 520.4	27 566.2	27 962	54 136
资产负债率(%)	68.0	77.9	55.8	70.9	68.0	71.9

注：数据源自《中国经济普查年鉴2018》，第二产业卷（下），第二篇 建筑业企业生产经营及财务状况篇。

三、文化企业效率效益比较

1. 应交税金：2018年，规模以上文化制造业企业应交税金总计1 118.43亿元，户均561万元，人均2.5万元。限额以上文化批零业企业应交税金总计274.26亿元，户均261万元，人均4.6万元。规模以上文化服务业企业应交税金总计1 047.28亿元，户均349万元，人均3万元（见表7-16、表7-20、表7-24）。

2. 人均使用资产：规模以上文化制造业企业人均使用资产77.3万元，其中，国有控股为194.5万元，私人控股为64.3万元；限额以上文化批零业企业人均使用资产215.9万元，其中，国有控股为288.7万元，私人控股为148.3万元；规模以上文化服务业企业人均使用资产227.6万元，其中，国有控股为347.3万元，私人控股为140万元（见表7-17、表7-21、表7-25，下同）。

3. 劳动生产率：规模以上文化制造业企业人均营收89.9万元，其中，国有控股为168.6万元，私人控股为82.8万元；限额以上文化批零业企业人均营收347.9万元，其中，国有控股为293.5万元，私人控股为277.4万元；规模以上文化服务业企业人均营收104万元，其中，国有控股为84.2万元，私人控股为94.6万元。

4. 资产营收率：规模以上文化制造业企业资产营收率为116.3%，其中，国有控股为86.7%，私人控股为128.7%；限额以上文化批零业企业资产营收率为161.1%，其中，国有控股为101.7%，私人控股为187.1%；规模以上文化服务业企业资产营收率为45.7%，其中，国有控股为24.3%，私人控股为67.6%。

5. 资产利润率：规模以上文化制造业企业资产利润率为6.5%，其中，国有控股为4.1%，私人控股为8.1%；限额以上文化批零业企业资产利润率为4.8%，其中，国有控股为4.3%，私人控股为4.8%；规模以上文化服务业企业资产利润率为6.2%，其中，国有控股为2.7%，私人控股为5.4%。

6. 营收利润率：规模以上文化制造业企业营收利润率为5.6%，其中，国有控股为4.7%，私人控股为6.3%；限额以上文化批零业企业营收利润率为3.0%，其中，国有控股为4.2%，私人控股为2.6%；规模以上文化服务业企业营收利润率为13.5%，其中，国有控股为11.0%，私人控股为8.1%。

表7-16　按注册类型和控股情况分规模以上文化制造业企业应交税金

分　组	应交税金 （万元）	应交税金占比 （%）	户均税金 （万元）	人均税金 （万元）
总　计	11 184 268	100.0	561	2.5
按注册类型分组				
内资企业	8 677 270	77.6	511	2.9
国有企业	34 405	0.3	506	2.7
私营企业	5 156 078	46.1	401	2.6
港澳台商投资企业	1 352 524	12.1	785	1.6
外商投资企业	1 154 474	10.3	941	2.2
按控股情况分组				
国有控股	1 348 124	12.1	2 899	5.6
集体控股	154 749	1.4	727	2.3
私人控股	7 007 631	62.7	438	2.7
港澳台商控股	1 229 413	11.0	779	1.5
外商控股	1 039 946	9.3	1 005	2.1
其　他	404 405	3.6	660	2.5

注：数据源自《中国经济普查年鉴2018》，综合卷，第三篇 文化及相关产业篇，表3-B-02 按注册类型和控股情况分规模以上文化制造业企业主要财务指标。税金是指应交税金，等于应交增值税加上税金及附加。占比、户均、人均为北京大成企业研究院计算。

表7-17　按注册类型和控股情况分规模以上文化制造业企业主要效益指标

分　组	人均资产 (万元)	人均营收 (万元)	资产营收 率(%)	资产利润 率(%)	资产税 金率(%)	营收利润 率(%)	营收税 金率(%)
总　计	77.3	89.9	116.3	6.5	3.3	5.6	2.8
按注册类型分组							
内资企业	76.1	89.3	117.4	7.0	3.8	6.0	3.2
国有企业	72.5	59.3	81.8	0.9	3.7	1.1	4.6
私营企业	53.8	80.3	149.2	9.4	4.9	6.3	3.3
港澳台商投资 企业	61.1	71.5	117.1	5.9	2.6	5.0	2.2
外商投资企业	110.5	122.6	111.0	5.2	2.0	4.6	1.8

续表

分　组	人均资产 (万元)	人均营收 (万元)	资产营收 率(%)	资产利润 率(%)	资产税 金率(%)	营收利润 率(%)	营收税 金率(%)
按控股情况分组							
国有控股	194.5	168.6	86.7	4.1	2.9	4.7	3.3
集体控股	76	76.7	100.9	3.6	3.1	3.5	3.0
私人控股	64.3	82.8	128.7	8.1	4.1	6.3	3.2
港澳台商控股	62.2	76.4	122.8	6.0	2.4	4.9	2.0
外商控股	104.5	115.7	110.8	5.2	2.0	4.7	1.8
其　他	108.9	83.5	76.7	3.7	2.3	4.8	3.0

注：数据源自《中国经济普查年鉴2018》，综合卷，第三篇 文化及相关产业篇，表3-B-02 按注册类型和控股情况分规模以上文化制造业企业主要财务指标。税金是指应交税金，等于应交增值税加上税金及附加。人均、效率效益指标为北京大成企业研究院计算。

表7-18　按注册类型和控股情况分规模以下文化制造业企业应交税金

分　组	应交税金 （万元）	应交税金占比 （%）	户均税金 （万元）	人均税金 （万元）
总　计	2 527 063	100.0	13	1.1
按注册类型分组				
内资企业	2 446 147	96.8	12	1.2
国有企业	18 194	0.7	26	1.2
私营企业	2 164 842	85.7	12	1.2
港澳台商投资企业	50 412	2.0	26	0.8
外商投资企业	30 504	1.2	27	1.1
按控股情况分组				
国有控股	31 667	1.3	33	1.4
集体控股	40 730	1.6	14	1.3
私人控股	2 327 164	92.1	12	1.2
港澳台商控股	42 096	1.7	24	0.8
外商控股	25 496	1.0	30	1.1
其　他	59 909	2.4	10	0.9

注：数据源自《中国经济普查年鉴2018》，综合卷，第三篇 文化及相关产业篇，表3-B-04 按注册类型和控股情况分规模以下文化制造业企业主要财务指标。税金是指应交税金，等于应交增值税加上税金及附加。占比、户均、人均为北京大成企业研究院计算。

表7-19　按注册类型和控股情况分规模以下文化制造业企业主要效益指标

单位：万元，%

分　组	人均资产(万元)	人均营收(万元)	资产营收率(%)	资产利润率(%)	资产税金率(%)	营收利润率(%)	营收税金率(%)
总　计	35.6	30.0	84.4	6.2	3.2	7.3	3.8
按注册类型分组							
内资企业	34.7	30.4	87.6	6.6	3.3	7.5	3.8
国有企业	50.3	18.4	36.6	1.6	2.4	4.3	6.6
私营企业	32.9	30.6	93.0	7.1	3.5	7.6	3.8
港澳台商投资企业	58.6	19.9	33.9	0.1	1.4	0.2	4.3
外商投资企业	55.2	26.2	47.5	0.3	1.9	0.7	4.0
按控股情况分组							
国有控股	65	22.8	35.0	1.4	2.1	3.9	6.1
集体控股	33.8	24.3	71.9	5.3	3.7	7.4	5.2
私人控股	34.2	30.6	89.6	6.8	3.4	7.6	3.8
港澳台商控股	53.6	19.2	35.9	0.0	1.5	0.1	4.1
外商控股	51.2	26.2	51.3	0.6	2.1	1.2	4.2
其　他	48.9	26.7	54.6	2.6	1.9	4.7	3.5

注：数据源自《中国经济普查年鉴2018》，综合卷，第三篇 文化及相关产业篇，表3-B-04 按注册类型和控股情况分规模以下文化制造业企业主要财务指标。税金是指应交税金，等于应交增值税加上税金及附加。人均、效率效益为北京大成企业研究院计算。

表7-20　按注册类型和控股情况分限额以上文化批零业企业应交税金

分　组	应交税金（万元）	应交税金占比（%）	户均税金（万元）	人均税金（万元）
总　计	2 742 616	100.0	261	4.6
按注册类型分组				
内资企业	2 120 881	77.3	208	4.1
国有企业	54 098	2.0	255	4
私营企业	882 243	32.2	129	3.9
港澳台商投资企业	264 925	9.7	1 523	7.8
外商投资企业	356 809	13.0	2 347	9

续表

分　组	应交税金（万元）	应交税金占比（%）	户均税金（万元）	人均税金（万元）
按控股情况分组				
国有控股	446 549	16.3	366	3.2
集体控股	68 170	2.5	537	5.6
私人控股	1 296 564	47.3	156	4.1
港澳台商控股	267 816	9.8	1 539	7.9
外商控股	334 079	12.2	2 493	9.6
其　他	329 437	12.0	594	5.7

注：数据源自《中国经济普查年鉴2018》，综合卷，第三篇 文化及相关产业篇，表3-C-02 按注册类型和控股情况分限额以上文化批零业企业主要财务指标。税金是指应交税金，等于应交增值税加上税金及附加。占比、户均、人均为北京大成企业研究院计算。

表7-21　按注册类型和控股情况分限额以上文化批零业企业主要效益指标

分　组	人均资产(万元)	人均营收(万元)	资产营收率(%)	资产利润率(%)	资产税金率(%)	营收利润率(%)	营收税金率(%)
总　计	215.9	347.9	161.1	4.8	2.2	3.0	1.3
按注册类型分组							
内资企业	204.9	307.8	150.2	4.1	2.0	2.7	1.3
国有企业	333.8	207.6	62.2	4.7	1.2	7.6	1.9
私营企业	134.6	269.3	200.1	5.4	2.9	2.7	1.5
港澳台商投资企业	231.4	272.3	117.6	3.1	3.4	2.6	2.9
外商投资企业	346.5	938.3	270.8	10.8	2.6	4.0	1.0
按控股情况分组							
国有控股	288.7	293.5	101.7	4.3	1.1	4.2	1.1
集体控股	369.2	731.5	198.1	3.0	1.5	1.5	0.8
私人控股	148.3	277.4	187.1	4.8	2.8	2.6	1.5
港澳台商控股	241.4	279.9	116.0	3.5	3.3	3.0	2.8
外商控股	365.2	1032	282.5	11.4	2.6	4.0	0.9
其　他	270.4	408.7	151.2	1.8	2.1	1.2	1.4

注：数据源自《中国经济普查年鉴2018》，综合卷，第三篇 文化及相关产业篇，表3-C-02 按注册类型和控股情况分限额以上文化批零业企业主要财务指标。税金是指应交税金，等于应交增值税加上税金及附加。人均、效率效益为北京大成企业研究院计算。

表7-22 按注册类型和控股情况分限额以下文化批零业企业应交税金

分　组	应交税金（万元）	应交税金占比（%）	户均税金（万元）	人均税金（万元）
总　计	1 625 278	100.0	5	1.3
按注册类型分组				
内资企业	1 589 319	97.8	5	1.3
国有企业	7 121	0.4	10	1.3
私营企业	1 327 243	81.7	5	1.3
港澳台商投资企业	19 934	1.2	17	2.8
外商投资企业	16 025	1.0	18	2.5
按控股情况分组				
国有控股	28 058	1.7	20	1.8
集体控股	10 530	0.6	7	1.1
私人控股	1 504 307	92.6	5	1.3
港澳台商控股	19 571	1.2	16	2.8
外商控股	15 108	0.9	21	2.7
其　他	47 704	2.9	6	1.3

注：数据源自《中国经济普查年鉴2018》，综合卷，第三篇 文化及相关产业篇，表3-C-04 按注册类型和控股情况分限额以下文化批零业企业主要财务指标。税金是指应交税金，等于应交增值税加上税金及附加。占比、户均、人均为北京大成企业研究院计算。

表7-23 按注册类型和控股情况分限额以下文化批零业企业主要效益指标

分　组	人均资产(万元)	人均营收(万元)	资产营收率(%)	资产利润率(%)	资产税金率(%)	营收利润率(%)	营收税金率(%)
总　计	59.6	59.9	100.5	5.2	2.3	5.2	2.2
按注册类型分组							
内资企业	58.5	58.8	100.5	5.4	2.3	5.4	2.3
国有企业	111.5	45.9	41.2	3.1	1.1	7.6	2.7
私营企业	55.1	58.6	106.4	5.8	2.4	5.4	2.2
港澳台商投资企业	198.6	178.8	90.0	-1.6	1.4	-1.8	1.6
外商投资企业	109	128.8	118.2	3.4	2.3	2.8	1.9

续表

分 组	人均资产(万元)	人均营收(万元)	资产营收率(%)	资产利润率(%)	资产税金率(%)	营收利润率(%)	营收税金率(%)
按控股情况分组							
国有控股	155.4	69.3	44.6	2.0	1.2	4.5	2.6
集体控股	72.9	61.8	84.8	5.1	1.6	6.0	1.8
私人控股	56.8	58.8	103.6	5.6	2.3	5.4	2.3
港澳台商控股	195.8	178.6	91.2	−1.6	1.4	−1.8	1.6
外商控股	121.3	138.7	114.4	3.3	2.3	2.9	2.0
其 他	67.8	55.4	81.7	4.2	1.9	5.2	2.3

注：数据源自《中国经济普查年鉴2018》，综合卷，第三篇 文化及相关产业篇，表3-C-04 按注册类型和控股情况分限额以下文化批零业企业主要财务指标。税金是指应交税金，等于应交增值税加上税金及附加。人均、效率效益为北京大成企业研究院计算。

表7-24 按注册类型和控股情况分规模以上文化服务业企业应交税金

分 组	应交税金（万元）	应交税金占比（%）	户均税金（万元）	人均税金（万元）
总 计	10 472 810	100.0	349	3.0
按注册类型分组				
内资企业	7 882 521	75.3	274	2.5
国有企业	523 117	5.0	450	2.4
私营企业	2 462 072	23.5	159	2.3
港澳台商投资企业	1 983 281	18.9	3 204	7.8
外商投资企业	607 003	5.8	931	3.9
按控股情况分组				
国有控股	2 648 698	25.3	497	2.6
集体控股	136 061	1.3	322	2.2
私人控股	4 221 805	40.3	202	2.5
港澳台商控股	1 977 090	18.9	3 312	7.6
外商控股	535 160	5.1	956	4.4
其 他	953 997	9.1	438	2.6

注：数据源自《中国经济普查年鉴2018》，综合卷，第三篇 文化及相关产业篇，表3-D-02 按注册类型和控股情况分规模以上文化服务业企业主要财务指标。税金是指应交税金，等于应交增值税加上税金及附加。占比、户均、人均为北京大成企业研究院计算。

表7-25 按注册类型和控股情况分规模以上文化服务业企业主要效益指标

分　组	人均资产(万元)	人均营收(万元)	资产营收率(%)	资产利润率(%)	资产税金率(%)	营收利润率(%)	营收税金率(%)
总　计	227.6	104	45.7	6.2	1.3	13.5	2.9
按注册类型分组							
内资企业	214.2	88.7	41.4	4.1	1.2	9.8	2.9
国有企业	210	59.9	28.5	3.3	1.1	11.6	4.0
私营企业	114.6	87.5	76.3	6.2	2.0	8.1	2.6
港澳台商投资企业	407.7	228.5	56.0	19.3	1.9	34.4	3.4
外商投资企业	200.5	206.8	103.2	7.4	2.0	7.2	1.9
按控股情况分组							
国有控股	347.3	84.2	24.3	2.7	0.7	11.0	3.0
集体控股	165.7	52.2	31.5	4.5	1.3	14.4	4.2
私人控股	140	94.6	67.6	5.4	1.8	8.1	2.7
港澳台商控股	410.9	222.7	54.2	18.7	1.8	34.5	3.4
外商控股	202.2	235.5	116.5	8.3	2.2	7.1	1.9
其　他	178	83	46.6	6.8	1.5	14.6	3.1

注：数据源自《中国经济普查年鉴2018》，综合卷，第三篇 文化及相关产业篇，表3-D-02 按注册类型和控股情况分规模以上文化服务业企业主要财务指标。税金是指应交税金，等于应交增值税加上税金及附加。人均、效率效益为北京大成企业研究院计算。

表7-26 按注册类型和控股情况分规模以下文化服务业企业应交税金

分　组	应交税金（万元）	应交税金占比（%）	户均税金（万元）	人均税金（万元）
总　计	7 116 249	100.0	5	1
按注册类型分组				
内资企业	7 009 277	98.5	5	1
国有企业	95 297	1.3	18	1
私营企业	5 499 765	77.3	5	1
港澳台商投资企业	60 273	0.8	14	1.8
外商投资企业	46 699	0.7	20	2

续表

分 组	应交税金 （万元）	应交税金占比 （%）	户均税金 （万元）	人均税金 （万元）
按控股情况分组				
国有控股	342 232	4.8	31	1.7
集体控股	45 293	0.6	9	1.1
私人控股	6 277 150	88.2	5	1
港澳台商控股	55 515	0.8	12	1.6
外商控股	35 499	0.5	20	1.9
其 他	360 559	5.1	6	0.9

注：数据源自《中国经济普查年鉴2018》，综合卷，第三篇 文化及相关产业篇，表3-D-04 按注册类型和控股情况分规模以下文化服务业企业主要财务指标。税金是指应交税金，等于应交增值税加上税金及附加。占比、户均、人均为北京大成企业研究院计算。

表7-27 按注册类型和控股情况分规模以下文化服务业企业主要效益指标

分 组	人均资产(万元)	人均营收(万元)	资产营收率(%)	资产利润率(%)	资产税金率(%)	营收利润率(%)	营收税金率(%)
总 计	100.5	27.2	27.0	2.5	1.0	9.1	3.6
按注册类型分组							
内资企业	99.6	26.9	27.0	2.5	1.0	9.3	3.7
国有企业	216.5	24.9	11.5	0.7	0.5	5.7	4.2
私营企业	49.2	26.1	53.1	4.7	1.9	8.9	3.7
港澳台商投资企业	214.5	59.1	27.6	−1.5	0.8	−5.4	3.0
外商投资企业	194.5	52	26.8	−0.1	1.0	−0.4	3.8
按控股情况分组							
国有控股	1 077.6	43.5	4.0	0.6	0.2	14.0	3.8
集体控股	280.8	26	9.3	−0.1	0.4	−1.0	4.2
私人控股	63.4	26.5	41.7	3.6	1.5	8.5	3.7
港澳台商控股	198.9	57.8	29.1	−1.6	0.8	−5.4	2.8
外商控股	196.4	53.5	27.2	0.0	1.0	0.2	3.6
其 他	159.9	26.4	16.5	3.1	0.5	18.7	3.3

注：数据源自《中国经济普查年鉴2018》，综合卷，第三篇 文化及相关产业篇，表3-D-04 按注册类型和控股情况分规模以下文化服务业企业主要财务指标。税金是指应交税金，等于应交增值税加上税金及附加。人均、效率效益为北京大成企业研究院计算。

四、批发和零售业法人企业效率效益比较

1．人均使用资产：2018年，批发业法人企业人均使用资产为191.2万元，限额以上批发业法人企业为470万元，零售业法人企业为62.5万元，限额以上零售业法人企业为94万元（见表7-28）。

2．劳动生产率：批发业法人企业人均营收为328.7万元，限额以上批发业法人企业为954.4万元，零售业法人企业为87.7万元，限额以上零售业法人企业为168.1万元（见表7-29）。

3．资产营收率：批发业法人企业资产营收率为171.9%，限额以上批发业法人企业资产营收率为203.0%，零售业法人企业资产营收率为140.2%，限额以上零售业法人企业资产营收率为178.8%。从登记注册类型看，私营企业高于国有企业（见表7-30）。

表7-28　批发和零售业法人企业分登记注册类型人均使用资产

单位：万元

分　组	批发业法人企业	限额以上批发业法人企业	零售业法人企业	限额以上零售业法人企业
总　计	191.2	470.0	62.5	94.0
内资企业	179.5	472.8	60.2	92.6
国有企业	288.0	307.8	118.7	154.0
集合联企业	116.8	225.3	42.6	48.9
有限责任公司	432.5	685.2	87.5	100.1
股份有限公司	480.5	596.6	159.8	173.3
私营企业	116.0	314.8	46.8	69.4
其他企业	27.4	41.9	23.8	29.9
港澳台商投资企业	366.9	392.1	91.3	89.4
外商投资企业	447.2	514.3	117.7	117.1

注：数据源自《中国经济普查年鉴2018》，第三产业卷，第一篇 批发和零售业企业基本情况及财务状况篇。

表7-29　批发和零售业法人企业分登记注册类型人均营收

单位：万元

分　组	批发业 法人企业	限额以上批发业 法人企业	零售业 法人企业	限额以上零售业 法人企业
总　计	328.7	954.4	87.7	168.1
内资企业	305.9	964.3	83.8	169.1
国有企业	485.1	589.7	116.6	175.9
集合联企业	106.8	469.6	58.7	131.7
有限责任公司	724.7	1328.0	137.1	189.4
股份有限公司	748.5	995.7	191.1	223.4
私营企业	204.9	744.8	63.0	142.1
其他企业	41.1	165.6	26.3	78.4
港澳台商投资企业	500.7	575.6	143.6	149.2
外商投资企业	974.9	1204.3	170.6	176.0

注：数据来源同上，人均营收为北京大成企业研究院计算。

表7-30　批发和零售业法人企业分登记注册类型资产营收率

单位：%

分　组	批发业 法人企业	限额以上批发业 法人企业	零售业 法人企业	限额以上零售业 法人企业
总　计	171.9	203.0	140.2	178.8
内资企业	170.5	204.0	139.2	182.5
国有企业	168.4	191.6	98.2	114.3
集合联企业	91.5	208.4	137.7	269.5
有限责任公司	167.6	193.8	156.6	189.3
股份有限公司	155.8	166.9	119.6	128.9
私营企业	176.6	236.6	134.6	204.7
其他企业	150.0	395.7	110.2	262.6
港澳台商投资企业	136.5	146.8	157.3	166.9
外商投资企业	218.0	234.2	144.9	150.3

注：数据来源同上，资产营收率为北京大成企业研究院计算。

五、住宿和餐饮业企业效率效益比较

1. 人均使用资产：2018年，住宿业法人企业人均使用资产为69.7万元，限额以上住宿业法人企业为76.0万元，餐饮业法人企业为19.9万元，限额以上餐饮企业为21.9万元。从登记注册类型看，国有企业均高于私营企业（见表7-31）。

2. 劳动生产率：住宿业法人企业人均营收为19.8万元，限额以上住宿业法人企业为22.2万元，餐饮业法人企业为19.0万元，限额以上餐饮企业为22.8万元。从登记注册类型看，私营企业均高于国有企业（见表7-32）。

3. 资产营收率：住宿业法人企业资产营收率为28.4%，限额以上住宿业法人企业资产营收率为29.2%，餐饮业法人企业资产营收率为95.8%，限额以上餐饮企业资产营收率104.4%。从登记注册类型看，私营企业均高于国有企业（见表7-33）。

表7-31 住宿和餐饮业法人企业分登记注册类型人均使用资产

单位：万元

分　　组	住宿业	限额以上住宿业	餐饮业	限额以上餐饮业
总　计	69.7	76.0	19.9	21.9
内资企业	63.7	69.0	20.8	25.0
国有企业	56.3	57.8	30.4	32.5
集合联企业	37.2	40.9	22.1	27.1
有限责任公司	86.7	85.1	25.0	27.1
股份有限公司	88.9	96.3	37.5	42.3
私营企业	49.2	53.5	18.9	23.0
其他企业	33.7	20.8	27.0	14.4
港澳台商投资企业	148.4	139.0	20.5	19.7
外商投资企业	157.7	144.0	10.9	9.5

注：数据源自《中国经济普查年鉴2018》，第三产业卷，第二篇 住宿和餐饮业企业基本情况及财务状况篇。

表7-32　住宿和餐饮业法人企业分登记注册类型人均营收

单位：万元

分　组	住宿业	限额以上住宿业	餐饮业	限额以上餐饮业
总　计	19.8	22.2	19.0	22.8
内资企业	19.0	21.2	18.1	22.5
国有企业	17.5	18.4	15.8	16.9
集合联企业	17.3	20.6	19.9	25.6
有限责任公司	21.0	22.2	19.4	22.0
股份有限公司	24.1	26.7	19.8	22.2
私营企业	17.6	20.5	17.7	22.9
其他企业	10.7	15.3	15.5	22.3
港澳台商投资企业	30.8	31.1	24.2	24.1
外商投资企业	31.9	31.6	23.2	23.1

注：数据来源同上，人均营收为北京大成企业研究院计算。

表7-33　住宿和餐饮业法人企业分登记注册类型资产营收率

单位：%

分　组	住宿业	限额以上住宿业	餐饮业	限额以上餐饮业
总　计	28.4	29.2	95.8	104.4
内资企业	29.8	30.8	87.2	90.0
国有企业	31.0	31.8	51.9	52.2
集合联企业	46.5	50.2	90.2	94.5
有限责任公司	24.2	26.1	77.7	81.3
股份有限公司	27.1	27.7	52.9	52.5
私营企业	35.8	38.3	93.7	99.7
其他企业	31.9	73.6	57.2	155.1
港澳台商投资企业	20.8	22.4	118.1	122.1
外商投资企业	20.2	22.0	213.2	244.5

注：数据来源同上，资产营收率为北京大成企业研究院计算。

六、服务业企业效率效益比较

1. 人均使用资产和人均营收：10个服务行业的人均使用资产，国有企业均高于私营企业，国有控股企业均高于非国有控股企业。尽管人均营收依然是国有高于非国有，但差距比人均使用资产大幅缩小（见表7-34至表7-37）。

2. 资产营收率：交通运输、仓储和邮政业企业法人单位资产营收率为24.5%，其中私营企业高达86.1%；信息传输、软件和信息技术服务业企业法人单位资产营收率为46.1%，其中私营企业高达65.0%；房地产业企业法人单位资产营收率为11.7%，其中私营企业高达18.5%；租赁和商务服务业企业法人单位资产营收率为7.7%，其中私营企业高达19.2%；科学研究和技术服务业企业法人单位资产营收率为29.4%，其中私营企业高达46.7%；水利、环境和公共设施管理业企业法人单位资产营收率为6.0%，其中私营企业高达19.5%（见表7-38、表7-39）。

按登记注册类型看，服务业10个行业门类中，除了卫生和社会工作，私营企业的资产营收率均高于国有企业（见表7-38、表7-39）。

按控股情况看，服务业10个行业门类中，非国有控股企业资产营收率均高于国有控股企业。其中，卫生和社会工作国有控股和非国有控股差距较小；而租赁和商务服务业差距巨大，非国有控股企业的资产营收率达国有控股企业的5倍（见表7-40）。

表7-34　服务业企业法人单位分登记注册类型人均使用资产（1）

单位：万元

登记注册类型	交通运输、仓储和邮政业	信息传输、软件和信息技术服务业	房地产业	租赁和商务服务业	科学研究和技术服务业
总　　计	252.2	152.8	172.1	495.4	147.8
内资企业	249.7	129.5	162.3	489.0	143.5
国有企业	483.2	259.4	538.9	839.4	154.2
集合联企业	49.0	97.9	304.0	235.4	85.3
有限责任公司	376.7	187.6	245.5	1 312.6	294.5
股份有限公司	294.0	263.4	360.5	1 853.3	435.4
私营企业	59.9	68.3	92.4	151.0	67.9
其他企业	121.9	25.7	255.2	76.4	26.2
港澳台商投资企业	308.6	310.8	367.8	759.5	358.6
外商投资企业	336.3	334.0	539.2	692.8	196.1

注：数据源自《中国经济普查年鉴2018》，第三产业卷，第四篇 服务业企业财务状况篇。人均使用资产为北京大成企业研究院计算。

表7-35 服务业企业法人单位分登记注册类型人均使用资产（2）

单位：万元

登记注册类型	水利、环境和公共设施管理业	居民服务、修理和其他服务业	教育	卫生和社会工作	文化、体育和娱乐业
总　计	697.8	25.0	27.6	39.8	101.6
内资企业	703.7	24.6	27.1	38.9	99.0
国有企业	843.7	84.4	33.3	37.9	176.2
集合联企业	141.1	62.2	31.6	34.0	54.5
有限责任公司	1 351.7	37.5	54.6	57.5	191.4
股份有限公司	423.6	64.0	40.9	60.3	443.2
私营企业	126.6	20.0	21.6	33.8	54.3
其他企业	69.3	36.3	26.1	32.3	40.0
港澳台商投资企业	220.3	31.9	78.7	124.2	223.7
外商投资企业	736.1	54.2	90.3	89.8	196.5

注：数据来源同上。

表7-36 服务业企业法人单位分登记注册类型人均营收（1）

单位：万元

登记注册类型	交通运输、仓储和邮政业	信息传输、软件和信息技术服务业	房地产业	租赁和商务服务业	科学研究和技术服务业
总　计	61.8	70.4	20.2	38.2	43.4
内资企业	58.7	61.2	19.1	36.0	42.4
国有企业	37.0	117.0	22.7	33.0	46.8
集合联企业	20.9	30.3	23.9	22.1	26.5
有限责任公司	62.8	83.1	22.1	55.3	62.6
股份有限公司	105.1	81.6	21.5	70.6	92.2
私营企业	51.6	44.4	17.1	29.0	31.7
其他企业	26.1	23.7	27.9	24.3	25.4
港澳台商投资企业	148.9	142.8	48.6	101.8	65.7
外商投资企业	142.8	128.6	41.6	123.5	74.7

注：数据来源同上。

表7-37　服务业企业法人单位分登记注册类型人均营收（2）

单位：万元

登记注册类型	水利、环境和公共设施管理业	居民服务、修理和其他服务业	教育	卫生和社会工作	文化、体育和娱乐业
总　计	42.2	16.5	14.5	23.6	31.9
内资企业	41.9	16.3	14.3	23.3	31.6
国有企业	38.8	26.3	12.9	29.8	49.7
集合联企业	19.9	25.2	13.0	24.8	16.6
有限责任公司	61.2	17.4	19.4	28.2	45.8
股份有限公司	43.2	25.7	21.0	27.0	71.0
私营企业	24.7	15.6	13.4	20.3	24.8
其他企业	19.7	18.0	14.0	22.4	19.0
港澳台商投资企业	36.3	20.6	34.4	41.2	51.5
外商投资企业	115.9	32.7	42.6	40.6	35.7

注：数据来源同上。

表7-38　服务业企业法人单位分登记注册类型资产营收率（1）

单位：%

登记注册类型	交通运输、仓储和邮政业	信息传输、软件和信息技术服务业	房地产业	租赁和商务服务业	科学研究和技术服务业
总　计	24.5	46.1	11.7	7.7	29.4
内资企业	23.5	47.3	11.8	7.4	29.6
国有企业	7.7	45.1	4.2	3.9	30.4
集合联企业	42.6	30.9	7.9	9.4	31.0
有限责任公司	16.7	44.3	9.0	4.2	21.3
股份有限公司	35.7	31.0	6.0	3.8	21.2
私营企业	86.1	65.0	18.5	19.2	46.7
其他企业	21.4	92.2	10.9	31.8	96.6
港澳台商投资企业	48.2	45.9	13.2	13.4	18.3
外商投资企业	42.5	38.5	7.7	17.8	38.1

注：数据来源同上。

表7-39　服务业企业法人单位分登记注册类型资产营收率（2）

单位：%

登记注册类型	水利、环境和公共设施管理业	居民服务、修理和其他服务业	教育	卫生和社会工作	文化、体育和娱乐业
总　计	6.0	65.9	52.5	59.2	31.4
内资企业	6.0	66.1	52.7	60	31.9
国有企业	4.6	31.2	38.7	78.6	28.2
集合联企业	14.1	40.5	41.2	72.9	30.4
有限责任公司	4.5	46.4	35.6	49.1	23.9
股份有限公司	10.2	40.2	51.3	44.7	16
私营企业	19.5	78.1	61.8	60.1	45.7
其他企业	28.4	49.6	53.7	69.3	47.6
港澳台商投资企业	16.5	64.7	43.8	33.1	23
外商投资企业	15.7	60.4	47.2	45.2	18.2

注：数据来源同上。

表7-40　国有控股、非公有控股企业分行业人均资产、人均营收、资产营收率

行　业	人均使用资产（万元）		人均营收（万元）		资产营收率（%）	
	国有控股	非公有控股	国有控股	非公有控股	国有控股	非公有控股
总　　计	983.1	138.3	79.0	37.0	8.0	26.7
交通运输、仓储和邮政业	492.5	89.8	78.8	58.9	16.0	65.5
信息传输、软件和信息技术服务业	326.4	120.9	114.0	62.3	34.9	51.5
房地产业	555.8	122.2	30.3	18.8	5.4	15.3
租赁和商务服务业	2 526.1	238.3	72.7	34.5	2.9	14.5
科学研究和技术服务业	477.0	95.4	93.8	35.4	19.7	37.2
水利、环境和公共设施管理业	2 137.0	215.1	87.6	27.5	4.1	12.8
居民服务、修理和其他服务业	122.3	21.8	26.1	16.1	21.4	73.7
教　育	101.6	29.1	22.3	16.0	22.0	55.0
卫生和社会工作	58.5	41.7	33.6	22.8	57.4	54.8
文化、体育和娱乐业	307.8	73.8	67.6	26.9	22.0	36.4

注：数据源自《中国经济普查年鉴2018》，第三产业卷，第四篇 服务业企业财务状况篇，表4-1 服务业法人单位基本情况，表4-33 国有控股企业分行业主要指标，表4-34 非公有控股企业分行业主要指标。

表7-41　规模以上文化、体育和娱乐业法人单位主要效益指标

行　业	人均资产（万元）	人均营收（万元）	资产营收率（%）	资产利润率（%）	营收利润率（%）
总　计	198.4	60.3	30.4	3.1	10.3
新闻和出版业	242.2	72.9	30.1	4.2	13.9
广播、电视、电影和录音制作业	284.1	100.7	35.4	4.6	12.9
文化艺术业	141.3	36.1	25.6	4.5	17.7
体　育	153.1	42.4	27.7	−5.9	−21.4
娱乐业	140.8	36.5	25.9	2.3	9.0

注：数据源自《中国经济普查年鉴2018》，第三产业卷，第四篇 服务业企业财务状况篇，表4-1 服务业法人单位基本情况，表4-44 规模以上文化、体育和娱乐业法人单位主要指标。

| 第八章 |

国有、民营、外资工业企业科研活动数据及简明比较

本章简要比较按登记注册类型和按单位规模分组的规模以上工业企业科研活动情况，包括研发人员、研发经费、发明专利等。

一、有科研活动的各类型规模以上工业企业

1. 企业占比：截至2018年年末，全国规模以上工业企业有研究与试验发展（R&D）活动的企业共10.48万家，其中私营企业占比58.1%；有研发机构的企业共7.26万家，其中私营企业占比56.8%；有新产品销售的企业共9.41万家，其中私营企业占比58.3%（见表8–1、表8–2，下同）。

2. 研发人员：截至2018年年末，全国规模以上工业企业R&D人员合计426.12万人，其中私营企业占比为33.3%；R&D人员折合全时当量298.12万人/年，其中私营企业占比为33.3%。

3. 研发经费：2018年，全国规模以上工业企业R&D经费内部支出1.30万亿元，其中私营企业占比为29.7%。

4. 新产品开发：2018年，全国规模以上工业企业新产品开发项目55.83万项，其中私营企业占比为45.5%。

5. 发明专利：截至2018年年末，全国规模以上工业企业有效发明专利数109.42万件，其中私营企业占比为29.5%。

6. 国家支持：2018年，全国规模以上工业企业获得来自政府部门的研究开发经费447.24亿元，其中私营企业占比为18.2%；研究开发费用加计扣除减免税881.46亿元，其中私营企业占比为28.3%；高技术企业减免税1 225.02亿元，其中私营企业占比为25.1%。

表8-1 分登记注册类型企业R&D及相关活动主要指标

主要指标	总计	内资企业	国有企业	集合联企业	有限责任公司	股份有限公司	私营企业	其他企业	港澳台商投资企业	外商投资企业
基本情况										
有R&D活动的企业(个)	104 820	90 473	227	333	22 338	6 652	60 914	9	6 831	7 516
有研发机构的企业(个)	72 607	60 780	143	201	14 566	4 623	41 241	6	5 868	5 959
有新产品销售的企业(个)	94 112	80 915	167	285	19 608	5 964	54 886	5	6 276	6 921
R&D人员情况										
R&D人员合计(人)	4 261 170	3 365 482	34 677	6 368	1 270 631	629 983	1 419 748	4 075	435 717	459 971
R&D人员折合全时当量(人年)	2 981 234	2 327 232	21 624	4 409	862 665	442 700	993 467	2 368	319 641	334 362
R&D经费情况										
R&D经费内部支出(万元)	129 548 264	102 720 472	834 378	150 730	42 793 343	20 251 745	38 516 119	174 157	11 307 500	15 520 292
按资金来源分										
政府资金(万元)	4 232 715	3 843 098	109 815	1 018	2 132 770	821 464	761 939	16 093	187 070	202 548
企业资金(万元)	123 893 527	97 780 689	718 157	148 425	40 196 374	19 150 562	37 411 430	155 742	11 033 606	15 079 232
国外资金(万元)	456 015	276 858	1 754	181	115 611	56 631	102 682	—	47 290	131 867
R&D项目情况										
项目数(项)	472 299	395 457	2 632	955	125 602	57 178	208 855	235	36 250	40 592
参加项目人员(人)	3 952 534	3 120 238	31 984	5 890	1 178 152	585 959	1 314 375	3 878	405 073	427 223
项目人员折合全时当量(人年)	2 773 281	2 163 941	19 824	4 115	802 509	412 996	922 302	2 195	297 877	311 463
项目经费内部支出(万元)	123 335 468	97 909 444	737 863	143 743	40 717 655	18 892 001	37 243 743	174 439	10 771 949	14 654 076

续表

主要指标	总计	内资企业	国有企业	集合联企业	有限责任公司	股份有限公司	私营企业	其他企业	港澳台商投资企业	外商投资企业
企业办研发机构情况										
机构数(个)	83 115	69 941	270	208	17 503	6 942	45 012	6	6 567	6 607
机构人员数(人)	3 182 794	2 438 895	25 987	3 512	867 540	519 905	1 018 721	3 230	380 490	363 409
机构经费支出(万元)	103 212 643	78 453 332	501 409	75 017	34 151 341	17 083 573	26 609 742	32 250	10 627 583	14 131 728
新产品开发及生产情况										
新产品开发项目数(项)	558 305	463 865	2 466	993	142 539	63 899	253 782	186	44 253	50 187
新产品开发经费支出(万元)	149 872 196	116 493 351	841 252	146 362	48 431 587	21 885 257	45 017 359	171 535	13 938 026	19 440 818
新产品销售收入(万元)	1 970 940 694	1 438 177 877	12 834 758	1 026 386	573 408 674	300 572 095	547 795 829	2 540 136	233 315 345	299 447 472
新产品出口(万元)	361 608 191	185 889 554	265 461	91 123	74 852 834	41 794 038	68 152 559	733 538	94 313 186	81 405 452
自主知识产权及相关情况										
专利申请数(件)	957 298	819 575	10 004	1 022	277 326	150 680	380 281	262	68 851	68 872
发明专利(件)	371 569	321 873	4 771	297	126 831	67 621	122 242	111	25 946	23 750
有效发明专利数(件)	1 094 200	907 856	12 259	929	365 468	206 003	322 578	619	89 280	97 064
境外授权(件)	96 017	80 860	47	1	50 794	21 263	8 755	—	8 359	6 798
形成国家或行业标准数(项)	22 533	20 142	602	62	7 007	5 460	6 994	17	1 273	1 118
政府相关政策落实情况										
来自政府部门的研究开发经费(万元)	4 472 375	4 094 100	80 989	1 064	2 378 233	805 301	812 421	16 093	172 254	206 021
研究开发费用加计扣除减免税(万元)	8 814 578	6 896 982	40 872	5 170	2 686 030	1 667 912	2 493 987	3 010	780 544	1 137 053
高新技术企业减免税(万元)	12 250 169	8 891 593	46 324	5 439	3 134 433	2 592 020	3 078 853	34 524	1 563 500	1 795 076

注：数据源自《中国经济普查年鉴2018》，第二产业卷（下），第一篇　规模以上工业企业科技情况篇，表1-A-2　分登记注册类型企业R&D及相关活动主要指标。

表8-2　分登记注册类型企业R&D及相关活动主要指标占比

单位：%

主要指标	总计	内资企业	国有企业	集合联营企业	有限责任公司	股份有限公司	私营企业	其他企业	港澳台商投资企业	外商投资企业
基本情况										
有R&D活动的企业	100.0	86.3	0.2	0.3	21.3	6.3	58.1	0.0	6.5	7.2
有研发机构的企业	100.0	83.7	0.2	0.3	20.1	6.4	56.8	0.0	8.1	8.2
有新产品销售的企业	100.0	86.0	0.2	0.3	20.8	6.3	58.3	0.0	6.7	7.4
R&D人员情况										
R&D人员合计	100.0	79.0	0.8	0.1	29.8	14.8	33.3	0.1	10.2	10.8
R&D人员折合全时当量	100.0	78.1	0.7	0.1	28.9	14.8	33.3	0.1	10.7	11.2
R&D经费情况										
R&D经费内部支出	100.0	79.3	0.6	0.1	33.0	15.6	29.7	0.1	8.7	12.0
按资金来源分										
政府资金	100.0	90.8	2.6	0.0	50.4	19.4	18.0	0.4	4.4	4.8
企业资金	100.0	78.9	0.6	0.1	32.4	15.5	30.2	0.1	8.9	12.2
国外资金	100.0	60.7	0.4	0.0	25.4	12.4	22.5	—	10.4	28.9
R&D项目情况										
项目数	100.0	83.7	0.6	0.2	26.6	12.1	44.2	0.0	7.7	8.6
参加项目人员	100.0	78.9	0.8	0.1	29.8	14.8	33.3	0.1	10.2	10.8
项目人员折合全时当量	100.0	78.0	0.7	0.1	28.9	14.9	33.3	0.1	10.7	11.2
项目经费内部支出	100.0	79.4	0.6	0.1	33.0	15.3	30.2	0.1	8.7	11.9
企业办研发机构情况										
机构数	100.0	84.1	0.3	0.3	21.1	8.4	54.2	0.0	7.9	7.9
机构人员数	100.0	76.6	0.8	0.1	27.3	16.3	32.0	0.1	12.0	11.4
机构经费支出	100.0	76.0	0.5	0.1	33.1	16.6	25.8	0.1	10.3	13.7
新产品开发及生产情况										
新产品开发项目数	100.0	83.1	0.4	0.2	25.5	11.4	45.5	0.0	7.9	9.0
新产品开发经费支出	100.0	77.7	0.6	0.1	32.3	14.6	30.0	0.1	9.3	13.0
新产品销售收入	100.0	73.0	0.7	0.1	29.1	15.3	27.8	0.1	11.8	15.2
新产品出口	100.0	51.4	0.1	0.0	20.7	11.6	18.8	0.2	26.1	22.5

续表

主要指标	总计	内资企业	国有企业	集合联企业	有限责任公司	股份有限公司	私营企业	其他企业	港澳台商投资企业	外商投资企业
自主知识产权及相关情况										
专利申请数	100.0	85.6	1.0	0.1	29.0	15.7	39.7	0.0	7.2	7.2
发明专利	100.0	86.6	1.3	0.1	34.1	18.2	32.9	0.0	7.0	6.4
有效发明专利数	100.0	83.0	1.1	0.1	33.4	18.8	29.5	0.1	8.2	8.9
境外授权	100.0	84.2	0.0	0.0	52.9	22.1	9.1	—	8.7	7.1
形成国家或行业标准数	100.0	89.4	2.7	0.3	31.1	24.2	31.0	0.1	5.6	5.0
政府相关政策落实情况										
来自政府部门的研究开发经费	100.0	91.5	1.8	0.0	53.2	18.0	18.2	0.4	3.9	4.6
研究开发费用加计扣除减免税	100.0	78.2	0.5	0.1	30.5	18.9	28.3	0.0	8.9	12.9
高新技术企业减免税	100.0	72.6	0.4	0.0	25.6	21.2	25.1	0.3	12.8	14.7

注：占比数据为北京大成企业研究院计算。

二、有科研活动的大型、中型和小型工业企业

1. 企业占比：截至2018年年末，全国规模以上工业企业有R&D活动的企业共10.48万家，其中小微型企业占比75.4%；有研发机构的企业共7.26万家，其中小微型企业占比73.0%；有新产品销售的企业共9.41万家，其中小微型企业占比75.4%。全部以及大型、中型、小微型规模以上工业企业中，有研发活动的企业占比分别为28.0%、66.8%、47.2%、24.4%（见表8-3至表8-5，下同）。

2. 研发人员：截至2018年年末，全国规模以上工业企业R&D人员合计426.12万人，其中大型、中型、小微型企业占比分别为41.2%、26.1%、32.7%；R&D人员折合全时当量298.12万人/年，其中大型、中型、小微型企业占比分别为41.7%、26.0%、32.4%。全部以及大型、中型、小微型规模以上工业企业中，R&D人员占用工人数的比例分别为5.1%、6.3%、4.8%、4.3%。

3. 研发经费：2018年，全国规模以上工业企业R&D经费内部支出1.30万亿元，其中大型、中型、小微型企业占比分别为50.9%、22.8%、26.3%。全部以

及大型、中型、小微型规模以上工业企业中，R&D经费占营业收入的比重分别为1.2%、1.4%、1.2%、1.0%。

4．发明专利：截至2018年年末，全国规模以上工业企业有效发明专利数109.42万件，其中大型、中型、小微型企业占比分别为42.3%、21.0%、36.7%。

5．新产品开发：2018年，全国规模以上工业企业新产品开发项目55.83万项，其中大型、中型、小微型企业占比分别为20.1%、25.0%、54.9%。

6．国家支持：2018年，全国规模以上工业企业获得来自政府部门的研究开发经费447.24亿元，其中大型、中型、小微型企业占比分别为50.3%、24.1%、25.6%；研究开发费用加计扣除减免税881.46亿元，其中大型、中型、小微型企业占比分别为48.0%、25.7%、26.3%；高技术企业减免税1 225.02亿元，其中大型、中型、小微型企业占比分别为54.5%、28.0%、17.5%。

表8-3 大中小微型企业R&D及相关活动主要指标

主要指标	总计	大型	中型	小微型
基本情况				
有R&D活动的企业（个）	104 820	5 646	20 099	79 075
有研发机构的企业（个）	72 607	4 515	15 124	52 968
有新产品销售的企业（个）	94 112	5 054	18 112	70 946
R&D人员情况				
R&D人员合计（人）	4 261 170	1 757 080	1 110 880	1 393 210
R&D人员折合全时当量（人/年）	2 981 234	1 242 826	773 639	964 769
R&D经费情况				
R&D经费内部支出（万元）	129 548 264	65 935 256	29 491 692	34 121 316
按资金来源分				
政府资金（万元）	4 232 715	2 290 353	877 303	1 065 060
企业资金（万元）	123 893 527	62 839 365	28 308 869	32 745 293
国外资金（万元）	456 015	297 828	95 725	6 2461
R&D项目情况				
项目数（项）	472 299	94 988	118 227	259 084
参加项目人员（人）	3 952 534	1 639 493	1 029 593	1 283 448
项目人员折合全时当量（人/年）	2 773 281	1 162 709	719 110	891 462

续表

主要指标	总计	大型	中型	小微型
项目经费内部支出（万元）	123 335 468	62 421 956	28 219 711	32 693 801
企业办研发机构情况				
机构数（个）	83 115	7 884	18 516	56 715
机构人员数（人）	3 182 794	1 373 096	849 941	959 757
机构经费支出（万元）	103 212 643	58 328 520	22 076 921	22 807 203
新产品开发及生产情况				
新产品开发项目数（项）	558 305	96 795	136 501	325 009
新产品开发经费支出（万元）	149 872 196	75 071 671	33 673 328	41 127 197
新产品销售收入（万元）	1 970 940 694	1 164 840 565	426 325 589	379 774 540
新产品出口（万元）	361 608 191	255 928 519	67 515 546	38 164 126
自主知识产权及相关情况				
专利申请数（件）	957 298	345 999	195 150	416 149
发明专利（件）	371 569	172 375	69 479	129 715
有效发明专利数（件）	1 094 200	462 967	229 321	401 912
境外授权（件）	96 017	83 565	7 276	5 176
形成国家或行业标准数（项）	22 533	7 919	6 864	7 750
政府相关政策落实情况				
来自政府部门的研究开发经费（万元）	4 472 375	2 250 300	1 078 764	1 143 311
研究开发费用加计扣除减免税（万元）	8 814 578	4 230 794	2 267 609	2 316 176
高新技术企业减免税（万元）	12 250 169	6 677 330	3 432 369	2 140 470

注：数据源自《中国经济普查年鉴2018》，第二产业卷（下），第一篇 规模以上工业企业科技情况篇，表1–A–1 企业R&D及相关活动主要指标。

表8–4 大中小微型企业R&D活动主要指标占比

单位：%

主要指标	总计占比	大型占比	中型占比	小微型占比
基本情况				
有R&D活动的企业	100.0	5.4	19.2	75.4
有研发机构的企业	100.0	6.2	20.8	73.0
有新产品销售的企业	100.0	5.4	19.2	75.4

续表

主要指标	总计占比	大型占比	中型占比	小微型占比
R&D人员情况				
R&D人员合计	100.0	41.2	26.1	32.7
R&D人员折合全时当量	100.0	41.7	26.0	32.4
R&D经费情况				
R&D经费内部支出	100.0	50.9	22.8	26.3
按资金来源分				
政府资金	100.0	54.1	20.7	25.2
企业资金	100.0	50.7	22.8	26.4
国外资金	100.0	65.3	21.0	13.7
R&D项目情况				
项目数	100.0	20.1	25.0	54.9
参加项目人员	100.0	41.5	26.0	32.5
项目人员折合全时当量	100.0	41.9	25.9	32.1
项目经费内部支出	100.0	50.6	22.9	26.5
企业办研发机构情况				
机构数	100.0	9.5	22.3	68.2
机构人员数	100.0	43.1	26.7	30.2
机构经费支出	100.0	56.5	21.4	22.1
新产品开发及生产情况				
新产品开发项目数	100.0	17.3	24.4	58.2
新产品开发经费支出	100.0	50.1	22.5	27.4
新产品销售收入	100.0	59.1	21.6	19.3
新产品出口	100.0	70.8	18.7	10.6
自主知识产权及相关情况				
专利申请数	100.0	36.1	20.4	43.5
发明专利	100.0	46.4	18.7	34.9
有效发明专利数	100.0	42.3	21.0	36.7
境外授权	100.0	87.0	7.6	5.4
形成国家或行业标准数	100.0	35.1	30.5	34.4

续表

主要指标	总计占比	大型占比	中型占比	小微型占比
政府相关政策落实情况				
来自政府部门的研究开发经费	100.0	50.3	24.1	25.6
研究开发费用加计扣除减免税	100.0	48.0	25.7	26.3
高新技术企业减免税	100.0	54.5	28.0	17.5

注：占比为北京大成企业研究院计算。

表8-5　有研发活动的企业占全部企业比例

主要指标	总计	大型	中型	小微型
规模以上工业企业				
单位数（个）	374 964	8 448	42 625	323 891
平均用工人数（万人）	8 356.4	2 800.6	2 337.6	3 218.2
营业收入（亿元）	1 057 327.3	464 959.7	237 449.4	354 918.2
基本情况				
有R&D活动的企业（个）	104 820	5 646	20 099	79 075
占单位数比（%）	28.0	66.8	47.2	24.4
R&D人员情况				
R&D人员合计（人）	4 261 170	1 757 080	1 110 880	1 393 210
占用工人数比（%）	5.1	6.3	4.8	4.3
R&D经费情况				
R&D经费内部支出（万元）	129 548 264	65 935 256	29 491 692	34 121 316
占营业收入比（%）	1.2	1.4	1.2	1.0

注：数据源自《中国经济普查年鉴2018》，第二产业卷（上），第一篇 工业企业生产经营及财务状况篇，表1-A-5 分登记注册类型规模以上工业企业主要经济指标；第二产业卷（下），第一篇 规模以上工业企业科技情况篇，表1-A-1 企业R&D及相关活动主要指标；占比为北京大成企业研究院计算。

| 第九章 |

国有、民营、外资企业其他重要数据及简明比较

本章内容为国有、民营、外资企业固定资产投资、员工收入、税收、海外投资、对外贸易以及上市公司等6个方面重要数据的简要分析和比较。

一、固定资产投资重要数据及简明比较

固定资产投资总额方面，2018年全国固定资产投资总额635 636亿元。其中，民间投资394 051亿元，占比62%。

投资增量方面，2018年全国投资增量37 502.5亿元。其中民间投资增量34 282.4亿元，占全国增量的91.4%（见表9–1）。

表9–1　全国、国有控股、民间固定资产投资及增量年度数据

	投资总额（亿元）	增速（％）	占比（％）	投资增量（亿元）	占比（％）
全国投资	635 636	5.9	100.0	37 502.5	100.0
国有及国有控股	—	1.9	—	—	—
民间投资	394 051	8.7	62	34 282.4	91.4

注：资料源自国家统计局。

按登记注册类型看，2018年，私营企业固定资产投资增速为25.3%；国有企业投资增速–2.6%；外商投资增速6.1%；港澳台商投资增速–11.5%（见表9–2）。

从各行业大类来看，2018年，文化、体育和娱乐业（21.2%），农、林、牧、渔业（12.3%），制造业（9.5%），投资同比增速较高；电力、热力、燃气及水生产和供应业（–6.7%）投资同比增速为负。

表9-2　2018年按登记注册类型分固定资产投资增长率情况

项目	增长率（％）
全　国	5.9
其中：国有企业	-2.6
集体企业	-19.6
股份合作企业	-28.3
联营企业	-11.5
有限责任公司	-0.4
股份有限公司	0.0
私营企业	25.3
港澳台商投资	-11.5
外商投资	6.1
个体经营	-9.3

各行业大类的民间投资年度增长情况，文化、体育和娱乐业（39.3%），采矿业（13.3%）、教育业（12.5%）民间投资同比增速较高；公共管理、社会保障和社会组织（-21.6）、电力、热力、燃气及水生产和供应业（-8.3%）民间投资同比增速为负（见表9-3）。

表9-3　2018年按行业大类分固定资产投资同比增长情况

项目	全国（％）	民间（％）
总　计	5.9	8.7
农、林、牧、渔业	12.3	12.4
采矿业	4.1	13.3
制造业	9.5	10.3
电力、热力、燃气及水生产和供应业	-6.7	-8.3
建筑业	—	0.2
交通运输、仓储和邮政业	3.9	1.2
水利、环境和公共设施管理业	3.3	6.7
教育	7.2	12.5
卫生和社会工作	8.4	7.7
文化、体育和娱乐业	21.2	39.3
公共管理、社会保障和社会组织	—	-21.6

二、企业员工收入重要数据及简明比较

（一）全国城镇员工收入情况

各类型企业工资比较：2018年，全国城镇单位就业人员平均工资82 461元。其中，国有单位89 474元，私营单位49 575元，港澳台商投资单位82 027元，外商投资单位99 367元（见表9-4）。

表9-4　按登记注册类型分城镇企业就业人员平均工资

单位：元

单位类型	平均工资
城镇单位	82 461
国有单位	89 474
城镇集体单位	60 664
有限责任公司	72 114
股份有限公司	93 316
私营单位	49 575
港澳台商投资单位	82 027
外商投资单位	99 367

注：数据源自国家统计局。

私营企业与非私营企业各行业工资比较：2018年，全国非私营单位平均工资82 413元。其中平均工资最高的三个行业分别是信息传输、计算机服务和软件业，147 678元；金融业，129 837元；科学研究、技术服务和地质勘查业，123 343元。最低的三个行业分别是居民服务和其他服务业，55 343元；住宿和餐饮业，48 260元；农、林、牧、渔业，36 466元（见表9-5）。

私营单位平均工资49 575元，其中平均工资最高的三个行业分别是信息传输、计算机服务和软件业，金融业，科学研究、技术服务和地质勘查业，平均工资分别为76 326元、62 943元和61 876元。最低的三个行业分别是居民服务和其他服务业，41 058元；住宿和餐饮业，39 632元；农、林、牧、渔业，36 375元（见表9-5）。

表9-5　2018年分行业城镇非私营和私营单位平均工资情况

单位：元

行业	非私营	私营	私营/城镇
全　国	82 413	49 575	0.60
农、林、牧、渔业	36 466	36 375	0.99
采矿业	81 429	44 096	0.54
制造业	72 088	49 275	0.68
电力、燃气及水的生产和供应业	100 162	44 239	0.44
建筑业	60 501	50 879	0.84
交通运输、仓储和邮政业	88 508	50 547	0.57
信息传输、计算机服务和软件业	147 678	76 326	0.52
批发和零售业	80 551	45 177	0.56
住宿和餐饮业	48 260	39 632	0.82
金融业	129 837	62 943	0.48
房地产业	75 281	51 393	0.68
租赁和商务服务业	85 147	53 382	0.63
科学研究、技术服务和地质勘查业	123 343	61 876	0.50
水利环境和公共设施管理业	56 670	42 409	0.75
居民服务和其他服务业	55 343	41 058	0.74
教　育	92 383	46 228	0.50
卫生、社会保障和社会福利业	98 118	52 343	0.53
文化、体育和娱乐业	98 621	44 592	0.45
公共管理和社会组织	87 932	—	—

注：数据源自国家统计局。

表9-6为2018年规模以上企业分登记注册类型分岗位就业人员平均工资情况。

（二）建筑业企业职工薪酬情况

2018年年末，全国建筑业总承包和专业承包企业应付职工薪酬31 353.64亿元。国有企业应付职工薪酬3 015.86亿元，占比9.6%；外资企业应付职工薪酬81.2亿元，占比0.3%（见表9-7）。

表9-6　2018年规模以上企业分登记注册类型分岗位从业人员年平均工资

单位：元

登记注册类型	全部从业人员	中层及以上管理人员	专业技术人员	办事人员和有关人员	社会生产服务和生活服务人员	生产制造及有关人员
国　有	82 364	164 841	105 971	73 248	64 002	70 629
集　体	48 053	88 394	59 327	44 086	39 187	44 223
股份合作	54 978	97 863	67 360	48 774	43 324	48 796
联　营	59 677	132 293	81 348	52 424	50 055	44 104
有限责任公司	71 633	150 892	101 039	64 104	57 064	58 356
股份有限公司	81 413	185 016	110 540	74 425	63 716	64 406
私　营	54 554	100 978	71 392	50 097	43 652	47 743
其他内资	66 781	114 831	75 214	57 182	44 534	51 881
港澳台商投资	80 847	214 303	141 585	87 652	64 357	57 241
外商投资	97 083	292 481	149 516	108 175	78 520	65 541
全　国	68 380	145 125	96 703	63 755	54 945	55 148

注：数据源自国家统计局。

表9-7　按经济类型划分的建筑业总承包和专业承包企业职工薪酬情况

指　标	合计	内资企业	内资企业		港澳台商投资企业	外商投资企业
			国有	集体		
期末人数（万人）	5 305.23	5 280.04	438.51	123.23	17.62	7.58
期末人数占比（%）	100.0	99.5	8.3	2.3	0.3	0.1
应付职工薪酬（亿元）	31 353.64	31 150.59	3 015.86	568.81	121.86	81.2
应付薪酬占比（%）	100.0	99.4	9.6	1.8	0.4	0.3
人均薪酬（元）	—	—	—	—	—	—

注：数据源自《中国经济普查年鉴2018第二产业卷（下）》表2-B-1.1。

（三）文化及相关产业从业人员薪酬情况

1．文化制造业企业从业人员薪酬情况

（1）规模以上文化制造业企业从业人员薪酬

规模以上文化制造业企业应付职工薪酬3 315.7亿元，人均职工薪酬7.5万

元。按注册类型分，规模以上文化制造业企业中内资企业应付职工薪酬2 195.6亿元，占比为66.2%，人均职工薪酬7.2万元。其中私营企业应付职工薪酬1 263.8亿元，占比38.1%，人均职工薪酬6.5万元；港澳台商投资企业应付职工薪酬612.6亿元，占比18.5%，人均职工薪酬7.3万元；外商投资企业应付职工薪酬507.4亿元，占比15.3%，人均职工薪酬9.6万元（见表9-8）。

按控股情况分，规模以上文化制造业企业应付职工薪酬中，国有控股企业应付职工薪酬328.9亿元，占比9.9%，人均职工薪酬13.5万元；私人控股企业1 765.3亿元，占比53.2%，人均职工薪酬6.7万元；港澳台商控股企业590.3亿元，占比17.8%，人均职工薪酬7.2万元；外商控股企业467.0亿元，占比14.1%，人均职工薪酬9.6万元（见表9-8）。

表9-8　按注册类型和控股情况分规模以上文化制造业企业薪酬及占比

分　组	应付职工薪酬(万元)	应付薪酬占比(%)	人均职工薪酬(万元)
总　计	33 157 388	100.0	7.5
按注册类型分组			
内资企业	21 956 420	66.2	7.2
国有企业	136 739	0.4	10.7
私营企业	12 638 140	38.1	6.5
港澳台商投资企业	6 126 472	18.5	7.3
外商投资企业	5 074 496	15.3	9.6
按控股情况分组			
国有控股	3 288 507	9.9	13.5
集体控股	453 946	1.4	6.8
私人控股	17 653 437	53.2	6.7
港澳台商控股	5 903 114	17.8	7.2
外商控股	4 669 698	14.1	9.6
其　他	1 188 687	3.6	7.4

注：数据来源于《中国经济普查年鉴2018综合卷》表3-B-02"按注册类型和控股情况分规模以上文化制造业企业主要财务指标"，占比数据为北京大成企业研究院计算得出。

（2）规模以下文化制造业企业从业人员薪酬

规模以下文化制造业企业应付职工薪酬1 001.3亿元，人均职工薪酬4.5万元。按注册类型分，规模以下文化制造业企业中内资企业应付职工薪酬954.0亿元，占比为95.3%，人均职工薪酬4.5万元。其中私营企业应付职工薪酬835.0亿元，占比83.4%，人均职工薪酬4.5万元；港澳台商投资企业29.8亿元，占比3.0%，人均职工薪酬5.0万元；外商投资企业17.6亿元，占比1.8%，人均职工薪酬6.1万元（见表9–9）。

按控股情况分，规模以下文化制造业企业应付职工薪酬中，国有控股企业应付职工薪酬13.1亿元，占比1.3%，人均职工薪酬5.8万元；私人控股企业905.8亿元，占比90.5%，人均职工薪酬4.5万元；港澳台商控股企业26.8亿元，占比2.7%，人均职工薪酬5.0万元；外商控股企业14.4亿元，占比1.4%，人均职工薪酬6.2万元（见表9–9）。

表9–9　按注册类型和控股情况分规模以下文化制造业企业薪酬及占比

分　　组	应付职工薪酬(万元)	应付薪酬占比(%)	人均职工薪酬(万元)
总　　计	10 013 203	100.0	4.5
按注册类型分组			
内资企业	9 539 481	95.3	4.5
国有企业	78 427	0.8	5.2
私营企业	8 350 436	83.4	4.5
港澳台商投资企业	297 904	3.0	5.0
外商投资企业	175 818	1.8	6.1
按控股情况分组			
国有控股	131 033	1.3	5.8
集体控股	140 874	1.4	4.4
私人控股	9 057 586	90.5	4.5
港澳台商控股	267 572	2.7	5.0
外商控股	144 490	1.4	6.2
其　　他	271 647	2.7	4.3

注：数据来源于《中国经济普查年鉴2018综合卷》表3–B–04"按注册类型和控股情况分规模以下文化制造业企业主要财务指标"，占比数据为北京大成企业研究院计算得出。

2. 文化批零业企业从业人员薪酬情况

（1）限额以上文化批零业企业从业人员薪酬

限额以上文化批零业企业应付职工薪酬585.8亿元，人均职工薪酬9.9万元。按注册类型分，限额以上文化批零业企业中内资企业应付职工薪酬462.4亿元，人均职工薪酬8.9万元。其中私营企业应付职工薪酬166.0亿元，人均职工薪酬7.4万元；港澳台商投资企业50.3亿元，人均职工薪酬14.9万元；外商投资企业73.1亿元，人均职工薪酬18.5万元（见表9–10）。

按控股情况分，限额以上文化批零业企业应付职工薪酬中，国有控股企业应付职工薪酬174.3亿元，人均职工薪酬12.6万元；私人控股企业234.2亿元，人均职工薪酬7.5万元；港澳台商控股企业50.4亿元，人均职工薪酬14.9万元；外商控股企业67.9亿元，人均职工薪酬19.6万元（见表9–10）。

表9–10　按注册类型和控股情况分限额以上文化批零业企业应付及人均薪酬

单位：万元

分　组	应付职工薪酬	人均职工薪酬
总　计	5 858 305	9.9
按注册类型分组		
内资企业	4 624 037	8.9
国有企业	179 772	13.3
私营企业	1 659 803	7.4
港澳台商投资企业	502 962	14.9
外商投资企业	731 306	18.5
按控股情况分组		
国有控股	1 743 066	12.6
集体控股	111 318	9.2
私人控股	2 341 791	7.5
港澳台商控股	503 977	14.9
外商控股	679 313	19.6
其　他	478 839	8.2

注：数据来源于《中国经济普查年鉴2018综合卷》表3–C–02"按注册类型和控股情况分限额以上文化批零业企业主要财务指标"，人均数据为北京大成企业研究院计算得出。

（2）限额以下文化批零业企业从业人员薪酬

限额以下文化批零业企业应付职工薪酬577.2亿元，人均职工薪酬4.8万元。按注册类型分，限额以下文化批零业企业中内资企业应付职工薪酬564.2亿元，人均职工薪酬4.7万元。其中私营企业应付职工薪酬471.1亿元，占比81.6%，人均职工薪酬4.6万元；港澳台商投资企业6.2亿元，人均职工薪酬8.8万元；外商投资企业6.8亿元，人均职工薪酬10.5万元（见表9-11）。

按控股情况分，限额以下文化批零业企业应付职工薪酬中，国有控股企业应付职工薪酬12.9亿元，人均职工薪酬8.3万元；私人控股企业528.0亿元，人均职工薪酬4.6万元；港澳台商控股企业6.0亿元，人均职工薪酬8.7万元；外商控股企业6.1亿元，人均职工薪酬11万元（见表9-11）。

表9-11　按注册类型和控股情况分限额以下文化批零业企业应付及人均薪酬

分　组	应付职工薪酬（万元）	薪酬占比（%）	人均职工薪酬（万元）
总　计	5 772 021	100.0	4.8
按注册类型分组			
内资企业	5 642 097	97.7	4.7
国有企业	40 010	0.7	7.1
私营企业	4 711 263	81.6	4.6
港澳台商投资企业	61 932	1.1	8.8
外商投资企业	67 991	1.2	10.5
按控股情况分组			
国有控股	129 216	2.2	8.3
集体控股	41 920	0.7	4.5
私人控股	5 280 330	91.5	4.6
港澳台商控股	60 256	1.0	8.7
外商控股	60 781	1.1	11
其　他	199 518	3.5	5.3

注：数据来源于《中国经济普查年鉴2018综合卷》表3-C-04"按注册类型和控股情况分限额以下文化批零业企业主要财务指标"，占比、人均数据为北京大成企业研究院计算得出。

3. 文化服务业企业从业人员薪酬情况

（1）规模以上文化服务业企业从业人员薪酬

规模以上文化服务业企业应付职工薪酬5 445.0亿元，人均职工薪酬15.5万元。按注册类型分，规模以上文化服务业企业中内资企业应付职工薪酬4 173.9亿元，人均职工薪酬13.4万元。其中私营企业应付职工薪酬1 077.1亿元，占比19.8%，人均职工薪酬10.0万元；港澳台商投资企业870.6亿元，人均职工薪酬34.2万元；外商投资企业400.6亿元，人均职工薪酬25.9万元（见表9-12）。

按控股情况分，规模以上文化服务业企业应付职工薪酬中，国有控股企业应付职工薪酬1 680.0亿元，人均职工薪酬16.2万元；私人控股企业1 912.1亿元，人均职工薪酬11.4万元；港澳台商控股企业862.4亿元，人均职工薪酬33万元；外商控股企业346.1亿元，人均职工薪酬28.2万元（见表9-12）。

表9-12　按注册类型和控股情况分规模以上文化服务业企业应付薪酬、占比及人均

分　组	应付职工薪酬（万元）	薪酬占比（%）	人均职工薪酬（万元）
总　计	54 450 473	100.0	15.5
按注册类型分组			
内资企业	41 738 526	76.7	13.4
国有企业	3 760 203	6.9	17.3
私营企业	10 771 281	19.8	10
港澳台商投资企业	8 705 697	16.0	34.2
外商投资企业	4 006 250	7.4	25.9
按控股情况分组			
国有控股	16 799 031	30.9	16.2
集体控股	648 282	1.2	10.4
私人控股	19 121 359	35.1	11.4
港澳台商控股	8 623 970	15.8	33
外商控股	3 460 572	6.4	28.2
其　他	5 797 259	10.6	15.9

注：数据来源于《中国经济普查年鉴2018综合卷》表3-D-02"按注册类型和控股情况分规模以上文化服务业企业主要财务指标"，占比、人均数据为北京大成企业研究院计算得出。

（2）规模以下文化服务业企业从业人员薪酬

规模以下文化服务业企业应付职工薪酬3 812.1亿元，人均职工薪酬5.3万元。按注册类型分，规模以下文化服务业企业中内资企业应付职工薪酬3 740.3亿元，人均职工薪酬5.3万元。其中私营企业应付职工薪酬2 910.3亿元，占比76.3%，人均职工薪酬5.0万元；港澳台商投资企业42.8亿元，人均职工薪酬12.5万元；外商投资企业29.0亿元，人均职工薪酬12.2万元（见表9-13）。

按控股情况分，规模以下文化服务业企业应付职工薪酬中，国有控股企业应付职工薪酬173.7亿元，人均职工薪酬8.4万元；私人控股企业3 305.0亿元，人均职工薪酬5.1万元；港澳台商控股企业42.0亿元，人均职工薪酬12.3万元；外商控股企业23.6亿元，人均职工薪酬12.9万元（见表9-13）。

表9-13　各类型规模以下文化服务业企业薪酬情况

分　组	应付职工薪酬（万元）	薪酬占比（%）	人均职工薪酬（万元）
总　计	38 121 090	100.0	5.3
按注册类型分组			
内资企业	37 402 832	98.1	5.3
国有企业	834 890	2.2	9.1
私营企业	29 102 608	76.3	5
港澳台商投资企业	428 408	1.1	12.5
外商投资企业	289 850	0.8	12.2
按控股情况分组			
国有控股	1 736 947	4.6	8.4
集体控股	237 239	0.6	5.8
私人控股	33 049 523	86.7	5.1
港澳台商控股	419 954	1.1	12.3
外商控股	235 511	0.6	12.9
其　他	2 441 916	6.4	5.9

注：数据来源于《中国经济普查年鉴2018综合卷》表3-D-04"按注册类型和控股情况分规模以下文化服务业企业主要财务指标"，占比、人均数据为北京大成企业研究院计算得出。

三、国有、民营、外资企业税收重要数据及简明比较

2018年全国税收收入169 956.6亿元。全部民营企业上缴税收96 466亿元，占56.8%；国有及国有控股企业上缴税收43 163亿元，占比25.4%；涉外企业上缴税收3 0328亿元，占比17.8%（见表9-14、表9-15）。

在增量方面，2018年全国税收增加14 222亿元，民营企业贡献101%，国有及国有控股企业贡献-9%，涉外企业贡献8%（见表9-15）。

表9-14 2018年中国工商税收分所有制类型情况表

单位：亿元

企业类型	税收总额
全　国	169 956.6
国有企业	14 032
集体企业	666.5
股份合作	654
股份公司	82 567.7
私营企业	26 200
其他企业	6 357
港澳台企业	30 328
外商投资企业	
个体经营	9 287

表9-15 2018年按登记注册类型分税收收入及增量

	金额（亿元）	占比（%）	增量（亿元）	占比（%）
全　国	169 957	—	14 222	—
国有及国有控股	43 163	25.4	-1 309	-9
涉外企业	30 328	17.8	1 128	8
民营企业	96 466	56.8	14 404	101

注：资料源自2018年《税收月度快报》。

四、国有、民营、外资企业海外投资重要数据及简明比较

2018年中国对外非金融类直接投资存量17 643.7亿美元，增长9.84%。其中，私营企业对外投资存量1 252.7亿美元，增长13%；国有企业对外投资存量8 469亿美元，增长7.38%（见表9-16）。

在增量方面，2018年中国对外非金融类直接投资增加1 571.2亿美元。其中，私营企业贡献了9.2%，国有企业贡献37.1%。

在投资者数量方面，2018年中国对外直接投资者共有27 091个，增长6.12%。其中，私营企业对外投资者有3 013个，增长了8%；国有企业对外投资者1 335个，减少了6.1%（见表9-16）。

表9-16　2018年中国对外直接投资者数量、投资存量及占比

	所有企业	国有企业	有限责任公司	股份有限公司	私营企业	股份合作公司	外商投资企业	港澳台投资企业	集体企业	其他
投资者数量（个）	27 091	1 335	6 583	11 787	3 013	429	1 347	999	96	654
占比（%）	100.0	4.9	24.3	43.5	11.1	1.6	5.0	3.7	0.4	2.4
直接投资存量（亿美元）	17 643.7	8 469	3 122.9	1 552.6	1 252.7	88.2	547	952.8	52.9	564.5
占比（%）	100.0	48.0	17.7	8.8	7.1	0.5	3.1	5.4	0.3	3.2

注：总量数据来自海关总署，占比为北京大成企业研究院根据总量数据计算得出。

五、国有、民营、外资企业对外贸易重要数据及简明比较

2018年，全国进出口总额46 230亿美元。其中，民营企业进出口额18 504亿美元，占比40.2%；外资企业进出口额19 681亿美元，占比42.6%；国有企业进出口额8 046亿美元，占比17.4%（见表9-17）。

出口总额24 874亿美元。其中，民营企业出口额11 941亿美元，占比48%；外资企业出口额10 360亿美元，占41.7%；国有企业出口额2 573亿美元，占比10.3%（见表9-17）。

进口总额21 356亿美元。其中，民营企业进口额6 561亿美元，占比30.8%；外资企业进口额9 321亿美元，占43.6%；国有企业进口额5 474亿美

元，占比25.6%（见表9-17）。

表9-17　2018年各类企业进出口情况

	全国企业	国有企业		外资企业		民营企业	
	金额 （亿美元）	金额 （亿美元）	比重 （%）	金额 （亿美元）	比重 （%）	金额 （亿美元）	比重 （%）
进出口总额	46 230	8 046	17.4	19 681	42.6	18 504	40.2
出口总额	24 874	2 573	10.3	10 360	41.7	11 941	48.0
进口总额	21 356	5 474	25.6	9 321	43.6	6 561	30.8

注：资料源自中国海关总署、海关信息网。比重数据为北京大成企业研究院计算。

六、国有、民营、外资企业上市公司重要数据及简明比较

2018年，上市公司中，国有企业营收均值260.49亿元，增速12.23%，民营企业营收均值41.45亿元，增速15.01%；外资企业营收均值36.71亿元，增速11.36%（见表9-18）。

表9-18　2018年上市公司分属性营业收入均值和营收增速情况

公众企业	营收均值（亿元）	307.51
	增速（%）	10.12
国有企业	营收均值（亿元）	260.49
	增速（%）	12.23
民营企业	营收均值（亿元）	41.45
	增速（%）	15.01
外资企业	营收均值（亿元）	36.71
	增速（%）	11.36

注：资料源自Wind。

2018年，上市公司中，国有企业平均净利润184 805.68万元，增速8.01%；民营企业平均净利润20 710.23万元，增速-25.19%；外资企业平均净利润32 552.31万元，增速-15.66%（见表9-19）。

表9-19 2018年上市公司分属性平均净利润及净利润同比增速情况

公众企业	净利润均值（万元）	586 679.47
	增速（%）	2.60
国有企业	净利润均值（万元）	184 805.68
	增速（%）	8.01
民营企业	净利润均值（万元）	20 710.23
	增速（%）	−25.19
外资企业	净利润均值（万元）	32 552.31
	增速（%）	−15.66

注：资料源自Wind。

2018年，上市公司中，国有企业平均总资产73.52亿元，增速14.16%，民营企业平均总资产1 033.89亿元，增速7.76%；外资企业平均总资产67.27亿元，增速8.21%（见表9-20）。

表9-20 2018年上市公司分属性平均总资产及资产同比增速情况

公众企业	总资产（亿元）	5 683.40
	增速（%）	6.92
国有企业	总资产（亿元）	73.52
	增速（%）	14.16
民营企业	总资产（亿元）	1 033.89
	增速（%）	7.76
外资企业	总资产（亿元）	67.27
	增速（%）	8.21

注：资料源自Wind。

平均资产负债率方面，国有企业为50.46%，民营企业为39.77%；外资企业为38.60%（见表9-21）。

平均收入利润率方面，国有企业为7.14%，民营企业为−6.72%；外资企业为9.96%（见表9-21）。

总资产净利率方面，国有企业为3.05%，民营企业为3.41%；外资企业为5.52%（见表9-21）。

表9-21 2018年上市公司分属性资产负债率、收入利润率和总资产净利率情况

单位：%

	平均资产负债率	平均收入利润率	总资产净利率
公众企业	64.89	-14.34	-1.48
国有企业	50.46	7.14	3.05
民营企业	39.77	-6.72	3.41
外资企业	38.60	9.96	5.52

注：资料源自Wind。

| 第十章 |

大型、中型、小型企业重要数据及简明比较

本章简要比较分析第四次全国经济普查中按单位规模分组（大型、中型、小型、微型）的企业相关数据。首先是大中小型企业的整体数据，包括按地区和按行业划分的大中小微型企业法人单位数、从业人员数及占比和户均情况；其次是工业领域大中小企业的数据，包括按地区和按行业划分的大中小微型工业企业法人单位数、资产、负债、营业收入、从业人员，及资产负债率、营收利润率、资产营收率、资产利润率等效率效益指标和户均资产、户均营收、户均人数、人均资产、人均营收等户均、人均指标；再次是规模以上大中小型工业企业数据；最后是大中小型建筑企业和房地产开发企业的主要指标，包括企业数量、资产、营业收入、利润总额及占比等。

一、大中小型企业数据

1. 企业法人单位占比。第四次全国经济普查数据显示，截至2018年年末，全国共有企业法人单位1 823.49万家。其中大型、中型、小型、微型企业法人单位占比分别为0.2%、1.3%、13.2%、85.3%，小微型企业法人单位合计占比高达98.5%。2018年年末，我国共有小微企业法人单位1 796.11万家，比2013年年末的784.98万家增加1 011.13万家，增长129%（见表10-1、表10-2、表10-15）。

2. 企业从业人员占比。全部企业法人单位从业人员为2.95亿人，户均从业人员16人。其中大型、中型、小型、微型企业法人单位从业人员占比分别为20.6%、23.0%、33.7%、22.6%，户均从业人员分别为1 885.4人、280.6人、41.4

人、4.3人。2018年年末，小微企业吸纳就业人员16 608.68万人，比2013年年末的14 729.72万人，增加1 878.96万人，增长12.8%（见表10-4至表10-7）。

3．各地区各类企业占比。从地区来看，河北、辽宁、山西、内蒙古的微型企业数量占比居前，均超过90%；湖南、福建、上海的小型企业数量占比居前；河北、山东、广东的小微企业数量占比居前；上海、四川、湖南、宁夏的中型企业数量占比居前。西藏、河北、贵州的微型企业从业人员占比居前；湖南、江西、河南的小型企业从业人员占比居前；西藏、河北、云南的小微企业从业人员占比居前；福建、浙江、四川的中型企业从业人员占比居前；北京、上海、黑龙江的大型企业从业人员占比居前（见表10-2、表10-5）。

4．各规模企业地区占比。广东、江苏、山东微型企业数量和从业人员占全国比例居前；广东、江苏、河南小型企业数量占全国比例居前；广东、江苏、浙江小型企业从业人员占全国比例居前；广东、江苏、浙江中型企业数量和从业人员占全国比例居前；广东、江苏、北京大型企业数量占全国比例居前；广东、江苏、浙江大型企业从业人员占全国比例居前（见表10-3、表10-6）。

5．各行业各类企业占比。从行业来看，金融业、批发和零售业、租赁和商务服务业的微型企业数量占比在17个行业门类居前，均超过90%；租赁和商务服务业、文化、体育和娱乐业、居民服务、修理和其他服务业的小微企业数量占比居前。金融业、租赁和商务服务业、文化、体育和娱乐业的小微企业从业人员占比居前，均超过80%（见表10-9、表10-12）。

6．各规模企业行业占比。微型企业中，批发和零售业、制造业、租赁和商务服务业企业法人单位数和从业人员占比前三。小型企业中，制造业、批发和零售业、租赁和商务服务业企业法人单位数占比前三；制造业、建筑业、租赁和商务服务业企业从业人员占比前三。中型企业中，批发和零售业、房地产业、制造业企业法人单位数占比前三；建筑业、制造业、批发和零售业从业人员占比前三。大型企业中，制造业、批发和零售业、金融业企业法人单位数占比前三；制造业、建筑业、批发和零售业企业从业人员占比前三（见表10-8、表10-10、表10-13、表10-14）。

表10-15至表10-20为全国小微企业情况。

表10-1 按地区、单位规模分组的企业法人单位数

单位：个

地 区	全部	大型	中型	小型	微型
全 国	18 234 939	32 255	241 620	2 399 010	15 562 054
北 京	922 540	2 474	11 003	88 667	820 396
天 津	268 292	652	3 498	27 652	236 490
河 北	1 000 235	987	7 403	77 197	914 648
山 西	358 829	727	4 180	30 844	323 078
内蒙古	227 823	410	2 976	19 297	205 140
辽 宁	506 960	806	5 808	43 365	456 981
吉 林	133 846	371	2 539	16 099	114 837
黑龙江	191 335	420	2 489	17 467	170 959
上 海	398 099	2 380	12 439	77 122	306 158
江 苏	1 831 909	2 868	24 038	275 133	1 529 870
浙 江	1 354 096	2 013	18 370	186 790	1 146 923
安 徽	686 878	906	8 239	90 202	587 531
福 建	595 565	1 212	10 331	125 390	458 632
江 西	349 277	646	5 910	65 911	276 810
山 东	1 526 521	2 026	16 637	187 806	1 320 052
河 南	1 022 060	1 277	12 181	188 963	819 639
湖 北	676 594	1 133	10 083	115 528	549 850
湖 南	453 335	818	9 011	96 442	347 064
广 东	2 777 929	4 318	28 867	285 431	2 459 313
广 西	377 754	524	4 548	34 237	338 445
海 南	83 420	246	1 506	8 172	73 496
重 庆	445 811	876	6 232	74 385	364 318
四 川	557 249	1 264	11 805	96 516	447 664
贵 州	274 478	391	3 563	30 435	240 089
云 南	356 006	577	4 684	41 922	308 823
西 藏	27 755	97	471	3 730	23 457
陕 西	415 370	821	5 615	48 909	360 025
甘 肃	142 403	320	2 253	15 439	124 391
青 海	50 943	120	678	5 536	44 609
宁 夏	49 116	124	1 003	6 854	41 135
新 疆	172 511	451	3 260	17 569	151 231

注：数据源自《中国经济普查年鉴2018》，综合卷，第二篇 企业篇，表2-20 按地区、单位规模分组的企业法人单位数，不含无单位规模标识的单位数据。

表10-2 各地区按单位规模分组的企业法人单位数占比

单位：%

地 区	全部	大型	中型	小型	微型
全 国	100.0	0.2	1.3	13.2	85.3
北 京	100.0	0.3	1.2	9.6	88.9
天 津	100.0	0.2	1.3	10.3	88.1
河 北	100.0	0.1	0.7	7.7	91.4
山 西	100.0	0.2	1.2	8.6	90.0
内蒙古	100.0	0.2	1.3	8.5	90.0
辽 宁	100.0	0.2	1.1	8.6	90.1
吉 林	100.0	0.3	1.9	12.0	85.8
黑龙江	100.0	0.2	1.3	9.1	89.4
上 海	100.0	0.6	3.1	19.4	76.9
江 苏	100.0	0.2	1.3	15.0	83.5
浙 江	100.0	0.1	1.4	13.8	84.7
安 徽	100.0	0.1	1.2	13.1	85.5
福 建	100.0	0.2	1.7	21.1	77.0
江 西	100.0	0.2	1.7	18.9	79.3
山 东	100.0	0.1	1.1	12.3	86.5
河 南	100.0	0.1	1.2	18.5	80.2
湖 北	100.0	0.2	1.5	17.1	81.3
湖 南	100.0	0.2	2.0	21.3	76.6
广 东	100.0	0.2	1.0	10.3	88.5
广 西	100.0	0.1	1.2	9.1	89.6
海 南	100.0	0.3	1.8	9.8	88.1
重 庆	100.0	0.2	1.4	16.7	81.7
四 川	100.0	0.2	2.1	17.3	80.3
贵 州	100.0	0.1	1.3	11.1	87.5
云 南	100.0	0.2	1.3	11.8	86.7
西 藏	100.0	0.3	1.7	13.4	84.5
陕 西	100.0	0.2	1.4	11.8	86.7
甘 肃	100.0	0.2	1.6	10.8	87.4
青 海	100.0	0.2	1.3	10.9	87.6
宁 夏	100.0	0.3	2.0	14.0	83.8
新 疆	100.0	0.3	1.9	10.2	87.7

注：占比数据为北京大成企业研究院计算。

表10-3　各地区按单位规模分组的企业法人单位数占全国比重

单位：%

地　区	全部	大型	中型	小型	微型
全　国	100.0	100.0	100.0	100.0	100.0
北　京	5.1	7.7	4.6	3.7	5.3
天　津	1.5	2.0	1.4	1.2	1.5
河　北	5.5	3.1	3.1	3.2	5.9
山　西	2.0	2.3	1.7	1.3	2.1
内蒙古	1.2	1.3	1.2	0.8	1.3
辽　宁	2.8	2.5	2.4	1.8	2.9
吉　林	0.7	1.2	1.1	0.7	0.7
黑龙江	1.0	1.3	1.0	0.7	1.1
上　海	2.2	7.4	5.1	3.2	2.0
江　苏	10.0	8.9	9.9	11.5	9.8
浙　江	7.4	6.2	7.6	7.8	7.4
安　徽	3.8	2.8	3.4	3.8	3.8
福　建	3.3	3.8	4.3	5.2	2.9
江　西	1.9	2.0	2.4	2.7	1.8
山　东	8.4	6.3	6.9	7.8	8.5
河　南	5.6	4.0	5.0	7.9	5.3
湖　北	3.7	3.5	4.2	4.8	3.5
湖　南	2.5	2.5	3.7	4.0	2.2
广　东	15.2	13.4	11.9	11.9	15.8
广　西	2.1	1.6	1.9	1.4	2.2
海　南	0.5	0.8	0.6	0.3	0.5
重　庆	2.4	2.7	2.6	3.1	2.3
四　川	3.1	3.9	4.9	4.0	2.9
贵　州	1.5	1.2	1.5	1.3	1.5
云　南	2.0	1.8	1.9	1.7	2.0
西　藏	0.2	0.3	0.2	0.2	0.2
陕　西	2.3	2.5	2.3	2.0	2.3
甘　肃	0.8	1.0	0.9	0.6	0.8
青　海	0.3	0.4	0.3	0.2	0.3
宁　夏	0.3	0.4	0.4	0.3	0.3
新　疆	0.9	1.4	1.3	0.7	1.0

注：占比数据为北京大成企业研究院计算。

表10-4　按地区、单位规模分组的企业法人单位从业人员数

单位：人

地　区	全部	大型	中型	小型	微型
全　国	294 689 977	60 814 250	67 788 879	99 408 217	66 678 631
北　京	10 555 381	3 221 580	2 189 783	2 940 918	2 203 100
天　津	4 022 920	910 509	868 220	1 376 107	868 084
河　北	10 461 362	1 934 206	1 766 254	3 199 675	3 561 227
山　西	5 193 852	1 490 179	1 175 107	1 299 957	1 228 609
内蒙古	2 744 562	595 189	637 614	808 839	702 920
辽　宁	6 197 435	1 374 952	1 294 091	1 950 684	1 577 708
吉　林	2 527 745	718 942	506 207	777 069	525 527
黑龙江	2 640 125	780 611	558 481	679 546	621 487
上　海	9 885 904	2 997 557	2 441 450	3 123 517	1 323 380
江　苏	34 299 496	7 690 123	7 805 641	11 855 682	6 948 050
浙　江	25 684 678	4 788 472	7 400 750	8 857 846	4 637 610
安　徽	10 697 422	1 819 479	2 301 812	3 881 093	2 695 038
福　建	14 856 807	2 627 820	4 409 749	5 171 488	2 647 750
江　西	7 503 488	1 370 605	1 684 423	2 898 497	1 549 963
山　东	21 487 661	4 350 979	3 987 312	7 486 779	5 662 591
河　南	17 876 550	2 989 748	3 782 690	6 641 394	4 462 718
湖　北	11 829 423	2 267 436	2 607 266	4 199 151	2 755 570
湖　南	9 636 874	1 243 378	2 522 337	3 879 355	1 991 804
广　东	37 749 616	8 444 625	7 997 871	12 183 765	9 123 355
广　西	5 052 994	977 578	1 269 992	1 536 842	1 268 582
海　南	1 012 794	226 014	223 646	283 148	279 986
重　庆	8 076 088	1 394 247	2 099 326	2 678 301	1 904 214
四　川	12 891 300	2 196 858	3 668 735	4 642 818	2 382 889
贵　州	3 800 677	769 304	711 788	1 198 900	1 120 685
云　南	4 793 382	688 576	1 077 824	1 743 363	1 283 619
西　藏	439 502	42 961	83 121	146 309	167 111
陕　西	6 351 910	1 434 772	1 275 563	2 017 452	1 624 123
甘　肃	2 246 407	528 601	516 817	635 836	565 153
青　海	702 516	138 346	136 324	228 719	199 127
宁　夏	881 633	192 777	198 273	283 262	207 321
新　疆	2 589 473	607 826	590 412	801 905	589 330

注：数据源自《中国经济普查年鉴2018》，综合卷，第二篇 企业篇，表2-21 按地区、单位规模分组的企业法人单位从业人员数，不含无单位规模标识的单位数据。

表10-5 各地区按单位规模分组的企业法人单位从业人员数占比

单位：%

地 区	全部	大型	中型	小型	微型
全 国	100.0	20.6	23.0	33.7	22.6
北 京	100.0	30.5	20.7	27.9	20.9
天 津	100.0	22.6	21.6	34.2	21.6
河 北	100.0	18.5	16.9	30.6	34.0
山 西	100.0	28.7	22.6	25.0	23.7
内蒙古	100.0	21.7	23.2	29.5	25.6
辽 宁	100.0	22.2	20.9	31.5	25.5
吉 林	100.0	28.4	20.0	30.7	20.8
黑龙江	100.0	29.6	21.2	25.7	23.5
上 海	100.0	30.3	24.7	31.6	13.4
江 苏	100.0	22.4	22.8	34.6	20.3
浙 江	100.0	18.6	28.8	34.5	18.1
安 徽	100.0	17.0	21.5	36.3	25.2
福 建	100.0	17.7	29.7	34.8	17.8
江 西	100.0	18.3	22.4	38.6	20.7
山 东	100.0	20.2	18.6	34.8	26.4
河 南	100.0	16.7	21.2	37.2	25.0
湖 北	100.0	19.2	22.0	35.5	23.3
湖 南	100.0	12.9	26.2	40.3	20.7
广 东	100.0	22.4	21.2	32.3	24.2
广 西	100.0	19.3	25.1	30.4	25.1
海 南	100.0	22.3	22.1	28.0	27.6
重 庆	100.0	17.3	26.0	33.2	23.6
四 川	100.0	17.0	28.5	36.0	18.5
贵 州	100.0	20.2	18.7	31.5	29.5
云 南	100.0	14.4	22.5	36.4	26.8
西 藏	100.0	9.8	18.9	33.3	38.0
陕 西	100.0	22.6	20.1	31.8	25.6
甘 肃	100.0	23.5	23.0	28.3	25.2
青 海	100.0	19.7	19.4	32.6	28.3
宁 夏	100.0	21.9	22.5	32.1	23.5
新 疆	100.0	23.5	22.8	31.0	22.8

注：占比数据为北京大成企业研究院计算。

表10-6　各地区按单位规模分组的企业法人单位从业人员数占全国比重

单位：%

地　区	全部	大型	中型	小型	微型
全　国	100.0	100.0	100.0	100.0	100.0
北　京	3.6	5.3	3.2	3.0	3.3
天　津	1.4	1.5	1.3	1.4	1.3
河　北	3.5	3.2	2.6	3.2	5.3
山　西	1.8	2.5	1.7	1.3	1.8
内蒙古	0.9	1.0	0.9	0.8	1.1
辽　宁	2.1	2.3	1.9	2.0	2.4
吉　林	0.9	1.2	0.7	0.8	0.8
黑龙江	0.9	1.3	0.8	0.7	0.9
上　海	3.4	4.9	3.6	3.1	2.0
江　苏	11.6	12.6	11.5	11.9	10.4
浙　江	8.7	7.9	10.9	8.9	7.0
安　徽	3.6	3.0	3.4	3.9	4.0
福　建	5.0	4.3	6.5	5.2	4.0
江　西	2.5	2.3	2.5	2.9	2.3
山　东	7.3	7.2	5.9	7.5	8.5
河　南	6.1	4.9	5.6	6.7	6.7
湖　北	4.0	3.7	3.8	4.2	4.1
湖　南	3.3	2.0	3.7	3.9	3.0
广　东	12.8	13.9	11.8	12.3	13.7
广　西	1.7	1.6	1.9	1.5	1.9
海　南	0.3	0.4	0.3	0.3	0.4
重　庆	2.7	2.3	3.1	2.7	2.9
四　川	4.4	3.6	5.4	4.7	3.6
贵　州	1.3	1.3	1.1	1.2	1.7
云　南	1.6	1.1	1.6	1.8	1.9
西　藏	0.1	0.1	0.1	0.1	0.3
陕　西	2.2	2.4	1.9	2.0	2.4
甘　肃	0.8	0.9	0.8	0.6	0.8
青　海	0.2	0.2	0.2	0.2	0.3
宁　夏	0.3	0.3	0.3	0.3	0.3
新　疆	0.9	1.0	0.9	0.8	0.9

注：占比数据为北京大成企业研究院计算。

表10-7 按地区、单位规模分组的企业法人单位户均从业人员数

单位：人

地 区	全部	大型	中型	小型	微型
全 国	16.2	1 885.4	280.6	41.4	4.3
北 京	11.4	1 302.2	199.0	33.2	2.7
天 津	15.0	1 396.5	248.2	49.8	3.7
河 北	10.5	1 959.7	238.6	41.4	3.9
山 西	14.5	2 049.8	281.1	42.1	3.8
内 蒙 古	12.0	1 451.7	214.3	41.9	3.4
辽 宁	12.2	1 705.9	222.8	45.0	3.5
吉 林	18.9	1 937.8	199.4	48.3	4.6
黑 龙 江	13.8	1 858.6	224.4	38.9	3.6
上 海	24.8	1 259.5	196.3	40.5	4.3
江 苏	18.7	2 681.4	324.7	43.1	4.5
浙 江	19.0	2 378.8	402.9	47.4	4.0
安 徽	15.6	2 008.3	279.4	43.0	4.6
福 建	24.9	2 168.2	426.8	41.2	5.8
江 西	21.5	2 121.7	285.0	44.0	5.6
山 东	14.1	2 147.6	239.7	39.9	4.3
河 南	17.5	2 341.2	310.5	35.1	5.4
湖 北	17.5	2 001.3	258.6	36.3	5.0
湖 南	21.3	1 520.0	279.9	40.2	5.7
广 东	13.6	1 955.7	277.1	42.7	3.7
广 西	13.4	1 865.6	279.2	44.9	3.7
海 南	12.1	918.8	148.5	34.6	3.8
重 庆	18.1	1 591.6	336.9	36.0	5.2
四 川	23.1	1 738.0	310.8	48.1	5.3
贵 州	13.8	1 967.5	199.8	39.4	4.7
云 南	13.5	1 193.4	230.1	41.6	4.2
西 藏	15.8	442.9	176.5	39.2	7.1
陕 西	15.3	1 747.6	227.2	41.2	4.5
甘 肃	15.8	1 651.9	229.4	41.2	4.5
青 海	13.8	1 152.9	201.1	41.3	4.5
宁 夏	18.0	1 554.7	197.7	41.3	5.0
新 疆	15.0	1 347.7	181.1	45.6	3.9

注：户均数据为北京大成企业研究院计算。

表10-8　按行业门类、单位规模分组的企业法人单位数

单位：个

行业大类	全部	大型	中型	小型	微型
总　计	18 234 939	32 255	241 620	2 399 010	15 562 054
农、林、牧、渔业	61 712	73	5 519	22 524	33 596
采矿业	70 122	486	1 794	15 580	52 262
制造业	3 251 331	7 522	40 215	690 520	2 513 074
电力、热力、燃气及水生产和供应业	106 216	347	1 557	18 848	85 464
建筑业	1 218 275	2 745	32 340	183 135	1 000 055
批发和零售业	6 317 963	5 326	73 151	525 668	5 713 818
交通运输、仓储和邮政业	566 550	823	3 757	71 285	490 685
住宿和餐饮业	429 220	925	6 316	99 521	322 458
信息传输、软件和信息技术服务业	912 014	1 587	7 684	107 899	794 844
金融业	134 844	5 171	1 407	6 182	122 084
房地产业	658 595	1 555	48 114	64 026	544 900
租赁和商务服务业	2 265 344	514	4 369	217 840	2 042 621
科学研究和技术服务业	1 143 343	2 388	7 840	191 015	942 100
水利、环境和公共设施管理业	111 968	1 074	2 263	29 658	78 973
居民服务、修理和其他服务业	474 291	992	2 303	80 291	390 705
卫生和社会工作	16 731	300	1 231	4 822	10 378
文化、体育和娱乐业	496 420	427	1 760	70 196	424 037

注：数据源自《中国经济普查年鉴2018》，综合卷，第二篇 企业篇，表2-22 按行业（大类）、单位规模分组的企业法人单位数，不含无单位规模标识的单位数据。

表10-9　各行业门类按单位规模分组的企业法人单位数占比

单位：%

行业大类	全部	大型	中型	小型	微型
总　计	100.0	0.2	1.3	13.2	85.3
农、林、牧、渔业	100.0	0.1	8.9	36.5	54.4
采矿业	100.0	0.7	2.6	22.2	74.5
制造业	100.0	0.2	1.2	21.2	77.3
电力、热力、燃气及水生产和供应业	100.0	0.3	1.5	17.7	80.5
建筑业	100.0	0.2	2.7	15.0	82.1
批发和零售业	100.0	0.1	1.2	8.3	90.4

续表

行业大类	全部	大型	中型	小型	微型
交通运输、仓储和邮政业	100.0	0.1	0.7	12.6	86.6
住宿和餐饮业	100.0	0.2	1.5	23.2	75.1
信息传输、软件和信息技术服务业	100.0	0.2	0.8	11.8	87.2
金融业	100.0	3.8	1.0	4.6	90.5
房地产业	100.0	0.2	7.3	9.7	82.7
租赁和商务服务业	100.0	0.0	0.2	9.6	90.2
科学研究和技术服务业	100.0	0.2	0.7	16.7	82.4
水利、环境和公共设施管理业	100.0	1.0	2.0	26.5	70.5
居民服务、修理和其他服务业	100.0	0.2	0.5	16.9	82.4
卫生和社会工作	100.0	1.8	7.4	28.8	62.0
文化、体育和娱乐业	100.0	0.1	0.4	14.1	85.4

注：占比数据为北京大成企业研究院计算。

表10-10 各行业门类按单位规模分组的企业法人单位数占全国比重

单位：%

行业大类	全部	大型	中型	小型	微型
总 计	100.0	100.0	100.0	100.0	100.0
农、林、牧、渔业	0.3	0.2	2.3	0.9	0.2
采矿业	0.4	1.5	0.7	0.6	0.3
制造业	17.8	23.3	16.6	28.8	16.1
电力、热力、燃气及水生产和供应业	0.6	1.1	0.6	0.8	0.5
建筑业	6.7	8.5	13.4	7.6	6.4
批发和零售业	34.6	16.5	30.3	21.9	36.7
交通运输、仓储和邮政业	3.1	2.6	1.6	3.0	3.2
住宿和餐饮业	2.4	2.9	2.6	4.1	2.1
信息传输、软件和信息技术服务业	5.0	4.9	3.2	4.5	5.1
金融业	0.7	16.0	0.6	0.3	0.8
房地产业	3.6	4.8	19.9	2.7	3.5
租赁和商务服务业	12.4	1.6	1.8	9.1	13.1
科学研究和技术服务业	6.3	7.4	3.2	8.0	6.1
水利、环境和公共设施管理业	0.6	3.3	0.9	1.2	0.5
居民服务、修理和其他服务业	2.6	3.1	1.0	3.3	2.5

续表

行业大类	全部	大型	中型	小型	微型
卫生和社会工作	0.1	0.9	0.5	0.2	0.1
文化、体育和娱乐业	2.7	1.3	0.7	2.9	2.7

注：占比数据为北京大成企业研究院计算。

表10-11　按行业门类、单位规模分组的企业法人单位从业人员数

单位：人

行业大类	全部	大型	中型	小型	微型
总　计	294 689 977	60 814 250	67 788 879	99 408 217	66 678 631
农、林、牧、渔业	568 001	74 082	211 627	194 933	87 359
采矿业	5 957 559	3 291 098	1 160 961	1 101 687	403 813
制造业	103 747 559	22 196 584	21 239 852	43 969 377	16 341 746
电力、热力、燃气及水生产和供应业	4 633 931	1 892 812	865 396	1 332 209	543 514
建筑业	58 084 532	14 871 403	23 929 484	12 608 961	6 674 684
批发和零售业	38 995 530	4 975 446	6 168 957	8 842 060	19 009 067
交通运输、仓储和邮政业	12 006 400	3 016 788	2 312 462	4 074 734	2 602 416
住宿和餐饮业	7 033 688	1 238 705	1 359 371	3 037 500	1 398 112
信息传输、软件和信息技术服务业	9 935 143	2 516 696	2 344 439	2 705 813	2 368 195
金融业	569 192	8 963	16 603	104 353	439 273
房地产业	11 764 744	1 716 181	3 027 699	2 206 170	4 814 694
租赁和商务服务业	21 263 957	872 390	2 667 456	10 746 857	6 977 254
科学研究和技术服务业	9 893 308	1 853 442	1 257 065	4 356 619	2 426 182
水利、环境和公共设施管理业	2 335 397	957 797	374 705	774 591	228 304
居民服务、修理和其他服务业	4 114 450	876 704	373 916	1 682 063	1 181 767
卫生和社会工作	580 704	167 586	198 472	189 088	25 558
文化、体育和娱乐业	3 205 882	287 573	280 414	1 481 202	1 156 693

注：数据源自《中国经济普查年鉴2018》，综合卷，第二篇 企业篇，表2-23 按行业（大类）、单位规模分组的企业法人单位从业人员数，不含无单位规模标识的单位数据。

表10-12　各行业门类按单位规模分组的企业法人单位从业人员占比

单位：%

行业大类	全部	大型	中型	小型	微型
总　计	100.0	20.6	23.0	33.7	22.6

续表

行业大类	全部	大型	中型	小型	微型
农、林、牧、渔业	100.0	13.0	37.3	34.3	15.4
采矿业	100.0	55.2	19.5	18.5	6.8
制造业	100.0	21.4	20.5	42.4	15.8
电力、热力、燃气及水生产和供应业	100.0	40.8	18.7	28.7	11.7
建筑业	100.0	25.6	41.2	21.7	11.5
批发和零售业	100.0	12.8	15.8	22.7	48.7
交通运输、仓储和邮政业	100.0	25.1	19.3	33.9	21.7
住宿和餐饮业	100.0	17.6	19.3	43.2	19.9
信息传输、软件和信息技术服务业	100.0	25.3	23.6	27.2	23.8
金融业	100.0	1.6	2.9	18.3	77.2
房地产业	100.0	14.6	25.7	18.8	40.9
租赁和商务服务业	100.0	4.1	12.5	50.5	32.8
科学研究和技术服务业	100.0	18.7	12.7	44.0	24.5
水利、环境和公共设施管理业	100.0	41.0	16.0	33.2	9.8
居民服务、修理和其他服务业	100.0	21.3	9.1	40.9	28.7
卫生和社会工作	100.0	28.9	34.2	32.6	4.4
文化、体育和娱乐业	100.0	9.0	8.7	46.2	36.1

注：占比数据为北京大成企业研究院计算。

表10-13　各行业门类按单位规模分组的企业法人单位从业人员占全国的比重

单位：%

行业大类	全部	大型	中型	小型	微型
总　计	100.0	100.0	100.0	100.0	100.0
农、林、牧、渔业	0.2	0.1	0.3	0.2	0.1
采矿业	2.0	5.4	1.7	1.1	0.6
制造业	35.2	36.5	31.3	44.2	24.5
电力、热力、燃气及水生产和供应业	1.6	3.1	1.3	1.3	0.8
建筑业	19.7	24.5	35.3	12.7	10.0
批发和零售业	13.2	8.2	9.1	8.9	28.5
交通运输、仓储和邮政业	4.1	5.0	3.4	4.1	3.9
住宿和餐饮业	2.4	2.0	2.0	3.1	2.1
信息传输、软件和信息技术服务业	3.4	4.1	3.5	2.7	3.6
金融业	0.2	0.0	0.0	0.1	0.7

续表

行业大类	全部	大型	中型	小型	微型
房地产业	4.0	2.8	4.5	2.2	7.2
租赁和商务服务业	7.2	1.4	3.9	10.8	10.5
科学研究和技术服务业	3.4	3.0	1.9	4.4	3.6
水利、环境和公共设施管理业	0.8	1.6	0.6	0.8	0.3
居民服务、修理和其他服务业	1.4	1.4	0.6	1.7	1.8
卫生和社会工作	0.2	0.3	0.3	0.2	0.0
文化、体育和娱乐业	1.1	0.5	0.4	1.5	1.7

注：占比数据为北京大成企业研究院计算。

表10-14　按行业门类、单位规模分组的企业法人单位户均从业人员数

单位：人

行业大类	全部	大型	中型	小型	微型
总　计	16.2	1 885.4	280.6	41.4	4.3
农、林、牧、渔业	9.2	1 014.8	38.3	8.7	2.6
采矿业	85.0	6 771.8	647.1	70.7	7.7
制造业	31.9	2 950.9	528.2	63.7	6.5
电力、热力、燃气及水生产和供应业	43.6	5 454.8	555.8	70.7	6.4
建筑业	47.7	5 417.6	739.9	68.9	6.7
批发和零售业	6.2	934.2	84.3	16.8	3.3
交通运输、仓储和邮政业	21.2	3 665.6	615.5	57.2	5.3
住宿和餐饮业	16.4	1 339.1	215.2	30.5	4.3
信息传输、软件和信息技术服务业	10.9	1 585.8	305.1	25.1	3.0
金融业	4.2	1.7	11.8	16.9	3.6
房地产业	17.9	1 103.7	62.9	34.5	8.8
租赁和商务服务业	9.4	1 697.3	610.5	49.3	3.4
科学研究和技术服务业	8.7	776.1	160.3	22.8	2.6
水利、环境和公共设施管理业	20.9	891.8	165.6	26.1	2.9
居民服务、修理和其他服务业	8.7	883.8	162.4	20.9	3.0
卫生和社会工作	34.7	558.6	161.2	39.2	2.5
文化、体育和娱乐业	6.5	673.5	159.3	21.1	2.7

注：户均数据为北京大成企业研究院计算。

表10—15　按行业门类、地区分组的小微企业法人单位数

单位：个

地区	法人单位数	农、林、牧、渔业	采矿业	制造业	电力、热力、燃气及水生产和供应业	建筑业	批发和零售业	交通运输、仓储和邮政业	住宿和餐饮业	信息传输、软件和信息技术服务业	金融业	房地产业	租赁和商务服务业	科学研究和技术服务业	水利、环境和公共设施管理业	居民服务、修理和其他服务业	卫生和社会工作	文化、体育和娱乐业
总计	17 961 064	56 120	67 842	3 203 594	104 312	1 183 190	6 239 486	561 970	421 979	902 743	128 266	608 926	2 260 461	1 133 115	108 631	470 996	15 200	494 233
北京	909 063	259	67	25 099	1 146	33 939	268 191	18 926	33 703	75 194	12 107	19 593	175 125	150 741	6 323	35 994	723	51 933
天津	264 142	102	64	39 151	762	18 306	77 784	13 613	4 821	17 597	4 749	8 501	38 352	25 054	1 267	7 019	136	6 864
河北	991 845	2 852	4 757	216 593	5 000	88 467	350 394	30 129	15 293	38 787	3 436	42 075	95 914	47 637	6 197	21 899	923	21 492
山西	353 922	1 185	5 393	34 897	3 959	28 108	137 786	14 107	8 236	17 124	2 210	14 086	42 164	17 642	3 899	11 105	480	11 541
内蒙古	224 437	1 494	3 729	21 467	2 797	21 565	81 876	10 638	4 227	8 056	1 535	10 167	30 809	10 780	2 878	6 608	227	5 584
辽宁	500 346	1 251	3 596	88 227	2 919	35 912	173 297	21 514	8 717	28 388	3 339	18 661	61 443	27 249	2 462	11 696	524	11 151
吉林	130 936	524	946	19 711	1 512	10 104	45 263	5 627	2 560	6 259	1 148	6 412	15 438	7 399	861	3 662	258	3 252
黑龙江	188 426	881	1 609	25 514	2 146	13 547	66 639	8 867	2 643	9 916	1 283	8 433	22 473	13 577	1 201	4 450	238	5 009
上海	383 280	86	1	48 142	173	14 823	120 997	15 603	19 743	22 413	8 881	13 902	65 203	24 406	1 438	16 376	181	10 912
江苏	1 805 003	2 422	354	507 274	4 931	115 389	595 144	58 170	25 231	71 355	6 237	46 890	173 660	119 156	7 389	34 626	949	35 826
浙江	1 333 713	916	837	419 429	5 142	48 943	451 021	31 548	24 318	53 992	16 196	33 016	126 533	57 417	6 904	24 472	745	32 284
安徽	677 733	3 603	1 197	110 056	5 444	61 133	230 494	24 026	16 505	30 016	2 992	22 273	87 204	37 507	5 195	20 374	626	19 088
福建	584 022	1 281	1 536	112 130	6 537	30 909	228 462	16 310	12 505	32 211	3 110	13 861	65 362	24 318	3 639	14 924	430	16 497
江西	342 721	2 236	2 949	61 049	5 100	26 651	113 622	16 895	6 521	15 027	1 471	11 099	46 809	13 998	2 312	7 669	262	9 051

续表

地区	法人单位数	农、林、牧、渔业	采矿业	制造业	电力、热力、燃气及水生产和供应业	建筑业	批发和零售业	交通运输、仓储和邮政业	住宿和餐饮业	信息传输、软件和信息技术服务业	金融业	房地产业	租赁和商务服务业	科学研究和技术服务业	水利、环境和公共设施管理业	居民服务、修理和其他服务业	卫生和社会工作	文化、体育和娱乐业
山东	1 507 858	4 222	2 218	306 409	5 836	122 180	5647 43	51 871	27 776	57 900	5 346	44 411	156 707	84 141	8 760	32 218	1 257	31 863
河南	1 008 602	6 394	3 458	134 725	4 734	76 209	395 328	25 585	21 055	55 421	2 641	40 945	119 430	60 511	7 538	24 197	1 267	29 164
湖北	665 378	4 058	2 541	88 657	5 272	55 683	225 752	21 877	17 170	38 646	2 649	26 198	87 916	44 540	5 155	18 655	676	19 933
湖南	443 506	5 011	3 686	60 145	6 652	29 598	141 209	13 065	11 296	24 184	1 729	17 456	60 164	30 826	3 944	12 605	798	21 138
广东	2 744 744	2 847	2 388	562 769	9 534	114 625	952 115	71 682	51 779	163 564	29 597	92 591	377 156	187 526	8 697	59 355	894	57 625
广西	372 682	2 440	2 646	36 366	3 225	23 142	139 466	12 669	8 298	18 078	2 210	18 297	60 633	22 009	2 348	10 909	256	9 690
海南	81 668	519	171	3 588	406	9 429	21 512	2 168	2 512	5 724	495	9 041	14 362	5 110	679	3 027	93	2 832
重庆	438 703	1 903	1 395	53 887	2 267	18 190	168 370	11 517	26 140	22 574	1 479	14 055	62 012	19 049	2 832	17 141	770	15 122
四川	544 180	1 876	3 227	63 035	5 849	43 649	176 748	17 911	16 379	30 720	3 013	19 820	84 336	32 257	3 990	17 892	1 182	22 296
贵州	270 524	817	4 189	45 324	2 039	18 914	89 002	7 531	16 880	8 016	1 377	9 733	33 211	9 027	2 546	13 721	349	7 848
云南	350 745	2 116	5 328	32 755	2 910	27 106	135 449	10 127	14 134	14 889	2 739	12 718	45 899	16 461	2 528	13 452	273	11 861
西藏	27 187	68	244	2 018	259	7 602	5 932	567	952	1 033	272	415	5 232	1 147	144	586	11	705
陕西	408 934	1 941	4 257	40 245	3 098	56 152	135 647	12 165	11 061	20 428	2 196	16 758	51 669	24 062	3 969	13 049	351	11 886
甘肃	139 830	861	1 200	14 436	1 520	13 022	52 931	4 599	5 771	4 024	946	6 006	17 763	5 420	1 113	5 502	103	4 613
青海	50 145	147	482	4 592	673	4 911	16 251	1 459	2 063	1 745	280	2 086	8 867	2 713	709	1 712	45	1 410
宁夏	47 989	378	491	6 474	451	4 164	17 254	2 504	1 179	1 410	473	1 668	6 423	1 719	371	1 660	43	1 327
新疆	168 800	1 430	2 886	19 430	2 019	10 818	60 807	8 700	2 511	8 052	2 130	7 759	22 192	9 716	1 343	4 441	130	4 436

注：数据源自《中国经济普查年鉴2018》，综合卷，第二篇 企业篇，表2-34 按行业（大类）、地区分组的小微企业法人单位数。

表10-16 各地区按行业门类分组的小微企业法人单位数占全国比重

单位：%

地区	法人单位数	农、林、牧、渔业	采矿业	制造业	电力、热力、燃气及水生产和供应业	建筑业	批发和零售业	交通运输、仓储和邮政业	住宿和餐饮业	信息传输、软件和信息技术服务业	金融业	房地产业	租赁和商务服务业	科学研究和技术服务业	水利、环境和公共设施管理业	居民服务、修理和其他服务业	卫生和社会工作	文化、体育和娱乐业
总计	100.0	100.0	100.0	100.0	100.0	100.0	100.0	100.0	100.0	100.0	100.0	100.0	100.0	100.0	100.0	100.0	100.0	100.0
北京	5.1	0.5	0.1	0.8	1.1	2.9	4.3	3.4	8.0	8.3	9.4	3.2	7.7	13.3	5.8	7.6	4.8	10.5
天津	1.5	0.2	0.1	1.2	0.7	1.5	1.2	2.4	1.1	1.9	3.7	1.4	1.7	2.2	1.2	1.5	0.9	1.4
河北	5.5	5.1	7.0	6.8	4.8	7.5	5.6	5.4	3.6	4.3	2.7	6.9	4.2	4.2	5.7	4.6	6.1	4.3
山西	2.0	2.1	7.9	1.1	3.8	2.4	2.2	2.5	2.0	1.9	1.7	2.3	1.9	1.6	3.6	2.4	3.2	2.3
内蒙古	1.2	2.7	5.5	0.7	2.7	1.8	1.3	1.9	1.0	0.9	1.2	1.7	1.4	1.0	2.6	1.4	1.5	1.1
辽宁	2.8	2.2	5.3	2.8	2.8	3.0	2.8	3.8	2.1	3.1	2.6	3.1	2.7	2.4	2.3	2.5	3.4	2.3
吉林	0.7	0.9	1.4	0.6	1.4	0.9	0.7	1.0	0.6	0.7	0.9	1.1	0.7	0.7	0.8	0.8	1.7	0.7
黑龙江	1.0	1.6	2.4	0.8	2.1	1.1	1.1	1.6	0.6	1.1	1.0	1.4	1.0	1.2	1.1	0.9	1.6	1.0
上海	2.1	0.2	0.0	1.5	0.2	1.3	1.9	2.8	4.7	2.5	6.9	2.3	2.9	2.2	1.3	3.5	1.2	2.2
江苏	10.0	4.3	0.5	15.8	4.7	9.8	9.5	10.4	6.0	7.9	4.9	7.7	7.7	10.5	6.8	7.4	6.2	7.2
浙江	7.4	1.6	1.2	13.1	4.9	4.1	7.2	5.6	5.8	6.0	12.6	5.4	5.6	5.1	6.4	5.2	4.9	6.5
安徽	3.8	6.4	1.8	3.4	5.2	5.2	3.7	4.3	3.9	3.3	2.3	3.7	3.9	3.3	4.8	4.3	4.1	3.9
福建	3.3	2.3	2.3	3.5	6.3	2.6	3.7	2.9	3.0	3.6	2.4	2.3	2.9	2.1	3.3	3.2	2.8	3.3
江西	1.9	4.0	4.3	1.9	4.9	2.3	1.8	3.0	1.5	1.7	1.1	1.8	2.1	1.2	2.1	1.6	1.7	1.8
山东	8.4	7.5	3.3	9.6	5.6	10.3	9.1	9.2	6.6	6.4	4.2	7.3	6.9	7.4	8.1	6.8	8.3	6.4

续表

地区	法人单位数	农、林、牧、渔业	采矿业	制造业	电力、热力、燃气及水生产和供应业	建筑业	批发和零售业	交通运输、仓储和邮政业	住宿和餐饮业	信息传输、软件和信息技术服务业	金融业	房地产业	租赁和商务服务业	科学研究和技术服务业	水利、环境和公共设施管理业	居民服务、修理和其他服务业	卫生和社会工作	文化、体育和娱乐业
河南	5.6	11.4	5.1	4.2	4.5	6.4	6.3	4.6	5.0	6.1	2.1	6.7	5.3	5.3	6.9	5.1	8.3	5.9
湖北	3.7	7.2	3.7	2.8	5.1	4.7	3.6	3.9	4.1	4.3	2.1	4.3	3.9	3.9	4.7	4.0	4.4	4.0
湖南	2.5	8.9	5.4	1.9	6.4	2.5	2.3	2.3	2.7	2.7	1.3	2.9	2.7	2.7	3.6	2.7	5.3	4.3
广东	15.3	5.1	3.5	17.6	9.1	9.7	15.3	12.8	12.3	18.1	23.1	15.2	16.7	16.5	8.0	12.6	5.9	11.7
广西	2.1	4.3	3.9	1.1	3.1	2.0	2.2	2.3	2.0	2.0	1.7	3.0	2.7	1.9	2.2	2.3	1.7	2.0
海南	0.5	0.9	0.3	0.1	0.4	0.8	0.3	0.4	0.6	0.6	0.4	1.5	0.6	0.5	0.6	0.6	0.6	0.6
重庆	2.4	3.4	2.1	1.7	2.2	1.5	2.7	2.0	6.2	2.5	1.2	2.3	2.7	1.7	2.6	3.6	5.1	3.1
四川	3.0	3.3	4.8	2.0	5.6	3.7	2.8	3.2	3.9	3.4	2.3	3.3	3.7	2.8	3.7	3.8	7.8	4.5
贵州	1.5	1.5	6.2	1.4	2.0	1.6	1.4	1.3	4.0	0.9	1.1	1.6	1.5	0.8	2.3	2.9	2.3	1.6
云南	2.0	3.8	7.9	1.0	2.8	2.3	2.2	1.8	3.3	1.6	2.1	2.1	2.0	1.5	2.3	2.9	1.8	2.4
西藏	0.2	0.1	0.4	0.1	0.2	0.6	0.1	0.1	0.2	0.1	0.2	0.1	0.2	0.1	0.1	0.1	0.1	0.1
陕西	2.3	3.5	6.3	1.3	3.0	4.7	2.2	2.2	2.6	2.3	1.7	2.8	2.3	2.1	3.7	2.8	2.3	2.4
甘肃	0.8	1.5	1.8	0.5	1.5	1.1	0.8	0.8	1.4	0.4	0.7	1.0	0.8	0.5	1.0	1.2	0.7	0.9
青海	0.3	0.3	0.7	0.1	0.6	0.4	0.3	0.3	0.5	0.2	0.2	0.3	0.4	0.2	0.7	0.4	0.3	0.3
宁夏	0.3	0.7	0.7	0.2	0.4	0.4	0.3	0.4	0.3	0.2	0.4	0.4	0.3	0.2	0.3	0.4	0.3	0.3
新疆	0.9	2.5	4.3	0.6	1.9	0.9	1.0	1.5	0.6	0.9	1.7	1.3	1.0	0.9	1.2	0.9	0.9	0.0

注：占比数据为北京大成企业研究院计算。

表10-17 各地区按行业门类分组的小微企业法人单位数占比

单位：%

地区	法人单位数	农、林、牧、渔业	采矿业	制造业	电力、热力、燃气及水生产和供应业	建筑业	批发和零售业	交通运输、仓储和邮政业	住宿和餐饮业	信息传输、软件和信息技术服务业	金融业	房地产业	租赁和商务服务业	科学研究和技术服务业	水利、环境和公共设施管理业	居民服务、修理和其他服务业	卫生和社会工作	文化、体育和娱乐业
总计	100.0	0.3	0.4	17.8	0.6	6.6	34.7	3.1	2.3	5.0	0.7	3.4	12.6	6.3	0.6	2.6	0.1	2.8
北京	100.0	0.0	0.0	2.8	0.1	3.7	29.5	2.1	3.7	8.3	1.3	2.2	19.3	16.6	0.7	4.0	0.1	5.7
天津	100.0	0.0	0.0	14.8	0.3	6.9	29.4	5.2	1.8	6.7	1.8	3.2	14.5	9.5	0.5	2.7	0.1	2.6
河北	100.0	0.3	0.5	21.8	0.5	8.9	35.3	3.0	1.5	3.9	0.3	4.2	9.7	4.8	0.6	2.2	0.1	2.2
山西	100.0	0.3	1.5	9.9	1.1	7.9	38.9	4.0	2.3	4.8	0.6	4.0	11.9	5.0	1.1	3.1	0.1	3.3
内蒙古	100.0	0.7	1.7	9.6	1.2	9.6	36.5	4.7	1.9	3.6	0.7	4.5	13.7	4.8	1.3	2.9	0.1	2.5
辽宁	100.0	0.3	0.7	17.6	0.6	7.2	34.6	4.3	1.7	5.7	0.7	3.7	12.3	5.4	0.5	2.3	0.1	2.2
吉林	100.0	0.4	0.7	15.1	1.2	7.7	34.6	4.3	2.0	4.8	0.9	4.9	11.8	5.7	0.7	2.8	0.2	2.5
黑龙江	100.0	0.5	0.9	13.5	1.1	7.2	35.4	4.7	1.4	5.3	0.7	4.5	11.9	7.2	0.6	2.4	0.1	2.7
上海	100.0	0.0	0.0	12.6	0.0	3.9	31.6	4.1	5.2	5.8	2.3	3.6	17.0	6.4	0.4	4.3	0.0	2.8
江苏	100.0	0.1	0.0	28.1	0.3	6.4	33.0	3.2	1.4	4.0	0.3	2.6	9.6	6.6	0.4	1.9	0.1	2.0
浙江	100.0	0.1	0.1	31.4	0.4	3.7	33.8	2.4	1.8	4.0	1.2	2.5	9.5	4.3	0.5	1.8	0.1	2.4
安徽	100.0	0.5	0.2	16.2	0.8	9.0	34.0	3.5	2.4	4.4	0.4	3.3	12.9	5.5	0.8	3.0	0.1	2.8
福建	100.0	0.2	0.3	19.2	1.1	5.3	39.1	2.8	2.1	5.5	0.5	2.4	11.2	4.2	0.6	2.6	0.1	2.8
江西	100.0	0.7	0.9	17.8	1.5	7.8	33.2	4.9	1.9	4.4	0.4	3.2	13.7	4.1	0.7	2.2	0.1	2.6
山东	100.0	0.3	0.1	20.3	0.4	8.1	37.5	3.4	1.8	3.8	0.4	2.9	10.4	5.6	0.6	2.1	0.1	2.1

续表

地区	法人单位数	农、林、牧、渔业	采矿业	制造业	电力、热力、燃气及水生产和供应业	建筑业	批发和零售业	交通运输、仓储和邮政业	住宿和餐饮业	信息传输、软件和信息技术服务业	金融业	房地产业	租赁和商务服务业	科学研究和技术服务业	水利、环境和公共设施管理业	居民服务、修理和其他服务业	卫生和社会工作	文化、体育和娱乐业
河南	100.0	0.6	0.3	13.4	0.5	7.6	39.2	2.5	2.1	5.5	0.3	4.1	11.8	6.0	0.7	2.4	0.1	2.9
湖北	100.0	0.6	0.4	13.3	0.8	8.4	33.9	3.3	2.6	5.8	0.4	3.9	13.2	6.7	0.8	2.8	0.1	3.0
湖南	100.0	1.1	0.8	13.6	1.5	6.7	31.8	2.9	2.5	5.5	0.4	3.9	13.6	7.0	0.9	2.8	0.2	4.8
广东	100.0	0.1	0.1	20.5	0.3	4.2	34.7	2.6	1.9	6.0	1.1	3.4	13.7	6.8	0.3	2.2	0.0	2.1
广西	100.0	0.7	0.7	9.8	0.9	6.2	37.4	3.4	2.2	4.9	0.6	4.9	16.3	5.9	0.6	2.9	0.1	2.6
海南	100.0	0.6	0.2	4.4	0.5	11.5	26.3	2.7	3.1	7.0	0.6	11.1	17.6	6.3	0.8	3.7	0.1	3.5
重庆	100.0	0.4	0.3	12.3	0.5	4.1	38.4	2.6	6.0	5.1	0.3	3.2	14.1	4.3	0.6	3.9	0.2	3.4
四川	100.0	0.3	0.6	11.6	1.1	8.0	32.5	3.3	3.0	5.6	0.6	3.6	15.5	5.9	0.7	3.3	0.2	4.1
贵州	100.0	0.3	1.5	16.8	0.8	7.0	32.9	2.8	6.2	3.0	0.5	3.6	12.3	3.3	0.9	5.1	0.1	2.9
云南	100.0	0.6	1.5	9.3	0.8	7.7	38.6	2.9	4.0	4.2	0.8	3.6	13.1	4.7	0.7	3.8	0.1	3.4
西藏	100.0	0.3	0.9	7.4	1.0	28.0	21.8	2.1	3.5	3.8	1.0	1.5	19.2	4.2	0.5	2.2	0.0	2.6
陕西	100.0	0.5	1.0	9.8	0.8	13.7	33.2	3.0	2.7	5.0	0.5	4.1	12.6	5.9	1.0	3.2	0.1	2.9
甘肃	100.0	0.6	0.9	10.3	1.1	9.3	37.9	3.3	4.1	2.9	0.7	4.3	12.7	3.9	0.8	3.9	0.1	3.3
青海	100.0	0.3	1.0	9.2	1.3	9.8	32.4	2.9	4.1	3.5	0.6	4.2	17.7	5.4	1.4	3.4	0.1	2.8
宁夏	100.0	0.8	1.0	13.5	0.9	8.7	36.0	5.2	2.5	2.9	1.0	3.5	13.4	3.6	0.8	3.5	0.1	2.8
新疆	100.0	0.8	1.7	11.5	1.2	6.4	36.0	5.2	1.5	4.8	1.3	4.6	13.1	5.8	0.8	2.6	0.1	2.6

注：占比数据为北京大成企业研究院计算。

表10-18 按行业门类、地区分组的小微企业法人单位从业人员数

单位：人

地区	法人单位数	农、林、牧、渔业	采矿业	制造业	电力、热力、燃气及水生产和供应业	建筑业	批发和零售业	交通运输、仓储和邮政业	住宿和餐饮业	信息传输、软件和信息技术服务业	金融业	房地产业	租赁和商务服务业	科学研究和技术服务业	水利、环境和公共设施管理和其他服务业	居民服务、修理和其他服务业	卫生和社会工作	文化、体育和娱乐业
总计	166 086 848	282 292	1 505 500	60 311 123	1 875 723	19 283 645	27 851 276	6 677 150	4 435 612	5 074 008	543 626	7 020 864	17 724 111	6 782 801	1 002 895	2 863 830	214 646	2 637 895
北京	5 144 018	474	1 097	443 523	23 060	381 366	883 250	156 245	244 439	483 393	55 296	261 127	1 074 892	700 227	49 304	170 769	4 517	211 039
天津	2 244 191	190	1 682	617 575	19 340	409 928	265 224	118 042	50 665	73 110	16 760	115 913	358 613	119 574	10 768	40 485	595	25 727
河北	6 760 902	11 083	56 809	2 560 482	88 910	825 718	1 252 192	289 893	139 294	150 086	11 956	336 109	563 954	245 547	42 744	97 707	4 967	83 451
山西	2 528 566	4 175	147 600	524 439	71 825	303 015	495 661	165 743	94 586	63 522	9 140	155 551	265 310	100 573	24 949	47 623	4 865	49 989
内蒙古	1 511 759	6 598	64 889	290 851	66 866	174 916	262 373	100 985	55 570	32 344	4 504	106 901	213 504	63 136	16 396	29 752	2 230	19 944
辽宁	3 528 392	4 705	42 885	1 215 994	57 682	457 383	558 205	172 895	75 808	111 633	8 669	171 901	411 999	128 112	17 535	51 795	1 584	39 607
吉林	1 302 596	3 249	18 116	437 355	41 804	153 456	183 683	74 218	35 786	36 722	4 440	84 068	123 454	53 396	7 884	23 894	3 889	17 182
黑龙江	1 301 033	4 752	34 923	347 438	62 839	142 933	248 129	80 927	31 418	36 973	4 053	78 542	121 435	58 329	7 174	19 959	2 915	18 294
上海	4 446 897	464	164	1 248 855	8 611	301 799	637 626	251 602	217 590	258 708	53 089	210 088	831 223	229 500	22 847	103 724	2 355	68 652
江苏	18 803 732	12 627	5 588	8 960 009	100 947	1 927 380	2 836 899	618 525	267 666	413 589	27 103	522 849	1 834 798	774 199	78 671	216 807	7 504	198 571
浙江	13 495 456	2 943	15 340	7 429 239	89 108	1 234 861	1 736 138	377 210	241 354	285 146	26 134	320 349	1 035 906	333 984	59 834	154 139	14 613	139 158
安徽	6 576 131	16 211	35 322	2 389 396	61 027	992 408	1 023 745	319 803	168 950	147 305	13 629	246 537	680 521	226 127	43 227	108 661	4 224	99 038
福建	7 819 238	7 896	43 852	2 794 503	77 832	1 268 229	1 447 068	285 103	153 168	265 843	14 436	203 407	712 098	220 113	40 943	138 881	6 032	139 834
江西	4 448 460	12 810	66 123	1 776 548	57 258	549 101	673 983	288 564	98 353	96 858	6 457	151 917	401 856	112 830	23 932	59 788	5 196	66 886

续表

地区	法人单位数	农、林、牧、渔业	采矿业	制造业	电力、热力、燃气及水生产和供应业	建筑业	批发和零售业	交通运输、仓储和邮政业	住宿和餐饮业	信息传输、软件和信息技术服务业	金融业	房地产业	租赁和商务服务业	科学研究和技术服务业	水利、环境和公共设施管理业	居民服务、修理和其他服务业	卫生和社会工作	文化、体育和娱乐业
山东	13 149 370	19 733	55 092	5 407 175	135 289	1 580 238	2 440 817	583 731	252 730	277 637	20 797	491 601	999 854	483 566	76 696	168 005	15 456	140 953
河南	11 104 112	36 067	131 331	3 794 287	102 985	1 376 910	2 240 694	409 802	250 416	333 957	9 759	505 354	947 739	455 042	89 691	193 777	17 263	209 038
湖北	6 954 721	21 559	66 723	2 188 300	76 975	836 403	1 356 328	278 514	193 622	224 792	21 114	307 395	755 140	306 305	54 285	127 685	12 693	126 888
湖南	5 871 159	35 849	112 434	1 933 598	103 043	739 965	958 192	205 780	166 131	172 491	6 661	280 142	586 160	234 397	47 218	113 356	17 623	158 119
广东	21 307 120	11 967	37 134	9 398 038	134 152	1 314 708	3 618 854	692 775	515 034	821 820	141 478	825 515	2 198 328	917 576	74 506	341 208	6 524	257 503
广西	2 805 424	10 245	43 981	805 750	51 683	259 474	503 930	144 256	95 047	68 737	7 564	185 610	393 543	107 367	17 874	58 790	4 344	47 229
海南	563 134	1 858	3 660	66 568	14 041	57 515	90 185	26 237	37 256	23 006	2 513	91 627	82 574	29 516	5 788	15 408	976	14 406
重庆	4 582 515	10 037	36 989	1 188 076	46 137	603 547	919 849	204 120	196 367	144 563	12 466	235 443	554 895	143 520	35 306	125 511	14 736	110 953
四川	7 025 707	10 791	109 347	1 779 456	117 468	1 361 322	962 806	269 673	238 654	246 544	22 675	338 943	957 763	262 283	42 521	132 959	29 922	142 580
贵州	2 319 585	3 760	92 906	580 594	35 310	243 582	396 825	86 355	129 357	47 102	6 173	144 323	309 518	68 761	24 392	87 786	10 358	52 483
云南	3 026 982	8 667	95 161	548 783	50 796	543 971	613 599	122 326	138 688	70 034	8 138	168 666	380 582	104 817	22 386	85 137	5 681	59 550
西藏	313 420	620	5 485	27 605	5 306	127 274	36 007	10 363	15 348	8 294	821	6 622	45 999	10 341	1 880	5 759	429	5 267
陕西	3 641 575	10 363	101 419	750 813	58 768	688 850	627 168	141 739	166 541	107 631	13 819	211 345	414 306	155 145	36 215	74 408	7 004	76 041
甘肃	1 200 989	3 687	21 595	228 752	37 000	196 378	219 505	74 154	83 259	20 327	3 459	90 198	113 482	42 393	8 758	27 381	2 328	28 333
青海	427 846	646	8 500	74 365	11 534	62 087	67 073	19 652	26 326	8 194	1 577	31 856	71 398	21 307	4 915	10 100	365	7 951
宁夏	490 583	1 900	6 763	128 472	17 117	53 485	81 024	32 303	20 735	9 566	3 575	33 533	61 115	17 301	4 102	10 361	1 582	7 649
新疆	1 391 235	6 366	42 590	374 284	51 010	115 443	214 095	75 615	35 454	34 081	5 371	107 432	222 152	57 517	10 154	22 215	1 876	15 580

注：数据源自《中国经济普查年鉴2018》，综合卷，第二篇 企业篇，表2-35 按行业（大类）、地区分组的小微企业法人单位从业人员数。

表10-19 各地区按行业门类分组的小微企业法人单位从业人员数占全国比重

单位：%

地区	法人单位数	农、林、牧、渔业	采矿业	制造业	电力、热力、燃气及水生产和供应业	建筑业	批发和零售业	交通运输、仓储和邮政业	住宿和餐饮业	信息传输、软件和信息技术服务业	金融业	房地产业	租赁和商务服务业	科学研究和技术服务业	水利、环境和公共设施管理业	居民服务、修理和其他服务业	卫生和社会工作	文化、体育和娱乐业
总计	100.0	100.0	100.0	100.0	100.0	100.0	100.0	100.0	100.0	100.0	100.0	100.0	100.0	100.0	100.0	100.0	100.0	100.0
北京	3.1	0.2	0.1	0.7	1.2	2.0	3.2	2.3	5.5	9.5	10.2	3.7	6.1	10.3	4.9	6.0	2.1	8.0
天津	1.4	0.1	0.1	1.0	1.0	2.1	1.0	1.8	1.1	1.4	3.1	1.7	2.0	1.8	1.1	1.4	0.3	1.0
河北	4.1	3.9	3.8	4.2	4.7	4.3	4.5	4.3	3.1	3.0	2.2	4.8	3.2	3.6	4.3	3.4	2.3	3.2
山西	1.5	1.5	9.8	0.9	3.8	1.6	1.8	2.5	2.1	1.3	1.7	2.2	1.5	1.5	2.5	1.7	2.3	1.9
内蒙古	0.9	2.3	4.3	0.5	3.6	0.9	0.9	1.5	1.3	0.6	0.8	1.5	1.2	0.9	1.6	1.0	1.0	0.8
辽宁	2.1	1.7	2.8	2.0	3.1	2.4	2.0	2.6	1.7	2.2	1.6	2.4	2.3	1.9	1.7	1.8	0.7	1.5
吉林	0.8	1.2	1.2	0.7	2.2	0.8	0.7	1.1	0.8	0.7	0.8	1.2	0.7	0.8	0.8	0.8	1.8	0.7
黑龙江	0.8	1.7	2.3	0.6	3.4	0.7	0.9	1.2	0.7	0.7	0.7	1.1	0.7	0.9	0.7	0.7	1.4	0.7
上海	2.7	0.2	0.0	2.1	0.5	1.6	2.3	3.8	4.9	5.1	9.8	3.0	4.7	3.4	2.3	3.6	1.1	2.6
江苏	11.3	4.5	0.4	14.9	5.4	10.0	10.2	9.3	6.0	8.2	5.0	7.4	10.4	11.4	7.8	7.6	3.5	7.5
浙江	8.1	1.0	1.0	12.3	4.8	6.4	6.2	5.6	5.4	5.6	4.8	4.6	5.8	4.9	6.0	5.4	6.8	5.3
安徽	4.0	5.7	2.3	4.0	3.3	5.1	3.7	4.8	3.8	2.9	2.5	3.5	3.8	3.3	4.3	3.8	2.0	3.8
福建	4.7	2.8	2.9	4.6	4.1	6.6	5.2	4.3	3.5	5.2	2.7	2.9	4.0	3.2	4.1	4.8	2.8	5.3
江西	2.7	4.5	4.4	2.9	3.1	2.8	2.4	4.3	2.2	1.9	1.2	2.2	2.3	1.7	2.4	2.1	2.4	2.5
山东	7.9	7.0	3.7	9.0	7.2	8.2	8.8	8.7	5.7	5.5	3.8	7.0	5.6	7.1	7.6	5.9	7.2	5.3

续表

地区	法人单位数	农、林、牧、渔业	采矿业	制造业	电力、热力、燃气及水生产和供应业	建筑业	批发和零售业	交通运输、仓储和邮政业	住宿和餐饮业	信息传输、软件和信息技术服务业	金融业	房地产业	租赁和商务服务业	科学研究和技术服务业	水利、环境和公共设施管理业	居民服务、修理和其他服务业	卫生和社会工作	文化、体育和娱乐业
河南	6.7	12.8	8.7	6.3	5.5	7.1	8.0	6.1	5.6	6.6	1.8	7.2	5.3	6.7	8.9	6.8	8.0	7.9
湖北	4.2	7.6	4.4	3.6	4.1	4.3	4.9	4.2	4.4	4.4	3.9	4.4	4.3	4.5	5.4	4.5	5.9	4.8
湖南	3.5	12.7	7.5	3.2	5.5	3.8	3.4	3.1	3.7	3.4	1.2	4.0	3.3	3.5	4.7	4.0	8.2	6.0
广东	12.8	4.2	2.5	15.6	7.2	6.8	13.0	10.4	11.6	16.2	26.0	11.8	12.4	13.5	7.4	11.9	3.0	9.8
广西	1.7	3.6	2.9	1.3	2.8	1.3	1.8	2.2	2.1	1.4	1.4	2.6	2.2	1.6	1.8	2.1	2.0	1.8
海南	0.3	0.7	0.2	0.1	0.7	0.3	0.3	0.4	0.8	0.5	0.5	1.3	0.5	0.4	0.6	0.5	0.5	0.5
重庆	2.8	3.6	2.5	2.0	2.5	3.1	3.3	3.1	4.4	2.8	2.3	3.4	3.1	2.1	3.5	4.4	6.9	4.2
四川	4.2	3.8	7.3	3.0	6.3	7.1	3.5	4.0	5.4	4.9	4.2	4.8	5.4	3.9	4.2	4.6	13.9	5.4
贵州	1.4	1.3	6.2	1.0	1.9	1.3	1.4	1.3	2.9	0.9	1.1	2.1	1.7	1.0	2.4	3.1	4.8	2.0
云南	1.8	3.1	6.3	0.9	2.7	2.8	2.2	1.8	3.1	1.4	1.5	2.4	2.1	1.5	2.2	3.0	2.6	2.3
西藏	0.2	0.2	0.4	0.0	0.3	0.7	0.1	0.2	0.3	0.2	0.2	0.1	0.3	0.2	0.2	0.2	0.2	0.2
陕西	2.2	3.7	6.7	1.2	3.1	3.6	2.3	2.1	3.8	2.1	2.5	3.0	2.3	2.3	3.6	2.6	3.3	2.9
甘肃	0.7	1.3	1.4	0.4	2.0	1.0	0.8	1.1	1.9	0.4	0.6	1.3	0.6	0.6	0.9	1.0	1.1	1.1
青海	0.3	0.2	0.6	0.1	0.6	0.3	0.3	0.3	0.6	0.2	0.3	0.5	0.4	0.3	0.5	0.4	0.2	0.3
宁夏	0.3	0.7	0.4	0.2	0.9	0.3	0.3	0.5	0.5	0.2	0.7	0.5	0.3	0.3	0.4	0.4	0.7	0.3
新疆	0.8	2.3	2.8	0.6	2.7	0.6	0.8	1.1	0.8	0.7	1.0	1.5	1.3	0.8	1.0	0.8	0.9	0.6

注：占比数据为北京大成企业研究院计算。

表10-20 各地区按行业门类分组的小微企业法人单位从业人员数占比

单位：%

地区	法人单位数	农、林、牧、渔业	采矿业	制造业	电力、热力、燃气及水生产和供应业	建筑业	批发和零售业	交通运输、仓储和邮政业	住宿和餐饮业	信息传输、软件和信息技术服务业	金融业	房地产业	租赁和商务服务业	科学研究和技术服务业	水利、环境和公共设施管理业	居民服务、修理和其他服务业	卫生和社会工作	文化、体育和娱乐业
总计	100.0	0.2	0.9	36.3	1.1	11.6	16.8	4.0	2.7	3.1	0.3	4.2	10.7	4.1	0.6	1.7	0.1	1.6
北京	100.0	0.0	0.0	8.6	0.4	7.4	17.2	3.0	4.8	9.4	1.1	5.1	20.9	13.6	1.0	3.3	0.1	4.1
天津	100.0	0.0	0.1	27.5	0.9	18.3	11.8	5.3	2.3	3.3	0.7	5.2	16.0	5.3	0.5	1.8	0.0	1.1
河北	100.0	0.2	0.8	37.9	1.3	12.2	18.5	4.3	2.1	2.2	0.2	5.0	8.3	3.6	0.6	1.4	0.1	1.2
山西	100.0	0.2	5.8	20.7	2.8	12.0	19.6	6.6	3.7	2.5	0.4	6.2	10.5	4.0	1.0	1.9	0.2	2.0
内蒙古	100.0	0.4	4.3	19.2	4.4	11.6	17.4	6.7	3.7	2.1	0.3	7.1	14.1	4.2	1.1	2.0	0.1	1.3
辽宁	100.0	0.1	1.2	34.5	1.6	13.0	15.8	4.9	2.1	3.2	0.2	4.9	11.7	3.6	0.5	1.5	0.0	1.1
吉林	100.0	0.2	1.4	33.6	3.2	11.8	14.1	5.7	2.7	2.8	0.3	6.5	9.5	4.1	0.6	1.8	0.3	1.3
黑龙江	100.0	0.4	2.7	26.7	4.8	11.0	19.1	6.2	2.4	2.8	0.3	6.0	9.3	4.5	0.6	1.5	0.2	1.4
上海	100.0	0.0	0.0	28.1	0.2	6.8	14.3	5.7	4.9	5.8	1.2	4.7	18.7	5.2	0.5	2.3	0.1	1.5
江苏	100.0	0.1	0.0	47.7	0.5	10.2	15.1	3.3	1.4	2.2	0.1	2.8	9.8	4.1	0.4	1.2	0.0	1.1
浙江	100.0	0.0	0.1	55.0	0.7	9.2	12.9	2.8	1.8	2.1	0.2	2.4	7.7	2.5	0.4	1.1	0.1	1.0
安徽	100.0	0.2	0.5	36.3	0.9	15.1	15.6	4.9	2.6	2.2	0.2	3.7	10.3	3.4	0.7	1.7	0.1	1.5
福建	100.0	0.1	0.6	35.7	1.0	16.2	18.5	3.6	2.0	3.4	0.2	2.6	9.1	2.8	0.5	1.8	0.1	1.8
江西	100.0	0.3	1.5	39.9	1.3	12.3	15.2	6.5	2.2	2.2	0.1	3.4	9.0	2.5	0.5	1.3	0.1	1.5
山东	100.0	0.2	0.4	41.1	1.0	12.0	18.6	4.4	1.9	2.1	0.2	3.7	7.6	3.7	0.6	1.3	0.1	1.1

续表

地区	法人单位数	农、林、牧、渔业	采矿业	制造业	电力、热力、燃气及水生产和供应业	建筑业	批发和零售业	交通运输、仓储和邮政业	住宿和餐饮业	信息传输、软件和信息技术服务业	金融业	房地产业	租赁和商务服务业	科学研究和技术服务业	水利、环境和公共设施管理业	居民服务、修理和其他服务业	卫生和社会工作	文化、体育和娱乐业
河南	100.0	0.3	1.2	34.2	0.9	12.4	20.2	3.7	2.3	3.0	0.1	4.6	8.5	4.1	0.8	1.7	0.2	1.9
湖北	100.0	0.3	1.0	31.5	1.1	12.0	19.5	4.0	2.8	3.2	0.3	4.4	10.9	4.4	0.8	1.8	0.2	1.8
湖南	100.0	0.6	1.9	32.9	1.8	12.6	16.3	3.5	2.8	2.9	0.1	4.8	10.0	4.0	0.8	1.9	0.3	2.7
广东	100.0	0.1	0.2	44.1	0.6	6.2	17.0	3.3	2.4	3.9	0.7	3.9	10.3	4.3	0.3	1.6	0.0	1.2
广西	100.0	0.4	1.6	28.7	1.8	9.2	18.0	5.1	3.4	2.5	0.3	6.6	14.0	3.8	0.6	2.1	0.2	1.7
海南	100.0	0.3	0.6	11.8	2.5	10.2	16.0	4.7	6.6	4.1	0.4	16.3	14.7	5.2	1.0	2.7	0.2	2.6
重庆	100.0	0.2	0.8	25.9	1.0	13.2	20.1	4.5	4.3	3.2	0.3	5.1	12.1	3.1	0.8	2.7	0.3	2.4
四川	100.0	0.2	1.6	25.3	1.7	19.4	13.7	3.8	3.4	3.5	0.3	4.8	13.6	3.7	1.9	1.9	0.4	2.0
贵州	100.0	0.2	4.0	25.0	1.5	10.5	17.1	3.7	5.6	2.0	0.3	6.2	13.3	3.0	1.1	3.8	0.4	2.3
云南	100.0	0.3	3.1	18.1	1.7	18.0	20.3	4.0	4.6	2.3	0.3	5.6	12.6	3.5	0.7	2.8	0.2	2.0
西藏	100.0	0.2	1.8	8.8	1.7	40.6	11.5	3.3	4.9	2.6	0.3	2.1	14.7	3.3	0.6	1.8	0.1	1.7
陕西	100.0	0.3	2.8	20.6	1.6	18.9	17.2	3.9	4.6	3.0	0.4	5.8	11.4	4.3	1.0	2.0	0.2	2.1
甘肃	100.0	0.3	1.8	19.0	3.1	16.4	18.3	6.2	6.9	1.7	0.3	7.5	9.4	3.5	0.7	2.3	0.2	2.4
青海	100.0	0.2	2.0	17.4	2.7	14.5	15.7	4.6	6.2	1.9	0.4	7.4	16.7	5.0	1.1	2.4	0.1	1.9
宁夏	100.0	0.4	1.4	26.2	3.5	10.9	16.5	6.6	4.2	1.9	0.7	6.8	12.5	3.5	0.8	2.1	0.3	1.6
新疆	100.0	0.5	3.1	26.9	3.7	8.3	15.4	5.4	2.5	2.4	0.4	7.7	16.0	4.1	0.7	1.6	0.1	1.1

注：占比数据为北京大成企业研究院计算。

二、大中小型工业企业数据

1. 企业占比：第四次全国经济普查数据显示，截至2018年年末，全国共有工业企业345.06万家，其中大型、中型、小微型工业企业占比分别为0.2%、1.3%、98.5%（见表10-21至表10-23）。

2. 从业人员：全部工业企业从业人员达1.15亿人，户均从业人员33人。其中大型、中型、小微型工业企业从业人员占比分别为24.3%、20.3%、55.4%，户均从业人员分别为3 274人、535人、19人。

3. 资产占比：全部工业企业资产总计139.29万亿元，户均资产4 037万元，人均资产121万元。其中大型、中型、小微型工业企业资产占比分别为40.5%、19.3%、40.2%，户均资产分别为66.06亿元、6.16亿元、1 646万元，人均资产分别为202万元、115万元、88万元。

4. 负债占比：全部工业企业负债合计78.34万亿元，其中大型、中型、小微型工业企业负债占比分别为40.6%、19.7%、39.7%。

5. 资产负债率：全部工业企业资产负债率为56.2%，其中大型、中型、小微型工业企业资产负债率分别为56.4%、57.2%、55.6%。

6. 营收占比：全部工业企业营业收入达118.53万亿元，户均营收3 435万元，人均营收103万元。其中大型、中型、小微型工业企业营业收入占比分别为39.4%、20.3%、40.3%，户均营收分别为54.71亿元、5.49亿元、1 406万元，人均营收分别为167万元、103万元、75万元。

7. 资产营收率：全部工业企业资产营收率为85.1%，其中大型、中型、小微型工业企业资产营收率分别为82.8%、89.1%、85.4%。

表10-21 大中小型工业企业各项数据

指标	全部工业企业	大型工业企业	中型工业企业	小微型工业企业
企业单位数(个)	3 450 649	8 540	43 763	3 398 346
资产总计(亿元)	1 392 923	564 151	269 427	559 344
负债合计(亿元)	783 366	318 138	154 057	311 171
营业收入(亿元)	1 185 270	467 254	240 188	477 828
从业人员(万人)	11 521.5	2 796.1	2 339.5	6 385.9

注：数据源自《中国经济普查年鉴2018》，第二产业卷（上），第一篇 工业企业生产经营及财务状况篇，表1-A-1、表1-A-2、表1-A-3、表1-A-4。

表10-22　大中小型工业企业占比

单位：%

指标	全部工业企业	大型工业企业	中型工业企业	小微型工业企业
企业单位数	100.0	0.2	1.3	98.5
资产总计	100.0	40.5	19.3	40.2
负债合计	100.0	40.6	19.7	39.7
营业收入	100.0	39.4	20.3	40.3
从业人员	100.0	24.3	20.3	55.4

注：占比数据为北京大成企业研究院计算。

表10-23　大中小型工业企业各项指标

指标	全部工业企业	大型工业企业	中型工业企业	小微型工业企业
资产负债率(%)	56.2	56.4	57.2	55.6
资产营收率(%)	85.1	82.8	89.1	85.4
户均资产(万元)	4 037	660 599	61 565	1 646
户均营收(万元)	3 435	547 136	54 884	1 406
户均人数(人)	33	3 274	535	19
人均资产（万元）	121	202	115	88
人均营收（万元）	103	167	103	75

注：效益、户均、人均数据为北京大成企业研究院计算。

（一）各行业大中小微型工业企业比较

大中小微型工业企业相关经济数据及行业情况见表10-24至表10-38，这里就不一一阐述。

表10-24　大中小微型工业企业法人单位数

单位：个

行　业	全部工业企业	大型工业企业	中型工业企业	小微型工业企业
总　　计	3 450 649	8 540	43 763	3 398 346
煤炭开采和洗选业	12 574	346	1 172	11 056
石油和天然气开采业	387	34	14	339

行 业	全部工业企业	大型工业企业	中型工业企业	小微型工业企业
黑色金属矿采选业	10 134	36	179	9 919
有色金属矿采选业	6 743	31	248	6 464
非金属矿采选业	34 133	12	135	33 986
开采专业及辅助性活动	4 044	27	45	3 972
其他采矿业	2 178	—	—	2 177
农副食品加工业	136 675	264	1 827	134 584
食品制造业	71 496	217	1 167	70 112
酒、饮料和精制茶制造业	60 226	144	687	59 395
烟草制品业	309	30	39	240
纺织业	143 851	275	2 200	141 376
纺织服装、服饰业	177 745	223	2 409	175 113
皮革、毛皮、羽毛及其制品和制鞋业	80 770	189	1 389	79 192
木材加工和木、竹、藤、棕、草制品业	106 259	17	457	105 785
家具制造业	83 756	92	742	82 922
造纸和纸制品业	74 413	94	655	73 664
印刷和记录媒介复制业	81 397	52	548	80 797
文教、工美、体育和娱乐用品制造业	120 827	156	1 339	119 332
石油、煤炭及其他燃料加工业	11 629	181	354	11 094
化学原料和化学制品制造业	114 153	423	2 128	111 602
医药制造业	26 247	280	1 231	24 736
化学纤维制造业	6 862	74	197	6 591
橡胶和塑料制品业	193 519	236	1 674	191 609
非金属矿物制品业	262 667	244	2 900	259 523
黑色金属冶炼和压延加工业	21 652	346	559	20 747
有色金属冶炼和压延加工业	28 349	261	766	27 322
金属制品业	329 482	281	2 081	327 120
通用设备制造业	333 989	394	2 292	331 303
专用设备制造业	230 092	259	1 850	227 983
汽车制造业	81 847	611	2 488	78 748

续表

行　业	全部工业企业	大型工业企业	中型工业企业	小微型工业企业
铁路、船舶、航空航天和其他运输设备制造业	31 533	231	733	30 569
电气机械和器材制造业	191 875	678	3 216	187 981
计算机、通信和其他电子设备制造业	133 518	1 296	3 457	128 765
仪器仪表制造业	44 789	86	608	44 095
其他制造业	37 694	44	186	37 464
废弃资源综合利用业	13 748	3	100	13 645
金属制品、机械和设备修理业	38 699	26	119	38 554
电力、热力生产和供应业	77 226	255	1 054	75 917
燃气生产和供应业	8 044	50	168	7 826
水的生产和供应业	25 118	42	349	24 727

注：数据源自《中国经济普查年鉴2018》，第二产业卷（上），第一篇 工业企业生产经营及财务状况篇，表1-A-1、表1-A-2、表1-A-3、表1-A-4。

表10-25　各行业大中小微型工业企业法人单位数占比

单位：%

行　业	全部工业企业	大型工业企业	中型工业企业	小微型工业企业
总　计	100.0	0.2	1.3	98.5
煤炭开采和洗选业	100.0	2.8	9.3	87.9
石油和天然气开采业	100.0	8.8	3.6	87.6
黑色金属矿采选业	100.0	0.4	1.8	97.9
有色金属矿采选业	100.0	0.5	3.7	95.9
非金属矿采选业	100.0	0.0	0.4	99.6
开采专业及辅助性活动	100.0	0.7	1.1	98.2
其他采矿业	100.0	0.0	0.0	100.0
农副食品加工业	100.0	0.2	1.3	98.5
食品制造业	100.0	0.3	1.6	98.1
酒、饮料和精制茶制造业	100.0	0.2	1.1	98.6
烟草制品业	100.0	9.7	12.6	77.7
纺织业	100.0	0.2	1.5	98.3
纺织服装、服饰业	100.0	0.1	1.4	98.5

续表

行　业	全部工业企业	大型工业企业	中型工业企业	小微型工业企业
皮革、毛皮、羽毛及其制品和制鞋业	100.0	0.2	1.7	98.0
木材加工和木、竹、藤、棕、草制品业	100.0	0.0	0.4	99.6
家具制造业	100.0	0.1	0.9	99.0
造纸和纸制品业	100.0	0.1	0.9	99.0
印刷和记录媒介复制业	100.0	0.1	0.7	99.3
文教、工美、体育和娱乐用品制造业	100.0	0.1	1.1	98.8
石油、煤炭及其他燃料加工业	100.0	1.6	3.0	95.4
化学原料和化学制品制造业	100.0	0.4	1.9	97.8
医药制造业	100.0	1.1	4.7	94.2
化学纤维制造业	100.0	1.1	2.9	96.1
橡胶和塑料制品业	100.0	0.1	0.9	99.0
非金属矿物制品业	100.0	0.1	1.1	98.8
黑色金属冶炼和压延加工业	100.0	1.6	2.6	95.8
有色金属冶炼和压延加工业	100.0	0.9	2.7	96.4
金属制品业	100.0	0.1	0.6	99.3
通用设备制造业	100.0	0.1	0.7	99.2
专用设备制造业	100.0	0.1	0.8	99.1
汽车制造业	100.0	0.7	3.0	96.2
铁路、船舶、航空航天和其他运输设备制造业	100.0	0.7	2.3	96.9
电气机械和器材制造业	100.0	0.4	1.7	98.0
计算机、通信和其他电子设备制造业	100.0	1.0	2.6	96.4
仪器仪表制造业	100.0	0.2	1.4	98.5
其他制造业	100.0	0.1	0.5	99.4
废弃资源综合利用业	100.0	0.0	0.7	99.3
金属制品、机械和设备修理业	100.0	0.1	0.3	99.6
电力、热力生产和供应业	100.0	0.3	1.4	98.3
燃气生产和供应业	100.0	0.6	2.1	97.3
水的生产和供应业	100.0	0.2	1.4	98.4

注：占比数据为北京大成企业研究院计算。

表10-26　大中小微型工业企业法人单位数在各行业占比

单位：%

行　业	全部工业企业	大型工业企业	中型工业企业	小微型工业企业
总　计	100.0	100.0	100.0	100.0
煤炭开采和洗选业	0.4	4.1	2.7	0.3
石油和天然气开采业	0.0	0.4	0.0	0.0
黑色金属矿采选业	0.3	0.4	0.4	0.3
有色金属矿采选业	0.2	0.4	0.6	0.2
非金属矿采选业	1.0	0.1	0.3	1.0
开采专业及辅助性活动	0.1	0.3	0.1	0.1
其他采矿业	0.1	3.1	4.2	0.1
农副食品加工业	4.0	2.5	2.7	4.0
食品制造业	2.1	1.7	1.6	2.1
酒、饮料和精制茶制造业	1.7	0.4	0.1	1.7
烟草制品业	0.0	3.2	5.0	0.0
纺织业	4.2	2.6	5.5	4.2
纺织服装、服饰业	5.2	2.2	3.2	5.2
皮革、毛皮、羽毛及其制品和制鞋业	2.3	0.2	1.0	2.3
木材加工和木、竹、藤、棕、草制品业	3.1	1.1	1.7	3.1
家具制造业	2.4	1.1	1.5	2.4
造纸和纸制品业	2.2	0.6	1.3	2.2
印刷和记录媒介复制业	2.4	1.8	3.1	2.4
文教、工美、体育和娱乐用品制造业	3.5	2.1	0.8	3.5
石油、煤炭及其他燃料加工业	0.3	5.0	4.9	0.3
化学原料和化学制品制造业	3.3	3.3	2.8	3.3
医药制造业	0.8	0.9	0.5	0.7
化学纤维制造业	0.2	2.8	3.8	0.2
橡胶和塑料制品业	5.6	2.9	6.6	5.6
非金属矿物制品业	7.6	4.1	1.3	7.6
黑色金属冶炼和压延加工业	0.6	3.1	1.8	0.6

续表

行　业	全部工业企业	大型工业企业	中型工业企业	小微型工业企业
有色金属冶炼和压延加工业	0.8	3.3	4.8	0.8
金属制品业	9.5	4.6	5.2	9.6
通用设备制造业	9.7	3.0	4.2	9.7
专用设备制造业	6.7	7.2	5.7	6.7
汽车制造业	2.4	2.7	1.7	2.3
铁路、船舶、航空航天和其他运输设备制造业	0.9	7.9	7.3	0.9
电气机械和器材制造业	5.6	15.2	7.9	5.5
计算机、通信和其他电子设备制造业	3.9	1.0	1.4	3.8
仪器仪表制造业	1.3	0.5	0.4	1.3
其他制造业	1.1	0.0	0.2	1.1
废弃资源综合利用业	0.4	0.3	0.3	0.4
金属制品、机械和设备修理业	1.1	3.0	2.4	1.1
电力、热力生产和供应业	2.2	0.6	0.4	2.2
燃气生产和供应业	0.2	0.5	0.8	0.2
水的生产和供应业	0.7	—	—	0.7

注：占比数据为北京大成企业研究院计算。

表10-27　大中小微型工业企业资产总计

单位：亿元

行　业	全部工业企业	大型工业企业	中型工业企业	小微型工业企业
总　　计	1 392 923	564 151	269 427	559 344
煤炭开采和洗选业	64 421	37 993	13 465	12 964
石油和天然气开采业	20 129	18 037	433	1 659
黑色金属矿采选业	11 249	5 958	1 743	3 548
有色金属矿采选业	7 788	1 919	1 861	4 009
非金属矿采选业	6 221	516	652	5 053
开采专业及辅助性活动	3 805	2 395	591	818
其他采矿业	253	—	—	249
农副食品加工业	37 498	5 741	8 424	23 334

续表

行　业	全部工业企业	大型工业企业	中型工业企业	小微型工业企业
食品制造业	19 795	5 200	4 785	9 810
酒、饮料和精制茶制造业	21 085	8 748	3 436	8 901
烟草制品业	10 970	10 032	657	281
纺织业	27 143	4 527	6 002	16 614
纺织服装、服饰业	18 382	4 035	3 876	10 471
皮革、毛皮、羽毛及其制品和制鞋业	9 228	2 036	1 908	5 284
木材加工和木、竹、藤、棕、草制品业	8 888	166	1 216	7 506
家具制造业	8 616	1 509	1 687	5 420
造纸和纸制品业	17 593	6 431	3 782	7 380
印刷和记录媒介复制业	8 672	700	1 837	6 136
文教、工美、体育和娱乐用品制造业	12 556	1 922	2 655	7 979
石油、煤炭及其他燃料加工业	35 431	20 598	8 542	6 291
化学原料和化学制品制造业	85 950	26 852	21 633	37 464
医药制造业	36 581	14 311	10 532	11 738
化学纤维制造业	8 633	4 283	1 820	2 530
橡胶和塑料制品业	30 840	6 052	5 839	18 948
非金属矿物制品业	68 132	6 618	16 916	44 597
黑色金属冶炼和压延加工业	65 375	50 596	6 283	8 496
有色金属冶炼和压延加工业	46 028	26 809	8 318	10 901
金属制品业	41 518	5 707	8 028	27 783
通用设备制造业	58 869	14 459	11 729	32 681
专用设备制造业	52 830	13 761	12 241	26 828
汽车制造业	87 062	50 838	16 257	19 968
铁路、船舶、航空航天和其他运输设备制造业	27 810	14 999	5 283	7 528
电气机械和器材制造业	80 716	30 990	17 461	32 265
计算机、通信和其他电子设备制造业	116 519	71 772	17 899	26 849
仪器仪表制造业	11 738	2 407	3 126	6 205

行　　业	全部工业企业	大型工业企业	中型工业企业	小微型工业企业
其他制造业	3 825	979	483	2 362
废弃资源综合利用业	3 592	191	597	2 805
金属制品、机械和设备修理业	3 282	813	868	1 601
电力、热力生产和供应业	175 530	75 024	28 975	71 531
燃气生产和供应业	13 580	3 523	2 605	7 453
水的生产和供应业	24 791	4 706	4 979	15 107

注：数据源自《中国经济普查年鉴2018》，第二产业卷（上），第一篇 工业企业生产经营及财务状况篇，表1-A-1、表1-A-2、表1-A-3、表1-A-4。

表10-28　大中小微型工业企业资产占比

单位：%

行　　业	全部工业企业	大型工业企业	中型工业企业	小微型工业企业
总　　计	100.0	40.5	19.3	40.2
煤炭开采和洗选业	100.0	59.0	20.9	20.1
石油和天然气开采业	100.0	89.6	2.2	8.2
黑色金属矿采选业	100.0	53.0	15.5	31.5
有色金属矿采选业	100.0	24.6	23.9	51.5
非金属矿采选业	100.0	8.3	10.5	81.2
开采专业及辅助性活动	100.0	63.0	15.5	21.5
其他采矿业	100.0	0.0	0.0	98.4
农副食品加工业	100.0	15.3	22.5	62.2
食品制造业	100.0	26.3	24.2	49.6
酒、饮料和精制茶制造业	100.0	41.5	16.3	42.2
烟草制品业	100.0	91.4	6.0	2.6
纺织业	100.0	16.7	22.1	61.2
纺织服装、服饰业	100.0	22.0	21.1	57.0
皮革、毛皮、羽毛及其制品和制鞋业	100.0	22.1	20.7	57.3
木材加工和木、竹、藤、棕、草制品业	100.0	1.9	13.7	84.5

续表

行 业	全部工业企业	大型工业企业	中型工业企业	小微型工业企业
家具制造业	100.0	17.5	19.6	62.9
造纸和纸制品业	100.0	36.6	21.5	41.9
印刷和记录媒介复制业	100.0	8.1	21.2	70.8
文教、工美、体育和娱乐用品制造业	100.0	15.3	21.1	63.5
石油、煤炭及其他燃料加工业	100.0	58.1	24.1	17.8
化学原料和化学制品制造业	100.0	31.2	25.2	43.6
医药制造业	100.0	39.1	28.8	32.1
化学纤维制造业	100.0	49.6	21.1	29.3
橡胶和塑料制品业	100.0	19.6	18.9	61.4
非金属矿物制品业	100.0	9.7	24.8	65.5
黑色金属冶炼和压延加工业	100.0	77.4	9.6	13.0
有色金属冶炼和压延加工业	100.0	58.2	18.1	23.7
金属制品业	100.0	13.7	19.3	66.9
通用设备制造业	100.0	24.6	19.9	55.5
专用设备制造业	100.0	26.0	23.2	50.8
汽车制造业	100.0	58.4	18.7	22.9
铁路、船舶、航空航天和其他运输设备制造业	100.0	53.9	19.0	27.1
电气机械和器材制造业	100.0	38.4	21.6	40.0
计算机、通信和其他电子设备制造业	100.0	61.6	15.4	23.0
仪器仪表制造业	100.0	20.5	26.6	52.9
其他制造业	100.0	25.6	12.6	61.8
废弃资源综合利用业	100.0	5.3	16.6	78.1
金属制品、机械和设备修理业	100.0	24.8	26.4	48.8
电力、热力生产和供应业	100.0	42.7	16.5	40.8
燃气生产和供应业	100.0	25.9	19.2	54.9
水的生产和供应业	100.0	19.0	20.1	60.9

注：占比数据为北京大成企业研究院计算。

表10-29 大中小微型工业企业资产各行业占比

单位：%

行　　业	全部工业企业	大型工业企业	中型工业企业	小微型工业企业
总　　计	100.0	100.0	100.0	100.0
煤炭开采和洗选业	4.6	6.7	5.0	2.3
石油和天然气开采业	1.4	3.2	0.2	0.3
黑色金属矿采选业	0.8	1.1	0.6	0.6
有色金属矿采选业	0.6	0.3	0.7	0.7
非金属矿采选业	0.4	0.1	0.2	0.9
开采专业及辅助性活动	0.3	0.4	0.2	0.1
其他采矿业	0.0	1.0	3.1	0.0
农副食品加工业	2.7	0.9	1.8	4.2
食品制造业	1.4	1.6	1.3	1.8
酒、饮料和精制茶制造业	1.5	1.8	0.2	1.6
烟草制品业	0.8	0.8	2.2	0.1
纺织业	1.9	0.7	1.4	3.0
纺织服装、服饰业	1.3	0.4	0.7	1.9
皮革、毛皮、羽毛及其制品和制鞋业	0.7	0.0	0.5	0.9
木材加工和木、竹、藤、棕、草制品业	0.6	0.3	0.6	1.3
家具制造业	0.6	1.1	1.4	1.0
造纸和纸制品业	1.3	0.1	0.7	1.3
印刷和记录媒介复制业	0.6	0.3	1.0	1.1
文教、工美、体育和娱乐用品制造业	0.9	3.7	3.2	1.4
石油、煤炭及其他燃料加工业	2.5	4.8	8.0	1.1
化学原料和化学制品制造业	6.2	2.5	3.9	6.7
医药制造业	2.6	0.8	0.7	2.1
化学纤维制造业	0.6	1.1	2.2	0.5
橡胶和塑料制品业	2.2	1.2	6.3	3.4
非金属矿物制品业	4.9	9.0	2.3	8.0
黑色金属冶炼和压延加工业	4.7	4.8	3.1	1.5

续表

行　业	全部工业企业	大型工业企业	中型工业企业	小微型工业企业
有色金属冶炼和压延加工业	3.3	1.0	3.0	1.9
金属制品业	3.0	2.6	4.4	5.0
通用设备制造业	4.2	2.4	4.5	5.8
专用设备制造业	3.8	9.0	6.0	4.8
汽车制造业	6.3	2.7	2.0	3.6
铁路、船舶、航空航天和其他运输设备制造业	2.0	5.5	6.5	1.3
电气机械和器材制造业	5.8	12.7	6.6	5.8
计算机、通信和其他电子设备制造业	8.4	0.4	1.2	4.8
仪器仪表制造业	0.8	0.2	0.2	1.1
其他制造业	0.3	0.0	0.2	0.4
废弃资源综合利用业	0.3	0.1	0.3	0.5
金属制品、机械和设备修理业	0.2	13.3	10.8	0.3
电力、热力生产和供应业	12.6	0.6	1.0	12.8
燃气生产和供应业	1.0	0.8	1.8	1.3
水的生产和供应业	1.8	—		2.7

注：占比数据为北京大成企业研究院计算。

表10-30　大中小微型工业企业负债合计

单位：亿元

行　业	全部工业企业	大型工业企业	中型工业企业	小微型工业企业
总　计	783 366	318 138	154 057	311 171
煤炭开采和洗选业	42 808	24 305	9 328	9 176
石油和天然气开采业	8 512	7 769	195	549
黑色金属矿采选业	7 018	3 616	1 022	2 380
有色金属矿采选业	4 548	1 094	1 071	2 383
非金属矿采选业	2 858	274	297	2 286
开采专业及辅助性活动	2 237	1 423	274	539
其他采矿业	110	—	—	106
农副食品加工业	19 956	3 231	4 957	11 768

行　业	全部工业企业	大型工业企业	中型工业企业	小微型工业企业
食品制造业	9 231	2 386	2 148	4 697
酒、饮料和精制茶制造业	8 911	3 098	1 708	4 104
烟草制品业	2 683	2 352	241	90
纺织业	15 716	2 353	3 429	9 934
纺织服装、服饰业	9 240	1 871	1 885	5 484
皮革、毛皮、羽毛及其制品和制鞋业	4 528	821	914	2 793
木材加工和木、竹、藤、棕、草制品业	4 209	80	613	3 515
家具制造业	4 311	763	934	2 613
造纸和纸制品业	10 147	3 675	2 181	4 292
印刷和记录媒介复制业	4 164	262	734	3 167
文教、工美、体育和娱乐用品制造业	6 525	991	1 378	4 155
石油、煤炭及其他燃料加工业	22 937	12 179	6 507	4 250
化学原料和化学制品制造业	47 099	15 290	12 396	19 414
医药制造业	15 656	5 858	4 174	5 624
化学纤维制造业	5 187	2 548	1 088	1 552
橡胶和塑料制品业	16 080	3 007	2 817	10 256
非金属矿物制品业	35 566	3 323	8 455	23 788
黑色金属冶炼和压延加工业	40 969	30 693	4 501	5 776
有色金属冶炼和压延加工业	28 870	16 929	4 998	6 943
金属制品业	22 766	3 114	4 499	15 153
通用设备制造业	31 286	8 226	5 864	17 196
专用设备制造业	29 258	8 113	6 858	14 288
汽车制造业	51 501	30 051	9 674	11 776
铁路、船舶、航空航天和其他运输设备制造业	17 001	9 530	3 276	4 195
电气机械和器材制造业	45 875	18 448	9 709	17 719
计算机、通信和其他电子设备制造业	66 517	42 896	9 355	14 266
仪器仪表制造业	5 501	1 091	1 333	3 077

续表

行　业	全部工业企业	大型工业企业	中型工业企业	小微型工业企业
其他制造业	1 952	608	243	1 102
废弃资源综合利用业	2 041	79	371	1 591
金属制品、机械和设备修理业	1 810	463	423	924
电力、热力生产和供应业	105 802	40 694	19 622	45 485
燃气生产和供应业	8 155	2 217	1 577	4 361
水的生产和供应业	13 826	2 415	3 007	8 404

注：数据源自《中国经济普查年鉴2018》，第二产业卷（上），第一篇 工业企业生产经营及财务状况篇，表1-A-1、表1-A-2、表1-A-3、表1-A-4。

表10-31　大中小微型工业企业负债占比

单位：%

行　业	全部工业企业	大型工业企业	中型工业企业	小微型工业企业
总　计	100.0	40.6	19.7	39.7
煤炭开采和洗选业	100.0	56.8	21.8	21.4
石油和天然气开采业	100.0	91.3	2.3	6.4
黑色金属矿采选业	100.0	51.5	14.6	33.9
有色金属矿采选业	100.0	24.0	23.6	52.4
非金属矿采选业	100.0	9.6	10.4	80.0
开采专业及辅助性活动	100.0	63.6	12.3	24.1
其他采矿业	100.0	0.0	0.0	97.0
农副食品加工业	100.0	16.2	24.8	59.0
食品制造业	100.0	25.8	23.3	50.9
酒、饮料和精制茶制造业	100.0	34.8	19.2	46.1
烟草制品业	100.0	87.7	9.0	3.4
纺织业	100.0	15.0	21.8	63.2
纺织服装、服饰业	100.0	20.3	20.4	59.3
皮革、毛皮、羽毛及其制品和制鞋业	100.0	18.1	20.2	61.7
木材加工和木、竹、藤、棕、草制品业	100.0	1.9	14.6	83.5

续表

行　业	全部工业企业	大型工业企业	中型工业企业	小微型工业企业
家具制造业	100.0	17.7	21.7	60.6
造纸和纸制品业	100.0	36.2	21.5	42.3
印刷和记录媒介复制业	100.0	6.3	17.6	76.1
文教、工美、体育和娱乐用品制造业	100.0	15.2	21.1	63.7
石油、煤炭及其他燃料加工业	100.0	53.1	28.4	18.5
化学原料和化学制品制造业	100.0	32.5	26.3	41.2
医药制造业	100.0	37.4	26.7	35.9
化学纤维制造业	100.0	49.1	21.0	29.9
橡胶和塑料制品业	100.0	18.7	17.5	63.8
非金属矿物制品业	100.0	9.3	23.8	66.9
黑色金属冶炼和压延加工业	100.0	74.9	11.0	14.1
有色金属冶炼和压延加工业	100.0	58.6	17.3	24.1
金属制品业	100.0	13.7	19.8	66.6
通用设备制造业	100.0	26.3	18.7	55.0
专用设备制造业	100.0	27.7	23.4	48.8
汽车制造业	100.0	58.4	18.8	22.9
铁路、船舶、航空航天和其他运输设备制造业	100.0	56.1	19.3	24.7
电气机械和器材制造业	100.0	40.2	21.2	38.6
计算机、通信和其他电子设备制造业	100.0	64.5	14.1	21.4
仪器仪表制造业	100.0	19.8	24.2	55.9
其他制造业	100.0	31.1	12.4	56.4
废弃资源综合利用业	100.0	3.9	18.2	77.9
金属制品、机械和设备修理业	100.0	25.6	23.4	51.0
电力、热力生产和供应业	100.0	38.5	18.5	43.0
燃气生产和供应业	100.0	27.2	19.3	53.5
水的生产和供应业	100.0	17.5	21.7	60.8

注：占比数据为北京大成企业研究院计算。

表10-32 大中小微型工业企业负债各行业占比

单位：%

行 业	全部工业企业	大型工业企业	中型工业企业	小微型工业企业
总 计	100.0	100.0	100.0	100.0
煤炭开采和洗选业	5.5	7.6	6.1	2.9
石油和天然气开采业	1.1	2.4	0.1	0.2
黑色金属矿采选业	0.9	1.1	0.7	0.8
有色金属矿采选业	0.6	0.3	0.7	0.8
非金属矿采选业	0.4	0.1	0.2	0.7
开采专业及辅助性活动	0.3	0.4	0.2	0.2
其他采矿业	0.0	1.0	3.2	0.0
农副食品加工业	2.5	0.7	1.4	3.8
食品制造业	1.2	1.0	1.1	1.5
酒、饮料和精制茶制造业	1.1	0.7	0.2	1.3
烟草制品业	0.3	0.7	2.2	0.0
纺织业	2.0	0.6	1.2	3.2
纺织服装、服饰业	1.2	0.3	0.6	1.8
皮革、毛皮、羽毛及其制品和制鞋业	0.6	0.0	0.4	0.9
木材加工和木、竹、藤、棕、草制品业	0.5	0.2	0.6	1.1
家具制造业	0.6	1.2	1.4	0.8
造纸和纸制品业	1.3	0.1	0.5	1.4
印刷和记录媒介复制业	0.5	0.3	0.9	1.0
文教、工美、体育和娱乐用品制造业	0.8	3.8	4.2	1.3
石油、煤炭及其他燃料加工业	2.9	4.8	8.0	1.4
化学原料和化学制品制造业	6.0	1.8	2.7	6.2
医药制造业	2.0	0.8	0.7	1.8
化学纤维制造业	0.7	0.9	1.8	0.5
橡胶和塑料制品业	2.1	1.0	5.5	3.3
非金属矿物制品业	4.5	9.6	2.9	7.6
黑色金属冶炼和压延加工业	5.2	5.3	3.2	1.9

续表

行　　业	全部工业企业	大型工业企业	中型工业企业	小微型工业企业
有色金属冶炼和压延加工业	3.7	1.0	2.9	2.2
金属制品业	2.9	2.6	3.8	4.9
通用设备制造业	4.0	2.6	4.5	5.5
专用设备制造业	3.7	9.4	6.3	4.6
汽车制造业	6.6	3.0	2.1	3.8
铁路、船舶、航空航天和其他运输设备制造业	2.2	5.8	6.3	1.3
电气机械和器材制造业	5.9	13.5	6.1	5.7
计算机、通信和其他电子设备制造业	8.5	0.3	0.9	4.6
仪器仪表制造业	0.7	0.2	0.2	1.0
其他制造业	0.2	0.0	0.2	0.4
废弃资源综合利用业	0.3	0.1	0.3	0.5
金属制品、机械和设备修理业	0.2	12.8	12.7	0.3
电力、热力生产和供应业	13.5	0.7	1.0	14.6
燃气生产和供应业	1.0	0.8	2.0	1.4
水的生产和供应业	1.8	—	—	2.7

注：占比数据为北京大成企业研究院计算。

表10-33　大中小微型工业企业营业收入

单位：亿元

行　　业	全部工业企业	大型工业企业	中型工业企业	小微型工业企业
总　　计	1 185 270	467 254	240 188	477 828
煤炭开采和洗选业	26 831	16 077	4 322	6 432
石油和天然气开采业	8 895	8 291	127	477
黑色金属矿采选业	3 642	1 017	838	1 786
有色金属矿采选业	4 029	1 151	1 194	1 683
非金属矿采选业	4 720	150	403	4 168
开采专业及辅助性活动	2 523	1 931	274	319
其他采矿业	74	—	—	55
农副食品加工业	51 359	6 701	12 256	32 403

续表

行　业	全部工业企业	大型工业企业	中型工业企业	小微型工业企业
食品制造业	20 745	6 113	5 722	8 910
酒、饮料和精制茶制造业	16 465	5 931	3 635	6 899
烟草制品业	10 463	9 728	581	154
纺织业	31 507	4 501	7 574	19 432
纺织服装、服饰业	23 576	4 417	5 264	13 896
皮革、毛皮、羽毛及其制品和制鞋业	15 294	3 007	3 619	8 668
木材加工和木、竹、藤、棕、草制品业	12 984	195	1 507	11 282
家具制造业	9 819	1 484	2 110	6 225
造纸和纸制品业	16 594	3 996	3 859	8 739
印刷和记录媒介复制业	9 168	618	1 857	6 694
文教、工美、体育和娱乐用品制造业	16 850	2 486	4 493	9 870
石油、煤炭及其他燃料加工业	48 757	33 061	10 351	5 345
化学原料和化学制品制造业	75 063	21 253	19 284	34 526
医药制造业	24 811	9 394	7 552	7 865
化学纤维制造业	8 978	4 708	1 855	2 416
橡胶和塑料制品业	32 304	5 100	6 307	20 897
非金属矿物制品业	61 050	4 308	13 170	43 572
黑色金属冶炼和压延加工业	69 246	48 932	9 668	10 646
有色金属冶炼和压延加工业	56 144	27 001	10 485	18 658
金属制品业	45 541	5 699	9 192	30 650
通用设备制造业	50 174	10 317	10 118	29 739
专用设备制造业	38 129	8 213	7 841	22 075
汽车制造业	87 910	55 079	15 423	17 408
铁路、船舶、航空航天和其他运输设备制造业	16 387	7 835	3 497	5 054
电气机械和器材制造业	72 082	27 248	16 861	27 973
计算机、通信和其他电子设备制造业	115 029	78 021	17 485	19 522
仪器仪表制造业	9 223	1 445	2 779	4 999

续表

行　业	全部工业企业	大型工业企业	中型工业企业	小微型工业企业
其他制造业	3 359	597	523	2 239
废弃资源综合利用业	4 634	120	1 111	3 403
金属制品、机械和设备修理业	2 129	522	454	1 153
电力、热力生产和供应业	66 043	38 310	14 182	13 551
燃气生产和供应业	8 805	1 635	1 505	5 665
水的生产和供应业	3 936	664	894	2 378

注：数据源自《中国经济普查年鉴2018》，第二产业卷（上），第一篇 工业企业生产经营及财务状况篇，表1–A–1、表1–A–2、表1–A–3、表1–A–4。

表10–34　大中小微型工业企业营业收入占比

单位：%

行　业	全部工业企业	大型工业企业	中型工业企业	小微型工业企业
总　计	100.0	39.4	20.3	40.3
煤炭开采和洗选业	100.0	59.9	16.1	24.0
石油和天然气开采业	100.0	93.2	1.4	5.4
黑色金属矿采选业	100.0	27.9	23.0	49.1
有色金属矿采选业	100.0	28.6	29.6	41.8
非金属矿采选业	100.0	3.2	8.5	88.3
开采专业及辅助性活动	100.0	76.5	10.9	12.6
其他采矿业	100.0	0.0	0.0	73.9
农副食品加工业	100.0	13.0	23.9	63.1
食品制造业	100.0	29.5	27.6	43.0
酒、饮料和精制茶制造业	100.0	36.0	22.1	41.9
烟草制品业	100.0	93.0	5.5	1.5
纺织业	100.0	14.3	24.0	61.7
纺织服装、服饰业	100.0	18.7	22.3	58.9
皮革、毛皮、羽毛及其制品和制鞋业	100.0	19.7	23.7	56.7
木材加工和木、竹、藤、棕、草制品业	100.0	1.5	11.6	86.9

续表

行　业	全部工业企业	大型工业企业	中型工业企业	小微型工业企业
家具制造业	100.0	15.1	21.5	63.4
造纸和纸制品业	100.0	24.1	23.3	52.7
印刷和记录媒介复制业	100.0	6.7	20.2	73.0
文教、工美、体育和娱乐用品制造业	100.0	14.8	26.7	58.6
石油、煤炭及其他燃料加工业	100.0	67.8	21.2	11.0
化学原料和化学制品制造业	100.0	28.3	25.7	46.0
医药制造业	100.0	37.9	30.4	31.7
化学纤维制造业	100.0	52.4	20.7	26.9
橡胶和塑料制品业	100.0	15.8	19.5	64.7
非金属矿物制品业	100.0	7.1	21.6	71.4
黑色金属冶炼和压延加工业	100.0	70.7	14.0	15.4
有色金属冶炼和压延加工业	100.0	48.1	18.7	33.2
金属制品业	100.0	12.5	20.2	67.3
通用设备制造业	100.0	20.6	20.2	59.3
专用设备制造业	100.0	21.5	20.6	57.9
汽车制造业	100.0	62.7	17.5	19.8
铁路、船舶、航空航天和其他运输设备制造业	100.0	47.8	21.3	30.8
电气机械和器材制造业	100.0	37.8	23.4	38.8
计算机、通信和其他电子设备制造业	100.0	67.8	15.2	17.0
仪器仪表制造业	100.0	15.7	30.1	54.2
其他制造业	100.0	17.8	15.6	66.7
废弃资源综合利用业	100.0	2.6	24.0	73.4
金属制品、机械和设备修理业	100.0	24.5	21.3	54.2
电力、热力生产和供应业	100.0	58.0	21.5	20.5
燃气生产和供应业	100.0	18.6	17.1	64.3
水的生产和供应业	100.0	16.9	22.7	60.4

注：占比数据为北京大成企业研究院计算。

表10-35 大中小微型工业企业营业收入各行业占比

单位：%

行　业	全部工业企业	大型工业企业	中型工业企业	小微型工业企业
总　计	100.0	100.0	100.0	100.0
煤炭开采和洗选业	2.3	3.4	1.8	1.3
石油和天然气开采业	0.8	1.8	0.1	0.1
黑色金属矿采选业	0.3	0.2	0.3	0.4
有色金属矿采选业	0.3	0.2	0.5	0.4
非金属矿采选业	0.4	0.0	0.2	0.9
开采专业及辅助性活动	0.2	0.4	0.1	0.1
其他采矿业	0.0	1.4	5.1	0.0
农副食品加工业	4.3	1.3	2.4	6.8
食品制造业	1.8	1.3	1.5	1.9
酒、饮料和精制茶制造业	1.4	2.1	0.2	1.4
烟草制品业	0.9	1.0	3.2	0.0
纺织业	2.7	0.9	2.2	4.1
纺织服装、服饰业	2.0	0.6	1.5	2.9
皮革、毛皮、羽毛及其制品和制鞋业	1.3	0.0	0.6	1.8
木材加工和木、竹、藤、棕、草制品业	1.1	0.3	0.9	2.4
家具制造业	0.8	0.9	1.6	1.3
造纸和纸制品业	1.4	0.1	0.8	1.8
印刷和记录媒介复制业	0.8	0.5	1.9	1.4
文教、工美、体育和娱乐用品制造业	1.4	7.1	4.3	2.1
石油、煤炭及其他燃料加工业	4.1	4.5	8.0	1.1
化学原料和化学制品制造业	6.3	2.0	3.1	7.2
医药制造业	2.1	1.0	0.8	1.6
化学纤维制造业	0.8	1.1	2.6	0.5
橡胶和塑料制品业	2.7	0.9	5.5	4.4
非金属矿物制品业	5.2	10.5	4.0	9.1
黑色金属冶炼和压延加工业	5.8	5.8	4.4	2.2

续表

行　业	全部工业企业	大型工业企业	中型工业企业	小微型工业企业
有色金属冶炼和压延加工业	4.7	1.2	3.8	3.9
金属制品业	3.8	2.2	4.2	6.4
通用设备制造业	4.2	1.8	3.3	6.2
专用设备制造业	3.2	11.8	6.4	4.6
汽车制造业	7.4	1.7	1.5	3.6
铁路、船舶、航空航天和其他运输设备制造业	1.4	5.8	7.0	1.1
电气机械和器材制造业	6.1	16.7	7.3	5.9
计算机、通信和其他电子设备制造业	9.7	0.3	1.2	4.1
仪器仪表制造业	0.8	0.1	0.2	1.0
其他制造业	0.3	0.0	0.5	0.5
废弃资源综合利用业	0.4	0.1	0.2	0.7
金属制品、机械和设备修理业	0.2	8.2	5.9	0.2
电力、热力生产和供应业	5.6	0.3	0.6	2.8
燃气生产和供应业	0.7	0.1	0.4	1.2
水的生产和供应业	0.3	—	—	0.5

注：占比数据为北京大成企业研究院计算。

表10-36　大中小微型工业企业从业人员

单位：万人

行　业	全部工业企业	大型工业企业	中型工业企业	小微型工业企业
总　计	11 521.5	2 796.1	2 339.5	6 385.9
煤炭开采和洗选业	347.3	218.9	80.7	47.7
石油和天然气开采业	62.6	60.8	0.7	1.1
黑色金属矿采选业	39.7	12.5	9.7	17.5
有色金属矿采选业	40.9	7.8	15.2	17.8
非金属矿采选业	64.8	2.1	7.3	55.4
开采专业及辅助性活动	38.9	27.0	2.4	9.5
其他采矿业	1.8	—	—	1.7
农副食品加工业	426.8	57.9	93.3	275.6

续表

行　　业	全部工业企业	大型工业企业	中型工业企业	小微型工业企业
食品制造业	251.8	50.3	61.6	140.0
酒、饮料和精制茶制造业	175.6	43.6	36.3	95.7
烟草制品业	16.5	12.7	2.8	1.0
纺织业	471.7	56.4	116.5	298.9
纺织服装、服饰业	582.2	67.8	133.4	380.9
皮革、毛皮、羽毛及其制品和制鞋业	318.3	54.4	78.4	185.5
木材加工和木、竹、藤、棕、草制品业	212.7	2.9	21.9	187.9
家具制造业	198.4	21.7	37.6	139.1
造纸和纸制品业	171.7	19.0	32.7	120.1
印刷和记录媒介复制业	159.5	10.2	26.8	122.4
文教、工美、体育和娱乐用品制造业	315.0	36.2	76.0	202.7
石油、煤炭及其他燃料加工业	93.4	51.6	21.1	20.7
化学原料和化学制品制造业	473.0	91.4	109.1	272.5
医药制造业	232.0	75.0	63.4	93.7
化学纤维制造业	49.3	20.9	10.2	18.2
橡胶和塑料制品业	471.8	56.5	86.3	328.9
非金属矿物制品业	727.1	51.9	146.5	528.7
黑色金属冶炼和压延加工业	247.8	165.1	29.6	53.2
有色金属冶炼和压延加工业	202.0	84.8	41.3	76.0
金属制品业	650.3	59.9	103.3	487.0
通用设备制造业	710.7	88.3	116.7	505.6
专用设备制造业	533.9	64.8	95.7	373.4
汽车制造业	555.8	201.5	132.2	222.0
铁路、船舶、航空航天和其他运输设备制造业	189.5	74.4	40.5	74.5
电气机械和器材制造业	734.4	185.2	172.0	377.1
计算机、通信和其他电子设备制造业	1 015.2	540.0	196.3	278.9
仪器仪表制造业	129.2	15.4	32.3	81.5

续表

行　业	全部工业企业	大型二业企业	中型工业企业	小微型工业企业
其他制造业	68.9	9.3	10.5	49.2
废弃资源综合利用业	26.5	0.5	4.5	21.5
金属制品、机械和设备修理业	48.6	7.7	7.3	33.6
电力、热力生产和供应业	339.9	170.1	58.8	111.1
燃气生产和供应业	41.1	9.5	8.8	22.8
水的生产和供应业	84.8	9.7	19.7	55.4

注：数据源自《中国经济普查年鉴2018》，第二产业卷（上），第一篇 工业企业生产经营及财务状况篇，表1-A-1、表1-A-2、表1-A-3、表1-A-4。

表10-37　大中小微型企业从业人员占比

单位：%

行　业	全部工业企业	大型工业企业	中型工业企业	小微型工业企业
总　　计	100.0	24.3	20.3	55.4
煤炭开采和洗选业	100.0	63.0	23.2	13.7
石油和天然气开采业	100.0	97.0	1.2	1.8
黑色金属矿采选业	100.0	31.5	24.5	44.0
有色金属矿采选业	100.0	19.2	37.2	43.6
非金属矿采选业	100.0	3.2	11.3	85.5
开采专业及辅助性活动	100.0	69.5	6.1	24.3
其他采矿业	100.0	0.0	0.0	96.6
农副食品加工业	100.0	13.6	21.9	64.6
食品制造业	100.0	20.0	24.5	55.6
酒、饮料和精制茶制造业	100.0	24.8	20.7	54.5
烟草制品业	100.0	77.2	16.9	5.9
纺织业	100.0	12.0	24.7	63.4
纺织服装、服饰业	100.0	11.7	22.9	65.4
皮革、毛皮、羽毛及其制品和制鞋业	100.0	17.1	24.6	58.3
木材加工和木、竹、藤、棕、草制品业	100.0	1.4	10.3	88.3

行　业	全部工业企业	大型工业企业	中型工业企业	小微型工业企业
家具制造业	100.0	11.0	18.9	70.1
造纸和纸制品业	100.0	11.0	19.0	69.9
印刷和记录媒介复制业	100.0	6.4	16.8	76.8
文教、工美、体育和娱乐用品制造业	100.0	11.5	24.1	64.4
石油、煤炭及其他燃料加工业	100.0	55.2	22.6	22.1
化学原料和化学制品制造业	100.0	19.3	23.1	57.6
医药制造业	100.0	32.3	27.3	40.4
化学纤维制造业	100.0	42.4	20.7	36.9
橡胶和塑料制品业	100.0	12.0	18.3	69.7
非金属矿物制品业	100.0	7.1	20.1	72.7
黑色金属冶炼和压延加工业	100.0	66.6	11.9	21.5
有色金属冶炼和压延加工业	100.0	41.9	20.4	37.6
金属制品业	100.0	9.2	15.9	74.9
通用设备制造业	100.0	12.4	16.4	71.2
专用设备制造业	100.0	12.1	17.9	69.9
汽车制造业	100.0	36.3	23.8	39.9
铁路、船舶、航空航天和其他运输设备制造业	100.0	39.3	21.4	39.3
电气机械和器材制造业	100.0	25.2	23.4	51.3
计算机、通信和其他电子设备制造业	100.0	53.2	19.3	27.5
仪器仪表制造业	100.0	11.9	25.0	63.1
其他制造业	100.0	13.5	15.2	71.3
废弃资源综合利用业	100.0	2.0	16.9	81.1
金属制品、机械和设备修理业	100.0	15.8	15.0	69.2
电力、热力生产和供应业	100.0	50.0	17.3	32.7
燃气生产和供应业	100.0	23.2	21.4	55.4
水的生产和供应业	100.0	11.4	23.2	65.4

注：占比数据为北京大成企业研究院计算。

表10-38 大中小微型企业从业人员各行业占比

单位：%

行　业	全部工业企业	大型工业企业	中型工业企业	小微型工业企业
总　计	100.0	100.0	100.0	100.0
煤炭开采和洗选业	3.0	7.8	3.4	0.7
石油和天然气开采业	0.5	2.2	0.0	0.0
黑色金属矿采选业	0.3	0.4	0.4	0.3
有色金属矿采选业	0.4	0.3	0.7	0.3
非金属矿采选业	0.6	0.1	0.3	0.9
开采专业及辅助性活动	0.3	1.0	0.1	0.1
其他采矿业	0.0	2.1	4.0	0.0
农副食品加工业	3.7	1.8	2.6	4.3
食品制造业	2.2	1.6	1.6	2.2
酒、饮料和精制茶制造业	1.5	0.5	0.1	1.5
烟草制品业	0.1	2.0	5.0	0.0
纺织业	4.1	2.4	5.7	4.7
纺织服装、服饰业	5.1	1.9	3.4	6.0
皮革、毛皮、羽毛及其制品和制鞋业	2.8	0.1	0.9	2.9
木材加工和木、竹、藤、棕、草制品业	1.8	0.8	1.6	2.9
家具制造业	1.7	0.7	1.4	2.2
造纸和纸制品业	1.5	0.4	1.1	1.9
印刷和记录媒介复制业	1.4	1.3	3.3	1.9
文教、工美、体育和娱乐用品制造业	2.7	1.8	0.9	3.2
石油、煤炭及其他燃料加工业	0.8	3.3	4.7	0.3
化学原料和化学制品制造业	4.1	2.7	2.7	4.3
医药制造业	2.0	0.7	0.4	1.5
化学纤维制造业	0.4	2.0	3.7	0.3
橡胶和塑料制品业	4.1	1.9	6.3	5.2
非金属矿物制品业	6.3	5.9	1.3	8.3
黑色金属冶炼和压延加工业	2.2	3.0	1.8	0.8

续表

行　业	全部工业企业	大型工业企业	中型工业企业	小微型工业企业
有色金属冶炼和压延加工业	1.8	2.1	4.4	1.2
金属制品业	5.6	3.2	5.0	7.6
通用设备制造业	6.2	2.3	4.1	7.9
专用设备制造业	4.6	7.2	5.7	5.8
汽车制造业	4.8	2.7	1.7	3.5
铁路、船舶、航空航天和其他运输设备制造业	1.6	6.6	7.4	1.2
电气机械和器材制造业	6.4	19.3	8.4	5.9
计算机、通信和其他电子设备制造业	8.8	0.6	1.4	4.4
仪器仪表制造业	1.1	0.3	0.4	1.3
其他制造业	0.6	0.0	0.2	0.8
废弃资源综合利用业	0.2	0.3	0.3	0.3
金属制品、机械和设备修理业	0.4	6.1	2.5	0.5
电力、热力生产和供应业	3.0	0.3	0.4	1.7
燃气生产和供应业	0.4	0.3	0.8	0.4
水的生产和供应业	0.7	—	—	0.9

注：占比数据为北京大成企业研究院计算。

（二）各行业工业企业经济情况

表10-39　全部大型工业企业主要经济指标

行　业	企业单位数(个)	资产总计(亿元)	负债合计(亿元)	营业收入(亿元)	从业人员(万人)
总　计	8 540	564 151	318 138	467 254	2 796.1
煤炭开采和洗选业	346	37 993	24 305	16 077	218.9
石油和天然气开采业	34	18 037	7 769	8 291	60.8
黑色金属矿采选业	36	5 958	3 616	1 017	12.5
有色金属矿采选业	31	1 919	1 094	1 151	7.8
非金属矿采选业	12	516	274	150	2.1
开采专业及辅助性活动	27	2 395	1 423	1 931	27.0

续表

行　业	企业单位数(个)	资产总计(亿元)	负债合计(亿元)	营业收入(亿元)	从业人员(万人)
农副食品加工业	264	5 741	3 231	6 701	57.9
食品制造业	217	5 200	2 386	6 113	50.3
酒、饮料和精制茶制造业	144	8 748	3 098	5 931	43.6
烟草制品业	30	10 032	2 352	9 728	12.7
纺织业	275	4 527	2 353	4 501	56.4
纺织服装、服饰业	223	4 035	1 871	4 417	67.8
皮革、毛皮、羽毛及其制品和制鞋业	189	2 036	821	3 007	54.4
木材加工和木、竹、藤、棕、草制品业	17	166	80	195	2.9
家具制造业	92	1 509	763	1 484	21.7
造纸和纸制品业	94	6 431	3 675	3 996	19.0
印刷和记录媒介复制业	52	700	262	618	10.2
文教、工美、体育和娱乐用品制造业	156	1 922	991	2 486	36.2
石油、煤炭及其他燃料加工业	181	20 598	12 179	33 061	51.6
化学原料和化学制品制造业	423	26 852	15 290	21 253	91.4
医药制造业	280	14 311	5 858	9 394	75.0
化学纤维制造业	74	4 283	2 548	4 708	20.9
橡胶和塑料制品业	236	6 052	3 007	5 100	56.5
非金属矿物制品业	244	6 618	3 323	4 308	51.9
黑色金属冶炼和压延加工业	346	50 596	30 693	48 932	165.1
有色金属冶炼和压延加工业	261	26 809	16 929	27 001	84.8
金属制品业	281	5 707	3 114	5 699	59.9
通用设备制造业	394	14 459	8 226	10 317	88.3
专用设备制造业	259	13 761	8 113	8 213	64.8
汽车制造业	611	50 838	30 051	55 079	201.5
铁路、船舶、航空航天和其他运输设备制造业	231	14 999	9 530	7 835	74.4
电气机械和器材制造业	678	30 990	18 448	27 248	185.2
计算机、通信和其他电子设备制造业	1 296	71 772	42 896	78 021	540.0
仪器仪表制造业	86	2 407	1 091	1 445	15.4
其他制造业	44	979	608	597	9.3

续表

行　业	企业单位数(个)	资产总计(亿元)	负债合计(亿元)	营业收入(亿元)	从业人员(万人)
废弃资源综合利用业	3	191	79	120	0.5
金属制品、机械和设备修理业	26	813	463	522	7.7
电力、热力生产和供应业	255	75 024	40 694	38 310	170.1
燃气生产和供应业	50	3 523	2 217	1 635	9.5
水的生产和供应业	42	4 706	2 415	664	9.7

注：数据源自《中国经济普查年鉴2018》，第二产业卷（上），第一篇 工业企业生产经营及财务状况篇，表1-A-2 全部大型工业企业主要经济指标。

表10-40　各行业大型工业企业主要经济指标占比

单位：%

行　业	企业单位数占比	资产总计占比	负债合计占比	营业收入占比	从业人员占比
总　计	100.0	100.0	100.0	100.0	100.0
煤炭开采和洗选业	4.1	6.7	7.6	3.4	7.8
石油和天然气开采业	0.4	3.2	2.4	1.8	2.2
黑色金属矿采选业	0.4	1.1	1.1	0.2	0.4
有色金属矿采选业	0.4	0.3	0.3	0.2	0.3
非金属矿采选业	0.1	0.1	0.1	0.0	0.1
开采专业及辅助性活动	0.3	0.4	0.4	0.4	1.0
农副食品加工业	3.1	1.0	1.0	1.4	2.1
食品制造业	2.5	0.9	0.7	1.3	1.8
酒、饮料和精制茶制造业	1.7	1.6	1.0	1.3	1.6
烟草制品业	0.4	1.8	0.7	2.1	0.5
纺织业	3.2	0.8	0.7	1.0	2.0
纺织服装、服饰业	2.6	0.7	0.6	0.9	2.4
皮革、毛皮、羽毛及其制品和制鞋业	2.2	0.4	0.3	0.6	1.9
木材加工和木、竹、藤、棕、草制品业	0.2	0.0	0.0	0.0	0.1
家具制造业	1.1	0.3	0.2	0.3	0.8
造纸和纸制品业	1.1	1.1	1.2	0.9	0.7
印刷和记录媒介复制业	0.6	0.1	0.1	0.1	0.4

续表

行　业	企业单位数占比	资产总计占比	负债合计占比	营业收入占比	从业人员占比
文教、工美、体育和娱乐用品制造业	1.8	0.3	0.3	0.5	1.3
石油、煤炭及其他燃料加工业	2.1	3.7	3.8	7.1	1.8
化学原料和化学制品制造业	5.0	4.8	4.8	4.5	3.3
医药制造业	3.3	2.5	1.8	2.0	2.7
化学纤维制造业	0.9	0.8	0.8	1.0	0.7
橡胶和塑料制品业	2.8	1.1	0.9	1.1	2.0
非金属矿物制品业	2.9	1.2	1.0	0.9	1.9
黑色金属冶炼和压延加工业	4.1	9.0	9.6	10.5	5.9
有色金属冶炼和压延加工业	3.1	4.8	5.3	5.8	3.0
金属制品业	3.3	1.0	1.0	1.2	2.1
通用设备制造业	4.6	2.6	2.6	2.2	3.2
专用设备制造业	3.0	2.4	2.6	1.8	2.3
汽车制造业	7.2	9.0	9.4	11.8	7.2
铁路、船舶、航空航天和其他运输设备制造业	2.7	2.7	3.0	1.7	2.7
电气机械和器材制造业	7.9	5.5	5.8	5.8	6.6
计算机、通信和其他电子设备制造业	15.2	12.7	13.5	16.7	19.3
仪器仪表制造业	1.0	0.4	0.3	0.3	0.6
其他制造业	0.5	0.2	0.2	0.1	0.3
废弃资源综合利用业	0.0	0.0	0.0	0.0	0.0
金属制品、机械和设备修理业	0.3	0.1	0.1	0.1	0.3
电力、热力生产和供应业	3.0	13.3	12.8	8.2	6.1
燃气生产和供应业	0.6	0.6	0.7	0.3	0.3
水的生产和供应业	0.5	0.8	0.8	0.1	0.3

注：占比数据为北京大成企业研究院计算。

表10–41　全部大型工业企业主要效益指标

行　业	资产负债率(%)	资产营收率(%)	户均资产(万元)	户均营收(万元)	户均人数(人)	人均资产(万元)	人均营收(万元)
总　计	56.4	82.8	660 599	547 136	3 274	201.8	167.1

续表

行　业	资产负债率(%)	资产营收率(%)	户均资产(万元)	户均营收(万元)	户均人数(人)	人均资产(万元)	人均营收(万元)
煤炭开采和洗选业	64.0	42.3	1 098 059	464 656	6 327	173.5	73.4
石油和天然气开采业	43.1	46.0	5 305 128	2 438 467	17 870	296.9	136.5
黑色金属矿采选业	60.7	17.1	1 655 078	282 603	3 472	476.7	81.4
有色金属矿采选业	57.0	60.0	618 884	371 310	2 529	244.7	146.8
非金属矿采选业	53.2	29.0	429 800	124 587	1 721	249.7	72.4
开采专业及辅助性活动	59.4	80.6	887 198	715 164	10 010	88.6	71.4
农副食品加工业	56.3	116.7	217 448	253 826	2 194	99.1	115.7
食品制造业	45.9	117.6	239 621	281 705	2 317	103.4	121.6
酒、饮料和精制茶制造业	35.4	67.8	607 513	411 870	3 027	200.7	136.1
烟草制品业	23.4	97.0	3 343 957	3 242 570	4 243	788.0	764.2
纺织业	52.0	99.4	164 626	163 672	2 052	80.2	79.8
纺织服装、服饰业	46.4	109.4	180 958	198 055	3 042	59.5	65.1
皮革、毛皮、羽毛及其制品和制鞋业	40.3	147.7	107 734	159 087	2 880	37.4	55.2
木材加工和木、竹、藤、棕、草制品业	48.3	117.4	97 500	114 482	1 729	56.4	66.2
家具制造业	50.6	98.4	164 010	161 340	2 363	69.4	68.3
造纸和纸制品业	57.1	62.1	684 097	425 097	2 017	339.2	210.8
印刷和记录媒介复制业	37.4	88.3	134 582	118 845	1 968	68.4	60.4
文教、工美、体育和娱乐用品制造业	51.6	129.4	123 190	159 388	2 322	53.0	68.6
石油、煤炭及其他燃料加工业	59.1	160.5	1 138 009	1 826 571	2 851	399.1	640.7
化学原料和化学制品制造业	56.9	79.1	634 809	502 432	2 161	293.8	232.5
医药制造业	40.9	65.6	511 094	335 489	2 677	190.9	125.3
化学纤维制造业	59.5	109.9	578 732	636 197	2 826	204.8	225.1
橡胶和塑料制品业	49.7	84.3	256 452	216 111	2 396	107.0	90.2
非金属矿物制品业	50.2	65.1	271 246	176 557	2 129	127.4	82.9
黑色金属冶炼和压延加工业	60.7	96.7	1 462 303	1 414 207	4 772	306.4	296.4

续表

行 业	资产负债率(%)	资产营收率(%)	户均资产(万元)	户均营收(万元)	户均人数(人)	人均资产(万元)	人均营收(万元)
有色金属冶炼和压延加工业	63.1	100.7	1 027 155	1 034 508	3 247	316.3	318.6
金属制品业	54.6	99.9	203 106	202 826	2 133	95.2	95.1
通用设备制造业	56.9	71.4	366 968	261 848	2 240	163.8	116.9
专用设备制造业	59.0	59.7	531 309	317 115	2 503	212.3	126.7
汽车制造业	59.1	108.3	832 038	901 451	3 299	252.2	273.3
铁路、船舶、航空航天和其他运输设备制造业	63.5	52.2	649 311	339 186	3 223	201.5	105.2
电气机械和器材制造业	59.5	87.9	457 083	401 883	2 732	167.3	147.1
计算机、通信和其他电子设备制造业	59.8	108.7	553 794	602 017	4 167	132.9	144.5
仪器仪表制造业	45.3	60.0	279 907	168 053	1 793	156.1	93.7
其他制造业	62.0	60.9	222 596	135 639	2 116	105.2	64.1
废弃资源综合利用业	41.6	62.9	636 067	400 400	1 767	360.0	226.6
金属制品、机械和设备修理业	57.0	64.2	312 824	200 759	2 951	106.0	68.0
电力、热力生产和供应业	54.2	51.1	2 942 119	1 502 341	6 670	441.1	225.2
燃气生产和供应业	62.9	46.4	704 512	326 946	1 907	369.5	171.5
水的生产和供应业	51.3	14.1	1 120 413	158 202	2 301	486.9	68.7

注：效益、户均、人均数据均为北京大成企业研究院计算。

表10-42　全部中型工业企业主要经济指标

行 业	企业单位数(个)	资产总计(亿元)	负债合计(亿元)	营业收入(亿元)	从业人员(万人)
总　　计	43 763	269 427	154 057	240 188	2 339.5
煤炭开采和洗选业	1 172	13 465	9 328	4 322	80.7
石油和天然气开采业	14	433	195	127	0.7
黑色金属矿采选业	179	1 743	1 022	838	9.7
有色金属矿采选业	248	1 861	1 071	1 194	15.2
非金属矿采选业	135	652	297	403	7.3

行　业	企业单位数(个)	资产总计(亿元)	负债合计(亿元)	营业收入(亿元)	从业人员(万人)
开采专业及辅助性活动	45	591	274	274	2.4
农副食品加工业	1 827	8 424	4 957	12 256	93.3
食品制造业	1 167	4 785	2 148	5 722	61.6
酒、饮料和精制茶制造业	687	3 436	1 708	3 635	36.3
烟草制品业	39	657	241	581	2.8
纺织业	2 200	6 002	3 429	7 574	116.5
纺织服装、服饰业	2 409	3 876	1 885	5 264	133.4
皮革、毛皮、羽毛及其制品和制鞋业	1 389	1 908	914	3 619	78.4
木材加工和木、竹、藤、棕、草制品业	457	1 216	613	1 507	21.9
家具制造业	742	1 687	934	2 110	37.6
造纸和纸制品业	655	3 782	2 181	3 859	32.7
印刷和记录媒介复制业	548	1 837	734	1 857	26.8
文教、工美、体育和娱乐用品制造业	1 339	2 655	1 378	4 493	76.0
石油、煤炭及其他燃料加工业	354	8 542	6 507	10 351	21.1
化学原料和化学制品制造业	2 128	21 633	12 396	19 284	109.1
医药制造业	1 231	10 532	4 174	7 552	63.4
化学纤维制造业	197	1 820	1 088	1 855	10.2
橡胶和塑料制品业	1 674	5 839	2 817	6 307	86.3
非金属矿物制品业	2 900	16 916	8 455	13 170	146.5
黑色金属冶炼和压延加工业	559	6 283	4 501	9 668	29.6
有色金属冶炼和压延加工业	766	8 318	4 998	10 485	41.3
金属制品业	2 081	8 028	4 499	9 192	103.3
通用设备制造业	2 292	11 729	5 864	10 118	116.7
专用设备制造业	1 850	12 241	6 858	7 841	95.7
汽车制造业	2 488	16 257	9 674	15 423	132.2
铁路、船舶、航空航天和其他运输设备制造业	733	5 283	3 276	3 497	40.5
电气机械和器材制造业	3 216	17 461	9 709	16 861	172.0
计算机、通信和其他电子设备制造业	3 457	17 899	9 355	17 485	196.3
仪器仪表制造业	608	3 126	1 333	2 779	32.3

续表

行　　业	企业单位数(个)	资产总计(亿元)	负债合计(亿元)	营业收入(亿元)	从业人员(万人)
其他制造业	186	483	243	523	10.5
废弃资源综合利用业	100	597	371	1 111	4.5
金属制品、机械和设备修理业	119	868	423	454	7.3
电力、热力生产和供应业	1 054	28 975	19 622	14 182	58.8
燃气生产和供应业	168	2 605	1 577	1 505	8.8
水的生产和供应业	349	4 979	3 007	894	19.7

注：数据源自《中国经济普查年鉴2018》，第二产业卷（上），第一篇 工业企业生产经营及财务状况篇，表1–A–3 全部中型工业企业主要经济指标。

表10–43　各行业中型工业企业主要经济指标占比

单位：%

行　　业	企业单位数占比	资产总计占比	负债合计占比	营业收入占比	从业人员占比
总　　计	100.0	100.0	100.0	100.0	100.0
煤炭开采和洗选业	2.7	5.0	6.1	1.8	3.4
石油和天然气开采业	0.0	0.2	0.1	0.1	0.0
黑色金属矿采选业	0.4	0.6	0.7	0.3	0.4
有色金属矿采选业	0.6	0.7	0.7	0.5	0.7
非金属矿采选业	0.3	0.2	0.2	0.2	0.3
开采专业及辅助性活动	0.1	0.2	0.2	0.1	0.1
农副食品加工业	4.2	3.1	3.2	5.1	4.0
食品制造业	2.7	1.8	1.4	2.4	2.6
酒、饮料和精制茶制造业	1.6	1.3	1.1	1.5	1.6
烟草制品业	0.1	0.2	0.2	0.2	0.1
纺织业	5.0	2.2	2.2	3.2	5.0
纺织服装、服饰业	5.5	1.4	1.2	2.2	5.7
皮革、毛皮、羽毛及其制品和制鞋业	3.2	0.7	0.6	1.5	3.4
木材加工和木、竹、藤、棕、草制品业	1.0	0.5	0.4	0.6	0.9
家具制造业	1.7	0.6	0.6	0.9	1.6

续表

行　业	企业单位数占比	资产总计占比	负债合计占比	营业收入占比	从业人员占比
造纸和纸制品业	1.5	1.4	1.4	1.6	1.4
印刷和记录媒介复制业	1.3	0.7	0.5	0.8	1.1
文教、工美、体育和娱乐用品制造业	3.1	1.0	0.9	1.9	3.3
石油、煤炭及其他燃料加工业	0.8	3.2	4.2	4.3	0.9
化学原料和化学制品制造业	4.9	8.0	8.0	8.0	4.7
医药制造业	2.8	3.9	2.7	3.1	2.7
化学纤维制造业	0.5	0.7	0.7	0.8	0.4
橡胶和塑料制品业	3.8	2.2	1.8	2.6	3.7
非金属矿物制品业	6.6	6.3	5.5	5.5	6.3
黑色金属冶炼和压延加工业	1.3	2.3	2.9	4.0	1.3
有色金属冶炼和压延加工业	1.8	3.1	3.2	4.4	1.8
金属制品业	4.8	3.0	2.9	3.8	4.4
通用设备制造业	5.2	4.4	3.8	4.2	5.0
专用设备制造业	4.2	4.5	4.5	3.3	4.1
汽车制造业	5.7	6.0	6.3	6.4	5.7
铁路、船舶、航空航天和其他运输设备制造业	1.7	2.0	2.1	1.5	1.7
电气机械和器材制造业	7.3	6.5	6.3	7.0	7.4
计算机、通信和其他电子设备制造业	7.9	6.6	6.1	7.3	8.4
仪器仪表制造业	1.4	1.2	0.9	1.2	1.4
其他制造业	0.4	0.2	0.2	0.2	0.4
废弃资源综合利用业	0.2	0.2	0.2	0.5	0.2
金属制品、机械和设备修理业	0.3	0.3	0.3	0.2	0.3
电力、热力生产和供应业	2.4	10.8	12.7	5.9	2.5
燃气生产和供应业	0.4	1.0	1.0	0.6	0.4
水的生产和供应业	0.8	1.8	2.0	0.4	0.8

注：占比数据为北京大成企业研究院计算。

表10-44 全部中型工业企业主要效益指标

行 业	资产负债率(%)	资产营收率(%)	户均资产(万元)	户均营收(万元)	户均人数(人)	人均资产(万元)	人均营收(万元)
总 计	57.2	89.1	61 565	54 884	535	115.2	102.7
煤炭开采和洗选业	69.3	32.1	114 886	36 881	688	166.9	53.6
石油和天然气开采业	45.1	29.4	309 239	90 836	516	599.5	176.1
黑色金属矿采选业	58.6	48.1	97 380	46 801	543	179.5	86.3
有色金属矿采选业	57.6	64.2	75 020	48 160	614	122.2	78.5
非金属矿采选业	45.6	61.8	48 302	29 827	543	89.0	54.9
开采专业及辅助性活动	46.4	46.3	131 380	60 885	530	247.7	114.8
农副食品加工业	58.8	145.5	46 108	67 081	511	90.3	131.4
食品制造业	44.9	119.6	41 004	49 030	528	77.7	92.9
酒、饮料和精制茶制造业	49.7	105.8	50 010	52 905	529	94.6	100.0
烟草制品业	36.6	88.3	168 588	148 882	716	235.5	208.0
纺织业	57.1	126.2	27 282	34 425	529	51.5	65.0
纺织服装、服饰业	48.6	135.8	16 091	21 850	554	29.1	39.5
皮革、毛皮、羽毛及其制品和制鞋业	47.9	189.7	13 734	26 054	564	24.3	46.2
木材加工和木、竹、藤、棕、草制品业	50.4	124.0	26 599	32 979	480	55.5	68.8
家具制造业	55.4	125.1	22 735	28 437	507	44.9	56.1
造纸和纸制品业	57.6	102.0	57 747	58 911	499	115.7	118.0
印刷和记录媒介复制业	40.0	101.1	33 517	33 878	490	68.4	69.2
文教、工美、体育和娱乐用品制造业	51.9	169.2	19 831	33 552	568	34.9	59.1
石油、煤炭及其他燃料加工业	76.2	121.2	241 307	292 398	597	404.0	489.5
化学原料和化学制品制造业	57.3	89.1	101 659	90 620	513	198.2	176.7
医药制造业	39.6	71.7	85 559	61 348	515	166.2	119.2
化学纤维制造业	59.8	101.9	92 382	94 142	519	178.0	181.4
橡胶和塑料制品业	48.2	108.0	34 882	37 675	515	67.7	73.1
非金属矿物制品业	50.0	77.9	58 332	45 415	505	115.5	89.9

续表

行　业	资产负债率(%)	资产营收率(%)	户均资产(万元)	户均营收(万元)	户均人数(人)	人均资产(万元)	人均营收(万元)
黑色金属冶炼和压延加工业	71.6	153.9	112 398	172 955	529	212.5	327.0
有色金属冶炼和压延加工业	60.1	126.1	108 589	136 885	539	201.3	253.8
金属制品业	56.0	114.5	38 577	44 169	497	77.7	89.0
通用设备制造业	50.0	86.3	51 173	44 144	509	100.5	86.7
专用设备制造业	56.0	64.1	66 165	42 382	517	127.9	82.0
汽车制造业	59.5	94.9	65 340	61 991	531	122.9	116.6
铁路、船舶、航空航天和其他运输设备制造业	62.0	66.2	72 080	47 714	552	130.5	86.4
电气机械和器材制造业	55.6	96.6	54 294	52 429	535	101.5	98.0
计算机、通信和其他电子设备制造业	52.3	97.7	51 776	50 578	568	91.2	89.1
仪器仪表制造业	42.6	88.9	51 413	45 704	531	96.8	86.0
其他制造业	50.3	108.2	25 980	28 121	563	46.2	50.0
废弃资源综合利用业	62.2	186.1	59 669	111 070	448	133.3	248.2
金属制品、机械和设备修理业	48.8	52.3	72 910	38 153	613	118.9	62.2
电力、热力生产和供应业	67.7	48.9	274 902	134 556	558	493.0	241.3
燃气生产和供应业	60.5	57.8	155 078	89 585	524	295.7	170.8
水的生产和供应业	60.4	17.9	142 658	25 602	563	253.2	45.4

注：效益、户均、人均数据均为北京大成企业研究院计算。

表10-45　全部小微型工业企业主要经济指标

行　业	企业单位数(个)	资产总计(亿元)	负债合计(亿元)	营业收入(亿元)	从业人员(万人)
总　计	3 398 346	559 344	311 171	477 828	6 385.9
煤炭开采和洗选业	11 056	12 964	9 176	6 432	47.7
石油和天然气开采业	339	1 659	549	477	1.1
黑色金属矿采选业	9 919	3 548	2 380	1 786	17.5
有色金属矿采选业	6 464	4 009	2 383	1 683	17.8

续表

行　业	企业单位数(个)	资产总计(亿元)	负债合计(亿元)	营业收入(亿元)	从业人员(万人)
非金属矿采选业	33 986	5 053	2 286	4 168	55.4
开采专业及辅助性活动	3 972	818	539	319	9.5
其他采矿业	2 177	249	106	55	1.7
农副食品加工业	134 584	23 334	11 768	32 403	275.6
食品制造业	70 112	9 810	4 697	8 910	140.0
酒、饮料和精制茶制造业	59 395	8 901	4 104	6 899	95.7
烟草制品业	240	281	90	154	1.0
纺织业	141 376	16 614	9 934	19 432	298.9
纺织服装、服饰业	175 113	10 471	5 484	13 896	380.9
皮革、毛皮、羽毛及其制品和制鞋业	79 192	5 284	2 793	8 668	185.5
木材加工和木、竹、藤、棕、草制品业	105 785	7 506	3 515	11 282	187.9
家具制造业	82 922	5 420	2 613	6 225	139.1
造纸和纸制品业	73 664	7 380	4 292	8 739	120.1
印刷和记录媒介复制业	80 797	6 136	3 167	6 694	122.4
文教、工美、体育和娱乐用品制造业	119 332	7 979	4 155	9 870	202.7
石油、煤炭及其他燃料加工业	11 094	6 291	4 250	5 345	20.7
化学原料和化学制品制造业	111 602	37 464	19 414	34 526	272.5
医药制造业	24 736	11 738	5 624	7 865	93.7
化学纤维制造业	6 591	2 530	1 552	2 416	18.2
橡胶和塑料制品业	191 609	18 948	10 256	20 897	328.9
非金属矿物制品业	259 523	44 597	23 788	43 572	528.7
黑色金属冶炼和压延加工业	20 747	8 496	5 776	10 646	53.2
有色金属冶炼和压延加工业	27 322	10 901	6 943	18 658	76.0
金属制品业	327 120	27 783	15 153	30 650	487.0
通用设备制造业	331 303	32 681	17 196	29 739	505.6
专用设备制造业	227 983	26 828	14 288	22 075	373.4
汽车制造业	78 748	19 968	11 776	17 408	222.0
铁路、船舶、航空航天和其他运输设备制造业	30 569	7 528	4 195	5 054	74.5

续表

行　业	企业单位数(个)	资产总计(亿元)	负债合计(亿元)	营业收入(亿元)	从业人员(万人)
电气机械和器材制造业	187 981	32 265	17 719	27 973	377.1
计算机、通信和其他电子设备制造业	128 765	26 849	14 266	19 522	278.9
仪器仪表制造业	44 095	6 205	3 077	4 999	81.5
其他制造业	37 464	2 362	1 102	2 239	49.2
废弃资源综合利用业	13 645	2 805	1 591	3 403	21.5
金属制品、机械和设备修理业	38 554	1 601	924	1 153	33.6
电力、热力生产和供应业	75 917	71 531	45 485	13 551	111.1
燃气生产和供应业	7 826	7 453	4 361	5 665	22.8
水的生产和供应业	24 727	15 107	8 404	2 378	55.4

注：数据源自《中国经济普查年鉴2018》，第二产业卷（上），第一篇 工业企业生产经营及财务状况篇，表1-A-4 全部小微型工业企业主要经济指标。

表10-46　各行业小微型工业企业主要经济指标占比

单位：%

行　业	企业单位数占比	资产总计占比	负债合计占比	营业收入占比	从业人员占比
总　　计	100.0	100.0	100.0	100.0	100.0
煤炭开采和洗选业	0.3	2.3	2.9	1.3	0.7
石油和天然气开采业	0.0	0.3	0.2	0.1	0.0
黑色金属矿采选业	0.3	0.6	0.8	0.4	0.3
有色金属矿采选业	0.2	0.7	0.8	0.4	0.3
非金属矿采选业	1.0	0.9	0.7	0.9	0.9
开采专业及辅助性活动	0.1	0.1	0.2	0.1	0.1
其他采矿业	0.1	0.0	0.0	0.0	0.0
农副食品加工业	4.0	4.2	3.8	6.8	4.3
食品制造业	2.1	1.8	1.5	1.9	2.2
酒、饮料和精制茶制造业	1.7	1.6	1.3	1.4	1.5
烟草制品业	0.0	0.1	0.0	0.0	0.0
纺织业	4.2	3.0	3.2	4.1	4.7
纺织服装、服饰业	5.2	1.9	1.8	2.9	6.0

续表

行　业	企业单位数占比	资产总计占比	负债合计占比	营业收入占比	从业人员占比
皮革、毛皮、羽毛及其制品和制鞋业	2.3	0.9	0.9	1.8	2.9
木材加工和木、竹、藤、棕、草制品业	3.1	1.3	1.1	2.4	2.9
家具制造业	2.4	1.0	0.8	1.3	2.2
造纸和纸制品业	2.2	1.3	1.4	1.8	1.9
印刷和记录媒介复制业	2.4	1.1	1.0	1.4	1.9
文教、工美、体育和娱乐用品制造业	3.5	1.4	1.3	2.1	3.2
石油、煤炭及其他燃料加工业	0.3	1.1	1.4	1.1	0.3
化学原料和化学制品制造业	3.3	6.7	6.2	7.2	4.3
医药制造业	0.7	2.1	1.8	1.6	1.5
化学纤维制造业	0.2	0.5	0.5	0.5	0.3
橡胶和塑料制品业	5.6	3.4	3.3	4.4	5.2
非金属矿物制品业	7.6	8.0	7.6	9.1	8.3
黑色金属冶炼和压延加工业	0.6	1.5	1.9	2.2	0.8
有色金属冶炼和压延加工业	0.8	1.9	2.2	3.9	1.2
金属制品业	9.6	5.0	4.9	6.4	7.6
通用设备制造业	9.7	5.8	5.5	6.2	7.9
专用设备制造业	6.7	4.8	4.6	4.6	5.8
汽车制造业	2.3	3.6	3.8	3.6	3.5
铁路、船舶、航空航天和其他运输设备制造业	0.9	1.3	1.3	1.1	1.2
电气机械和器材制造业	5.5	5.8	5.7	5.9	5.9
计算机、通信和其他电子设备制造业	3.8	4.8	4.6	4.1	4.4
仪器仪表制造业	1.3	1.1	1.0	1.0	1.3
其他制造业	1.1	0.4	0.4	0.5	0.8
废弃资源综合利用业	0.4	0.5	0.5	0.7	0.3
金属制品、机械和设备修理业	1.1	0.3	0.3	0.2	0.5
电力、热力生产和供应业	2.2	12.8	14.6	2.8	1.7
燃气生产和供应业	0.2	1.3	1.4	1.2	0.4
水的生产和供应业	0.7	2.7	2.7	0.5	0.9

注：占比为北京大成企业研究院计算。

表10-47　全部小微型工业企业主要效益指标

行　业	资产负债率(%)	资产营收率(%)	户均资产(万元)	户均营收(万元)	户均人数(人)	人均资产(万元)	人均营收(万元)
总　　计	55.6	85.4	1 646	1 406	19	87.6	74.8
煤炭开采和洗选业	70.8	49.6	11 726	5 817	43	272.0	134.9
石油和天然气开采业	33.1	28.7	48 934	14 060	34	1 456.4	418.5
黑色金属矿采选业	67.1	50.4	3 577	1 801	18	203.1	102.3
有色金属矿采选业	59.4	42.0	6 202	2 604	28	224.8	94.4
非金属矿采选业	45.2	82.5	1 487	1 226	16	91.2	75.2
开采专业及辅助性活动	65.9	38.9	2 060	802	24	86.5	33.7
其他采矿业	42.6	22.0	1 146	253	8	147.6	32.5
农副食品加工业	50.4	138.9	1 734	2 408	20	84.7	117.6
食品制造业	47.9	90.8	1 399	1 271	20	70.1	63.7
酒、饮料和精制茶制造业	46.1	77.5	1 499	1 162	16	93.0	72.1
烟草制品业	32.2	55.0	11 695	6 428	40	290.2	159.5
纺织业	59.8	117.0	1 175	1 374	21	55.6	65.0
纺织服装、服饰业	52.4	132.7	598	794	22	27.5	36.5
皮革、毛皮、羽毛及其制品和制鞋业	52.9	164.0	667	1 095	23	28.5	46.7
木材加工和木、竹、藤、棕、草制品业	46.8	150.3	710	1 067	18	40.0	60.1
家具制造业	48.2	114.9	654	751	17	39.0	44.8
造纸和纸制品业	58.2	118.4	1 002	1 186	16	61.5	72.8
印刷和记录媒介复制业	51.6	109.1	759	828	15	50.1	54.7
文教、工美、体育和娱乐用品制造业	52.1	123.7	669	827	17	39.4	48.7
石油、煤炭及其他燃料加工业	67.6	85.0	5 670	4 818	19	304.0	258.3
化学原料和化学制品制造业	51.8	92.2	3 357	3 094	24	137.5	126.7
医药制造业	47.9	67.0	4 745	3 180	38	125.3	84.0
化学纤维制造业	61.3	95.5	3 839	3 665	28	139.1	132.8
橡胶和塑料制品业	54.1	110.3	989	1 091	17	57.6	63.5
非金属矿物制品业	53.3	97.7	1 718	1 679	20	84.4	82.4

续表

行　　业	资产负债率(%)	资产营收率(%)	户均资产(万元)	户均营收(万元)	户均人数(人)	人均资产(万元)	人均营收(万元)
黑色金属冶炼和压延加工业	68.0	125.3	4 095	5 131	26	159.8	200.2
有色金属冶炼和压延加工业	63.7	171.2	3 990	6 829	28	143.5	245.6
金属制品业	54.5	110.3	849	937	15	57.0	62.9
通用设备制造业	52.6	91.0	986	898	15	64.6	58.8
专用设备制造业	53.3	82.3	1 177	968	16	71.8	59.1
汽车制造业	59.0	87.2	2 536	2 211	28	89.9	78.4
铁路、船舶、航空航天和其他运输设备制造业	55.7	67.1	2 463	1 653	24	101.0	67.8
电气机械和器材制造业	54.9	86.7	1 716	1 488	20	85.6	74.2
计算机、通信和其他电子设备制造业	53.1	72.7	2 085	1 516	22	96.3	70.0
仪器仪表制造业	49.6	80.6	1 407	1 134	18	76.1	61.3
其他制造业	46.6	94.8	631	598	13	48.0	45.5
废弃资源综合利用业	56.7	121.3	2 055	2 494	16	130.6	158.5
金属制品、机械和设备修理业	57.7	72.0	415	299	9	47.6	34.3
电力、热力生产和供应业	63.6	18.9	9 422	1 785	15	643.9	122.0
燃气生产和供应业	58.5	76.0	9 523	7 238	29	326.9	248.5
水的生产和供应业	55.6	15.7	6 109	962	22	272.6	42.9

注：效益、户均、人均数据均为北京大成企业研究院计算。

三、规模以上大中小型工业企业数据

（一）规上大中小型工业企业简明比较

1. 企业占比：截至2018年年末，全国共有规模以上工业企业37.50万个，其中大型、中型、小型占比分别为2.3%、11.4%、86.4%（见表10-48、表10-49）。2018年年末，我国共有中小型规模以上工业企业法人单位36.65万个，比2013年年末的36万个增加0.65万个，增长1.8%。

2．用工人数：2018年，全国规模以上工业企业用工人数8 356.4万人（见表10–48），户均用工人数223人（见表10–50）。其中大型、中型、小型占比分别为33.5%、28.0%、38.5%（见表10–49），户均用工人数分别为3 315人、548人、99人（见表10–50）。2018年年末，中小型规模以上工业企业吸纳就业人员6 376.3万人，比2013年年末的5 555.9万人增加820.4万人，增长14.8%。

3．资产占比：截至2018年年末，全国规模以上工业企业资产总计115.33万亿元，户均资产3.08亿元，人均资产138万元。其中大型、中型、小型占比分别为48.5%、22.6%、28.9%，户均资产分别为66.24亿元、6.12亿元、1.03亿元，人均资产分别为199.8万元、111.5万元、103.4万元。截至2018年年末，全国规模以上工业企业负债合计65.39万亿元，其中大型、中型、小型占比分别为48.2%、22.8%、29.0%（见表48至表50）。

4．营业收入：2018年，全国规模以上工业企业营业收入105.73万亿元，户均营收2.82亿元，人均营收126.5万元。其中大型、中型、小型占比分别为44.0%、22.5%、33.6%，户均营收分别为55.04亿元、5.57亿元、1.10亿元，人均营收分别为166.0万元、101.6万元、110.3万元。

5．利润总额：2018年，全国规模以上工业企业利润总额7.16万亿元，户均利润1 910万元，人均利润8.6万元。其中大型、中型、小型占比分别为46.8%、23.5%、29.7%，户均利润分别为3.97亿元、3 948万元、656万元，人均利润分别为12.0万元、7.2万元、6.6万元。2018年，全国规模以上工业企业亏损企业亏损额7 782.4亿元，其中大型、中型、小型占比分别为32.5%、30.1%、37.4%。

6．所有者权益：截至2018年年末，全国规模以上工业企业所有者权益合计49.93万亿元。其中大型、中型、小型占比分别为49.0%、22.4%、28.6%（见表10–51、表10–52）。

7．实收资本：截至2018年年末，全国规模以上工业企业实收资本25.07万亿元，其中大型、中型、小型占比分别为40.6%、22.7%、36.7%。大型企业实收资本以国家资本（45.0%）和法人资本为主（32.5%），中型企业实收资本以法人资本（38.2%）和个人资本（19.2%）为主，小型企业实收资本以法人资本（39.8%）和个人资本（31.9%）为主（见表10–51、表10–53）。

8．资产营收率：2018年，全国规模以上工业企业资产营收率为91.7%，其中大型、中型、小型企业资产营收率分别为83.1%、91.1%、106.6%（见表10-54）。

表10-48 按单位规模分组的规模以上工业企业主要经济指标

分组	企业单位数(个)	资产总计(亿元)	负债合计(亿元)	营业收入(亿元)	利润总额(亿元)	亏损企业亏损额(亿元)	平均用工人数(万人)
总　计	374 964	1 153 251.2	653 871.3	1 057 327.3	71 608.9	7 782.4	8 356.4
大型企业	8 448	559 620.7	315 179.8	464 959.7	33 541.3	2 531.8	2 800.6
中型企业	42 625	260 730.5	148 796.0	237 449.4	16 829.3	2 343.0	2 337.6
小型企业	323 891	332 899.9	189 895.5	354 918.2	21 238.2	2 907.6	3 218.2

注：数据源自《中国经济普查年鉴2018》，第二产业卷（上），第一篇 工业企业生产经营及财务状况篇，表1-A-5分登记注册类型规模以上工业企业主要经济指标。

表10-49 按单位规模分组的规模以上工业企业主要经济指标占比情况

单位：%

分组	企业单位数	资产总计	负债合计	营业收入	利润总额	亏损企业亏损额	平均用工人数
总　计	100.0	100.0	100.0	100.0	100.0	100.0	100.0
大型企业	2.3	48.5	48.2	44.0	46.8	32.5	33.5
中型企业	11.4	22.6	22.8	22.5	23.5	30.1	28.0
小型企业	86.4	28.9	29.0	33.6	29.7	37.4	38.5

注：占比数据为北京大成企业研究院计算。

表10-50 按单位规模分组的规模以上工业企业户均人均指标

分组	户均资产（万元）	户均营收（万元）	户均利润（万元）	户均用工人数（人）	人均资产（万元）	人均营收（万元）	人均利润（万元）
总　计	30 756	28 198	1 910	223	138.0	126.5	8.6
大型企业	662 430	550 378	39 703	3 315	199.8	166.0	12.0
中型企业	61 168	55 707	3 948	548	111.5	101.6	7.2
小型企业	10 278	10 958	656	99	103.4	110.3	6.6

注：户均、人均数据均为北京大成企业研究院计算。

表10-51　按单位规模分组的规模以上工业企业所有者权益和实收资本

单位：亿元

分组	所有者权益	实收资本	国家资本	集体资本	法人资本	个人资本	港澳台资本	外商资本
总　　计	499 342.9	250 718.2	70 659.4	4 097.3	91 367.1	47 817.9	13 950.9	22 816.8
大型企业	244 442.3	101 792.2	45 818.0	1 098.9	33 051.1	7 550.5	5 379.7	8 894.1
中型企业	111 925.4	56 979.3	12 507.2	1 216.5	21 766.6	10 934.9	4 139.8	6 402.4
小型企业	142 975.2	91 946.7	12 334.3	1 781.8	36 549.4	29 332.5	4 431.4	7 520.4

注：数据源自《中国经济普查年鉴2018》，第二产业卷（上），第一篇 工业企业生产经营及财务状况篇，表1-A-5 分登记注册类型规模以上工业企业主要经济指标。

表10-52　按单位规模分组的规模以上工业企业所有者权益和实收资本占比

单位：%

分组	所有者权益	实收资本	国家资本	集体资本	法人资本	个人资本	港澳台资本	外商资本
总　　计	100.0	100.0	100.0	100.0	100.0	100.0	100.0	100.0
大型企业	49.0	40.6	64.8	26.8	36.2	15.8	38.6	39.0
中型企业	22.4	22.7	17.7	29.7	23.8	22.9	29.7	28.1
小型企业	28.6	36.7	17.5	43.5	40.0	61.3	31.8	33.0

注：占比数据为北京大成企业研究院计算。

表10-53　按单位规模分组的规模以上工业企业各类型实收资本占比

单位：%

分组	实收资本	国家资本	集体资本	法人资本	个人资本	港澳台资本	外商资本
总　　计	100.0	28.2	1.6	36.4	19.1	5.6	9.1
大型企业	100.0	45.0	1.1	32.5	7.4	5.3	8.7
中型企业	100.0	22.0	2.1	38.2	19.2	7.3	11.2
小型企业	100.0	13.4	1.9	39.8	31.9	4.8	8.2

注：占比数据为北京大成企业研究院计算。

表10-54　按单位规模分组的规模以上工业企业主要效率效益指标

单位：%

分组	资产负债率	资产营收率	资产利润率	营业利润率	资本利润率
总　　计	56.7	91.7	6.2	6.8	28.6
大型企业	56.3	83.1	6.0	7.2	18.9
中型企业	57.1	91.1	6.5	7.1	33.0
小型企业	57.0	106.6	6.4	6.0	29.5

注：效益数据为北京大成企业研究院计算。

（二）按地区分组规模以上大中小型工业企业数据

大型工业企业主要经济指标见表10-55至表10-58。

1. 中型工业企业：广东、江苏、浙江的资产、营业收入、利润总额、用工人数占全国比例为前三。福建、湖南、江西的资产营收率为前三；福建、江西、河南、陕西的资产利润率为前三；西藏、陕西、内蒙古的营收利润率为前三（见表10-59至表10-62）。

2. 小型工业企业：江苏、广东、浙江的资产、营业收入和用工人数占全国比例最高；江苏、广东、湖北的利润总额占全国比例最高；湖南、福建、江西的资产营收率最高；湖北、福建、江西的资产利润率最高；西藏、河南、陕西的营收利润率最高（见表10-63至表10-66）。

表10-55　按地区分组的大型工业企业主要经济指标

地　　区	资产总计 （亿元）	负债合计 （亿元）	营业收入 （亿元）	利润总额 （亿元）	平均用工人数（万人）
全　　国	559 620.7	315 179.8	464 959.7	33 541.3	2 800.6
北　　京	34 827.7	14 870.0	14 244.9	1 007.7	39.3
天　　津	10 180.2	5 742.0	8 457.4	954.7	39.1
河　　北	22 356.1	13 493.6	20 018.0	1 348.9	116.2
山　　西	21 349.3	14 617.1	11 012.8	842.2	118.3
内　蒙　古	15 288.4	9 001.5	7 830.7	720.8	41.8
辽　　宁	20 601.3	12 675.8	16 795.8	1 054.4	91.2
吉　　林	9 515.3	5 479.6	9 743.8	593.9	47.5

地　区	资产总计（亿元）	负债合计（亿元）	营业收入（亿元）	利润总额（亿元）	平均用工人数（万人）
黑 龙 江	7 850.8	4 235.6	5 075.2	286.2	49.7
上　海	23 559.6	10 766.2	21 197.3	2 093.5	73.1
江　苏	49 911.9	26 243.4	53 598.8	3 763.7	301.6
浙　江	21 554.1	10 775.5	19 674.9	1 814.7	119.3
安　徽	16 972.7	9 950.1	14 119.6	958.5	85.4
福　建	14 764.5	8 085.3	15 932.7	1 462.0	117.8
江　西	9 195.3	5 327.4	10 834.5	655.3	62.5
山　东	55 318.6	33 766.0	48 817.0	2 838.7	246.9
河　南	26 586.6	16 701.3	22 976.9	1 360.8	197.7
湖　北	20 249.8	10 648.3	15 772.5	1 223.2	96.8
湖　南	12 054.2	6 976.6	9 724.4	616.3	65.4
广　东	65 318.9	37 250.6	70 430.3	4 875.8	486.4
广　西	6 256.4	4 037.6	6 198.7	384.5	30.1
海　南	839.8	540.8	380.2	0.4	3.4
重　庆	8 641.5	5 067.8	9 003.9	371.9	52.4
四　川	21 197.5	12 111.6	14 569.6	1 101.3	99.2
贵　州	6 991.6	3 808.7	3 749.1	615.4	29.2
云　南	9 193.5	4 961.8	5 974.2	454.0	26.8
西　藏	729.0	298.2	66.7	−16.4	0.6
陕　西	21 342.3	11 739.1	12 201.2	1 347.6	80.1
甘　肃	6 777.9	4 240.8	6 435.7	225.2	28.8
青　海	4 029.1	2 716.5	1 258.7	−10.0	8.8
宁　夏	5 437.6	3 210.6	2 494.3	133.0	13.9
新　疆	10 729.6	5 840.8	6 369.8	463.4	31.3

注：数据源自《中国经济普查年鉴2018》，第二产业卷（上），第一篇 工业企业生产经营及财务状况篇，表1-B-8 按地区分组的大型工业企业主要经济指标。

表10-56 按地区分组的大型工业企业主要经济指标占比情况

单位：%

地 区	资产总计	负债合计	营业收入	利润总额	平均用工人数
全 国	100.0	100.0	100.0	100.0	100.0
北 京	6.2	4.7	3.1	3.0	1.4
天 津	1.8	1.8	1.8	2.8	1.4
河 北	4.0	4.3	4.3	4.0	4.1
山 西	3.8	4.6	2.4	2.5	4.2
内 蒙 古	2.7	2.9	1.7	2.1	1.5
辽 宁	3.7	4.0	3.6	3.1	3.3
吉 林	1.7	1.7	2.1	1.8	1.7
黑 龙 江	1.4	1.3	1.1	0.9	1.8
上 海	4.2	3.4	4.6	6.2	2.6
江 苏	8.9	8.3	11.5	11.2	10.8
浙 江	3.9	3.4	4.2	5.4	4.3
安 徽	3.0	3.2	3.0	2.9	3.0
福 建	2.6	2.6	3.4	4.4	4.2
江 西	1.6	1.7	2.3	2.0	2.2
山 东	9.9	10.7	10.5	8.5	8.8
河 南	4.8	5.3	4.9	4.1	7.1
湖 北	3.6	3.4	3.4	3.6	3.5
湖 南	2.2	2.2	2.1	1.8	2.3
广 东	11.7	11.8	15.1	14.5	17.4
广 西	1.1	1.3	1.3	1.1	1.1
海 南	0.2	0.2	0.1	0.0	0.1
重 庆	1.5	1.6	1.9	1.1	1.9
四 川	3.8	3.8	3.1	3.3	3.5
贵 州	1.2	1.2	0.8	1.8	1.0
云 南	1.6	1.6	1.3	1.4	1.0
西 藏	0.1	0.1	0.0	0.0	0.0
陕 西	3.8	3.7	2.6	4.0	2.9
甘 肃	1.2	1.3	1.4	0.7	1.0
青 海	0.7	0.9	0.3	0.0	0.3
宁 夏	1.0	1.0	0.5	0.4	0.5
新 疆	1.9	1.9	1.4	1.4	1.1

注：占比数据为北京大成企业研究院计算。

表10-57 按地区分组的大型工业企业主要效益指标

单位：%

地　区	资产负债率	资产营收率	资产利润率	营收利润率
全　国	56.3	83.1	6.0	7.2
北　京	42.7	40.9	2.9	7.1
天　津	56.4	83.1	9.4	11.3
河　北	60.4	89.5	6.0	6.7
山　西	68.5	51.6	3.9	7.6
内 蒙 古	58.9	51.2	4.7	9.2
辽　宁	61.5	81.5	5.1	6.3
吉　林	57.6	102.4	6.2	6.1
黑 龙 江	54.0	64.6	3.6	5.6
上　海	45.7	90.0	8.9	9.9
江　苏	52.6	107.4	7.5	7.0
浙　江	50.0	91.3	8.4	9.2
安　徽	58.6	83.2	5.6	6.8
福　建	54.8	107.9	9.9	9.2
江　西	57.9	117.8	7.1	6.0
山　东	61.0	88.2	5.1	5.8
河　南	62.8	86.4	5.1	5.9
湖　北	52.6	77.9	6.0	7.8
湖　南	57.9	80.7	5.1	6.3
广　东	57.0	107.8	7.5	6.9
广　西	64.5	99.1	6.1	6.2
海　南	64.4	45.3	0.0	0.1
重　庆	58.6	104.2	4.3	4.1
四　川	57.1	68.7	5.2	7.6
贵　州	54.5	53.6	8.8	16.4
云　南	54.0	65.0	4.9	7.6
西　藏	40.9	9.1	-2.2	-24.6
陕　西	55.0	57.2	6.3	11.0
甘　肃	62.6	95.0	3.3	3.5
青　海	67.4	31.2	-0.2	-0.8
宁　夏	59.0	45.9	2.4	5.3
新　疆	54.4	59.4	4.3	7.3

注：效益指标数据为北京大成企业研究院计算。

表10-58 按地区分组的大型工业企业人均指标

单位：万元

地 区	人均营收	人均利润	人均资产
全 国	166.0	12.0	199.8
北 京	362.7	25.7	886.7
天 津	216.1	24.4	260.2
河 北	172.3	11.6	192.4
山 西	93.1	7.1	180.4
内 蒙 古	187.3	17.2	365.8
辽 宁	184.2	11.6	225.9
吉 林	205.1	12.5	200.3
黑 龙 江	102.1	5.8	157.9
上 海	290.2	28.7	322.5
江 苏	177.7	12.5	165.5
浙 江	165.0	15.2	180.7
安 徽	165.4	11.2	198.9
福 建	135.3	12.4	125.3
江 西	173.3	10.5	147.1
山 东	197.8	11.5	224.1
河 南	116.2	6.9	134.5
湖 北	163.0	12.6	209.3
湖 南	148.7	9.4	184.3
广 东	144.8	10.0	134.3
广 西	205.7	12.8	207.6
海 南	112.8	0.1	249.2
重 庆	171.7	7.1	164.8
四 川	146.9	11.1	213.7
贵 州	128.3	21.1	239.4
云 南	222.6	16.9	342.5
西 藏	109.3	−26.9	1195.1
陕 西	152.4	16.8	266.5
甘 肃	223.3	7.8	235.2
青 海	143.2	−1.1	458.4
宁 夏	179.7	9.6	391.8
新 疆	203.3	14.8	342.5

注：人均指标数据为北京大成企业研究院计算。

表10-59　按地区分组的中型工业企业主要经济指标

单位：亿元

地　区	资产总计	负债合计	营业收入	利润总额	平均用工人数（万人）
全　国	260 730.5	148 796.0	237 449.4	16 829.3	2 337.6
北　京	7 341.8	3 748.1	3 994.6	382.0	25.6
天　津	5 004.1	2 965.6	4 139.1	125.5	25.7
河　北	9 503.0	6 150.0	7 673.3	324.9	65.6
山　西	10 747.8	8 287.0	5 351.9	371.1	53.2
内 蒙 古	7 525.4	4 984.7	3 757.9	471.3	23.3
辽　宁	8 322.6	5 485.8	5 680.6	270.7	52.9
吉　林	3 160.3	1 806.1	1 833.3	117.7	19.8
黑 龙 江	3 068.3	2 024.7	1 829.5	117.7	17.8
上　海	8 809.1	4 409.3	8 439.2	607.3	53.1
江　苏	29 070.0	14 995.6	29 554.4	2 356.4	258.0
浙　江	25 019.6	13 368.7	22 177.8	1 421.2	201.5
安　徽	7 670.2	4 310.1	6 598.0	528.8	67.3
福　建	10 410.8	5 100.7	14 725.6	1 190.0	150.2
江　西	5 921.1	2 833.0	7 561.2	614.5	67.5
山　东	19 709.1	13 010.5	18 975.8	811.2	155.4
河　南	11 762.5	5 777.4	12 058.2	1 136.4	198.8
湖　北	8 023.9	4 280.3	9 002.9	751.8	83.5
湖　南	6 250.7	2 957.0	8 044.2	504.0	93.1
广　东	29 486.9	15 702.1	31 540.3	2 007.9	424.4
广　西	4 779.7	2 981.1	4 888.1	319.2	46.2
海　南	1 399.3	760.5	1 393.2	106.6	3.8
重　庆	4 749.1	2 676.7	4 600.5	383.9	47.9
四　川	9 324.2	4 943.5	9 860.6	792.5	85.3
贵　州	3 666.6	2 697.6	1 823.4	104.2	20.8
云　南	4 976.7	3 195.9	3 235.7	237.8	25.5
西　藏	233.8	94.9	92.5	20.8	0.5
陕　西	6 333.8	3 552.3	4 505.6	616.0	35.6
甘　肃	1 642.3	1 141.2	987.0	17.4	9.9
青　海	1 111.6	755.1	425.2	7.0	3.9
宁　夏	2 093.5	1 465.7	1 118.3	-1.5	6.5
新　疆	3 612.8	2 335.2	1 581.4	115.2	15.2

注：数据源自《中国经济普查年鉴2018》，第二产业卷（上），第一篇 工业企业生产经营及财务状况篇，表1-B-9 按地区分组的中型工业企业主要经济指标。

表10-60 按地区分组的中型工业企业主要经济指标占比情况

单位：%

地 区	资产总计	负债合计	营业收入	利润总额	平均用工人数
全 国	100.0	100.0	100.0	100.0	100.0
北 京	2.8	2.5	1.7	2.3	1.1
天 津	1.9	2.0	1.7	0.7	1.1
河 北	3.6	4.1	3.2	1.9	2.8
山 西	4.1	5.6	2.3	2.2	2.3
内 蒙 古	2.9	3.3	1.6	2.8	1.0
辽 宁	3.2	3.7	2.4	1.6	2.3
吉 林	1.2	1.2	0.8	0.7	0.8
黑 龙 江	1.2	1.4	0.8	0.7	0.8
上 海	3.4	3.0	3.6	3.6	2.3
江 苏	11.1	10.1	12.4	14.0	11.0
浙 江	9.6	9.0	9.3	8.4	8.6
安 徽	2.9	2.9	2.8	3.1	2.9
福 建	4.0	3.4	6.2	7.1	6.4
江 西	2.3	1.9	3.2	3.7	2.9
山 东	7.6	8.7	8.0	4.8	6.6
河 南	4.5	3.9	5.1	6.8	8.5
湖 北	3.1	2.9	3.8	4.5	3.6
湖 南	2.4	2.0	3.4	3.0	4.0
广 东	11.3	10.6	13.3	11.9	18.2
广 西	1.8	2.0	2.1	1.9	2.0
海 南	0.5	0.5	0.6	0.6	0.2
重 庆	1.8	1.8	1.9	2.3	2.0
四 川	3.6	3.3	4.2	4.7	3.6
贵 州	1.4	1.8	0.8	0.6	0.9
云 南	1.9	2.1	1.4	1.4	1.1
西 藏	0.1	0.1	0.0	0.1	0.0
陕 西	2.4	2.4	1.9	3.7	1.5
甘 肃	0.6	0.8	0.4	0.1	0.4
青 海	0.4	0.5	0.2	0.0	0.2
宁 夏	0.8	1.0	0.5	0.0	0.3
新 疆	1.4	1.6	0.7	0.7	0.6

注：占比数据为北京大成企业研究院计算。

表10-61　按地区分组的中型工业企业主要效益指标

单位：%

地　区	资产负债率	资产营收率	资产利润率	营收利润率
全　国	57.1	91.1	6.5	7.1
北　京	51.1	54.4	5.2	9.6
天　津	59.3	82.7	2.5	3.0
河　北	64.7	80.7	3.4	4.2
山　西	77.1	49.8	3.5	6.9
内蒙古	66.2	49.9	6.3	12.5
辽　宁	65.9	68.3	3.3	4.8
吉　林	57.2	58.0	3.7	6.4
黑龙江	66.0	59.6	3.8	6.4
上　海	50.1	95.8	6.9	7.2
江　苏	51.6	101.7	8.1	8.0
浙　江	53.4	88.6	5.7	6.4
安　徽	56.2	86.0	6.9	8.0
福　建	49.0	141.4	11.4	8.1
江　西	47.8	127.7	10.4	8.1
山　东	66.0	96.3	4.1	4.3
河　南	49.1	102.5	9.7	9.4
湖　北	53.3	112.2	9.4	8.4
湖　南	47.3	128.7	8.1	6.3
广　东	53.3	107.0	6.8	6.4
广　西	62.4	102.3	6.7	6.5
海　南	54.3	99.6	7.6	7.7
重　庆	56.4	96.9	8.1	8.3
四　川	53.0	105.8	8.5	8.0
贵　州	73.6	49.7	2.8	5.7
云　南	64.2	65.0	4.8	7.3
西　藏	40.6	39.6	8.9	22.5
陕　西	56.1	71.1	9.7	13.7
甘　肃	69.5	60.1	1.1	1.8
青　海	67.9	38.3	0.6	1.7
宁　夏	70.0	53.4	-0.1	-0.1
新　疆	64.6	43.8	3.2	7.3

注：效益指标数据为北京大成企业研究院计算。

表10-62 按地区分组的中型工业企业人均指标

单位：万元

地 区	人均营收	人均利润	人均资产
全 国	101.6	7.2	111.5
北 京	156.0	14.9	286.8
天 津	161.1	4.9	194.8
河 北	117.0	5.0	144.9
山 西	100.5	7.0	201.9
内 蒙 古	161.3	20.2	323.0
辽 宁	107.4	5.1	157.4
吉 林	92.5	5.9	159.4
黑 龙 江	102.7	6.6	172.3
上 海	159.0	11.4	165.9
江 苏	114.6	9.1	112.7
浙 江	110.1	7.1	124.2
安 徽	98.0	7.9	114.0
福 建	98.1	7.9	69.3
江 西	112.1	9.1	87.8
山 东	122.1	5.2	126.8
河 南	60.7	5.7	59.2
湖 北	107.8	9.0	96.0
湖 南	86.4	5.4	67.1
广 东	74.3	4.7	69.5
广 西	105.8	6.9	103.4
海 南	363.8	27.8	365.3
重 庆	96.1	8.0	99.2
四 川	115.7	9.3	109.4
贵 州	87.6	5.0	176.2
云 南	127.0	9.3	195.3
西 藏	171.4	38.6	433.0
陕 西	126.4	17.3	177.7
甘 肃	100.2	1.8	166.7
青 海	109.6	1.8	286.5
宁 夏	171.3	-0.2	320.6
新 疆	104.1	7.6	237.8

注：人均指标数据为北京大成企业研究院计算。

表10-63 按地区分组的小型工业企业主要经济指标

单位：亿元

地区	资产总计	负债合计	营业收入	利润总额	平均用工人数（万人）
全　国	332 899.9	189 895.5	354 918.2	21 238.2	3 218.2
北　京	7 152.0	3 652.1	4 108.6	257.3	27.9
天　津	5 768.8	3 494.3	5 499.4	161.8	34.0
河　北	12 098.8	7 068.0	11 476.5	490.1	106.7
山　西	7 099.1	5 304.6	4 103.5	141.6	30.0
内 蒙 古	7 551.0	5 234.2	3 203.3	248.5	19.4
辽　宁	8 990.7	5 757.5	6 613.4	252.3	52.4
吉　林	4 018.7	2 362.5	2 394.8	130.4	30.1
黑 龙 江	3 991.9	2 492.6	2 538.2	84.9	20.6
上　海	11 315.5	5 743.2	10 820.7	678.3	73.5
江　苏	41 439.2	22 623.9	48 900.6	2 854.8	392.6
浙　江	31 049.7	18 949.0	30 490.2	1 413.7	348.7
安　徽	12 030.8	6 433.5	17 261.6	1 176.9	138.3
福　建	11 683.5	5 825.6	20 606.0	1 528.3	177.4
江　西	9 417.1	4 583.6	14 423.2	1 010.3	106.3
山　东	26 083.1	15 460.5	24 787.3	969.1	264.8
河　南	14 619.5	6 613.9	16 033.2	1 513.7	245.2
湖　北	13 122.5	6 188.1	19 861.0	1 777.7	135.2
湖　南	9 540.7	4 106.5	17 318.3	894.3	153.8
广　东	32 218.9	18 842.6	40 627.3	1 865.0	442.8
广　西	5 424.7	3 451.3	5 414.4	244.5	51.9
海　南	792.2	391.2	459.3	38.4	3.2
重　庆	6 735.3	3 750.8	7 049.4	575.3	62.2
四　川	15 494.1	9 095.9	17 403.6	1 162.2	120.3
贵　州	5 066.5	3 162.8	4 406.5	316.6	39.0
云　南	6 834.4	4 585.8	4 604.3	330.9	36.5
西　藏	623.4	453.4	106.9	14.5	1.0
陕　西	7 305.1	3 788.6	8 475.1	775.9	58.9
甘　肃	3 888.5	2 639.7	1 350.6	49.2	12.2
青　海	1 891.7	1 385.5	557.8	33.2	4.3
宁　夏	3 034.9	2 015.1	1 345.3	58.1	7.9
新　疆	6 617.8	4 439.4	2 678.3	190.2	21.4

注：数据源自《中国经济普查年鉴2018》，第二产业卷（上），第一篇 工业企业生产经营及财务状况篇，表1-B-10 按地区分组的小型工业企业主要经济指标。

表10-64　按地区分组的小型工业企业主要经济指标占比情况

单位：%

地　区	资产总计	负债合计	营业收入	利润总额	平均用工人数
全　国	100.0	100.0	100.0	100.0	100.0
北　京	2.1	1.9	1.2	1.2	0.9
天　津	1.7	1.8	1.5	0.8	1.1
河　北	3.6	3.7	3.2	2.3	3.3
山　西	2.1	2.8	1.2	0.7	0.9
内蒙古	2.3	2.8	0.9	1.2	0.6
辽　宁	2.7	3.0	1.9	1.2	1.6
吉　林	1.2	1.2	0.7	0.6	0.9
黑龙江	1.2	1.3	0.7	0.4	0.6
上　海	3.4	3.0	3.0	3.2	2.3
江　苏	12.4	11.9	13.8	13.4	12.2
浙　江	9.3	10.0	8.6	6.7	10.8
安　徽	3.6	3.4	4.9	5.5	4.3
福　建	3.5	3.1	5.8	7.2	5.5
江　西	2.8	2.4	4.1	4.8	3.3
山　东	7.8	8.1	7.0	4.6	8.2
河　南	4.4	3.5	4.5	7.1	7.6
湖　北	3.9	3.3	5.6	8.4	4.2
湖　南	2.9	2.2	4.9	4.2	4.8
广　东	9.7	9.9	11.4	8.8	13.8
广　西	1.6	1.8	1.5	1.2	1.6
海　南	0.2	0.2	0.1	0.2	0.1
重　庆	2.0	2.0	2.0	2.7	1.9
四　川	4.7	4.8	4.9	5.5	3.7
贵　州	1.5	1.7	1.2	1.5	1.2
云　南	2.1	2.4	1.3	1.6	1.1
西　藏	0.2	0.2	0.0	0.1	0.0
陕　西	2.2	2.0	2.4	3.7	1.8
甘　肃	1.2	1.4	0.4	0.2	0.4
青　海	0.6	0.7	0.2	0.2	0.1
宁　夏	0.9	1.1	0.4	0.3	0.2
新　疆	2.0	2.3	0.8	0.9	0.7

注：占比数据为北京大成企业研究院计算。

表10-65 按地区分组的小型工业企业主要效益指标

单位：%

地 区	资产负债率	资产营收率	资产利润率	营收利润率
全 国	57.0	106.6	6.4	6.0
北 京	51.1	57.4	3.6	6.3
天 津	60.6	95.3	2.8	2.9
河 北	58.4	94.9	4.1	4.3
山 西	74.7	57.8	2.0	3.4
内 蒙 古	69.3	42.4	3.3	7.8
辽 宁	64.0	73.6	2.8	3.8
吉 林	58.8	59.6	3.2	5.4
黑 龙 江	62.4	63.6	2.1	3.3
上 海	50.8	95.6	6.0	6.3
江 苏	54.6	118.0	6.9	5.8
浙 江	61.0	98.2	4.6	4.6
安 徽	53.5	143.5	9.8	6.8
福 建	49.9	176.4	13.1	7.4
江 西	48.7	153.2	10.7	7.0
山 东	59.3	95.0	3.7	3.9
河 南	45.2	109.7	10.4	9.4
湖 北	47.2	151.4	13.5	9.0
湖 南	43.0	181.5	9.4	5.2
广 东	58.5	126.1	5.8	4.6
广 西	63.6	99.8	4.5	4.5
海 南	49.4	58.0	4.8	8.4
重 庆	55.7	104.7	8.5	8.2
四 川	58.7	112.3	7.5	6.7
贵 州	62.4	87.0	6.2	7.2
云 南	67.1	67.4	4.8	7.2
西 藏	72.7	17.1	2.3	13.6
陕 西	51.9	116.0	10.6	9.2
甘 肃	67.9	34.7	1.3	3.6
青 海	73.2	29.5	1.8	5.9
宁 夏	66.4	44.3	1.9	4.3
新 疆	67.1	40.5	2.9	7.1

注：效益指标数据为北京大成企业研究院计算。

表10-66　按地区分组的小型工业企业人均指标

单位：万元

地　区	人均营收	人均利润	人均资产
全　国	57.0	6.6	103.4
北　京	51.1	9.2	256.6
天　津	60.6	4.8	169.5
河　北	58.4	4.6	113.4
山　西	74.7	4.7	236.6
内蒙古	69.3	12.8	389.0
辽　宁	64.0	4.8	171.5
吉　林	58.8	4.3	133.5
黑龙江	62.4	4.1	194.3
上　海	50.8	9.2	154.0
江　苏	54.6	7.3	105.6
浙　江	61.0	4.1	89.0
安　徽	53.5	8.5	87.0
福　建	49.9	8.6	65.9
江　西	48.7	9.5	88.6
山　东	59.3	3.7	98.5
河　南	45.2	6.2	59.6
湖　北	47.2	13.1	97.0
湖　南	43.0	5.8	62.0
广　东	58.5	4.2	72.8
广　西	63.6	4.7	104.6
海　南	49.4	11.9	246.0
重　庆	55.7	9.3	108.3
四　川	58.7	9.7	128.8
贵　州	62.4	8.1	129.9
云　南	67.1	9.1	187.1
西　藏	72.7	15.1	649.4
陕　西	51.9	13.2	124.1
甘　肃	67.9	4.0	319.0
青　海	73.2	7.8	445.1
宁　夏	66.4	7.4	385.6
新　疆	67.1	8.9	308.7

注：人均指标数据为北京大成企业研究院计算。

四、大中小型建筑与房地产开发企业主要指标

1. 建筑企业占比：截至2018年年末，全国建筑业企业9.65万个。其中，大型、中型、小微型企业占比分别为2.7%、28.3%、69.0%（见表10-67）。

2. 建筑企业营收占比：2018年，全国建筑业企业营业收入21.20万亿元。其中，大型、中型、小微型企业占比分别为53.0%、37.1%、9.9%。

3. 建筑企业利润占比：2018年，全国建筑业企业利润总额7 974.82亿元。其中，大型、中型、小微型企业占比分别为46.4%、42.2%、11.4%。

4. 建筑企业营收利润率：2018年，全国建筑业企业营收利润率为3.8%。其中，大型、中型、小微型企业分别为3.3%、4.3%、4.3%。

5. 房地产企业占比：截至2018年年末，全国房地产开发企业9.79万个。其中，大型、中型、小微型企业占比分别为0.7%、39.3%、59.9%。

6. 房地产企业资产占比：截至2018年年末，全国房地产开发企业资产总计85.27万亿元。其中，大型、中型、小微型企业占比分别为7.7%、54.6%、37.7%。

表10-67 总承包和专业承包企业主要经济指标

指 标	2018年	2017年	2018年比2017年增减(%)
建筑业企业个数（个）	96 544	88 074	9.6
其中：大型企业（个）	2 638	2 408	9.6
中型企业（个）	27 322	25 328	7.9
小微型企业（个）	66 584	60 338	10.5
营业收入（亿元）	211 991.7	194 164.6	9.2
其中：大型企业（亿元）	112 309.4	100 593.5	11.6
中型企业（亿元）	78 637.95	73 950.37	6.3
小微型企业（亿元）	21 044.33	19 620.68	7.3
利润总额（亿元）	7 974.823	7 491.778	6.4
其中：大型企业（亿元）	3 697.366	3 558.789	3.9
中型企业（亿元）	3 367.557	3 118.932	8
小微型企业（亿元）	909.9	814.057 1	11.8
营收利润率（%）	3.8	3.9	—
其中：大型企业（%）	3.3	3.5	—
中型企业（%）	4.3	4.2	—
小微型企业（%）	4.3	4.1	—

注：数据源自《中国经济普查年鉴2018》，第二产业卷（下），第二篇 建筑业企业生产经营及财务状况篇，表2-B-1.2 总承包和专业承包企业主要经济指标完成情况。

后　记

　　本书由北京大成企业研究院课题组编写。北京大成企业研究院副院长陈永杰为课题组负责人，拟定全书思路并负责全书统稿。国务院参事谢伯阳、北京大成企业研究院院长欧阳晓明提供了重要意见。

　　概论由北京大成企业研究院副院长陈永杰撰写，各章的简明分析撰写和数据表格再整理，第一、三章由葛佳意负责，第二、六章由张丽华负责，第四、五、九章由徐鹏飞负责，第七、八、十章由刘贵浙负责。北京大成企业研究院赵征然、王红为课题研究提供了帮助。

　　本书基本数据来源于《第四次经济普查年鉴（2018）》，由珠海网灵科技有限公司按课题组要求进行了适当整理、计算和制表。在此表示特别感谢！

本书编辑组

2020年12月